U0497883

广西地方标准

《职业院校卓越绩效评价准则应用指南》
解读与实践应用手册

黄煜欣　陈彬彬　陈　玲　张剑曦/主编

西南财经大学出版社

中国·成都

图书在版编目(CIP)数据

广西地方标准《职业院校卓越绩效评价准则应用指南》
解读与实践应用手册/黄煜欣等主编.--成都:西南财经
大学出版社,2025.3. --ISBN 978-7-5504-6636-4

Ⅰ.G718.5-65

中国国家版本馆 CIP 数据核字第 2025XY3461 号

广西地方标准《职业院校卓越绩效评价准则应用指南》解读与实践应用手册

GUANGXI DIFANG BIAOZHUN ZHIYE YUANXIAO ZHUOYUE JIXIAO PINGJIA ZHUNZE YINGYONG ZHINAN

JIEDU YU SHIJIAN YINGYONG SHOUCE

黄煜欣　陈彬彬　陈　玲　张剑曦　主编

策划编辑:杨婧颖
责任编辑:杨婧颖
责任校对:杜显钰
封面设计:墨创文化
责任印制:朱曼丽

出版发行	西南财经大学出版社(四川省成都市光华村街 55 号)
网　　址	http://cbs.swufe.edu.cn
电子邮件	bookcj@swufe.edu.cn
邮政编码	610074
电　　话	028-87353785
照　　排	四川胜翔数码印务设计有限公司
印　　刷	郫县犀浦印刷厂
成品尺寸	185 mm×260 mm
印　　张	21.75
字　　数	473 千字
版　　次	2025 年 3 月第 1 版
印　　次	2025 年 3 月第 1 次印刷
书　　号	ISBN 978-7-5504-6636-4
定　　价	88.00 元

1. 版权所有,翻印必究。

2. 如有印刷、装订等差错,可向本社营销部调换。

前言

在当前职业教育迅猛发展的时代背景下，如何提升职业院校的管理水平与教育质量，实现可持续发展，已成为摆在每一所职业院校面前的重要课题。柳州市第二职业技术学校积极探索、勇于实践，在卓越绩效评价模式的应用方面取得了显著成效。该校牵头起草并完成了职业院校质量管理《职业院校卓越绩效评价准则应用指南》（DB45/T 2824-2023），该指南已于2024年2月1日正式发布实施。

本书旨在为《职业院校卓越绩效评价准则应用指南》的具体实施提供详尽的指引和说明。在编撰过程中，我们广泛汲取了广西壮族自治区内各高校、职业院校及研究机构的宝贵建议，严格遵循政府颁布的质量标准《卓越绩效评价准则》的基本理念与评价要求，并借鉴了国内外教育组织在卓越绩效管理方面的先进经验与做法。结合广西职业院校的实际管理情况，本书从领导力、战略规划、关注学生及利益相关者、以教职工为本、过程管理、测量分析与改进、绩效评审七个关键方面，系统阐述了卓越绩效评价准则在广西职业院校中的具体应用指导。

本书以荣获省部级教学成果一等奖的柳州市第二职业技术学校为例，全面系统地阐述了卓越绩效评价模式在职业院校中的应用过程。书中深入分析了理论思考、实践探索与成果经验，并通过对学校管理体系、教学过程、资源配置、绩效评估等方面的剖析，展示了卓越绩效评价模式如何推动学校管理水平提升、教育质量提高以及社会服务能力增强，从而实现可持续发展。

本书的编写得到了学校领导、全体师生以及各相关部门的大力支持与积极配合。在编写过程中，我们力求准确、客观地反映学校的实践经验与创新成果，同时希望为其他职业院校提供有益的参考与启示。我们相信，通过分享柳州市第二职业技术学校的经验，能够推动更多职业院校积极探索卓越绩效评价模式，共同促进职业教育事业的繁荣发展。

由于编写时间有限，书中可能存在不足之处，恳请广大读者批评指正。让我们携手共进，为推动职业教育高质量发展贡献力量！

编者

2024 年 12 月

目录

第一章　总则

本书是《职业院校卓越绩效评价准则应用指南》（DB45/T2824-2023）（以下简称《应用指南》）的配套操作实施手册。本书编写的核心目标是协助职业院校深入理解和有效应用《卓越绩效评价准则》（GB/T19580—2012），以提升管理效能和教育质量。本书适用于广西壮族自治区行政区域内的职业院校开展卓越绩效评价工作，并可作为职业院校校长质量奖的评价实施的参考依据。

《职业院校卓越绩效评价准则应用指南》（DB45/T2824-2023）按照《标准化工作导则第1部分：标准化文件的结构和起草规则》的规定起草，于2023年12月26日由广西壮族自治区市场监督管理局发布，并自2024年2月1日起正式实施。该标准由广西壮族自治区教育厅提出、归口并负责宣传推广，由广西柳州市第二职业技术学校牵头编制，其他参与编制的单位有广西壮族自治区标准技术研究院、柳州职业技术学院、广西教育质量监测中心、深圳市金品质企业效益开发有限公司。作为广西壮族自治区教育厅首批推荐的地方标准，其发布与实施，为职业院校在学校治理方面对标政府质量标准、提升学校治理水平提供重要依据和支撑。

自《应用指南》发布以来，广西壮族自治区教育厅、柳州市第二职业技术学校等单位采取多种方式开展宣传、推广和培训，推动标准的实施与应用。同时，引导广西地区的职业院校学习标准、贯彻标准及应用标准。这一系列举措，旨在推动职业院校对标政府质量标准，提升学校治校能力，为职业教育高质量发展提供有力支持。

一、本书的适用读者群体和使用方法

本书的主要适用读者群体为职业学校的管理者、教职工等，本书提供了使用《应用指南》的建议和方法。

二、操作流程

（一）准备工作

在准备阶段，主要任务是确保评价工作能够有条不紊地展开。具体工作包括以下几个关键步骤：

1. 组织评价团队

根据评价工作的需要，从职业学校内部或外部选拔具备相关专业知识和实践经验的人员，组建一支专业的评价团队。团队成员包括教育专家、行业专家、管理咨询师等。明确团队成员的职责和分工，确保每个人都能够充分发挥自己的专长，共同协作完成评价任务。

2. 培训和宣传

对评价团队进行系统的培训，确保他们能够全面理解《应用指南》的内容、评价方法和评分标准。在职业学校内部进行广泛的宣传，提高全体教职工对卓越绩效评价工作的认识和重视程度，鼓励他们积极参与并配合评价工作。

3. 收集相关资料

收集职业学校的发展战略、教学计划、年度工作报告等与评价相关的资料，以便对职业学校的整体运营情况有一个全面的了解。整理和分析历史数据，包括以往的绩效评价结果、学生满意度调查等，为本次评价提供参考和依据。

（二）实施评价

实施评价阶段是整个工作的核心，需要评价团队严格按照评价准则和计划进行现场考察和数据收集。具体步骤包括：

1. 制订评价计划

根据职业学校的实际情况和评价目标，制订详细的评价计划，包括评价的具体时间、地点、对象以及评价方式等。确保评价计划具有可操作性和针对性，能够全面反映职业学校的绩效情况。

2. 现场评价

评价团队深入职业学校的各个部门和教学现场，通过观察、访谈、问卷调查等方式收集第一手数据和信息。注重数据的真实性和有效性，确保所收集的信息能够客观反映职业学校的实际运营情况。

3. 数据收集与分析

对收集到的数据进行整理和分析，运用统计方法和数据分析工具挖掘数据背后的规律和趋势。将分析结果与《职业院校卓越绩效评价准则》中的评分标准进行对照，形成初步的评价结果。

（三）结果报告与改进

在完成现场评价和数据分析后，评价团队需要撰写详细的评价报告，并提出改进建议，具体工作包括：

1. 撰写评价报告

撰写一份全面、客观、准确的评价报告，详细阐述职业学校在卓越绩效评价中的表现、存在的问题以及潜在的优势。报告应包含具体的数据分析和案例支撑，以增强报告的说服力和可信度。

2. 反馈与讨论

将评价报告反馈给职业学校的领导和相关部门负责人，与他们进行深入的讨论和交流。听取他们的意见和建议，对报告进行必要的修改和完善，确保报告内容更加贴近职业学校的实际情况和需求。

3. 制订改进计划

根据评价报告中发现的问题和不足，制订具体的改进计划。明确改进目标和时间节点，落实责任人和改进措施，确保改进工作能够得到有效实施并取得预期成果。

第二章 远见卓识的领导者

职业学校的领导者是一所学校卓越绩效管理能否顺利运行的关键。虽然学校间的竞争不如企业竞争那样残酷，但领导者是否有远见卓识在一定程度上决定了这所学校能够取得多大的发展和为社会做出多大的贡献。

作为学校管理的核心，学校领导者首先应该具备与其职位相符的高尚道德品质和人格魅力，以及强大的号召力，以团结并引领全体教职工共同前进。学校领导者还应该具备与卓越绩效管理要求相匹配的领导力、进取心、创新意识和战略决策能力。同时，他们也应该具备一定的教育教学能力，能够遵循党和国家对职业学校的发展要求，坚持社会主义办学理念，坚守立德树人根本任务。

学校领导者应该凭借这些能力，分析研判学校目前的战略地位进行战略决策，为学校确定清晰的社会定位、发展目标和发展方向。对内，需构建学校的发展愿景、价值观，营造以学生为本，追求卓越教育教学质量的校园文化。同时，建立系统的校园管理机制和教职工激励机制，确保学校能够遵循卓越绩效管理的要求，不断提升教育教学质量和办学水平。

一、学校领导者的作用

学校领导者是指在一所学校中拥有最高决策权限，担负最高决策责任的管理人员。狭义的学校领导者是指学校校长或党委书记，也就是学校正职领导者。但广义上来说，学校领导者除正职领导者外，还包括副校长、党委副书记甚至校长助理等副职领导者。

一般来说，职业学校的学校领导者是职业学校处于最高层的管理人员，在学校系统中扮演决策者和指挥者的角色。同时，在学校系统外，他们又受到政府、教育厅、教育局等上级部门的监管，因而也肩负着执行上级部门命令的职责。

学校领导者是领导和推进学校改革发展，实现持续成功的关键。学校领导者首先应该发挥战略决策的作用，围绕具有学校特色的办学理念和办学思路，明确学校的使命、愿景、价值观和战略目标。其次，学校领导者要带领全校推进质量文化建设，制定近期和远期战略规划。学校领导者还应该具有较强的理解能力和执行能力，能够贯彻执行上级部门的方针政策。同时，他还应具备很好的沟通能力，可以将学校的战略目标和战略规划很好地向全体教职工传达，从而更好地获得下属理解和支持。

（一）学校的使命、愿景和价值观

学校的使命、愿景、价值观是一所学校战略目标和办学理念的体现，它们三者分别有自己的深刻内涵，同时又相互联系。

1. 使命、愿景、价值观的内涵定义及其相互关系

学校的愿景是全体教职工对学校发展的理想目标和追求，是所有成员共同的愿望和景象。它包括三个关键要素：教职工期待的（期望性）、教职工共同努力的（一致性）、教职工努力可以实现的（可操作性）。学校的愿景揭示了学校未来的发展图景，既是教职工对学校未来想象的具现化呈现，也是学校发展的阶段性奋斗目标。

对自身而言，学校使命揭示了学校本身存在的意义和价值，明确了学校的战略定位；对社会而言，学校使命明确了学校所应承担的历史责任和社会责任。

学校的价值观是一所学校的核心文化，是对学校所有教育教学行为进行评判的最高价值标准和原则，是全校师生共同的最高价值导向。

学校愿景是对学校达成特定阶段性使命后所呈现的具体景象的构想，是对学校各发展阶段成效的期待。使命明确了学校的性质、地位和价值，以及学校应当承担的社会责任。学校使命是学校愿景产生的基础，同时也揭示了学校实现愿景的方式和途径。而学校价值观为实现学校使命和愿景提供了对全校师生都具有行为约束力的道德标准和判断标准。

2. 使命、愿景、价值观的重要意义

学校使命、愿景和价值观确立，对于学校明确自身定位、彰显办学特色、凝聚师生力量、塑造特色文化、探索发展道路、达成办学目标和实现办学价值具有重要意义。

（1）明确学校的使命、愿景和价值观是建立和完善现代职业学校制度的必要因素和重要内容

建立和完善现代职业学校制度，不仅需要建设教学楼、实验实训室、图书馆、宿舍等学校基础设施，还需要加强师资队伍建设，更重要的是加强学校精神文化建设。学校的使命、愿景和价值既是学校文化的凝练，也是学校文化建设的重要内容，更是现代职业学校制度建设的重要组成部分。在当前职业教育获得迅猛发展的时代背景下，社会必然要求职业学校着力总结和凝练学校文化的精神内核。未能凝练出使命、愿景和价值观的职业学校如同跛足前行，无法认清发展的道路和应该担负的责任，自然也难以凝聚人心。

（2）明确学校的使命、愿景和价值观是职业学校开展战略管理的必然要求

战略管理是现代职业学校谋求高质量发展的选择，确定和选择学校战略目标是职业学校开展战略管理首要解决的问题。学校使命和愿景是开展战略管理的重要组成部分和关键要素，是确定职业学校战略目标的重要体现。职业学校开展战略管理首先就要具体阐述学校的使命和愿景，在充分分析学校内部和外部环境优劣之后，确定学校的战略目标，而后进一步开展战略制定、战略实施和战略评估。因此，确定学校使命和愿景，为职业学校提出明确的发展方向和目标提供了重要依据。确定学校的价值观则为职业学校团结教职工，约束道德行为，确保发展道路正确提供了重要保障。

（3）明确学校的使命、愿景和价值观，是开展职业学校文化建设的重要抓手

职业学校的使命、愿景和价值观都属于学校文化建设的根源和核心领域，每所学校的使命、愿景和价值观都有不同程度的差异，它们从本质上反映了一所学校与其他同类型学校的不同，可以很明显地看出学校之间不同的办学特色和办学理念，体现了学校之间的差异化发展。学校活动是社会各种文化活动中最有特色也最有活力的一种文化活动，学校的文化功能是区别于其他任何一个社会组织功能的。现代职业学校为更好去伪存真、去粗取精地传承文化和技术技能，都选择总结和凝练校园文化，形成具有自身特色的使命、愿景、价值观。学校文化具有导向功能、凝聚功能、规范功能，里面最具有决定意义的组成部分则是价值观念。因此，辩证地总结凝练学校使命、愿景和价值观，确立具有自身文化特质的使命、愿景和价值观，既有助于形成职业学校自身的办学特色和办学特质，也有助于学生自觉地接受学校的使命、愿景和价值观，使其认可并追随学校的发展步伐。

3. 使命、愿景、价值观的建立

职业学校的使命、愿景和价值观的辨析和凝练对职业学校发展具有非常重要的意义，同时也是职业学校领导所要考虑的重点工作。学校领导在确定学校的使命、愿景和价值观时，尤为关注以下几个方面：

（1）高度重视，广泛收集意见和建议

一所学校的使命、愿景和价值观并不是少数领导突发奇想的成果产物。它要求学校领导高度重视这项工作，面向全体教职工和学生乃至与学校有关联的社会各界广泛征集相关意见，营造全员关心、全员参与的有利氛围。在此基础上，根据学校环境等客观因素辩证地采纳意见和建议，凝练出彰显广大师生普遍赞同的且独具本校特色气质的学校使命、愿景和价值观。

（2）使命、愿景和价值观的表述要准确

各所职业学校在战略目标和战略规划上不可避免会出现重叠的情况，但是学校的使命、愿景和价值观代表着这所学校历史和特色的凝聚，是学校特色和全体师生愿望的具现化，不能也不应当出现表述不清或者与其他学校相似的情况。

（3）使命、愿景和价值观的表述方式要高度凝练

学校的使命、愿景和价值观，在文字表述上需恪守高度凝练的原则，以精准捕捉并呈现出学校的办学理念和办学特色，它们应如一幅生动的画卷，细致描绘出学校的发展蓝图。这些表述不仅要具备思想鼓舞的力量，也要以精简凝练的语句，更能让人印象深刻。只有如此，才能有效提高广大师生和社会各界的接受度，从而拓展宣传传播的广度和深度。

（二）质量文化

随着全球化进程的推进，国家间竞争进一步加剧，迫切需要高质量的教育，教育质量逐渐成为教育改革的重点内容。《国家中长期教育改革和发展规划纲要（2010—2020年）》就已经提出："把提高质量作为教育改革发展的核心任务。"质量文化既是职业学校卓越绩效管理实践的成果，也是推广卓越绩效管理模式的文化基石。因此，学校领导者肩负着引领职业学校推进质量文化建设的重任，需切实贯彻落实国家教育方针，紧跟时代发展潮流深入推进学校质量文化建设工作。这是实现卓越绩效管理模式的必然选择。

质量文化是职业学校卓越绩效管理模式的精神核心，学校领导者应该带领全体师生，从精神、制度、实践、载体四个层面来加强职业学校质量文化建设，推进职业学校卓越绩效管理模式的实现。

1. 精神层面

质量文化的精神层面是学校全体教职工对学校办学理念、价值标准、质量理念和质量意识的汇聚，是学校实行卓越绩效管理模式的心理基础。学校领导者要强化教职工的质量意识，牢固树立教职工的质量理念，具体包括：不惧挑战，永争第一的竞争意识；认真负责，实事求是的责任意识；全员参与、分工协作的团队意识；注重结果和绩效的成效意识。

职业学校教职工的质量理念是对教育教学质量和效果标准的反应，决定了教职工如何看待教育教学质量以及怎样提升教育教学质量。学校领导者首先需要想方设法让教职工理解学校教育教学质量既取决于对学生需求的满足程度，也取决于学生质量对社会需求的满足程度。其次，要千方百计厘清专业知识教育和实践操作教育的辩证统一关系，推动学生在德智体美劳方面实现全面发展；重视创新型人才培养，在教育教学中融入创新教育，培养学生创新意识和创新精神，发挥学生的主观能动性，提高学生创新能力。最后，在实践中不断总结和凝练学校文化精神，使学校在办学过程中逐渐产生的文化氛围、价值倾向、人文品质和特色文化等精神意识，根植于广大师生内心深处，并通过广大师生喜闻乐见的校徽、校训、校歌等载体，提高师生对学校文化的认同感，提升学校的凝聚力和向心力。

2. 制度层面

质量文化的制度层面是职业学校在推进卓越绩效管理模式建设的进程中，针对

质量控制所制定的教职工和学生行为规范。质量文化的制度层面，既是职业学校质量文化建设的有力保证，也是职业学校推进卓越绩效管理模式建设的全面支撑。

建设制度层面的质量文化，一是要开展领导体制建设，形成职业学校领导体制和学校内部领导管理的根本制度，包括领导和管理学校的方法原则、机构设置及领导制度。通常情况下，公办学校都采用党委领导下的校长负责制，民办学校则大多数采用董事会领导下的校长负责制。学校领导应当根据学校的性质，建设传达顺畅、团结高效的领导体制。二是开展组织机构建设。职业学校的组织机构是包括负责卓越绩效管理决策的决策机构和负责卓越绩效管理执行的执行机构，双方共同合作保障职业学校的教育教学质量。三是要开展管理制度建设。管理制度是职业学校在开展卓越绩效管理时，为强化教育教学质量管理，规范师生员工质量行为所颁布的各项制度，包括各岗位的责任制度、各部门的工作制度、各项工作流程的管理制度、以结果为导向的奖惩制度等。管理制度建设明确了学校教职工和各部门的质量管理责任，制定了师生员工在教育教学中的行为标准，保障了卓越绩效管理的运转。

3. 实践层面

质量文化的实践层面是指职业学校在开展质量文化建设时所采用的方式和方法，即具体的实践过程，它是实现学校质量文化建设的必要途径。要想在实践层面推进质量文化建设，学校领导应从以下三个方面入手：一是全面开展质量文化知识教育，通过系统的培训、广泛的动员使广大师生认识和了解学校质量文化建设的相关内容，包括职业学校质量文化定义、内涵、组织机构、运行机制、重要意义和重要作用。二是深入推进质量文化建设，其全员、全过程、全方位参与机制至关重要。卓越绩效管理归根到底是由人来推动的，质量文化本质上是人的文化，因此学校领导理应带领全校师生共同参与建设。三是推广先进科学的教学和管理方法，如引入翻转课堂、任务驱动、微课、慕课等先进教学方式和教学方法，突出学生学习的主动性，强化其自主学习能力的培养，提升教师教育教学水平，提高课堂教学对学生的吸引力，采用科学民主的管理方式，理顺师生关系，达成教师教学和学生学习的和谐统一。

4. 载体层面

质量文化的载体层面是职业学校卓越绩效管理模式建设的物质基础，是学校质量文化的物质具现化，是学校质量文化建设得以顺利开展的物质保证。载体层面推进质量文化建设也有三条路径：一是培育有学校特色的校园品牌文化。一所学校的品牌含金量是其教育教学质量和人才培养质量的直接体现。学校要将品牌建设与质量建设有机结合，不断提高人才培养质量，提高学校的社会认可度和社会声誉，持续推进有学校特色的品牌文化建设。二是建设一支适合职业学校发展的高质量师资队伍。师资队伍是教育教学质量建设的重要载体，教师水平集中反映了一所学校的教育教学和管理水平，是学校发展和竞争中的核心力量。要开展质量文化建设，必须首先建设一支师德师风高尚、专业技能水平高、教育教学能力强、掌握职业学校教育教学的特点、层次结构合理、富有创新意识和创新精神的专业教师队伍。三是完善基础设施建设：职业学校卓越绩效管理水平受到学校基础设施建设水平的影响，因此要不断投入，以完善实验实训室、教学仪器设备、图书文字资料、校园网络信息化、学生活动中心等关键设施的建设。尤其应重视网络教育教学平台对提高教育教学质量和推进卓越绩效管理模式建设的重要作用，进一步完善职业学校的智慧化校园建设。在此基础上，借助大数据中心等机构对质量建设相关信息进行汇总与处理，全方位提升教学管理及质量文化建设的整体水平。

（三）科学规划

学校发展规划是职业学校实施卓越绩效管理，提高学校教育教学质量，保障学校健康稳定发展的必然要求。学校领导应当在国家中长期教育改革实施纲要等重要文件的指引下，科学地制定并实施学校发展规划。

1. 科学制定学校规划的意义

（1）科学制定学校规划是职业学校实施卓越绩效管理模式的必然要求

随着经济全球化的扩展，我们可以预见未来全球产业布局将面临新一轮洗盘，国际和国内产业竞争将进一步加剧，从国家到产业、企业层面都迫切需要高素质的职业人才作为支撑。这些迫切需求要求职业学校必须引入卓越绩效管理模式，提升教育教学管理质量，提升人才培养水平。科学制定职业学校规划为职业学校实施卓越绩效管理模式提供了路线基础和方向指引，对学校提升人才培养质量，增强毕业生竞争力起到重要作用。

（2）科学制定学校规划是职业学校适应社会经济发展的内在要求

"十四五"时期是我国全面建成小康社会、实现第一个百年奋斗目标之后，乘势而上开启全面建设社会主义现代化国家新征程、向第二个百年奋斗目标进军的第一个五年。当前国家正面临"百年未有之大变局"，产业转型升级、第四次产业革命都急需大量的技术技能型人才。职业学校作为应用型技术技能型人才培养的主力军，必须审时度势，主动规划适应国家社会经济发展的要求，为社会主义现代化建设培养优秀的建设者和接班人。

（3）科学制定学校规划是职业学校"走出去"参与国际竞争的必然选择

中国是目前经济全球化的坚定支持者和勇敢践行者，这就赋予了职业学校新的历史使命。职业学校不仅要培养有国际视野、能适应国际竞争的新型技术技能人才，还要"走出去"，为中资企业到国外发展竞争服务，更要能"引进来"，招收国外留学生，为传播中国文化，服务共建"一带一路"倡议。新时代必然要求职业学校清楚自己的办学使命，顺应国家对职业学校的需要，科学地制定学校发展规划。

2. 科学制定学校规划

（1）职业学校校长要在科学制定学校规划中起到主导作用

校长既是职业学校的决策者，又是职业学校的经营者，承担着掌舵人和操盘手的重要责任。学校规划明确了学校未来一段时间内的发展目标、发展途径与发展方式，作为决策者的校长理应在这一过程中起到主导和核心的作用。

（2）制定学校规划时要考虑特定的时代背景与社会需求

职业学校的规划并不是孤立的，一个国家的教育发展受到国家社会经济发展的影响，并服务于国家社会经济的发展。同样，职业学校的规划制定也必须综合考虑当前特定的时代背景，结合国家和地区对职业学校的要求以及社会对人才的需求，以这些背景和需求为前提来制定学校规划，才能确保规划的有效性和可行性。

（3）制定学校规划要科学确定发展目标

科学确定发展目标要求学校要实事求是。因为每所学校的客观条件都存在一定的差异，因此职业学校在确定发展目标的时候不能盲目地生搬硬套，必须根据学校现有的基础条件（如师生数、教学资源、土地面积、积累的办学声誉、教学质量等）来综合确定规划发展目标。同时，学校也要综合考虑学校自身特点（如特色专业、特色品牌、特色项目等），结合学校各利益方的需求来制定发展目标。职业学校应当把发展目标视为一个系统的目标而不是单一的目标。例如，发展目标根据时间长短往往有长期、中长期、短期等不同的目标；从层级来看又可以分为学校发展目标、部门发展目标和个人发展目标等多个层级。学校要根据不同要求确定不同的发展目标，最后形成一个目标体系来综合指导学校的发展。

（4）制定学校规划应充分听取各方的意见和建议

学校领导在制定规划时要充分听取和考虑学校相关利益群体的意见和建议。其中，教职工和学生是最主要的两个利益群体，分别为学校规划的主要执行者与受益者，在制定规划的时候必须从他们的实际和需求出发，科学地参考合作企业、政府部门、事业单位等其他利益相关方的意见和建议，才能制定出科学的学校规划。

3. 学校规划的执行评估

职业学校制定规划不是目的，科学地制定规划并执行才是真正的目的。因此，在制定规划后，确保其得到有效执行也是学校规划制定工作的一个重要内容。学校规划的执行评价机制一般是指在执行学校规划的过程中为确保规划得到顺利执行而制定的一整套包括执行监控、意见反馈和纠错修正在内的评价修正机制。这套机制的制定对监控学校规划执行情况，发现规划执行中存在的问题，及时解决问题，保证学校规划的科学性和正确性起到重要作用。

4. 学校规划目标的达成情况

学校规划目标是学校规划里面最具有代表性的指标，也是规划执行评估机制重点关注的指标。如前所述，学校规划目标其实是一个目标体系，其本身就具有目标的广泛性和可评估性。对学校规划目标体系达成情况进行评估，可以了解到学校规划目标是否在各个层面得到切实有效的执行，以及具体执行的情况如何。学校规划目标并不是不能修改的，它在执行过程中往往会由于学校内部或外部的原因造成规划目标无法实现，这时候学校规划的执行评估机制就会发挥作用——反馈问题，指导规划目标的修改。同时，执行评估机制还能在找出问题后不断地总结规划执行过程中的经验，使学校规划不断得到充实和完善。

5. 学校规划在执行过程中的创新与典型案例

学校规划在制定好之后并不是一成不变的，除因客观要素的变更必须修改外，主观创新得到更好的经验也可以促成学校规划的修改。因此，规划执行评估机制在关注执行中的问题的同时，也应关注广大师生在执行过程中涌现出的创新亮点。将创新亮点汇总提炼就可以得到规划执行的典型案例，推广这些典型案例，有利于形成改正错误、学习先进的良性循环。这样可以最大程度地激发广大师生执行学校规划的主观能动性和创造积极性。

6. 学校规划执行过程中社会的反馈情况

学校规划不仅关乎学校自身的发展需求，更是为了满足社会的广泛需求。因此，在规划执行评估机制中，我们除关注学校规划在校内的执行情况外，还必须重视社会对学校执行过程中反馈情况，包括为社会经济和企业发展提供的支持、职业教育资源能否广泛服务于民众，以及师生教科研成果是否能够转化为服务社会大众的实际成果等内容。

（四）双向沟通

职业学校的学校领导在带领师生员工确立学校的使命、愿景、价值观，开展质量文化建设，科学地制定学校规划后，还要完成一个重要任务——那就是建立与教职工、学生以及校外利益相关方的双向沟通渠道，向他们传递学校使命、愿景、价值观、质量文化和学校规划的具体内容与内涵，让他们理解、认同并主动支持学校，使学校可以团结内外部的一切力量。

1. 双向沟通的内涵及意义

双向沟通是指信息发送者和信息接收者之间可以双向传播信息。相对于单向沟通而言，双向沟通是一种更适合双方交流信息的沟通方式。

职业学校领导的双向沟通是学校领导个人与学校内部的教职工、学生和学校外部的利益相关方之间的思想沟通和情感交流。学校领导要宣传学校的使命、愿景、价值观，开展质量文化建设，落实学校规划，就必须在学校与各受众之间建立双向沟通渠道。一方面，通过各种形式和媒介让各受众认识和理解学校领导的意图；另一方面，有利于各受众更好地反馈对学校使命、愿景、价值观、质量文化建设和学校规划的意见和建议，这些可作为学校领导改进相关工作的参考和依据。开展有效的双向沟通要求学校领导、师生员工和校外利益方都要处于平等地位，只有这样才能确保在沟通过程中能相互听取意见。

2. 双向沟通的基本原则

（1）双向沟通的时效性

双向沟通是发送者和信息接收者之间双向传播信息，这一过程非常注重双方对信息的评价与反馈，因此这对信息沟通的时效性要求也更高。为了确保沟通效率，采用双向沟通的各方一般会采取在限定时间回复的做法来确保信息的时效性。

（2）双向沟通的多渠道性

双向沟通是一个动态的过程。同时，因为双向沟通经常涉及多个沟通对象，因此针对不同的沟通对象时，我们必须灵活选择不同的沟通渠道和沟通方式，也需要综合使用多个沟通渠道，确保能同时满足信息发送者和信息接收者的需求。

（3）双向沟通程序的标准性和明确性

在进行双向沟通的时候，信息发送者和信息接收者必须按照一定标准来传递明确的信息，否则很容易因为信息标准不同和信息内容模糊而引发误解，从而影响沟通效率。

（4）双向沟通的平等性

双向沟通过程中信息发送者和信息接收者是处于平等地位的。这是双向沟通区别于单向沟通的最大特点。因此，要求作为决策者的学校领导在开展双向沟通的时候要摆正位置，发送信息的同时也要学会倾听信息，并根据信息反馈进行必要的回应。

3. 双向沟通体系的建立

学校教职工是践行职业学校使命、愿景、价值观，开展质量文化建设工作，贯彻落实学校规划的主要执行者。对职业学校而言，在学校领导与教职工之间搭建有效的双向沟通平台就显得尤为重要。学校领导与教职工之间的双向沟通平台渠道主要包括：

（1）学校基本的各类大会、工作布置会

这是学校领导者向教职工传达学校使命、愿景、价值观、质量文化和学校规划的重要渠道，这种会议以学校领导者向教职工做单向的信息输出为主。

（2）学校各类教师座谈会

这是学校领导者倾听教职工对学校使命、愿景、价值观、质量文化和学校规划等内容反馈意见和建议的重要渠道。在座谈会上，学校领导者可以进一步阐述，使教职工对学校的理念有更深的了解，教职工也可以针对存在的疑惑和问题进行意见反馈。因此，这种渠道的沟通速度和效率都能得到有效保证。

（3）教师代表大会

教师代表大会是全体教职工行使民主权利、参与学校民主管理的重要形式。作为学校发展的重要议题，学校使命、愿景、价值观、质量文化和学校规划等内容必然要经过教师代表大会的审核与批准。

（4）新教师培训会

这是学校领导者向教职工传达学校使命、愿景、价值观、质量文化和学校规划等内容的重要渠道补充。由于新教师对学校客观实际和未来发展可能不够了解，因此他们是学校领导者开展双向沟通的重点对象。

（5）网络平台

随着智慧化校园等学校信息化建设的推进，网络平台也日益成为学校领导者传递信息、倾听反馈的一个重要渠道。学校领导者可以通过校园网公告、微信公众号等方式给教职工传递信息，教职工也可以通过电子邮箱、社交软件等工具进行意见反馈和意见交流。

4. 学校领导者与学生的双向沟通

学生培养是职业学校存在和发展的核心与目的，学校的使命、愿景、价值观、质量文化和学校规划，归根到底都是服务于提高学校的办学水平和人才培养质量服务的，因此学校领导者加强与学生的双向沟通，倾听学生对学校发展的意见和建议，是学校提高管理质量和教育质量的必然要求。学校领导者与学生双向沟通平台渠道主要包括：

（1）学生座谈会

学校领导者召开学生代表座谈会是学校领导者倾听学生对学校使命、愿景、价值观、质量文化和学校规划等内容的反馈意见和建议的主要渠道和方式。通过与学生座谈，学校领导者可以倾听学生对学校办学理念和办学发展的意见和建议，解答学生关注的问题，增进学校领导者和学生的互信，取得学生对学校办学的支持。

（2）校长信箱和校长邮箱

这是近年来各级学校广泛采用的，学校领导者与学生双向沟通的一种方式。无论是纸质的信件，还是电子邮件，这种方式在本质上都可以达到学生越过班主任而直接与校长进行沟通的效果。这种方式对学校领导者听取学生的意见和建议，拉近与学生的距离，起到很好的促进作用。

（3）学生代表大会

学生代表大会是学生参与职业学校民主管理的重要途径，是体现学生组织合法性、权威性的基础和保证。学生代表大会既可以起到宣传和落实学校使命、愿景、价值观、质量文化和学校规划等内容的作用，又可以搜集学生对以上内容的意见和建议并呈送学校领导者。

5. 学校领导者与学校外部利益方的双向沟通

职业学校外部利益方一般来说包括合作企业、教育局等上级主管部门、当地的企事业单位、当地社区或居委会、行业指导委员会等各类组织机构。学校领导者与学校外部利益方保持良好的双向沟通，可以有效宣传学校的办学理念和办学规划，取得各方对学校的支持，尽可能地团结社会力量。学校领导者与学校外部利益方双向沟通的平台渠道主要包括：

（1）校企合作、产教融合机制

职业学校的职业性从本质上决定了其必须与企业加深合作。校企合作、产教融合机制的运行，使职业学校的领导者与企业的双向沟通更为顺畅，沟通效率更高、效果更好。企业若能了解并参与学校使命、愿景、价值观、质量文化和学校规划等事务，有助于增强企业与学校的相互信任，使学校的人才培养标准更好地与市场需求接轨。

（2）公文系统

公文系统也可以实现上下级的双向沟通，一般用于学校与教育厅或教育局等上级领导部门的双向沟通。学校领导者向上级部门报送学校使命、愿景、价值观、质量文化和学校规划等内容，寻求上级部门对学校办学的支持。上级部门也可以通过这些关键指标评判学校的办学实力与办学成果。

（3）各利益相关方参加的座谈会

这种方式是学校领导者与各方建立双向沟通渠道的重要方式。利益相关方各自可以派出代表参加座谈会，了解职业学校的使命、愿景、价值观、质量文化和学校规划等内容，并根据自身实际情况提出合理的意见和建议。为学校团结政府和社会力量，增强办学实力和提升办学水平提供良好的平台保障。

二、学校治理

中国职业学校历经改革开放的洗礼，特别是在 21 世纪前 20 年的发展中，其制度不断得到完善，办学质量和办学水平实现了整体性提升，服务社会的能力显著增强，为国家经济社会发展提供了有力支撑。但是随着国家进入"十四五"新发展阶段，国际竞争、产业转型升级压力不断加大，国家和社会对职业学校的要求也随之提高。2019 年 1 月，《国务院关于印发国家职业教育改革实施方案的通知》要求，完善职业教育和培训体系，深化办学机制改革和育人机制改革，由追求规模扩张向提高质量转变。因此，坚持党委或董事会领导下的校长负责制，在学校领导的带领下构建职业学校现代化治理体系，进一步提高职业学校管理水平和教育教学质量，是职业学校发展的必然需要。

（一）职业学校治理的相关概念及内涵

"治理"一词最初出现时，属于政治范畴，特指国家对内政和民众的管理，即政府通过多种手段调控国家事务和民众行为。随后"治理"这个概念被引入了企业领域，它可以指公司的组织管理行为。现在，治理这个概念已扩展至事业单位、医院、学校等多元主体。根据联合国全球治理委员会的界定，治理就是"各种公共的或私人的个人和机构管理其共同事务的诸多方法的总和，是使相互冲突的或不同的利益得以调和，并采取联合行动的持续过程"。这里面既有通过强制权力使人服从的正式规范，也有无需强制力，仅凭内在认同而自觉遵从的非正式规范。

治理的核心要素由治理主体、治理内容、治理结构以及治理机制构成，是以规章制度、责任划分为基础的一套系统的体制机制。通过制定规则与制度，明确各利益相关方的责权分配，推进决策过程和计划实施的科学化与民主化。

狭义而言，职业学校治理可以被理解为职业学校管理制度、管理方式和管理体制的系统性集合。广义来说，根据治理主体不同，职业学校治理可以划分为内部治理和外部治理两个部分。其中：内部治理就是指学校内部管理制度、管理方式和管理体制的系统总和，是科学合理地统筹分配内外部资源，各系统共同发展的一个过程，同时也是学校办学理念在办学实践层面的具体体现。外部治理，本质上就是国家对职业教育的治理，包括建立职业教育制度体系，建立职业教育管理、办学、评估三者相对独立的治理结构。治理主体从以政府主办为主，逐步转向政府统筹管理、社会多元办学的格局，从参照普通教育办学模式转型为吸纳企业和社会参与、凸显职业教育特色的职业教育办学模式。在深化职业教育改革中，激发职业学校的办学活力，促使职业学校建立现代治理体系，为社会经济发展和国家竞争提供更优秀的技术技能型人才。

（二）职业学校管理和职业学校治理的关系

管理和治理虽仅一字之差，却既有共通之处，又存在显著差异。职业学校为何要追求从管理到治理的转变？学校领导在推进职业学校治理建设的时候首先要理解两者的区别：一是目的不同。管理的目的是达成一定的目标，而治理的目的是同时满足多个主体的需求，并协调各方共同发展。二是职能不同。管理主要偏重执行决策、遵循规划完成组织和协调任务；治理则主要关注制定决策、构建评价监督机制。三是制定与执行的基础不同。管理在执行的时候主要依靠层级关系，并不依赖规则和制度，治理既依靠正式的法律规范，也依靠大家约定俗成的规则和制度。四是历史地位和作用不同。管理偏重执行，关注具体的执行路径与实施办法，治理偏重决策与监控，其作用在于谋划方向和路线，规范规则并监控行为。

由此可见，相对于管理而言，治理的概念层级更高，管辖范围更广。治理不仅包含了普通的管理概念，还延伸到了决策、责任划分与责任监控等理念。

职业学校从管理到现代治理的转变，从内部来说，就是要强调校长治理责任，以学校章程为引领，完善各项规章制度与管理体制，明确学校各部门的职责与责任，建立监控机制，提升师生员工自我管理、自我改进、自我发展的能力。从外部来说，就是要求转变以政府为主的办学模式，落实党委领导下的校长负责制或董事会领导下的校长负责制，引入企业实行政府、企业、学校的多元办学体制，追求高质量发展和特色发展。

（三）职业学校治理体系建设的必要性

1. 职业学校治理体系建设是推进国家治理体系建设的必然要求

党的十九届四中全会审议通过的《中共中央关于坚持和完善中国特色社会主义制度、推进国家治理体系和治理能力现代化若干重大问题的决定》强调，完善和发展中国特色社会主义制度，推进国家治理体系和治理能力现代化。职业教育和职业学校是中国工业化产业转型升级，实现新时代跨越发展的重要保障，因此顺应国家发展需要，职业教育应构建国家层面的治理体系。构建职业学校现代治理体系，提高职业学校的治理能力和治理水平，促进职业学校更好地履行人才培养任务，是推进国家治理体系建设、深化职业教育改革的必然要求。

2. 职业教育改革实施新阶段是职业学校治理体系建设的新背景

中国职业教育经过多年发展，办学规模已基本达到要求，但在办学质量方面，无论是办学实力、办学声誉还是社会认可度，相比于普通学校还有明显差距。2019年1月，国务院印发了《国家职业教育改革实施方案》，开启了中国职业教育改革的新阶段，该文件提出了要深化职业学校办学机制改革和育人机制改革，将重点从规模建设转为质量建设。推进职业学校的质量建设，完善职业学校现代治理体系建设是一个重要方面，必须加以重视。

3. 职业学校现代治理体系建设是解决职业学校目前存在问题的必然选择

中国职业教育和职业学校在取得诸多成绩的同时，也存在着为数不少的问题。《国家职业教育改革实施方案》总结指出，职业学校体系建设不够完善、职业技能实训基地建设有待加强、制度标准不够健全、企业参与办学的动力不足、有利于技术技能人才成长的配套政策尚待完善、办学和人才培养质量水平参差不齐等问题比较突出。要解决以上问题，开展职业学校现代治理体系建设，提升职业学校管理能力与教育教学质量是必然选择。

（四）职业学校治理体系建设的重点任务

1. 坚持党委领导下的校长负责制，发挥学校领导在职业学校治理中的重要作用

在推进职业教育现代化、构建高质量职业教育体系的进程中，坚持党委领导下的校长负责制，是确保职业学校治理方向正确、决策科学、执行有力的关键所在。这一制度不仅体现了党对教育事业的全面领导，也充分尊重了学校教育教学规律和校长作为专业管理者的角色定位。坚持党委领导下的校长负责制，这意味着职业学校在治理过程中，党委要充分发挥领导核心作用，把握学校发展方向，监督学校依法办学，参与重大事项决策，同时支持校长独立负责地行使教育教学和行政管理职权。这种领导体制确保了学校既能紧跟党的教育方针，又能灵活应对职业教育市场的变化，保持教育的创新性和竞争力。在此基础上，学校应积极探索和实践，充分发挥自身在职业学校治理中的重要作用。一方面，通过建立健全内部治理结构这一方式，明确各层级、各部门的职责权限，形成决策、执行、监督相互协调、相互制约的机制，提高治理效能；另一方面，强化师资队伍建设，提升教师专业素养和教学能力，为学生提供优质的教育资源和成长平台。同时，加强与行业企业的深度合作，推动产教融合、校企合作，共同培养符合市场需求的高素质技术技能人才。

2. 坚持构建多元化办学格局

《国家职业教育改革实施方案》要求，健全多元化办学格局，推动企业深度参与协同育人，扶持鼓励企业和社会力量参与举办各类职业教育。其中产教融合、校企合作是职业学校多元化办学的重要途径，校企合作"八个共同"是其重要表现形式。此外，学校与各级政府部门、学校与行业指导委员会、学校与科研院所等合作是多元化办学途径的重要发展方向。职业学校的多元化办学格局，有利于引进整合企业和社会办学资源，吸收企业优秀的生产管理经验，缩短学生适应社会和岗位的时间，为职业学校提供更广阔的发展空间。同时，在开展职业学校治理体系建设的过程中，也应当允许企业、行业协会等合作方参与学校治理，探索职业学校多元办学、多元治理的新格局。

3. 重视学校章程与各项规章制度的修订

学校章程是学校内部的宪制性文件，由学校根据国家或地方政府的教育法律法规，按照一定的程序制定的有关学校性质和基本权利的并且具有一定法律效力的治校总纲领。对于职业学校的现代治理体系建设来说，学校章程就是学校治理的根本依据，占据着十分突出的重要地位。学校各项规章制度受到学校章程的约束，并根据章程所赋予的权利进行制定。这些规章制度涵盖了多个方面，包括但不限于涉及决策的领导制度、教职工代表大会和学生代表大会制度、工会制度、学术委员会制度，还有教育教学、学生管理、科研管理、社会服务等重点工作部门的制度。职业学校要根据社会环境的变化和学校发展的阶段性特点，及时修订学校章程与各项规章制度，逐步完善各项制度的责权利关系，健全监督检查体系，为学校现代治理体系建设提供坚实的制度保障。

4. 构建有特色的学校治理体系

每所学校都有不同的办学环境与办学特色。职业学校应该根据自身实际来制定学校使命、愿景、价值观和学校规划，在制定章程和各项规章制度的时候也应带有学校办学的特色。因此，在开展学校治理体系建设的时候，不应该全盘照搬其他学校的模式，而是要根据自身的办学实际、办学经验与办学理念来构建有自身特色的学校治理体系。

（五）职业学校治理体系构建过程中要解决的主要问题

1. 职业教育治理理念与企业治理理念融合的问题

职业学校是职业教育的重要组成部分。从学校角度来看，职业学校理应遵循职业教育治理体系构建和职业教育治理理念的要求，形成职业学校治理体系，认真履行学校基本职能，提高人才培养质量，服务社会经济发展。同时，职业教育又要求构建多元化办学格局，扶持鼓励企业和社会力量参与举办各类职业教育，包括成立混合所有制的二级学院等。这些在本质上就是构建比传统的产教融合、校企合作还要更紧密的职业学校与企业联合体。在这种体制下，职业学校不仅具备职业教育的特有功能，需遵循职业教育治理理念，同时还兼具企业特性，受到企业治理理念的影响。因此，职业学校在推进治理体系建设时候，学校领导必须处理好职业教育治理理念与企业治理理念如何进行有机融合的问题，要尽可能地减少理念的冲突，尽可能地让双方达成一个动态平衡的状态，这对治理体系建设发挥着至关重要的推动作用。

2. 学校党委、校长和社会参与方的权责问题

目前我国公办职业学校一般实行党委领导下的校长负责制，具体体现为：党委负责制定领导学校发展的路线方针，校长负责具体事务。民办职业学校一般实行董事会领导下的校长负责制，具体体现为：董事会负责领导学校发展的路线方针，确保路线正确，校长负责具体事务。我们可以看到，即使是公办职业学校，也会存在党委与校长角色权责分工的问题，民办职业学校则出现董事会、党委、校长三者的责权分工问题。如果是公办职业学校引入社会力量办学，更是会出现党委、校长和社会力量参与方的责权分工问题。

对于公办职业学校而言，必须坚持和完善党委领导下的校长负责制，其具体责权表现为：党委负责党的建设、学校发展规划、政治思想工作、意识形态、校园文化建设、干部选拔任用等；校长则负责教学、科研、人力资源、国际交流、后勤管理等具体的行政工作。党委和校长的工作可以通过党政联席会进一步协调。

对于民办职业学校而言，董事会领导下的校长负责制具体表现为党委负责党的建设、政治思想工作、意识形态、校园文化建设；董事会负责学校发展规划、干部选拔任用、人力资源管理、财务管理等；校长则负责教学、科研、国际交流、后勤管理等具体的行政工作。我们可以很明显地看出，民办职业学校董事会掌管了规划、人事及财政等学校关键职权，但校长的职权并未明显削弱。这就要求董事会、党委和校长三者之间要构建新的治理结构。目前我们在实践中探索出一种董事会、党委和学校领导互相任职的机制，这种机制要求学校党委书记和校长必须进入董事会进行交叉任职，从而更加考验三个领导主体的协调组织能力。

对公办职业学校引入社会力量这种情况办学而言，目前的重点和难点是社会力量参与办学者的责权利如何划分，在治理体系上如何体现社会力量参与办学者的地位、作用以及话语权，如何建立有效的领导沟通运行机制。现在已经有部分职业学校开展了一些改革与探索，如设置监事会，或者将社会力量参与办学者视为董事会的成员，以此来确定和规范三个领导主体的职权划分。

3. 政府领导与学校自主办学的协调问题

目前，我国职业教育管理针对公办和民办职业学校呈现出明显的两极分化趋势。对公办职业学校来说，一方面，上级教育管理部门在办学方向、关键岗位人事任命、招生计划制订、专业设置等核心事务上仍然保留极大的决策权。这明显限制了学校自主办学的灵活性与选择空间。另一方面，公办职业学校又高度依赖政府提供的多项福利和特权，如大量的行政拨款、生均经费拨款，招生就业的优先权利，社会资源的优先获取权等。这种现状导致公办职业学校对政府有明显的依附心理，同时，对社会化办学力量的引入有天然的戒心与抵触情绪。因此，推进公办职业学校去行政化，完善党委领导下的校长负责制，提升学校自主办学能力和市场竞争力，以及协调政府领导与学校自主办学的关系，成为构建职业学校现代治理体系中亟待解决的一大问题。

对民办职业学校来说，事情则恰恰相反。上级教育管理部门与政府对民办职业学校关注相对较低，且对其资金和资源投入方面远不及公办学校。这导致民办职业学校普遍面临生存危机，但同时也促使其更适宜市场化的竞争环境，更加开放地接纳社会其他办学力量的参与。

为了深入贯彻落实《国家职业教育改革实施方案》中提出的多元化办学目标，培养更多符合社会需求的复合型技能人才，并有效推进职业学校治理体系建设，当前急需解决两大核心问题：一是如何妥善协调处理好政府领导与学校自主办学之间的关系，二是如何平衡民办职业学校与公办职业学校资源投入及外部监管方面的差异，确保两类学校都能在公平的环境中健康发展，共同为社会培养高素质人才。

（六）职业学校开展治理体系建设的路径

1. 职业学校内部治理体系建设

职业学校内部治理体系建设应以党委领导下的校长负责制（董事会领导下的校长负责制）为核心，建立健全理事会（监事会）监督指导机制。党委是学校办学的领导核心，要严格贯彻落实党的教育方针政策，确保职业学校办学方向的社会主义方向。学校校长和学校其他领导者要规划学校发展，把握学校内外环境的发展趋势。协调学校内外各主体的发展关系，维护学校利益。同时与学校党委共同参与学校人事晋升与干部遴选。学校党委、校长和企业等社会参与方共同组成治理主体，治理主体围绕学校中心工作，根据学校内部分工设置职能部门及工作岗位，负责处理专业事务。学校校长是治理体系的核心，要积极整合内部各部门的力量，切实提升职业学校治理能力。

2. 职业学校外部治理体系建设

职业学校外部治理体系建设，急需政府转变工作职能，并积极强化职业学校、社会参与方和企业合作方对学校治理的参与权与决策权，以真正实现多元化办学的目标。在治理主体的构建上，应有机融合职业学校和企业的治理经验和治理能力，进一步深化校企共同治理水平。在治理机构上，我们可以探索成立理事会和监事会。在具体实施治理过程中，职业学校应与社会参与方和企业要继续深化校企合作、产教融合的合作模式。围绕"八个共同"，各方应从多个方面参与到学校治理体系中，共同推进职业学校治理能力的提升。

三、学校的社会责任

近年来，随着职业教育迈入新的历史阶段，职业学校肩负的社会责任日益受到社会各界的关注。职业学校作为社会组织的关键组成部分，理应承担相应的社会责任。明确职业学校所肩负的社会责任，探索其履行社会责任的有效途径与方法，不仅有助于进一步提升职业学校在人才培养和服务社会方面的能力，更是职业学校领导引入卓越绩效管理模式，全面推动质量管理的重要基础支撑。

（一）职业学校社会责任的概念与内涵

社会责任是指一个组织对社会所应肩负的责任。职业学校作为学校的一种类型，其中高等职业学校又归属于高校的范畴。因此，职业学校社会责任的概念，既涵盖了学校的社会责任，又凸显出区别于其他学校类型，具有职业特性方面的社会责任特质。

1. 学校的社会责任

学校的社会责任，最主要的就是要做好学生的培养。从根本上讲，学校的核心使命是立德树人，培养社会主义建设者和接班人，培养一代又一代拥护中国共产党领导和我国社会主义制度、立志为中国特色社会主义奋斗终身的有用人才。同时，学校作为社会组织的重要组成部分，尤其是公办学校作为国家事业单位的一员，在履行人才培养职责的基础上，还应承担其他社会责任，包括维持社会稳定、开展人文社会科学和基础科学研究、为国家治理提供咨询与智库服务、为解决社会问题提供研究方案、开展社会服务、推动文化传承与创新、促进对外开放与交流等。

2. 高等学校的社会责任

习近平总书记指出："大学是立德树人、培养人才的地方，是青年人学习知识、增长才干、放飞梦想的地方。"高等学校肩负着人才培养、科学研究、社会服务、文化传承创新和国际交流合作的重要职能。高等学校是学校"培养人"，为社会供给人力资源的最后也是最重要的一道关卡，因此高等学校最重要的职能和最大的社会责任就是做好人才培养。

换言之，人才培养是高等学校作为社会组织对社会应负的最重要的责任。"科学技术是人类社会的第一生产力"。高等学校开展科学研究，不仅服务于校内人才培养，更重要的是，通过科学研究成果转化，为全社会的经济发展提供助力，这同样是高等学校社会责任的关键体现。社会服务则是高等学校社会责任的直接体现，其内涵集中体现为"四个服务"，即习近平总书记所强调的："为人民服务，为中国共产党治国理政服务，为巩固和发展中国特色社会主义制度服务，为改革开放和社会主义现代化建设服务。"高等学校是文化传承和文化创新的重要阵地，文化传承创新既是高等学校的重要职能，也是其通过中华传统优秀文化、革命文化、社会主义新文化等，促进社会和谐稳定，推动社会主义精神文明建设的社会责任。当今社会是开放的社会，共建"一带一路"倡议与人类命运共同体理念的提出，彰显了中国正日益走向世界的中心舞台。要实现中华民族伟大复兴，中国社会各界必定要加强国际交流合作。高等学校新增国际交流合作的重要职能，正是顺应了这一社会发展需求。

3. 职业学校的社会责任

职业学校是国家教育的重要类型和关键组成部分，在承担学校普遍应负的社会责任的基础上，职业学校因其"职业"办学特色，还需肩负其独有的社会责任。首先，在人才培养方面，职业学校肩负着为社会输送行业一线的技能型和应用型毕业生的重任。在培养过程中，强调理论知识与实践操作的有机结合，知识学习与技能训练相融合，重点培养学生一线工作的能力，包括团队合作、表达沟通、创新创造等，为我国技术技能人才培养作出了重要贡献。在科学领域，职业学校倾向于应用科学的研究，致力于为社会研发工业生产的新产品、新材料和新工艺，改进制造流程，凸显实践应用价值。在社会服务层面，职业学校充分发挥技术技能的优势，为社会提供各种类型的职业技术技能学习与培训服务，助力提升产业和企业员工的技术技能水平。在文化传承和创新方面，职业学校注重传承民间传统文化中的技术技能精髓，同时积极传承宣传工业文化，在技术和工艺上不断创新，以实践应用型为主导方向。在国际交流合作方面，职业学校承担为"走出去"的企业开展培训的职责，同时着力培养"引进来"的外国留学生的技术技能，在国际舞台宣传中国工业文明，为产业全球化贡献力量。

（二）职业学校社会责任的具体内容

从职业学校的社会职能看，其社会责任的内容包括人才培养、科学研究、社会服务、文化传承创新和国际交流合作。从职业学校的服务对象角度而言，职业学校的社会责任可细化为：职业学校对学生的责任、对教职工的责任、对政府的责任、对企业的责任、对职业学校所在地社区的责任以及对市民的责任。

一般而言，职业学校社会责任的具体内容仍需以人才培养、科学研究、社会服务、文化传承创新和国际交流合作五大职能为基石。一方面，这五大职能分别是对学校教学、科研、社会服务、文化传承和交流功能的总结和凝练；另一方面，职业学校也要在这五大职能的基础上，凸显出职业、技术和应用等方面的特色，从而使最终呈现的社会责任内容与普通学校形成鲜明区分。

1. 人才培养责任

为社会经济发展培养高素质的应用型技术技能人才，是职业学校最大的社会责任，也是其他四大社会责任存在的基础。科学研究是在人才培养中的重要环节，其主体是广大教职工和学生，没有高质量的人才培养自然谈不上履行科学研究责任。

学校培养高素质的毕业生进入社会，这本身就是最大的社会服务行为。同时，学校师生员工为社会提供技术技能培训、公益服务、志愿服务等，都取决于职业学校办学实力与人才培养质量。文化传承创新的基础在于师生员工，高水平教师引领和高素质的学生是职业学校开展文化传承创新的基本条件。在国际交流合作方面，无论是"走出去"服务在国外的中资企业，还是"引进来"的国际留学生，本质上都要以学校人才培养质量和办学水平作为基本衡量标准。

2. 科学研究责任

职业学校的科学研究遵循"产学研"结合的原则，依托校企合作、产教融合的人才培养模式，不难发现，职业学校的科学研究更多聚焦以实际生产为目标的应用型研究。通过将企业生产中面临的实际问题、学生学习实践和技术改进及技术研发三者相结合，专注于实际问题的解决和技术研发与推广。在新时代背景下，产学研融合对职业学校提出了更高要求，即职业学校要与企业共建技术研发中心、联合开展与生产相关的技术横向课题研究、共同探索新技术、新方法的研发以及技术推广工作，充分发挥职业学校服务企业技术研发方面的独特功能。职业学校还需进一步完善教科研管理体制机制，创新校企合作开展科学研究的方式方法，加强科研廉洁监督，充分调动广大师生员工参与科学研究的工作的积极性，从而为企业和社会做出更大的贡献。

3. 社会服务责任

严格来说，职业学校的社会服务责任有两层含义：其一，学校师生员工为社会大众提供服务的责任；其二，职业学校致力于提升人才培养质量，提升学生为社会服务的能力。后一种类型的责任前文已经述及，这里不赘述。

学校师生员工为社会大众提供服务的责任，其中一大重点在于为企业提供服务。除此之外，职业学校扎根地方，积极开展科研成果转化工作，服务于工农业技术的更新与应用，承担地方产业转型以及现代产业体系建设的重任。职业学校应主动对接地方发展规划，密切关注地方经济产业发展，并以此作为学校开设专业、开展专业群建设的重要依据，开设技术技能学习培训基地，服务地方产业链。

同时，职业学校还承担着全民教育、职业教育推广等责任。例如，近年来，每年举办的"职业教育活动周"要求各职业学校开放校内外实验实训基地，邀请广大市民走进学校体验职业教育，接受技术技能培训。职业教育还承担着为退役军人、农民工、下岗工人和新型职业农民等"四类人员"开展学历及非学历教育的责任，对提升国民素质、稳定社会秩序起到重要作用。

4. 文化传承与创新责任

职业学校的文化传承与创新责任同样具有两层含义：一是职业学校校园文化的传承与创新，二是对中华优秀传统文化等社会文化的传承与创新。

职业学校的校园文化作为有自己独特的文化，本身就是在学校不断地发展过程中凝练而来，并在持续发展中代代传承，是与学校发展史所并行的精神财富。在学校文化发展传承的过程中，不断融入新的文化内容，创新学校文化的内涵、载体和层次，是职业学校文化传承与创新的责任。

另外，对中华优秀传统文化等社会文化的传承与创新也是职业学校的一大责任。传承中华优秀传统文化，职业学校主要以技术手段对文化载体进行技术支撑。在传承传统的同时，创新推动工业文化、质量文化等先进文化在社会中传播，促使社会责任文化的形成。

5. 国际交流合作责任

长期以来，高校和学校的社会责任一般都归结为以上四种。然而，随着经济全球化发展以及中国"一带一路"倡议的推进，中华民族伟大复兴事业的展开，国际交流合作的职能和责任近年来逐渐显现，并越来越重要。长期以来，职业学校较少承担国际交流合作的职能和责任，因此国际交流合作方面如今成为广大职业学校的一大短板。国际交流合作责任要求职业学校一方面要"走出去"，服务于国外开办工厂的中资企业，为中国制造走向世界保驾护航；另一方面要"引进来"，招收和培养国际留学生，让中国的文化优势、制度优势能随着留学生走向全世界。

（三）职业学校社会责任的履行路径

1. 提升学生培养质量

从前文可以看出，职业学校在人才培养、校内科学研究、校内社会服务、学校文化传承与创新等方面，本质上都要通过提升学生的人才培养质量来实现，校外社会服务，社会文化传承与创新、国际交流合作也都和学校学生的人才培养质量密切相关。因此，职业学校要想更好地履行社会责任，提升学生培养质量是第一要务。

职业学校学生的培养，首要任务是培养学生的品德。立德树人是学校人才培养的根本任务，培养社会主义建设者和接班人是人才培养的根本目的。其次要培养学生理论学习与实践操作相结合的学习方式，不断提升学生技术技能水平，这是职业学校学生培养的重要方面。此外，除知识和技能的教育外，还要强化学生在工作相关能力方面的培养，包括团队协作、沟通交流、理解执行和创新能力等。在思想上，锻炼学生的抗压能力，培养其吃苦耐劳，勤奋务实的品格。特别要注重学生责任意识的培养，具备良好的社会责任感，包括家庭责任和社会集体责任。职业学校在对学生进行责任教育的同时，也是在履行自身的社会责任。

2. 建设优秀的教师队伍

建设一支适应职业教育规律、结构合理的高水平教师队伍，是提升学生培养质量的关键。教师队伍的水平直接决定学校人才培养的质量。为此，应重点关注教师的教育教学能力、教科研能力、技术技能水平、社会服务能力、文化传承与创新能力等关键能力的提升，以增强学校履行社会责任的能力。同时，需建立和完善教师培训制度，根据每位教师的实际情况和个人特点，制订个性化的培训计划，通过内部培养和外部送培等方式，持续提升教师尤其是新进教师的教育教学水平，从而提高教师队伍的整体教学质量。此外，完善职称评聘制度至关重要，合理的职称评聘制度能够为教师提供公平公正的价值导向，激发教师主动学习和自我提升的积极性，激发教师的工作热情。

3. 提升学校治理能力

职业学校的治理水平和治理能力是影响人才培养质量的重要因素。提升学校治理能力，首先需增强学校制度发展规划的能力。学校应清晰认识自身的发展定位，制定合理的发展目标和规划。在专业和专业群建设方面，应紧密对接社会需求，将地区产业转型升级和地区产业链发展作为专业设置和调整的重要参考，确保专业设置与当地社会发展水平相匹配。同时，人才培养方案、课程建设、实习实训等环节应根据地区社会经济发展的要求进行相应调整，将学校发展规划融入地区社会经济发展规划中，提前谋划专业课程，确保学校人才培养始终与当地社会经济需求相契合，从而保证学校社会责任的履行质量。

4. 深化校企合作与产教融合

校企合作与产教融合是职业学校深化教育教学改革、提升人才培养质量的重要原则和方法。职业学校应探索多元化办学模式，吸引行业知名企业合作办学，共同建设产业学院或专业。通过与企业深度合作，推进高水平职业学校和专业群建设，开展现代学徒制试点，探索构建"校中企"模式，使学生在学校内直接接触企业生产一线。

职业学校还需加强与行业、企业及社区在培训方面的合作，提供多样化的技术技能培训服务，提升职业教育的社会认可度。同时，加强学校技能培训基地建设，提高职业学校服务社会培训的能力。

5. 打造学校责任文化

职业学校努力打造责任文化，并在学校内部及社会上推广，是履行社会责任的重要方式。职业学校应倡导诚信教育，抵制学术不端行为，营造诚信负责的文化氛围。这不仅要求教师团队肩负起学生培养的重任，也要求对学生进行责任文化教育，引导学生树立诚信负责的价值观，积极抵制不诚信和不负责任的行为，勇于承担社会责任。

职业学校还应自身践行责任文化，积极参与地方社会公益活动，如无偿献血、学雷锋活动、志愿者服务、义务演出、公益宣传等，并关注校园周边环境发展，主动与相关部门合作，开展校园周边安全和环境的整治工作，营造积极承担社会责任的文化氛围。

6. 开展国际化建设

职业学校开展国际化建设，首先，需树立国际化办学意识和理念。其次，应完善国际化办学所需的软、硬件设施，包括留学生宿舍、专门负责留学生教育教学服务的教学团队和管理团队、国际化发展的相关制度规范、国际留学生的招生渠道建设、国外教材和课程的引进、国际化人才培养方案的制订等。在服务中资企业方面，建设专业服务团队，做好与企业的对接，调配学校教师及教学资源，提供有效服务。

四、实施范例

（一）总则

某职校历任领导班子成员传承和发扬"厚德精技，求真尚美"的价值观和"同心文化"（图2-1），以培养"高技能人才"服务区域经济发展为己任，带领全校师生锐意进取、开拓创新。在不同历史阶段，明确学校愿景和使命并为之拼搏奋斗。通过积极有效的沟通和良好的文化体系建设，营造了追求顾客满意、高效运作的环境，建立了高效的组织治理结构，勇于承担社会责任，为学校追求卓越发挥了关键作用，使学校走上科学、健康、创新发展的道路。

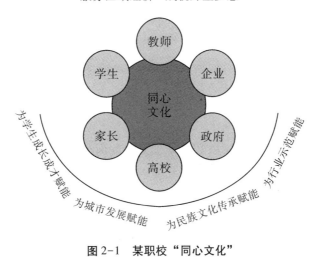

服务区域经济　成就师生梦想

图2-1　某职校"同心文化"

（二）高层领导的作用

某职校高层领导高瞻远瞩，深入学习贯彻习近平新时代中国特色社会主义思想，坚持社会主义办学方向，落实立德树人根本任务。紧密结合国家职教政策、教育行业发展特点以及学校内外部发展环境，明确学校使命、愿景、价值观和办学方向。通过充分授权、保持双向沟通、营造改进创新的环境、建立完善的组织治理架构、明确履行教育质量管理职责，持续推进学校品牌建设以及绩效管理，实现学校目标，达成学校愿景。

1. 文化的建设

（1）某职校发展历程及各阶段文化的特点

学校高度重视文化建设，高层领导以身作则，确保学校的核心价值观在发展过程中始终如一。在各个发展阶段，学校以务实的工作作风，凝练出"使命、愿景、价值观"，逐步形成独特优秀的"同心"文化体系，如表2-1所示。

表2-1 某职校核心理念的形成过程

阶段	学校文化征程
学校初创期	学校以"校风正、教风严、学风好、校园美、制度全"为办学核心理念，为学校初创期各项工作确定基本方向，打下坚实基础
学校成长期	依托国家职业教育大发展的背景，学校经过十年初创期，进入了高速发展的成长期。专业设置、管理格局日趋规范。依托柳州奇石城区域特色，"一方山水，一方风物"，学校充分利用本土丰富的石头资源，着力打造独具特色的"校园石文化"，逐渐形成了"点石成金，以石育人"校园文化内涵
学校发展期	打造"金石"文化：金石精神是某职校人为培养学子的君子品格和笃定惠能启功的路向，形成的一种思想承载力。 提倡自强不息、追求卓越、至诚至善、德技双修、精益求精、理实一体的精英品格
创新发展期	形成"谋大同，合人心"的"同心"文化理念：聚焦"立心"，着眼"走心"，指向"人心"，引领学校师生同心同向，同频共振，助推学校教育教学高质量发展。 提倡高度的政治自觉和使命担当，紧扣新时代党的民族工作主旋律，铸牢中华民族共同体意识，共圆伟大复兴梦想

（2）学校文化建设管理机制

为推进学校文化建设，营造有利于学校发展的内外部环境，学校由宣传文化建设处统筹落实学校文化的各项工作规划和要求，推动文化建设各项目标的实现。在多年的文化建设中，学校总结了一套具有本校特色的学校文化管理机制，涵盖启动、诊断、规划、实施、提升五个环节（见图2-2），循环推进，持续优化。

图2-2 学校文化建设系统

①启动。

自建校以来，学校高层领导重视校园文化建设，从设立宣传部到成立宣传文化建设处，不断强化校园文化职能，通过定期开展面向全校师生、离退休教职工、海内外校友、企业及社会人士"使命、愿景、价值观"大讨论和征集等活动，广泛动员群众参与，凝聚共识。

②诊断。

在校园文化建设过程中，学校在每个发展阶段都会分析当前发展基础情况和面临的形势，明确所遇到的问题、机遇和挑战。通过对比现状文化与期望文化，找出差距，确定值得保留的文化特征等，从而明确改进方向。

③规划。

学校始终坚持以面向现代支柱产业及新兴产业的办学思路，融合本土产业文化、先进企业文化、特色学校文化等多元文化，明确文化建设目标，制定重点任务及实施路径，努力构建富有思想内涵和学校特色的优秀校园文化，进一步彰显学校民族职业教育办学特色，更好地促进民族传统文化、职业技术教育和现代校园文化的有机融合。

当前学校文化体系所包含的内容：以"同"字为核心的"同心文化"（见表2-2），既是校园文化的缩影，也是办学成果的体现。它概括了我校将民族办学特色与党建工作、学校发展紧密结合，倡导师生树立高度的民族自尊心和自信心，夯实关于中华民族共同体意识的精神理念根基。

表2-2 "同心文化"体系核心理念的表述

核心理念	内容	阐释
使命	服务区域经济成就师生梦想	服务区域经济的目标在于输出拥有较强动手和服务能力的人才，推动区域发展； 服务区域经济的胸怀在于秉持道德理想履行社会职责，造福大众； 服务区域经济的意境在于以社会需求为导向开创新专业，展望未来
愿景	建设全国一流的现代化品牌职校	全国一流：在民族文化教育、非遗技艺传承、民族产业发展等方面达到或超过全国同类学校的平均水平或优秀水平； 现代化：引入和运用先进的教育理念、教学方法、教学设备和信息技术，为学生提供多元化、个性化、实践化的教育教学服务，培养学生的创新精神和综合素质； 品牌中职：以民族非遗为特色，打造具有较高知名度和认可度的民族文化品牌，为社会输送具有民族文化素养和非遗技艺能力的优秀人才
价值观	厚德精技求真尚美	厚德，是培养襟怀志向的途径； 精技，是保障事业和生活向上的理想，精技需要求真，厚德需要尚美； 求真，既是要把握教育教学的规律，又要学贵致精，探索知行合一的道路； 尚美，既要注重智慧的追求，又要用美好人生的信念培养个性气质
校训	德能启功金石道威	德能启功，在于积累根本的德行，追求卓越，笃行锻造"功勋"之路； 金石道成，在于志向高远弥新尚美，完成德能"基石"之业
校风	志趣领航学贵致精	志趣领航，重在赋予个体张扬个性和充盈情感的张力，是对提升生命质量的导航； 学贵致精，是对教育品质的保障，它是在持续培养学生纯洁道德和独立行动的过程中，激发出的金石精神的力量

表2-2（续）

核心理念	内容	阐释
学风	德能并举 知行合一	个人成长需要德能并重，才能人性完备、人生完美；用"知"的思辨方法推理发展趋势，完成"行"的目标进取；在"知"的过程中，把握规则、坚持真理，在"行"的过程中，成熟思想、出彩人生
教风	德艺垂范 启慧怀远	德艺垂范，不仅需要人师的品格修养，还需要教师的教学艺术； 启慧怀远的艺术，摘取了远行的心智果实，赋予学生功崇德技的发展方向； 启慧怀远的风尚，以教师的卓越大气持重，形成学子生命志趣领航的理想

④实施。

A. 文化的宣传。

根据不同的顾客，采用多渠道、多方位的传播和沟通方式。为确保文化传播的效果，学校应根据不同传播对象，选择不同的传播方式（见表2-3）、采用不同的传播载体。

表2-3　多渠道、多方位、立体式的传播方式

对象	传播方式
全体教职工	新员工入职培训/在职培训/文体活动/教代会等各类会议
学生	新生入学教育/校园文化活动/班级主题班会及团日活动
供应商合作伙伴	各层级互访、参观、座谈会/协议商讨
社会公众	网站/新媒体/宣传画册/社区文化活动/媒体开放日/校园开放日

B. 文化的贯彻。

学校通过"同心家园""同心育人""同心筑梦""同心同向"等方式向各相关方传播"同心"文化。以"同心"为标识，以文化理念浸润"第一课堂"，贯穿建校办学的方方面面。目前，该文化已在校内外广泛流传、深入人心，提起该职校，师生们会首先想带你到学校的"同心园"走一走。

a. 同心家园——打造文化阵地，构筑同心家园。

为营造浓厚的"同心文化"氛围，2019—2021年学校精心打造了民族团结"同心园"，秉持"中华民族一家亲，同心共筑中国梦"的理念，以"同"字命名主要建筑物，旨在体现全面贯彻党的民族政策，深化民族团结进步教育，铸牢中华民族共同体意识，促进各民族共同团结奋斗、共同繁荣发展。"同心家园"作为"同心文化"的主阵地，园内设有"同声楼""同乐廊""同望亭"等特色建筑。

b. 同心育人——根植民族情怀，培育技能人才。

学校与诸多民族工业品牌企业开展深度合作，通过"同心育人"模式，为地方民族企业输送了大量技术型人才。同时，积极帮助民族地区贫困学生改变命运，使学生们掌握一技之长，感恩党和祖国，投身家乡建设的伟大事业。

从服务民族地区、关注各族学生成长角度出发，学校深入开发和利用地方特色文化资源，挖掘民族文化技艺，开发了民族服饰、民族歌舞、民族传统体育等具有鲜明地方文化特色的课程和教材。通过整合政府、企业资源，凝聚社会多方力量，与民族非遗传承人和企业联合创建了多个民族文化传承基地。开展教学、科研、产业、商业深度合作，打造立体化、交互式教育空间，实现了民族文化、职业教育与学科教学的有机融合，将"同心文化"贯穿学校整体育人理念和模式中。

c. 同心筑梦——同心共筑中国梦，民族技能助振兴。

学校将"同心文化"延展到校外，基于"同心育人"理念，开展技能扶贫，同心筑梦。开办民族刺绣技艺培训、在对口扶贫村组建"民族刺绣车间"，开办"少数民族流动人口民族技能创业培训班"，让各民族人民共同感受民族政策的温暖。学校师生还利用"直播带货"助推相对贫困地区农副产品销售，将互联网空间作为传播"同心文化"的新阵地，探索出一条文化赋能、技能帮扶的创新路径。

d. 同心同向——厚植中华民族共同体意识，同频共振共促发展。

学校坚持以习近平总书记关于民族工作的重要论述为根本遵循，强化顶层设计，发挥主导作用，成立"民族团结进步创建工作领导小组"，制定民族团结进步创建机制，引领学校师生同心同向，同频共振，统筹办学治校、教育教学、人才培养等育人资源，定期开展主题宣讲会，面向师生系统宣传学习阐释党关于加强和改进民族工作的重要思想，增强铸牢中华民族共同体意识的自信自觉。

聘请民族非遗传承大师常驻学校，承担授课亲传技艺，促进学生近距离接触民族非遗文化及技艺，增强民族文化自信；利用学校民族同心园、民族服饰体验馆、非遗学堂、民族工艺美术实训室、农民画坊等民族文化教育阵地，建设侗美合唱团、芦笙队、民族体育竞技队等民族社团组织，定期开展民族教育主题活动，增强各民族师生民族文化认同和民族自信，促进民族文化的创新与发展。

C. 高层领导的表率。

学校领导高度重视学校文化建设，制定《某职校"十四五"校园文化建设专项发展规划（2021—2025年）》，组织宣传文化手册。校领导班子将"同心"文化落实到各自分管的领域带头践行学校文化，并起到表率作用。

⑤提升。

学校不断通过对标对表《中共中央 国务院关于进一步加强和改进未成年人思想道德建设的若干意见》《教育部 人力资源社会保障部关于加强中等职业学校校园

文化建设的意见》等文件的要求，结合实际，从物质文化、精神文化、制度文化、行为文化及品牌文化建设五个层面进行（见表2-4），遵循循序渐进、逐步推进的原则，弘扬传统、突出特色，以期达到立德树人的育人环境持续优化、学校的文化软实力和核心竞争力显著提升的要求，办好人民满意的教育。

表2-4　学校文化建设改进计划

方向	目标	具体实施计划
物质文化	完善校园基本建设，美化校园景观，建成环境优美、设施完善、功能齐全、特色突出的校园自然和人文环境	1. 校园建设规划与实施 2. 重点建筑和文化设施建设
精神文化	突出"厚德精技，求真尚美"的办学理念，凝练学校精神，注重对学校精神文化的培育，推进校企文化的融合，突出职业教育特色，争创一流	1. 强化理想信念教育 2. 大力弘扬学校精神 3. 培育爱校文化 4. 培养职业精神
制度文化	加强制度建设，形成合理的学校治理结构、管理体系与运行机制，建立健全各项管理制度，努力构建民主、科学、和谐的制度文化	1. 完善学校治理结构 2. 健全规章制度 3. 强化管理制度执行 4. 完善民主管理与监督
行为文化	加强行为文化建设，强化教师的行为主导的引领和学生的行业素质的培养，形成优良的校风、教风和学风	1. 建设良好的校风 2. 建设良好的校风 3. 建设良好的学风
品牌文化	打造一批有影响、有特色的校园文化品牌活动，建成校园融媒体中心，培育一支校园媒体团队和一支文化创意团队。 通过文化传播交流活动和对外宣传推介，在市级以上新闻媒体发布的学校正面报道年均60篇次以上，不断提升学校在社会的知名度和美誉度	1. 文化标识建设 2. 文化品牌项目建设 3. 学校文化传播 4. 文化交流合作

2. 沟通机制

（1）鼓励沟通机制

学校领导班子坚持党组织领导的校长负责制，坚持党组织领导和校长负责相统一的原则，坚持集体决策、加强校内外沟通，畅通教职工意见反馈渠道，共同推动学校高质量发展。依托职教集团平台交流、承办上级部门项目、接待外来团体参观交流等方式，加强学校形象宣传，传播了学校的文化理念、发展方向和关键绩效目标。表2-5展示了学校领导与教职工、相关方的沟通机制。

表 2-5 学校领导与教职工、相关方的沟通机制

沟通范围	沟通维度	沟通方式	沟通内容	覆盖人员	频次
内部沟通	横向	党委会、校长办公会	围绕学校战略近期的工作安排，沟通情况，协调问题，集体讨论、集体决策	学校党委委员、校领导班子、相关部门和系部	每周/即时
		工作协调会	就近期具体工作进行协调安排，促进绩效提升	相关部门	即时
		线上沟通软件（如钉钉）	动态双向沟通反馈具体项目的推进情况	全体教职工	即时
	纵向	教职工代表大会	有关价值观、发展方向和关键绩效目标的学校战略、学校文化、重大决策等	全体教职工	年度
		座谈会	学校领导班子结合系部和支部工作的联系制度，到一线和基层了解师生情况，及时排忧解难，回应合理需求	全体教职工	年度/即时
		校长信箱、校长热线、学校热线	教职工就自己关心的问题，向校长信箱投稿，校长定期回复和解决	全体教职工	每学期
		调研走访	学校领导班子到系部一线调研工作情况	全体教职工	每学期/即时
外部沟通	纵向	高层论坛	通过职教集团线上平台，开展学校形象宣传、办学成就介绍，交流双方需求、合作动态等	合作企业、兄弟院校	年度/即时
		考察调研	价值观和文化、长远发展方向；学校形象，学校办学成就，政府对学校办学的期望	政府、行业企业、兄弟院校	年度/即时
	横向	职教宣传周	学校形象宣传、专业和文化展现、招生宣传、对外交流	社会公众	年度/即时
		公益活动	价值观和文化、长远发展方向；学校形象宣传，办学成就	社会公众	年度/即时

（2）激励机制

学校领导班子制定了多种激励制度（表 2-6），对追求卓越绩效和以顾客、过程为关注焦点并表现突出的组织和员工给予表彰和奖励。每年学校都会召开年度总结大会，对在各方面表现优秀的教职工和学生进行表彰，由校领导亲自颁奖，以此鼓励获奖者继续追求卓越。

此外，学校还定期组织对激励机制情况的调查，以了解教职工对激励机制的意见和建议。根据目前的调查反馈，教职工普遍倾向于获得业务能力提升的机会，而非仅关注短期的物质奖励。

表 2-6　学校激励系统

价值观导向	激励导向	激励项目	奖励对象	评定频次	评定部门
厚德精技，求真尚美	爱岗敬业	爱生模范/师德模范/教育教学能力大赛/班主任能力比赛/教师技能比赛（单项)/国内外进修/学历提升/挂职锻炼/建设技能大师工作室/名师工作坊/优秀教育工作者/优秀班主任/优秀党务工作者/优秀教师	个人/集体	年度	教师发展中心/学工处/教务处/党政办
跟学校同发展	追求卓越	招生工作总结表彰/星级学校评估总结表彰/诊改工作总结表彰/校长质量奖	集体	年度	党政办/招生处/质量办
让追求优秀成为习惯	向优秀看齐和学习	教学名师/优秀教师/优秀高技能人才/优秀教育工作者/八桂学者/全国五一劳动奖章	个人	年度	上级教育主管部门
持续优化业务流程	管理成熟度不断提升	专项工作管理成熟度优秀案例	集体	年度	质量办
持续追求卓越业绩	出色完成年终绩效指标	星级部门/星级系部	集体	年度	质量办
	年度考核优秀集体和个人	事业单位年度考核/年度学生管理考核优秀集体/五星党支部考核优秀集体	集体/个人	年度	人事处/学生处/教务处

3. 环境营造

（1）营造守法和诚信经营的环境

学校坚持以人为本的理念，全面梳理并严格遵守办学管理相关的法律法规，校领导班子以身作则，带头学习法律，推动依法治校；同时，针对教师群体，加强法律知识培训，大力推进清廉学校建设，牵头开展师德师风专项整治和学习活动等。

在师生互动方面，通过打造清廉文化基地、加强警校合作、开展法治教育等系列活动，营造良好的校园法治环境。

同时，针对合作伙伴等相关方，学校倡导诚信经营，组织制定包括合同审定等方面的制度及流程，落实按时付款、按时纳税等制度的落实。

（2）营造鼓励改进、创新的组织环境

学校领导将创新视为学校发展的内生动力，始终坚持以"追求卓越"为核心的发展理念。围绕自治区"星级学校"评选和学校重点战略要求，通过管理创新、技术或产品创新、服务创新三个维度，鼓励教职工实现自身价值和学校的高质量发展，如图 2-3 所示。

管理创新	产品或技术创新	服务创新
·观念转变 ·卓越绩效应用（战略、组织架构优化、流程建设、绩效设计等）	·专业建设创新 ·教学模式创新 ·产教融合创新	师生服务创新（一站式服务中心） 人才服务创新（名师工作室）

图 2-3 学校创新维度

在学生创新环境营造方面，以提升青年学生的创新精神、创业意识和创业能力为核心，着力针对青年学生的创新创业理论教育、实践教育、项目孵化三大方面，将创新创业教育融入人才培养全过程，构建系统的创新创业教育体系。近年来，学校在各级各类创新创业比赛中成绩突出，累计荣获国家级奖项 4 项（金奖 2 项、铜奖 1 项、优胜奖 1 项）；自治区级奖项 74 项，所获成绩在广西壮族自治区内中职学校中名列前茅。学校坚持"以赛促教、以赛促学、以赛促创"的理念，持续深化创新创业教育改革、强化职业技能培养，促进学生全面发展，着重培养新时代创新创业生力军，为社会输送更多应用型、创新型、复合型人才。

在各类创新性激励政策的推动下，全校师生将创新作为发展的内驱力，在人才培养、教学改革、管理服务等方面成果突出。学校整体呈现出浓厚的创新氛围，先后入选"自治区中等职业学校教育科研 20 强""国家中等职业教育改革发展示范学校""第四届中华职业教育创新创业大赛竞赛组织奖""第六届中国国际'互联网+'大学生创新创业大赛广西赛区优秀组织奖"等荣誉。

（3）营造鼓励快速反应的组织环境

为了提升学校适应快速变化的能力和灵活性，学校通过精简和重组组织机构、优化业务流程、实施授权管理、加强信息化建设等方法，提升学生服务质量，增强战略调整能力，加快对学生等相关方意见的反馈和处理。

（4）搭建"一站式、全方位、人性化"服务平台，满足学生学习、生活和发展的需求

"一站式"学生服务中心秉承"以生为本，服务至上"的工作理念，始终坚持以"方便学生办事，解决学生困难，促进学生成长"为服务宗旨。通过工作任务梳理，实现了多个部门的服务职能的有效整合，在不需要多个职能部门派驻的情况下，快速反应并有效地解决所有学生事务的办理问题，推动学校学生工作从"管理"学生向"服务"学生转变。

（5）系部二级管理

为加快推进实施学校发展战略的实施，进一步理顺学校与专业部的权、责、利关系，创新管理机制，增强办学活力，充分发挥和调动专业部的办学主动性和积极性，提高学校管理水平和管理效能。学校以提升办学水平为目标，遵循"重心下移、部（专业部）为基点、权责统一、有效监督"的原则，转变学校管理职能，将管理重心由学校层面过渡到专业部层面。

（6）推进智能化治理，实现校园治理决策快速响应化

学校大力推进智慧校园建设，提出了"应用驱动、一体建设、人人参与、多方支持"的职业学校教育信息化建设新机制，部署一体化智能校园信息平台。平台功能模块实行专门部门负责管理制，制订智慧校园系统操作及数据管理制度及采集流程，实现快速查找数据问题及源头，迅速解决问题。图2-4展示了学校诊改平台运行的机制。

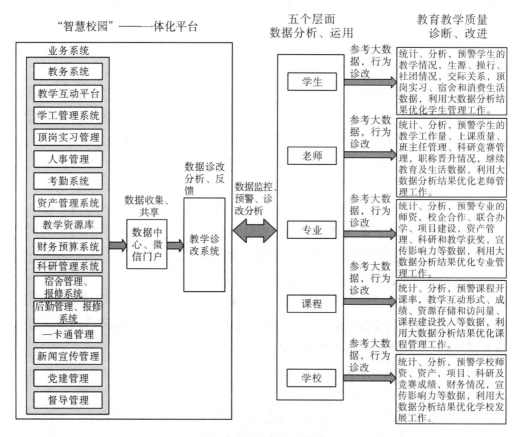

图2-4　学校诊改平台运行

（7）搭建平台，建设学习型成长组织

学校高层领导以促进师生终身发展为工作理念，紧紧围绕"终身学习发展圈"的目标，建设学习型组织。

①教师层面。

搭建教师发展研究平台、教师竞赛互助平台等（见图2-5），建设学习型成长组织，向标杆竞争对手学习、向合作者学习、在失败中学习，助力教师学习先进技术、管理技术。

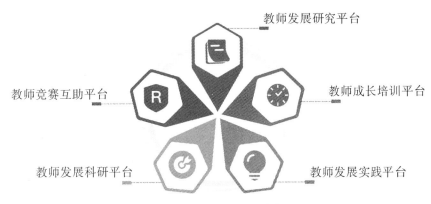

图 2-5　教师"五平台"

②助力学生个性化发展，营造积极的学习环境。

学校着眼于每一位学生的终身发展，以理想信念教育为核心，以生涯规划为主线，以公民素质培养为重点，以健全人格培育为基础，以创新方式方法为抓手，建立健全长效机制，从而营造一个积极的学习环境，并在班级管理中实现师生的共同成长。

A. 依据学校标准，制定学生成长标准体系。

学校制定各领域多维度的、基于企业用人单位需求和中职学生可持续发展需求的中职学生职业核心素养评价标准体系，进一步细化学生个人成长目标，分年度进行构建长远目标，为实践指引方向。

B. 制定个人成长规划。

学生依据星级学生评定标准（见图2-6）的要求，从专业认知、自身情况、发展目标、对标分析等方面制定个人成长规划。

C. 制定个人诊改措施。

学生根据星级学生发展标准和个人成长目标，确定自身成长诊改点，并制定诊改措施。系部、班级关注并追踪学生诊改情况，适时激励，促进学生实现科学化成长。

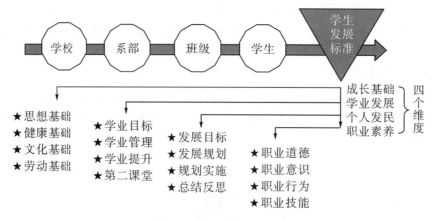

图 2-6　星级学生发展标准

4. 质量安全职责

学校引入卓越绩效质量管理提升项目，通过制度创新、流程再造和管理嫁接，按照教育质量生成的过程，将学校质量管理模式分为"计划目标、资源保障、过程管理、检查改进"四个模块，探索构建内部质量保证工作机制，促进学校从"管理"向"服务"转变，打造和培育质量文化，不断提升学校内涵，促进全员全过程全方位育人。

（1）构建质量管理"四化"

学校设立首席质量官，实行二级系部管理，将职能部门部分管理权责迁移至系部，充分释放系部活力，同时增强职能部门的服务效能。通过"管理"向"服务"转变的思想意识统一，逐步实现质量管理四化目标，如图 2-7 所示。

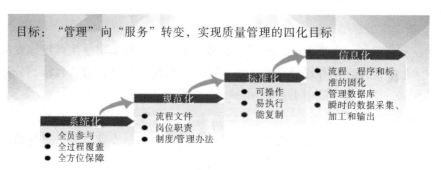

图 2-7　学校质量管理"四化"目标

（2）建立了内部四级质量保证组织

学校实行学校—专项工作组—各系部—专业（课程）四级质量保证组织（见图 2-8）运行，各层级明确职责，进一步理顺、优化内部关系，开展五层面四层级对标诊断，设置预警、开展监控并督查改进，进而确保人才培养方案得以顺利实施，保障服务质量的安全性。质量保证组织与职责的具体内容如表 2-7 所示。

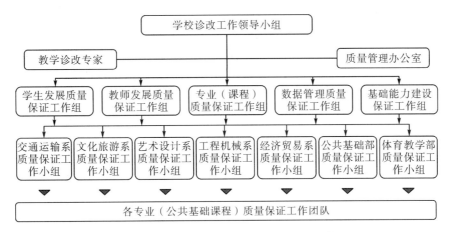

图 2-8 学校内部质量诊断与改进工作机构

表 2-7 质量保证组织与职责

质量保证组织	职责
学校质量保证委员会	制定学校及专业层面的质量保证政策，考核学校各部门工作的绩效和质量；下设质量与督导办公室，负责执行质量监控、考核性诊断制度建立与运行等工作
专项工作组	设立学校层面专业及课程、师资、学生质量、资源服务、校本数据平台、质量文化、诊断改进工作监督专项工作组
各系部质量保证工作组	负责各部门的质量管控，审核专业人才培养方案、专业标准、课程标准，保证专业建设的实施质量，撰写各系部专业质量年度报告
专业（课程）质量保证小组	负责专业、课程质量的自我诊改，编制专业标准、人才培养方案、课程标准（教学大纲），进行学生学业情况调查分析，保证课程实施质量，撰写专业（课程）质量分析报告等工作

（3）内部质量保证工作运行机制

学校逐步建立和完善质量监控工作机制，建成专项督导、质量督导、教学督导、政府督学四支质量监控队伍。这四支队伍围绕教育教学各个环节，采取校园巡查、听课评课、座谈交流、专项调研、数据分析、满意度调查等方式开展质量监控工作，甄别改进时间区间，实施"即诊即改"的督导督查工作模式，为各部门（系部）开展内部考核提供了重要参考，督促各部门（系部）切实履行职责、树立科学的教育发展观、全面落实立德树人根本任务、推进学校可持续发展提供了有力支撑。

其中，由全体校领导牵头组成五个专项督导组，分别为行政效能督导组、教学规范督导组、学生管理督导组、安全保卫督导组、后勤服务督导组。专项督导组聚焦问题改进，从过程和内容两方面对学校管理的各项工作开展监督、评价和指导。内部质量保证工作运行机制，如图 2-9 所示。

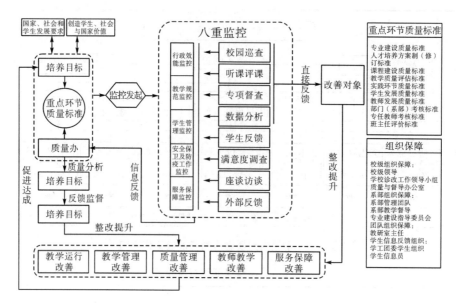

图 2-9　内部质量保证工作运行机制

（4）质量安全制度保障

①建立诊改工作例会制度。

建立诊改工作例会制度，及时通报、分析、处理诊改工作过程中出现的情况和问题，为诊改工作委员会决策提出建议。

②建立诊改工作责任制。

将诊改工作纳入部门目标管理责任制中，并将诊改工作作为目标管理责任制的一票否决项目，作为年度考核的依据。

③通过责任追究制度。

对整改工作不力的部门和个人进行问责，并将责任认定结果列入年度考核。

④实施校内抽样复核制度。

每年开展一次校内抽样复核，主要考察各层面诊改工作的推进情况、内部质量保证体系的建设和运行情况等，将复核结果与绩效考核挂钩。

5. 品牌建设

经过多年的沉淀，学校已在业内树立起良好的品牌形象。为适应战略发展和转型升级要求，学校实施了一系列品牌建设措施，优化品牌要素，打造品牌文化系列传播载体，构建立体多维的精准传播格局，努力塑造更加优质的品牌形象。

（1）党建品牌引领，形成"一系一品+校文化品牌工程"格局

基于"同心文化"，学校大力推进学校文化品牌培育与建设，以品牌建设凝聚党建资源，以品牌建设提升整体效能，积极探索形成符合新时代特征和具有学校特色的"同心铸匠"党建品牌。成立党政办公室、组织人事处、宣传策划处、纪检监察室，使学校党建品牌建设工作职责清晰化、规范化。

将支部建立在系部，形成"一支部一品牌一特色"的建设格局，如交通运输系党支部的"弘扬巴哈"、文化旅游系的"信雅先锋"、工程机械系党支部"红心铸匠"、艺术设计系的"艺匠"等党建品牌（见表2-8），充分发挥党员的先锋模范作用和党组织的战斗堡垒作用，把党组织的政治优势转化为学校发展的动力源，促进学校教育教学管理水平稳步提高。

表 2-8　校系品牌及口号

校系品牌		品牌口号
某职校	"同心铸匠"品牌	某职正青春，同心向未来
工程机械系	"红心铸匠"品牌	匠心引领发展，合力熔铸卓越
交通运输系	"巴哈弘毅"品牌	服务产业，争创一流
艺术设计系	"艺匠"品牌	一人一专长，一生一手艺
经济贸易系	"双联双培，协同育人"品牌	德润人生，技行天下
文化旅游系	"信雅先锋"品牌	专业成就梦想，技能点亮人生

（2）打造"同心文化"典型品牌案例

在"同心文化"的校园文化体系下，打造出"学、美、乐、赢"这一典型品牌案例，如表2-9所示。

表 2-9　"同心文化"品牌口号与案例

校品牌口号		典型品牌案例
某职正青春 同心向未来	学在某职：明所从来知向何处	品牌专业
	美在某职：礼艺双馨向阳而生	文化育人平台
	乐在某职：多彩青春尽显芳华	"好"系列品牌活动
	赢在某职：技行天下人生出彩	技能大赛

①学在某职。

学校不断推动品牌专业建设，集中力量建设一批引领改革、内涵发展、特色鲜明、一流水平的中等职业学校品牌专业，努力提升建设品质，充分发挥品牌专业的引领辐射作用，推动广西中等职业教育内涵发展。

②美在某职。

学校党委将文化建设纳入学校总体发展规划，注重文化传承与创新，不断赋予新的时代内涵，集聚整合育人资源，搭建文化育人平台。着力把中华优秀传统文化、民族文化和社会主义先进文化有机融入人才培养各环节，引导师生从博大精深的中华文化中汲取滋养，丰富涵养，提升品位，达到以文化人、以文育人，进一步夯实中华民族共同体意识的根基，增强中国特色社会主义文化自信。

其中，文化育人党建特色项目获评自治区级教学成果等次评定特等奖、"纺织之光"2020 年度中国纺织工业联合会纺织职业教育教学成果一等奖、第二届"黄炎培杯"中华职业教育非遗创新大赛非遗教学成果二等奖。《中国教育报》对学校民族文化品牌建设成果进行了专题报道。

③乐在某职。

学校深化德育内涵，丰富教育形式，形成了"礼""艺"德育特色，开展了"好"字系列特色活动与民族"同心"文化系列活动，首创"某职好学员""某职好声音""某职礼仪操"等享誉社会的品牌活动，为学生营造出多彩的校园文化生活的氛围。同时，营造了安全舒适的学习与生活环境，使学生学有其所、乐在其中。

④赢在某职。

育人为本，质量为先。学校坚持立德树人育人方针，探索"多类型、分层次"办学新路径，构建"学校专业群+企业"的模式并深入推动产教融合，助推教育教学高质量发展，为品牌创建注入活力，使学生在各个领域获得全面发展。

（3）开展品牌宣传，构建立体多维传播格局

学校与某市广播电视台、某市日报社以及职教网建立了长期友好的合作单位关系，每年与上述合作单位定向签订新闻宣传合约，并达成交流合作协议，在利用好外媒宣传的同时还积极与外媒形成良好的互动关系，形成战略合作模式。学校为媒体提供新闻内容及拍摄场地，扩大职业教育的影响力，依靠媒体单位开展大型活动策划。

（4）开展品牌反馈

通过诊断与改进系统，学校每年对品牌建设体系进行诊断，明确问题、分析原因并确定改进点，螺旋推进，为学校的建设与发展提供了坚实有力的宣传支持。

6. 可持续经营

（1）风险管控

学校根据《中共某职校委员会岗位廉政风险防控实施意见（修订案）》，建立廉政风险防控管理系统，成立防控领导小组，推进廉政风险防控制度建设，通过组织专项培训增强廉政风险防控意识，并且定期开展廉政风险的排查和识别工作。通过计划、执行、考核、修正流程，建立健全廉政风险点防控管理机制，使廉政风险问题做到事前预防、事中监督、事后控制，不断推动学校教育事业健康发展，如图 2-10所示。

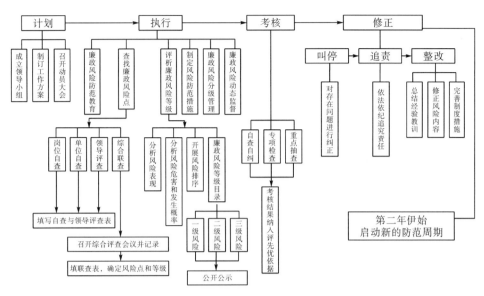

图 2-10　风险控制系统

学校识别出了议事决策、权力运行、制度机制、工作流程、岗位履职、纪律作风六大风险，设置检查项目，制定并实施具体的风险防控措施，每年进行情况排查和监督考核，定期进行修正。

（2）后备干部培养

根据《党政领导干部选拔任用工作条例》，学校出台了《后备干部管理办法》，再从德、能、勤、绩、廉五个方面出发，组织领导干部的选拔、培养、储备、评定和推荐工作，确保学校各级领导干部的有序承接。

为了培养符合学校要求的后备干部，学校要求其必须德才兼备，具备勤勉尽责、廉洁奉公等素质，学校采取了多种措施。例如，组织干部学习班、管理能力提升班、轮岗锻炼等。在这些培训课程中，后备干部能够深入学习相关理论知识，掌握实际工作技能，并进行针对性的实践操作，提高工作能力。此外，学校还加强了干部的考核和评价，通过定期考核、绩效评价等方式，对后备干部进行全方位的评估，为其提供更加科学的成长路径。表 2-10 为学校领导干部选拔和培养机制一览表。

表 2-10　学校领导干部选拔和培养机制一览表

关键岗位	选拔机制及标准	培养方式
校领导	民主推荐→组织考察→党委会决定 标准：德、能、勤、绩、廉	干部学习班、管理能力提升班、轮岗锻炼等
职能部门领导		
系部领导		

7. 聚焦行动

（1）明确目标

学校领导依托专项工作推进机制，各级领导按照分工担任战略发展和重大工作专项组长，来集中力量提升执行力，并进行专项工作检查、督办，保证学校重大事项的顺利推进。

2022 年，在回顾总结学校"十三五"规划期间取得的成就基础上，根据自治区、某市和教育系统"十四五"规划方向，分析形势，明确学校在"十四五"规划的奋斗目标和主要任务：主动响应广西产业振兴和柳州实业兴市对技术技能人才的迫切需求，聚力创新、聚焦质量，秉持"厚德精技，求真尚美"的办学理念，把握某市建设国家产教融合试点城市的机遇，以人为本，全面深化内涵建设，为区域经济社会发展提供强有力的人才和技能支撑。到 2025 年年末，学校治理体系完善，办学特色鲜明，成为全国中职学校质量标准制定的先行者、民族特色中职学校建设的示范者、自治区中等职业教育的领航者。完成"两个跃进""一大征程"。

"两个跃进"：升级为自治区"五星级"中职学校，跃进自治区一流中职学校行列；完成提质培优项目任务，跃升为在全国范围内具有竞争力的中职学校。

"一大征程"：建成全国优质中职学校，蜕变为在国内享有盛誉、实力领先、特色鲜明的中职学校。表 2-11 为校领导为推进"十四五"重大工程的部分具体工作。

表 2-11　校领导推进重大工作一览表（部分）

各级校领导	"十四五"重大工程	具体行动计划
党委书记	总领协调	
校长		
副书记	党建领航等 2 项工程	"党建强基提质""铸魂育人"等 7 项计划
副校长 1	技能优才等 2 项工程	"优化专业结构""优化师资队伍"等 9 项计划
副校长 2	科研提质等 1 项工程	"健全科研管理体系"等 4 项计划
副校长 3	质量强校等 3 项工程	"建立健全质量评价标准体系""强化继续教育职能"等 10 项计划
副校长 4	文化育人等 2 项工程	"加强精神文化建设""加强信息化基础设施建设"等 7 项计划

（2）关键绩效评估

学校搭建校本数据平台，为每位校领导设置驾驶舱，校领导可以随时关注自己分管工作关键绩效的实时数据。校领导通过党委会等方式评估关键绩效指标和重大行动计划，形成决议，分配职责推进下一步工作，持续推动关键绩效目标实现。表 2-12 为校领导评估关键绩效指标推进行动一览表（部分）。

学校战略规划目标和重大计划逐步实现，学校"十三五"期间共规划了九大战略目标，目标完成率达 100%，办学规模和办学质量显著提高。

表2-12 校领导评估关键绩效推进行动一览表（部分）

关键绩效	评价指标	评估方式	周期	负责部门
长短期绩效目标达成情况	KPI指标达成情况（包括专业、课程建设、师资队伍建设等）	党建工作考核大会 教学工作考核大会 年度工作总结大会	月度、季度、半年度、年度	学校高层和各部门
	战略实施情况、战略调整	年度工作总结大会	年度	学校高层和各部门
竞争绩效	1. 主要指标与标杆院校的对比 2. 与竞争院校的比较	专项工作会议 校长办公会	月度、季度	学校高层和各部门
社会责任	相关方利益保护	各相关方信息反馈、满意度调查报告、质量年报等	月度、季度、半年度、年度	学校高层和各部门

学校领导确定改进关键的次序依据主要是项目、管理的重要性和紧迫性，高层领导通过学校内部近三年绩效评审结果，确定改进项目、管理的次序为：一是满意度，二是核心竞争力培养，三是影响战略目标实现的内部管理。

在绩效改进方面，设计了多层次、多样化的改进与创新活动形式。根据各层级绩效指标测量和绩效分析结果，识别主要差距，明确需要采用的改进方法，并列入各级组织或员工个人的绩效改进计划，营造全员参与改进与创新的氛围。

（三）组织的治理

1. 组织治理

学校领导班子根据学校章程规范治理，全面贯彻落实党组织领导的校长负责制，坚持党组织领导与校长负责相统一的原则，学校党委在办学治校、教书育人工作中发挥领导核心作用，把握学校发展方向，决定学校重大问题，监督重大决议执行，校长在党组织领导下依法依规行使职权，全面负责学校的教育教学和行政管理等工作。围绕"党委领导、校长负责、章程统领、多方参与、民主管理"的治理要求，构筑学校运行高效的治理生态。

（1）落实管理责任

学校领导班子由党委书记、校长、党委副书记、副校长等组成，共7人，根据分工落实管理责任；根据党委会议议事规则、校长办公会议议事规则，落实"三重一大"决策制度。学校领导接受柳州市教育局的指导和考核，以绩效考核推动各项管理责任的落实落地。

（2）落实财务方面的责任归属

关于学校的重大财务事项由校长办公会研究提议，党委会决议，财务部门负责执行，纪委监察室负责监督。表2-13为财务重大事项审批一览表（部分）。

表 2-13   财务重大事项审批一览表（部分）

重大财务事项	决策机制	形成决议
学校年度财务预算方案的执行，大额度支出和年度追加预算的执行，大额度资金调动、使用和运作的具体安排，以及财务管理与监督审计的重要事项	校长办公会研究提议，党委会决议	党委会决议
学校重要资产处置、重要办学资源配置、无形资产授权使用方案实施中的重要事项		
学校重大建设、合作、采购项目实施中的重要事项		
学校年度审计计划安排、重点审计项目执行等年度审计事项		

（3）坚持运营管理的透明性

学校制定了《学校信息公开细则》，通过校务公开专栏、信息公开专网等途径进行信息公开。同时，发布年度信息公开工作报告，评估学校信息公开充分性和有效性，完善内部治理、提高工作透明度，助推依法治校和学校改革与发展，同时接受广大师生和社会公众的监督。表 2-14 为学校校务公开一览表。

表 2-14   学校校务公开一览表

公开对象	公开内容
社会公众	学校概况、组织机构、规章制度、学校办学目标、办学成果、专业建设、课程建设、师资队伍建设、大学生技能竞赛、各项学杂收费情况、招生政策等
全体教职工	学校发展规划、学科建设、年度计划、规章制度、财务预决算、教职工福利待遇、专业职务评审过程、评选先进、年度考核结果及学校干部任用情况等

（4）保持内外审计的独立性

学校贯彻落实《财政部关于全面推进行政事业单位内部控制建设的指导意见》（财会〔2015〕24 号）的有关精神，依据《行政事业单位内部控制规范（试行）》（财会〔2012〕21 号）和《行政事业单位内部控制报告管理制度（试行）》（财会〔2017〕1 号）的有关规定，通过控制环境、风险评估、控制活动、信息与沟通、监控五个相互联系的要素，全面做好行政事业单位内部控制工作，保证学校的办学方针和决策得以顺利贯彻执行。

同时，学校坚持外部审计的独立性。学校与会计师事务所合作，授权其对学校实训基地建设、品牌专业建设、办学条件达标等项目进行审计，保证各项目的顺利开展。

（5）政府及其他相关方权益的保护

学校以"建设全国一流的现代化品牌职校"为愿景，除通过内外审计加强监督管理以外，还从组织、制度和监管等方面采取保护措施，保障政府及其他相关方权益，得到各方的积极肯定。例如，开展校企深度合作，合同履约率达到100%，赢得合作伙伴的尊敬与信任。表2-15为政府及其他相关方权益保护措施一览表。

表2-15　政府及其他相关方权益保护措施一览表

相关方	保护权益内容	保护措施
学生	教育教学质量	推进教育教学改革；通过听、评课制度；教学质量等级评定制度等
教职工	职业发展、劳动保护、福利待遇	成立教师发展中心；教职工年度体检；绩效奖励制度；教职工福利制度等
政府	教育资源合法有效利用，人才培养、社会培训服务	教育教学改革；内部控制制度；人才培养质量年度报告等
合作伙伴	权益兑现、人才保障	制定《合同管理办法》等
供应商	权益兑现、公平环境、信守承诺	制定《招投标管理办法》等

2. 领导绩效

学校领导班子由市委教育工委任命，学校每年通过述职评议会、年度考核测评会议、民主生活会等方式配合市委教育工委对领导班子及每一位班子成员进行考核与评价，考核评价内容除党建、党风廉政、安全稳定、意识形态等专项工作检查考核以外，还需要进行年度考核。表2-16为高层领导职责履行情况评价一览表（部分）。

表2-16　高层领导职责履行情况评价一览表（部分）

考核内容	职责履行情况评价（考核指标）	评价方法	评价依据
党建	政治建设、思想建设、组织建设、作风/纪律/制度建设、突出查找和解决问题	述职评议会、年度考核测评会议、民主生活会	年度考核通知、《年度考核登记表》、《年度考核评分表》
党风廉政	落实上级党风廉政工作部署、党风廉政教育、制度建设、权力制约监督、干部选拔用人之风等		
安全稳定	校园安全保卫、校园安全文化建设、校园安全环境治理、突发事件处理等		
意识形态	党委主体责任落实、第一责任人责任落实、直接责任人责任落实、"一岗双责"责任落实等		

学校在接受市委教育工委对领导班子的考核评价后，根据市委教育工委反馈考核及评价结果，在学校领导班子集体会议上通报结果，对考核评价中提到的工作问题进行督促整改，保证学校整体绩效的持续改进，更好地实现战略目标。

（四）社会责任

1. 提要

学校将可持续发展作为学校治理之基，结合发展战略和治理模式，持续推进社会责任工作，努力满足政府、学生、行业、员工、合作伙伴和社区等利益相关方的期望，致力于为学生的成长成才助力，为企业转型升级助力，为民族文化传承助力，为区域经济发展助力。

2. 公共责任

（1）社会影响

学校对教育服务和学校运营进行了深入的分析研讨，识别了质量安全、环境保护、能源消耗、资源利用、公共卫生五个方面的社会影响。为此，学校采取了组建领导机构、制度建设和加强监督控制在内的多项强有力的措施，以有效管理社会影响，并设置关键控制项目及过程，制定了相应的控制措施，并取得了显著成效。

（2）隐忧应对

学校高层领导基于"建设全国一流的现代化品牌职校"的愿景，从战略角度关注学校的可持续发展，积极采取措施解决学生、家长、政府及相关方存在的隐忧。

通过走访调查、组织研讨等方式识别顾客、政府及相关方存在的隐忧，学校高层领导采取提高内部管理质量、制定防范制度、应急预案举措等来解决这些隐忧。社会隐忧应对措施及成效一览表见表2-17。

表2-17　社会隐忧应对措施及成效一览表

存在隐忧对象	隐忧主要内容	消除措施	成效
学生及家长	教学质量不高	全面推动卓越绩效管理，内部保证质量体系诊断与改进	获市五星级家长学校、自治区五星级学校等
	乱收费	收费项目公开	
	就业前景差	公布就业信息，发布就业报告	
	生活条件差	建立一站式服务中心，通过满意度调查促进改进，推动校园建设	
政府	教育教学资源浪费	公开招标，建设项目公开	获自治区示范性中等职业学校、2020亚太职业院校影响力50强、自治区首批现代学徒制试点单位等
	人才培养不合格	提交人才培养质量报告	
	群体安全事故	提交校园安全、公共卫生情况报告	
合作伙伴	人才质量差	发布人才培养质量报告	获批自治区深化新时代教育评价改革第一批试点单位、2021年自治区研学实践工作先进单位等
	技术服务水平低	发布技术合作计划，满意度调查进行改进	
	信息隐瞒	信息公开制度	
供应商	履约能力差	制定《招投标管理办法》《合同管理办法》	自治区五星级学校等
	没有公平公正的营商环境	公开招投标	

（3）风险管控关键过程及指标

学校风险防控领导小组进一步细化和强化对学校运营过程、学生和服务的风险控制，确保学校更好地履行公共责任，保持学校能够健康平稳地运行。学生和服务风险控制关键过程及绩效指标（部分）见表2-18。

表2-18　学生和服务风险控制关键过程及绩效指标一览表（部分）

控制方面	控制项目	风险因素	标准	控制指标	测量方法	控制过程及方法
学生和服务风险	思想政治素质	思想不健康，政治觉悟低，出现反社会行为	热爱祖国，拥护社会主义制度等	发布反动言论、反社会政治事件	信息上报	成立意识形态领导小组，出台相关制度；建立预测预警机制，及时公布防控信息；加强思想政治教育
	职业素养水平	专业知识和技能缺乏，职业能力水平低，就业能力水平低	职业教育专业学习要求	专业学习成绩不合格、职业素养训练学习不合格	学习成绩、实习成绩	建立学业预警机制；加强教育教学改革；毕业资格审查
	心理素质	独立生活、学习能力差，人际交往困难，抗挫能力差		缺乏学习信心、人际交往障碍、遇到挫折萎靡不振	心理健康专项调查、信息上报	开展学生心理健康辅导；建立学生心理健康帮扶、应急机制

3. 道德行为

（1）建立诚信体系，确保组织行为符合诚信原则

学校领导坚持以"诚信为本"为诚信原则，每年在师生员工中开展诚信教育、诚信绩效考核，积极构建以"厚德精技求真尚美"为内核的"金石精神"诚信体系。

在运营管理过程中，学校积极履行承诺，得到顾客、政府、合作伙伴和供应商的高度认可，例如，每年向政府提交人才培养质量年度报告，兑现了对政府办好职业教育的承诺。表2-19为某职校承诺信息一览表（部分）。

表2-19　某职校承诺信息一览表（部分）

承诺对象	承诺主要内容
学生	提供优质的教育教学服务、安全的校园生活环境、良好的升学就业机会
学生家长	提供良好的资助政策、学生学习就业信息、升学辅导咨询
政府	综合利用好各项教育资源办好职业教育、培养社会主义接班人、为社会输送合格的复合型技术技能人才、实现就业稳定、校园安全稳定、提供优质培训服务

（2）做好道德宣传和教育，强化学校道德规范

学校高度重视师生的思想道德建设，以"厚德精技求真尚美"为道德原则，弘

扬"德艺垂范启慧怀远"的教风，积极组织开展道德宣传和教育活动，通过不断完善道德行为监督考核机制，规范师生道德行为，树立了一批先进典型和道德模范。

学校领导班子高度重视道德规范建设，把道德建设放在提升学校内涵建设的重要位置，做好师生道德教育和监督考核工作。表 2-20 为师生道德教育及考评举措一览表。

表 2-20　师生道德教育及考评举措一览表

道德教育考核对象	道德教育主要内容	道德考核举措	考核结果应用
教职工	教风、师德师风	签订《师德师风承诺书》等	在学术、科研、职称评审、公派学习、评优评先等方面实行师德一票否决制
学生	爱国主义教育、学风	综合素质考评、学生守则等	评优评先、升学等方面实行一票否决制

（3）道德行为关键过程与测量指标

表 2-21 为道德行为关键过程与测量指标一览表。

表 2-21　道德行为关键过程与测量指标一览表

对象内容	控制项目	关键过程	控制指标	测量方法	负责部门
组织治理	重大道德风险投诉	制定学校章程，并严格遵守	0	会议、检查、公报	党政办、纪委
学生与家长	服务满意度	制定《学生投诉管理规定》，开通校长热线，进行满意度调查	95%以上	学生投诉；内部统计、分析	学生工作处
合作伙伴与供应商	合同履约率	制定合同管理办法，并严格实施	100%	每年统计分析	党政办
教职工	师德师风投诉	制定《学校师德师风考核管理办法》，受理举报	0	定期考核、监督和通报	宣传文化建设处、纪委

（4）公益支持

学校高层领导高度重视并支持公益事业，以达成学校愿景为目标，围绕"为学生成长成才助力，为企业转型升级助力，为民族文化传承助力，为区域经济发展助力"的宗旨，策划了以扶贫工作、志愿服务、社区服务为重点的"同心善"计划，并积极开展各类公益活动。表 2-22 为"同心善"计划取得的成效。

学校领导及员工积极参与各项公益活动，通过担任志愿者、提供智力和技能支持、捐资捐物等方式，在扶贫工作、志愿服务、社区服务等公益领域取得了显著成效，获得了良好的社会反响。

表 2-22　"同心善"计划取得的成效

公益领域	公益成效
扶贫工作	文化扶贫：通过"指尖新经济"模式，引导更多侗族妇女居家灵活就业，凭借非遗技艺实现脱贫增收。学校帮助某村寨成立"手工刺绣专业合作社"，采用"公司+基地+绣娘+订单"产业扶贫模式，促进当地经济发展。 产业扶贫：学校加强扶贫产品生产端与消费端对接，建立教职工购买某村寨农副产品网络平台与渠道。通过线上微信"接龙"、手机直播带货等方式购买当地农产品，增加贫困群众收入。 教育扶贫：充分利用教育资源，积极促成某村寨"携手启航"学生协会的成立。通过"传帮带"和"大手牵小手"的模式，组织学生开展学业辅导、文体活动、经验分享等各类公益活动，为扶贫村培养人才。 技能扶贫：举办民族刺绣技能提升班，培训 100 人，内容包括民族刺绣技艺提升和创新设计理念。同时，为刺绣非遗传承人举办创新技艺培训班，培训 30 人，培训内容包括民族刺绣技艺交流、提升和创新，引导学员设计和创新文创作品。技艺培训：为某县区当地劳动力人员进行叉车培训认证 150 人
志愿服务	全员动员，注册认证：学校动员广大师生注册自治区志愿服务云平台，通过加入各种志愿团队，选择志愿项目，参加志愿培训等方式，拓展志愿服务的范围，提升志愿服务质量。至 2023 年年底，全校已有 8 691 人加入平台。 党员引领，先锋示范：学校充分发挥党支部战斗堡垒和党员先锋模范作用，发动党员干部弘扬志愿服务精神，争当文明先锋实践者，汇聚志愿服务微力量，释放文明新风正能量。近三年，党员干部志愿开展社区治理、公共文明、疫情防控、入户调查等公益服务数十次，逾千人次参加，为构建和谐社区贡献自己的一份力量，同时也希望通过自己的行动，能够影响和带动更多群众积极参与到爱护环境的行动中。 校园公益，走深走实：学校团委结合专业特点，以弘扬中国传统文化为切入点，以系部为单位，持续开展校园公益活动，并形成特色品牌，如"衣旧情深·与爱同行"学雷锋活动、"洗车就找交运系""青春无'艾'志愿有我"艾滋病宣传志愿活动、"人与自然和谐共生"公益环保活动等。三年来，校内公益服务逾百次，超过 5 000 人次参加。校园公益鼓励学生以公益活动回馈社会，让绿色环保、勤俭节约、懂得感恩成为校园文明新风尚。 社会服务，文明有我：依托市创建全国文明城市和国家卫生城市的要求，学校每年组织志愿者持续不断地开展社会服务活动，如参加市青少年义务植树活动、到市育才特殊教育学校开展关爱特殊群体志愿服务活动、到市科技馆开展志愿者服务、前往社区开展"同频百家宴，共叙邻里情"主题活动等，近三年，学校组织志愿者参加各类社会服务活动逾百次，近 4 000 人次参与。师生们用实际行动践行"奉献、有爱、友爱、互助、进步"的志愿服务精神，唱响了新时代雷锋赞歌

第三章 战略

一、基本概念

职业院校的战略导向通常指的是学校所有教育教学与管理活动都必须在学校发展战略指导下统一规划、协调推进。只有这样，学校在发展过程中才能形成合力，才会取得更好的办学效益和办学成绩。

职业学校的战略导向既是学校为了维持高水平办学的一种战略方向和战略行动，也是由信息传递、沟通、信任和实施构成的一种学校集体行为。根据实施步骤，学校战略导向可以分为战略导向的制定和战略导向的实施两个部分。因此，学校的战略导向可以视为一种在行为上一致、在步骤上一贯的一系列行为，包括学校行为和受学校战略影响的教职工行为。

理解了学校战略导向的概念后，我们可以发现，职业学校要制定战略，首先应深入学习贯彻国家职业教育发展战略规划，明确学校在国家战略布局中的位置，找准学校的发展方向，并以此为背景制定学校专属的战略。例如，近年来高等职业学校倡导的高水平高职院校和高水平专业群（双高）建设，以及中等职业学校倡导实施的星级学校评比，都是国家和省级层面的战略。在制定学校发展战略之后，职业学校应该将发展战略的背景、内涵和实施路径向学校全体教职工清晰传达，以获得全体教职工的理解与信任，达成一致意见，共同推进战略的实施。

二、实践说明

职业院校的战略实施是一个多维度、系统性的过程，旨在帮助学校建立和维持持久的竞争优势，实现可持续发展。

（一）战略制定的背景与依据

1. 外部环境分析

职业院校在制定战略时，首先需要对外部环境进行深入分析，包括政策环境、经济环境、社会环境、技术环境以及行业发展趋势等。这些分析有助于学校明确自身面临的机遇和挑战，为战略制定提供依据。

2. 内部条件评估

同时，学校还需要对自身的内部条件进行评估，包括师资力量、教学资源、学生质量、管理能力等方面。通过 SWOT 分析（优势、劣势、机会、威胁），学校可以明确自身的优势和不足，为战略调整和优化提供参考。

（二）战略实践的主要内容

1. 人才培养战略

创新人才培养模式：职业院校应根据市场需求和行业发展趋势，创新人才培养模式，如实施"订单式"培养、"现代学徒制"等，确保人才培养与市场需求紧密对接。

加强实践教学：注重理论与实践相结合，加强实践教学，提高学生的职业技能和就业竞争力。

2. 专业建设战略

优化专业结构：根据学校定位和市场需求，优化专业结构，发展特色专业，形成专业集群优势。

提升专业内涵：加强专业内涵建设，包括课程体系、教学内容、教学方法等方面的改革和创新，提高专业教学质量。

3. 师资队伍建设战略

引进和培养高水平教师：通过引进和培养高水平教师，提升教师队伍的整体素质和教学水平。

建立激励机制：建立健全教师激励机制，激发教师的积极性和创造力，促进教师队伍的稳定和发展。

4. 校企合作战略

深化校企合作：与企业建立长期稳定的合作关系，共同开展人才培养、科研攻关等活动，实现资源共享和优势互补。

拓展合作领域：不断拓展校企合作领域，如共建实训基地、联合开发课程、共同举办技能竞赛等，提升合作成效。

5. 国际化发展战略

加强国际交流与合作：积极参与国际交流与合作，引进国外优质教育资源，提升学校的国际影响力和竞争力。

培养国际化人才：注重培养学生的国际视野和跨文化交流能力，为国际化发展提供人才支持。

（三）战略实施的保障措施

组织领导保障：成立专门的战略管理机构，负责战略制定、实施和监督等工作，确保战略的有效推进。

政策支持保障：争取政府和相关部门的政策支持和资金扶持，为战略实施提供有力保障。

制度保障：建立健全各项规章制度，规范学校管理行为，为战略实施提供制度保障。

监督评估保障：建立战略实施监督评估机制，定期对战略实施情况进行评估和反馈，及时调整和优化战略方案。

综上所述，职业院校的战略实施是一个涉及多个方面的系统工程，需要学校根据自身实际情况和外部环境变化，持续优化战略方案，实现可持续发展和竞争优势的巩固提升。

三、实施范例

（一）总则

某职校始终坚持战略规划先行的原则，重视规划管理实施。学校运用科学系统的战略制定方法，综合考虑政策、环境、行业和竞争对手、标杆院校等相关方的信息，制定明确的战略目标，并通过层层分解有效落实，使学校长期保持快速稳健的发展态势，取得了自治区办学条件达标验收达"优秀"级、获评自治区"五星级"中职学校等一系列标志性成果，综合实力迈上了新台阶，为更好地服务于区域职业教育发展做出了积极贡献。

图 3-1 展示了学校战略金字塔模型。该模型通过设定战略目标、总体规划、专项规划及部门（系部）规划，明确了学校的发展方向和业务重点。同时，该模型还强调了战略实施、资源配置和职能体系的重要性，以确保战略的有效落地。

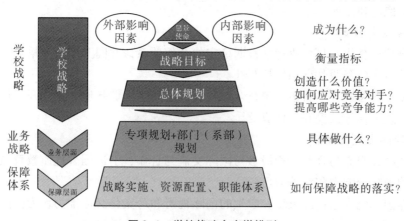

图 3-1 学校战略金字塔模型

（二）战略制定

1. 提要

学校根据多年的发展经验积累、流程完善和对外交流学习，逐步形成学校的战略策划管理流程，主要分为三大步骤：战略制定、战略实施和战略评价。图 3-2 展示的是学校"十四五"规划制定的全过程。

第一阶段	第二阶段	第三阶段
战略分析	学校发展规划	专项规划及职能部门、系部发展规划
主要活动	主要活动	主要活动
·战略回顾与差距分析； ·使命愿景与战略目标； ·外部环境分析：宏观环境分析、行业分析、顾客与市场分析 ·内部资源分析：竞争对手分析	·SWOT分析 ·学校发展策略组合； ·战略目标及关键指标； ·整合学校发展规划 ·发布与沟通	·专项规划战略目标及重点工作任务； ·职能部门战略目标及重点工作任务； ·系部战略目标及重点工作任务

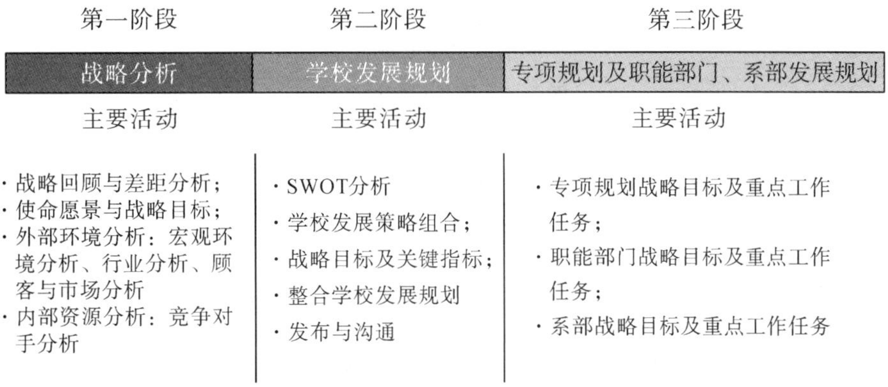

图 3-2　学校"十四五"规划制定的全过程

2. 战略制定过程

（1）战略管理组织和长、短期计划时间区间

为深入推行卓越绩效模式，进一步提升学校管理的成熟度，2015 年学校聘请专业咨询机构，搭建起规范的战略管理组织架构，建立了战略管理组织系统。该系统包括由校级领导组成的战略规划编制领导小组、由各部门和各系部负责人组成的规划编制工作组，以及由校教学工作委员会和学术委员会成员组成的专家咨询组。通过组织不同领域、不同专业背景的人员参与提案及研讨，有效消除了战略制定的盲点。

学校战略规划编制领导小组负责牵头制定五年战略规划，并于每年 10 月组织制订下一年度的学校工作计划。五年战略规划明确了学校的发展方向，还详细规划了各子规划和关键项目计划；年度工作计划则是基于五年规划，逐步实施学校的各项战略举措。这种长期与短期计划的结合，能够有效应对职教行业变化以及宏观环境的变化，确保长期战略计划的延续性和有效性。另外，动态的战略制定和管理过程能及时更新和改进，并通过严格的流程实现不定期的战略校准。

（2）愿景阐释、战略分析与战略制定

①愿景阐释。

愿景、使命和价值观是学校文化的核心内容，也决定着学校的战略方向。因此，阐释学校的愿景、使命和价值，是制定发展战略的起点。准确解读学校"建设全国一流的现代化品牌职校"的愿景，有助于战略管理组织持续遵循明确的方向来规划发展路径，以期回归初心、实现愿景。图 3-3 诠释了什么是愿景目标。

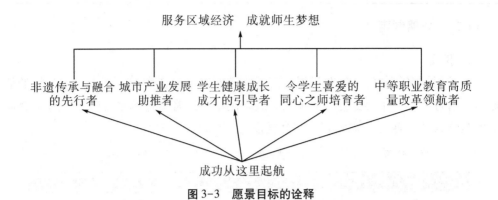

图 3-3 愿景目标的诠释

②战略分析。

在进行内外部环境分析的初期阶段，学校通过多种途径和方法收集信息，并运用 PEST 分析、竞争对比分析、顾客需求分析等多种方法，对学校内外部环境进行深入分析，为形成 SWOT 分析的结论提供关键依据。

A. 战略数据和信息收集。

学校根据《某职校章程》《数据采集工作实施方案》等文件，设定信息收集渠道，安排相关人员通过网络检索、文献查询、学术交流、行业调研、智库咨询等方式进行数据收集和信息整理。表 3-1 系战略数据和信息收集的渠道和分工一览表。

表 3-1 战略数据和信息收集的渠道和分工一览表

分析方法	信息类	信息源	责任部门
PEST 分析	政策环境	中华人民共和国教育部官网、中国中等职业教育信息网(职教网)、公文传输系统	党政办公室、质量与督导办公室
	经济环境	自治区人民政府官网、市人民政府官网、国家统计局网	党政办公室、质量与督导办公室
	技术环境	中国科学技术部网、中国行业研究网	党政办公室、科研与民族教育处
	社会文化环境	中国政府网、新华网、人民网	宣传文化建设处
中职教育市场研究、需求分析	教育行业状况(创新与变化)	行业调查报告、《中国中职教育质量年报》《职教资讯》等	教务与实训管理处、科研与民族教育处、质量与督导办公室、招生就业处、学生工作处
	教育市场需求、机会	中国科教评价网、自治区招生考试院官网、中国数据中心行业发展报告	招生就业处
	顾客需求和期望	自治区招生考试院官网、学生满意度调查、用人单位满意度调查	招生就业处、质量与督导办公室

表3-1(续)

分析方法	信息类	信息源	责任部门
竞争对比分析	标杆及竞争对手情况	省内外职校	招生就业处、质量与督导办公室、教务与实训管理处
	内部资源与能力状况	《学生满意度调查报告》、《学校师资队伍建设分析报告》、《学校办学水平报告》、《学校人才培养与专业建设报告》、各部门工作总结报告	内部各部门
	可持续发展的要求和相关要素		

B. 关键因素分析。

a. PEST 分析。

通过 PEST 分析法,我们主要对职业教育政策、区域产业经济形势、行业关键技术以及社会文化等方面进行了深入分析。

b. 职业教育行业市场变化分析。

学校通过研读职教行业研究系列报告、咨询智库以及共享国内外中职院校信息资源等方式,对行业市场的变化趋势进行了全面分析,具体结论如下:

c. 机会(Opportunity)。

O1:教育部启动实施中等职业教育"双优计划",设立中职"双优"重大专项。这一举措旨在通过示范效应,提升中职教育整体管理水平和教育质量,引导学生家长做出更理性的选择。

O2:推动中职教育向"就业与升学并重"方向转变,使"职教高考"成为高职招生的主渠道,有效缓解中考分流压力和教育焦虑。

d. 威胁(Threat)。

T1:中职学校数量的持续减少,表明中职教育正在经历一场"洗牌"。这一改变旨在解决我国中职院校"数量过多、规模过小,教学资源分散、办学效率偏低"的问题,通过整合优质资源,集中力量攻克难题,使优质中职学校得以发展壮大。

T2:中等职业教育市场竞争格局日趋多元化,民办和公办中职学校的整体质量普遍提升,同时,一些区域性和专业性的优势学校逐渐崭露头角。

T3:中等职业教育市场需求结构不断变化,对高素质技术技能人才的需求持续增长,尤其是在新兴产业和关键领域。

结论:学校应抓住"双优计划"的机遇,挤入第一梯队,加强与区域产业的对接与合作。根据产业需求,开设或调整一些符合市场需求和发展趋势的专业,如新能源汽车、电子商务、物流服务与管理等。

C. 顾客与市场的需求、期望以及机会分析。

学校以"服务区域经济,成就师生梦想"为使命,坚持人才培养符合企业的需求和期望。通过对顾客需求和期望的分析,学校及时掌握市场变化,识别提升顾客满意度的机会,分析过程见第四章第三节中的介绍。

D. 机会（Opportunity）。

O1：学生期望掌握先进的技术技能，而学校具备提供高质量人才培养服务的资源与能力，这给学校提高生源质量和培养效益带来了机会。

O2：企业需要契合自身发展要求的技术技能人才，而学校具有深度融合的校企合作机制以及先进的实训资源，这给学校提高技术培训服务效益带来了机会。

O3：（政府）市场对技术技能人才培养与培训的需求提升，这给学校带来了提高生源质量和办学效益的机会。

E. 竞争对手分析。

在教育教学服务市场和社会培训服务市场，学校的竞争对手有区内某职校等。由于在区域地理位置、生源市场、就业市场、省部级及以上的政策支持等方面，学校与某职校竞争的关联性更直接，通过比较分析相关指标数据，学校的竞争对手分析结论如下。

竞争优势（Strength）。

S1：特色的"同心"文化，民族非遗办学特色突出。

S2：学校基础设施资源雄厚，校园环境、后勤服务水平超越竞争对手。

S3：导入政府质量标准，教学管理严谨规范水平超越竞争对手。

竞争劣势（Weakness）。

W1：学校在专业建设、实训基地建设、教学成果、校企合作的深度以及国际化办学水平等方面略低于竞争对手。

W2：学校的国家级科研立项还未取得新突破，科研能力有待增强。

W3：工科类专业高层次人才相对较少，高水平教师团队的规模需进一步扩大。

③战略制定。

学校在深入解读使命、愿景、价值观的基础上，结合前期的数据收集和信息分析，运用SWOT分析工具，审时度势选择战略主题，最终确定科学的发展战略及关键目标。

A. SWOT分析。

学校利用SWOT分析工具，对学校办学治校过程中内部的优势和劣势，外部的机会与威胁都进行了充分的分析，如表3-2所示。

表3-2　学校的SWOT分析

优势（S）	机会（O）
1. 特色的"同心"文化； 2. 民族非遗办学特色突出； 3. 导入政府质量标准，教学管理严谨规范； 4. 学校基础设施资源丰富，在校园环境维护与后勤服务能力方面卓越	1. 本市是重工业城市和交通枢纽，学校的专业发展有地域优势； 2. 国家出台了大力推动职业教育的相关政策法规（如"双优计划"）； 3. 新技术的发展带来了技能培养和技术培训的生源市场； 4. 学生期望掌握先进的技术技能，给学校提高生源质量和培养效益带来了机会； 5. 企业需求技术技能人才，给学校提高技术培训效益带来了机会

表3-2(续)

劣势（W）	挑战（T）
1. 品牌影响力不突出； 2. 专业高层次人才偏少，高水平教师数量需进一步提升； 3. 专业建设水平、实训基地建设成效、教学成果质量、校企合作的深度以及国际化办学水平有待提升； 4. 国家级标志性成果较少； 5. 社会服务能力尚待提升	1. 国家对中职教育的发展提出更高要求，对学校的人才培养质量、内部运营机制以及资源配置等方面产生冲击； 2. 新技术和新业态层出不穷，对学校技术研发和科研服务水平的要求不断提升； 3. 中等职业教育市场需求结构不断变化，对高素质技术技能人才的需求不断增加，尤其是在新兴产业和关键领域

B. 战略主题选择。

结合学校战略和SWOT分析结论，战略规划组和专家咨询组对SWOT中S、W、O、T各个要素进行多方面组合，在组合的过程中重点考虑以下内容：该组合适应学校实际发展阶段和资源需求、组合为学校带来的竞争优势等，以充分发挥优势，弥补短板，把握机会，迎接挑战。经过优化组合，学校将通过"两核、三化、四个聚焦"推动学校持续高质量发展，实现学校愿景，如表3-3所示。

表3-3　战略主题和战略选择分析

愿景（目标）	核心策略	分析要素	行动计划
1. 非遗传承与融合的先行者； 2. 城市产业发展助推者； 3. 学生健康成长成才的引导者； 4. 令学生喜爱的同心之师培育者； 5. 中等职业教育高质量改革领航者	两核	S3+O2	1. 丰富学校思想文化内核：打造学校宣传品牌、校园特色文化品牌，突出专业办学特点以及学校优良的传统精神文化体系； 2. 丰富学校质量管理内核：打造中等职业教育质量标准，推动学校在教育教学等方面的改进
	三化	S	"民族化"：以民族文化传承赋能民族地区高质量发展； "专业化"：做精办学常规、做强特色项目、做优五育融合、做好示范引领； "国际化"：以"开放合作"为基石，广开对外开放的门户，在开放中求合作，在合作中求发展，积极推进学校学科建设工作迈向一个新的台阶
	四个聚焦	W3+O3	聚焦专业：1. 围绕现代制造业、现代服务业急需专业领域，组建国家级职业教育核心能力建设专家团队，打造一批核心课程、优质教材、专业教师、实践项目； 2. 发挥民族办学优势，打造特色民族专业集群
		W2+O1	聚焦师资与教育教学改革： 1. 建立健全"双师型"教师引进、培养、使用机制，推动企业工程技术人员、高技能人才和职业学校教师双向流动； 2. 将新技术、新工艺、新理念纳入教材，把企业的典型案例及时引入教学，把职业资格证书、职业技能等级证书内容及时融入教学
		W3+O2	聚焦产教融合： 依托产教联盟，对接校企双主体，建立合作机制，共建专业人才培养方案，对接课程标准和职业标准，重构课程标准。改革评价机制，对接毕业标准与用人标准，形成综合职业能力画像
		S1+O1+O2	聚焦学生成长： 开展中华优秀传统文化与民族团结教育，引导学生认知传统、尊重传统、继承传统、弘扬传统。形成五育融合实践育人路径和评价标准，进一步推动道德教育和法治教育的有机结合和学生素质教育的全面发展

（三）战略和战略目标

1. 战略定位、战略目标以及关键量化指标

（1）战略定位及目标

为完成"两核、三化、四个聚焦"的行动计划，2022 年，学校在回顾总结学校"十三五"取得的成就基础上，根据自治区、本市和教育系统"十四五"规划方向，分析形势，明确学校在"十四五"的奋斗目标和主要任务：主动适应自治区产业振兴和当地实业兴市对技术技能人才的迫切需求，聚力创新，秉持"厚德精技，求真尚美"的办学理念，把握本市建设国家产教融合试点城市的机遇，以人为本，全面深化内涵建设，为区域经济社会发展提供强有力的人才和技能支撑。到 2025 年，学校治理体系完善，办学特色鲜明，成为全国中职学校质量标准制定的先行者、民族特色中职学校建设的示范者、广西中等职业教育的领航者，完成"两个跃进""一大征程"。

"两个跃进"：升级为自治区"五星级"中职学校，跃进全区一流中职学校行列；完成提质培优项目任务，跃升为在全国范围内具有竞争力的中职学校。

"一大征程"：建成全国优质中职学校，蜕变为在国内享有盛誉、实力领先、特色鲜明的中职学校。

（2）核心策略

学校核心策略及行动计划见表 3-4。

表 3-4 学校核心策略及行动计划

核心策略	目标	策略	行动计划
"两核、三化、四个聚焦"	"两个跃进"：升级为广西"五星级"中职学校，跃进全区一流中职学校行列；完成提质培优项目任务，跃升为在全国范围内具有竞争力的中职学校。"一大征程"：建成全国优质中职学校，蜕变为在国内享有盛誉、实力领先、特色鲜明的中职学校	1. 实施党建领航工程	1. 把握大局和方向，完善党对学校全面领导的体制机制 2. 强化党建强基提质，持续推进党建引领教育改革发展 3. 加强监督和执纪，落实全面从严治党主体责任
		2. 实施铸魂强基工程	1. 用习近平新时代中国特色社会主义思想铸魂育人 2. 加强和改进学校思想政治教育工作 3. 创新开展中华优秀传统文化与民族团结教育
		3. 实施技能优才工程	1. 创新人才培养模式，促进学生技能发展 2. 优化课程体系，推动内涵建设持续提升 3. 动态调整优化专业结构，促进专业（群）可持续发展 4. 加强教学条件和环境的建设，逐步提升专业服务能力 5. 校企共建产教融合，提高学生实践教学质量 6. 贯通中高联合办学，拓宽人才培养渠道
		4. 实施文化育人工程	1. 加强精神文化建设，培育优良精神文化 2. 加强物质文化建设，构建和谐育人环境 3. 加强制度文化建设，完善规章制度体系 4. 加强行为文化建设，提高师生文化素质 5. 塑造文化品牌形象，彰显学校特色文化
		5. 实施优师重教工程	1. 完善教师发展成长机制 2. 引育结合，优化师资队伍 3. 双师培养，提升教师综合素质能力

表3-4(续)

核心策略	目标	策略	行动计划
"两核、三化、四个聚焦"	"两个跃进"：升级为广西"五星级"中职学校，跃进全区一流中职学校行列；完成提质培优项目任务，跃升为在全国范围内具有竞争力的中职学校。"一大征程"：建成全国优质中职学校，蜕变为在国内享有盛誉、实力领先、特色鲜明的中职学校	6. 实施科研提质工程	1. 构建健全科研管理体系，培育科研队伍 2. 整合科研资源，加大项目研究与成果培育力度 3. 深挖区域民族性特色资源，凝练民族教育特色实践成果
		7. 实施智慧校园工程	1. 推动改造升级，加强信息化基础设施建设 2. 提供技术支撑，提升教育信息化水平 3. 建设完善智慧校园平台，实现统一大数据管理
		8. 实施质量强校工程	1. 推动多元评价主体开展评价，提供科学评价标尺 2. 建立健全质量评价标准体系，提炼教育评价改革成果并开展推广应用 3. 建成三位一体的诊改联动工作模式，带动学校治理水平的持续提高
		9. 实施社会服务工程	1. 健全社会服务各项制度，建立科学评价体系 2. 打造特色项目，拓展培训生源 3. 联动各界力量，强化继续教育职能 4. 整合资源，探索"互联网+"社会服务
		10.实施国际交流工程	1. 整合资源搭建职业教育国际化平台 2. 依托国际化项目推进国际化教学资源建设 3. 培养具有国际视野的教师队伍

2. 战略目标的关键量化指标

结合中职院校的办学实际，学校基于十大建设工程设计关键量化指标，涵盖了战略目标的办学规模、专业与实训基地建设、课程建设与教学改革、师资与管理队伍建设等主要方面，如表3-5所示。

表3-5 战略目标的关键量化指标及对应时间

核心策略（建设工程）		关键指标	现有值	2021年	2022年	2023年	2024年	2025年
『两个跃进』『一大征程』	1.实施党建领航工程	党建特色品牌数/项	6	6	7	7	7	7
	2.实施铸魂强基工程	学生操行优良率/%	90.1	90	91	92	92	93
	3.实施技能优才工程	培育自治区品牌专业/个	0	2	2	4	5	5
		国家职业院校学生技能竞赛获二等奖及以上奖励/人次	2	1	1	2	3	3
		学生获职业资格证书率/%（含1+X证书）	>79	>79	>79	>79	>80	>80
		新增产教学院	2	1	1	1	1	1

表3-5(续)

核心策略 (建设工程)		关键指标	现有值	2021 年	2022 年	2023 年	2024 年	2025 年
	4.实施文化育人工程	每年市级以上新闻媒体(含新媒体)对学校的正面报道情况/次	54	66	60	70	70	70
	5.实施优师重教工程	专任教师高级职称教师人数和比例(含正高级)	62;16%	65;15%	70;16%	75;17%	80;18%	90;19%
		专业教师"双师型"教师人数和比例	147;51%	150;48%	155;48%	160;49%	180;53%	200;57%
		自治区级教学名师/人	4	4	6	6	8	8
		国家级教学创新团队/个	0	0	0	0	0	1
		国内培训/人次	1 138	1 200	1 250	1 300	1 350	1 400
	6.实施科研提质工程	省部级及以上教学成果奖/项	0	3	0	3	0	3
		省级科研项目结题	13	10	8	8	8	8
	7.实施智慧校园工程	信息化平台或业务系统(模块)建设数量/个	7	8	8	9	10	11
	8.实施质量强校工程	在校生满意度/%	88	90	91	92	93	94
		家长满意度/%	88	90	91	92	93	94
		用人单位满意度/%	98.80	95.00	95.00	95.00	95.00	95.00
		学生初次就业率/%	97.33	95.00	95.00	95.00	95.00	95.00
		学生升学率/%						
	9.实施社会服务工程	社会培训、鉴定收入/万元	196	200	210	220	230	250
		社会服务等培训、鉴定/人次·年$^{-1}$	27 400	27 500	27 300	27 600	28 100	28 800
	10.实施国际交流工程	国际化项目数/个	0	1	1	1	1	1

3. 均衡考虑

学校在制定战略和战略目标时,均衡考虑了战略优势和战略挑战,长、短期内将面临的挑战和机遇,创新机会以及相关方的需要。

（1）考虑战略优势、战略挑战以及创新机会

各战略对应的优势、挑战、机会如表3-6所示。

表3-6　战略对应的优势、挑战、机会一览表

战略优势	战略挑战	创新机会	对应的战略目标
学校基础设施资源雄厚，校园环境好，后勤服务能力强	国家对中职教育的发展提出更高要求，对学校的人才培养质量、内部运营机制以及资源配置等方面产生冲击	跟进学生新需求，带来提升生源质量、提高办学效益的机会	在校生满意度、家长满意度
特色的"同心"文化，民族非遗办学特色突出	新技术和新业态层出不穷，对学校技术研发和科研服务水平的要求不断提升	在民族非遗方面促进教学成果的输出	培育自治区品牌专业、省部级及以上教学成果奖
导入政府质量标准，教学管理严谨规范	中等职业教育市场需求结构不断变化，对高素质技术技能人才的需求不断增加，尤其是在新兴产业和关键领域	新技术的发展带来了技能培养和技术培训的生源市场	国家职业院校学生技能竞赛获奖、学生升学率

（2）考虑顾客及相关方的需求

学校在制定战略目标时，均衡、全面地考虑学校发展与学生、企业、员工、政府以及社会等各方面的利益，并通过相应的战略举措予以落实与推进，以实现多方共赢，见表3-7。

表3-7　战略目标反映相关方需求一览表

顾客及利益相关方	需求	平衡顾客与相关方需求的战略目标
学生家长	1. 区位环境好 2. 鲜明的升学定位 3. 充分的就业保障 4. 良好的综合素养 5. 学校品牌影响力	家长满意度
		学生升学率
		学生初次就业率
		在校生满意度
学生	1. 知识技能的提升 2. 展现自身长处 3. 区位、基础条件好	国家职业院校学生技能竞赛获奖
		在校生满意度
		学生初次就业率
		学生获职业资格证率（含1+X证书）
企业	在产业技术的快速转变下，对高技术人才需求量大大增加，随着社会的不断进步，现在的企业不再只重视文凭，而是更加看重人才的综合素质	国家职业院校学生技能竞赛获奖
		学生获职业资格证率（含1+X证书）

表3-7(续)

顾客及利益相关方	需求	平衡顾客与相关方需求的战略目标
教职工	1. 职称晋升机会 2. 学校品牌影响力 3. 区位优势	专任教师高级职称教师人数和比例（含正高级）
		省部级及以上教学成果奖
		专业教师"双师型"教师人数和比例
政府	1. 品牌影响力 2. 服务经济能力	全日制在校生规模
		国家级教学创新团队
		培育自治区品牌专业
社会	1. 社会服务能力 2. 师资能力	社会培训、鉴定收入
		社会服务等培训、鉴定

（四）战略部署

1. 提要

战略成效关键在于科学部署。学校通过科学的战略部署，实现战略目标向实施计划和相关关键绩效指标的转化，保障战略的落地，并最终实现发展目标。

根据学校的战略和战略目标要求，各相关负责部门采用目标分解法，根据战略规划制订详细的计划，并依据学校往年的绩效及行业发展情况设定年度的绩效目标，为后续的绩效考核提供依据，见图3-4。

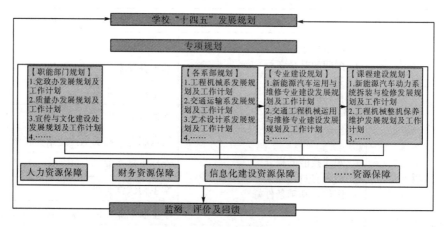

图3-4 战略部署系统

2. 实施计划的制定与部署

（1）战略规划的制定、年度计划的制订以及行动计划的调整

①战略规划体系。

根据学校总规划，制定支撑总目标的10个专项规划（10大工程）、21个部门（系部）子规划，形成各自完备的发展规划目标体系，做到了五个层面目标的纵向

衔接、横向贯通，上下传递，见图 3-5。

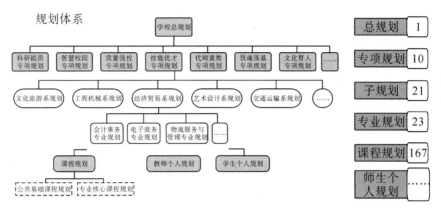

图 3-5 学校战略规划分解

②各部门（系部）规划的制定。

A. 职能部门规划制定。

各职能部门基于学校"十四五"规划和专项规划，制定部门发展规划并形成部门年度工作计划。

B. 系部规划制定。

各系部将学校"十四五"规划作为目标链条的起点，逐级进行目标分解，将规划目标按专业建设、课程建设、教师发展、学生发展等维度分解形成专业规划、课程建设规划、班级建设规划、师生个人规划。

图 3-6 展示了职业院校发展的战略规划，以"1 个加强、4 个打造、5 个提升"为核心框架。学校层面聚焦党建引领、专业建设、国际合作等十大工程；系部层面注重师资、课程、实训基地建设，推动"岗课赛证"融合。通过党建领航、以质图强、增值赋能、提质培优四大板块，构建"双高"建设路径，旨在培养高素质技术技能人才，服务国家战略与区域经济发展，实现职业教育高质量发展。

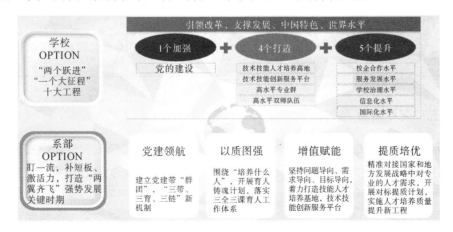

图 3-6 学校和系部层面战略规划实践路径图

3. 行动计划制订

党政办公室、质量与督导办公室每年初结合学校工作实际及各部门编制的"十四五"规划，制定学校年度党政工作要点，并将相关任务落实到具体部门，各部门再根据党政工作要点制订具体的年度行动计划和关键指标，即学校的短期行动计划。

4. 战略规划体系的调整

为保证运营结果与规划目标的一致性，学校建立了规划实施的评估反馈机制和动态调整机制。对规划实施情况进行动态跟踪，听取各职能部门和系部的反馈意见，同时对学校所处的行业环境和政策环境进行跟踪研究，倾听外部专家的意见与建议，结合内外部情况对学校战略规划实施结果进行中期评估和年度回顾，做出科学的决策。

学校管理层和各职能部门依据党委会、校长办公会以及年中、年度工作会议对行动计划进行评价，依据评价结果进行调整。学校高级管理层与全体中层干部参与到战略规划调整中，确保学校战略行动计划执行能反映市场的动态变化，并根据实际情况进行调整，如表3-8所示。

表3-8 战略规划调整情况

原规划内容	调整后内容
包含"中高贯连工程"在内，主要任务共有11项	将涉及"中高贯连"的部分优化整合到"技能优才工程"，增加"对外交流"项目，将主要任务整合为"十大工程"
战略目标是"上五星，创优质，联高职"	到2025年，学校治理体系完善，办学特色鲜明，成为全国首个中职学校质量标准制定的先行者、民族特色中职学校建设的示范者、广西中等职业教育的领航者。完成"两个跃进""一大征程"。 "两个跃进"：升级为自治区"五星级"中职学校，跃进全区一流中职学校行列；完成提质培优项目任务，跃升为在全国范围内具有竞争力的中职学校。 "一大征程"：建成全国优质中职学校，蜕变为在国内享有盛誉、实力领先、特色鲜明的中职学校
6项主要发展指标	对应"十大工程"精炼出十项发展指标，并附有详细的指标数据表

（五）配置资源

为确保目标的实现与计划的实施，在为战略规划进行资源配置时，学校重点考虑了财务资源、人力资源、基础设施、信息技术资源等方面的支持。

1. 财务资源方面

以习近平新时代中国特色社会主义思想为指导，学校紧密围绕发展战略部署开展财务工作，全面贯彻落实国家财经政策，配合学校整体发展目标，从制度建设、预算管理、资金筹划等多方面，悉心扮好学校的财务"管家"的角色，为学校推动中职内涵式升级提供有力的资金保障。学校的财务资源规划如表3-9所示。

表3-9　财务资源规划

职能	具体资源支撑
加快推进财务信息化建设	有组织、有计划地积极推进财务处信息化、数字化建设，使财务管理与服务水平上升到一个新的台阶，为学校总体发展战略提供高水平的资金保障技术平台
持续完善学校财务制度建设	根据国家财政法律法规的相关规定，完善学校财务管理制度，理顺业务流程，实现财务管理制度和业务流程规范、公开、透明，不断提升财务服务效率和水平
持续提高会计基础规范工作整体水平	加强财务会计核算管理、财务信息管理、档案管理等，规范、高效地处理财务报销、财务结算、财务决策所需信息等各种财务问题，确保障学校资金使用安全、高效

2. 人力资源方面

学校将围绕以"双师型"教师、高层次教师培养为重点，以教师培养机制建设为抓手，教师个体成长引导和教学创新团队建设双管齐下，着力提升教师思想政治素养、师德素养、教育教学知识和技能，努力打造一支师德高尚、技艺精湛、专兼结合、充满活力的可持续发展的高素质"双师型"教师队伍，有力支撑学校高质量发展。

3. 基础设施资源方面

加快推进校园建设，办学条件得到根本改善、办学基础能力和办学实力得到明显提升。完成总建筑面积22.07平方米，生均22平方米，达到万人学校"卓越"级标准。持续优化校园公共设施与教育环境，师生的工作与生活水平明显提升。

4. 教育信息化资源方面

通过五年建设，学校基本建成"处处能学、时时可学"的软、硬件环境，初步建成融智能管理、智能教学、智能服务、智能诊改于一体的智能化校园，服务教育教学、管理、科研、生活的能力有明显提升，为学校内涵式发展和质量提升提供信息化的支撑。

（六）监测指标

围绕学校战略和战略目标，学校制订了监测实施计划进展情况的主要指标，为战略目标的实现提供有力保障。各项主要监测指标共101项，涵盖了学校"十四五"规划的10大工程等关键领域，也均衡地反映了学生、用人单位、合作企业、教职工、社会等相关方利益，如表3-10所示。

表 3-10 "十四五"规划指标监测系统

核心策略（建设工程）		关键监测指标	监测部门	涉及相关方
「两个跃进」「一大征程」	1. 实施党建领航工程	党建特色品牌数/项	党政办公室	社会、合作企业、教职工
	2. 实施铸魂强基工程	学生操行优良率/%	学生工作处	学生、用人单位、合作企业
	3. 实施技能优才工程	培育自治区品牌专业/个	教务与实训就业处	学生、用人单位、合作企业、教职工
		国家职业院校学生技能竞赛获奖/项	教务与实训就业处	学生、用人单位、合作企业、教职工
		学生获职业资格证率（含1+X证书）	教务与实训就业处	学生、用人单位、合作企业、教职工
		新增产教学院	教务与实训就业处	合作企业
	4. 实施文化育人工程	每年市级以上新闻媒体（含新媒体）对学校的正面报道情况/次	宣传文化建设处	学生、用人单位、合作企业、教职工
	5. 实施优师重教工程	专任教师高级职称教师人数和比例（含正高级）	教师发展中心	教职工
		专业教师"双师型"教师人数和比例	教师发展中心	教职工
		自治区级教学名师/人	教师发展中心	教职工
		国家级教学创新团队/个	教师发展中心	教职工
		国内培训/人次	教师发展中心	教职工
	6. 实施科研提质工程	省部级及以上教学成果奖/项	科研与民族教育处	教职工、用人单位、合作企业、社会
		省级科研项目结题	科研与民族教育处	教职工、用人单位、合作企业、社会
	7. 实施智慧校园工程	信息化平台或业务系统（模块）建设数量/个	信息中心	学生、教职工
	8. 实施质量强校工程	在校生满意度/%	质量与督导办公室	学生
		家长满意度/%	质量与督导办公室	学生
		用人单位满意度/%	教务与实训就业处	用人单位
		学生初次就业率/%	教务与实训就业处	学生、社会
		学生升学率/%	教务与实训就业处	学生、社会
	9. 实施社会服务工程	社会培训、鉴定收入/万元	职业培训处	学员、委培单位、社会
		社会服务等培训、鉴定/人次·年$^{-1}$	职业培训处	学员、委培单位、社会
	10. 实施国际交流工程	国际化项目数/个	招生与对外交流处	教职工

（七）绩效预测

1. 学校 2023—2025 年主要绩效指标预测与对比

学校根据相关行动计划的进展情况，通过行业协会发布的信息，市场调查、竞争分析以及购买专业调查机构的报告等多种方式，积极收集标杆院校以及主要竞争对手的各种信息和数据，结合宏观政策、经济环境、市场动态、竞争对手动向等因素，对标杆和主要竞争对手的绩效进行定性、定量预测，及时发现学校与竞争对手、标杆的差距，有针对性地调整战略部署，保持和增强学校的市场竞争力。表 3-11 为学校 2021—2023 年关键绩效指标预测及对比表。

表 3-11　学校 2021—2023 年关键绩效指标预测及对比表

维度类型	关键绩效指标	年度	本校	竞争对手 某职校	标杆 某职校	比较结论
人才培养质量	新增国家级学生职业技能大赛获奖/项	2023	5	5	7	超越对手，接近标杆
		2024	5	6	7	
		2025	6	6	8	
	学生就业率/%	2023	95	95	96	与对手、标杆持平
		2024	96	96	97	
		2025	96	96	98	
客户层面	全日制在校学生总人数/人	2023	11 000	12 000	7 000	与对手持平
		2024	11 000	12 000	8 000	
		2025	11 000	12 000	8 000	
	社会培训到款额/万元	2023	300	350	1 000	与对手持平，与标杆有差距
		2024	300	350	1 000	
		2025	300	350	1 000	
	新增国家级教学成果奖/项	2023	1	0	1	超越对手，与标杆持平
		2024	—	—	—	
		2025	1	1	2	
资源层面	生师比	2023	20∶1	20∶1	19∶1	与对手、标杆持平
		2024	20∶1	20∶1	19∶1	
		2025	20∶1	20∶1	19∶1	
	专任教师中"双师"素质教师比例/%	2023	53	55	70	与对手持平，与标杆有差距
		2024	55	56	73	
		2025	55	56	73	

2. 绩效预测实现和绩效差距缩小保障

学校依托基于 PDCA 循环的绩效改进与创新系统，邀请外部评审专家（质量专家、行业专家）通过现场诊断等方式评估绩效预测的达成情况，识别绩效方面存在的差距，根据改进与创新系统制定相应措施加以改进。

同时，学校将充分发挥优势专业的建设实力、深度融合的校企合作机制效能、国际化办学影响力以及地处西南工业重镇所具备的产业资源优势，不断彰显自身特色，加强优势专业群建设，提升服务地域产业转型升级的能力。

第四章 学生与相关方

一、基本概念

(一) 学生驱动

职业学校卓越绩效管理核心理念虽然是由企业的经验导入的，但相比于企业以客户为导向的理念，职业学校学生驱动理念又与企业客户理念的内涵略有差异。

1. 学生驱动理念是职业学校本质的要求

学校，是指教师 (一般而言是教育者) 有计划、有组织地对学生 (一般而言是受教育者) 开展系统的教育教学活动的组织机构。职业学校的教育教学指的是由教师承担有目的、有系统、有组织的，有计划地以影响学生身心发展为直接目标并最终使学生的身心发展达到预定目标的社会活动。从这个定义可以看出，企业的客户导向更偏重对客户需求的满足以及实现客户的价值，职业学校的学生驱动更侧重于学生的全面发展，包括知识技能的培养以及心理和理想信念的构建。党的十八大提出了学校必须坚持立德树人的教育理念，强调学校教育教学不仅要传授知识、培养能力，还要把社会主义核心价值体系融入教育教学之中，引导学生树立正确的世界观、人生观、价值观、荣辱观。

2. 学生驱动理念要求职业学校了解、分辨和识别学生的类型

学生作为学校办学的需求方。因其成长环境及个性等不同的因素，必然对学校所提供的服务有所区别。了解、分辨和识别学生的类型以及客观条件，完善办学条件建设，提高教职工的教育教学水平，是满足学生对知识和技能学习需求的重要途径。同时，学校还应通过评教评学等方式，获得学生对学校教育教学质量的反馈以及对学校教育教学活动改进的期望。因此，职业学校必须重视学生给予学校教育教学的评价，并以此作为卓越绩效是否实现的依据。职业学校应根据学生对未来教育教学的期望，结合社会对毕业生工作要求的变化，不断改进教育教学方式方法，提高教育教学质量，获得学生的好感与支持。

学生驱动理念还要求学校从育人的视角对学生的成长需求予以全面审视。学校不仅仅局限于教学或者设立学生管理等部门，而应该贯穿学校全体教职工和教育教学的全过程，这也就是近年来提出的"三全育人"，即"全员育人、全程育人、全方位育人"。职业学校的学生驱动理念强调学校在教育教学全过程关注学生的同时，还应当与学生保持更为顺畅的沟通渠道，学校与学生、教师与学生之间要形成更为亲密的关系。一般而言，职业学校可以通过团委、学生会、学生社团、学生代表大会、团员代表大会等渠道倾听学生的诉求，团结学生，提升学生对学校的归属感和荣誉感。学校要重视对学生权益的保护，设置学生投诉受理和处理机构，将学生的投诉视为改进学校工作的重要方面，能够迅速处理学生关心的热点问题，避免因少数学生的投诉影响全校学生对学校的信任和好感。同时，职业学校还应当主动地了解社会对毕业生就业需求的变化，了解社会对毕业生知识和技能要求的变化，自觉地改进教育教学方式方法，创新教育管理体制机制，提升人才培养质量，创造出比同类院校更好的质量绩效。

（二）明确社会责任

为社会培养符合社会需求的学生是学校的第一责任。相比于企业而言，学校的社会责任更为突出。职业学校是教授学生以获得特定职业所需知识和技术技能的学校。改革开放以来，发展职业教育是促进国家经济、社会发展，提升劳动就业水平和就业质量的重要途径。因此，职业学校的社会责任在所有学校类型里面显得尤为突出和重要。

职业学校卓越绩效管理的社会责任理念共有两层含义，一是职业学校本身应当承担的社会责任，二是如何更好地培育学生，使之更好地承担社会责任。对于职业学校的社会责任而言，社会属性是职业学校有别于其他类型学校的一种重要属性，其表现在职业学校要开展职业化的教育教学，且要与社会各界有一定程度的联系，如最近提倡的与企业共建产业学院，共同开展科研创新、共同服务地方社会经济等，在与社会各界有联系的同时必然也要承担一定的社会责任。另外，职业学校还承担着文化传承、文化创新、国际交流合作的重要社会责任。坚守学校教育教学的政治方向，坚持社会主义办学理念，维护校园内部和校园周边的稳定安全也是职业学校的社会责任。

对于培养学生承担社会责任的能力而言，职业学校需要让学生具备社会经济服务的知识储备和技术技能，同时应把社会主义办学理念融入思想道德教育、文化知识教育、社会实践教育各环节，不断提高学生思想水平、政治觉悟、道德品质、文化素养，让学生勇于承担社会历史责任，做社会主义的合格接班人。

职业学校在开展卓越绩效管理时，学校应将社会责任履行的情况以及学生是否具备承担社会责任的能力作为重要的评判标准。职业学校要自觉地以这一理念和标准来规范办学行为、开展教育教学活动。

职业学校卓越绩效管理的合作共赢理念可理解为与学校相关方的合作，如与教育管理部门、政府其他部门和学生家长的合作，还有与社会相关方的合作，如企业、行业协会、科研机构、部分事业单位等。我们应该认识到，职业学校组织与各利益相关方建立良好的合作关系，是学校提升自身办学实力，稳定和优化办学环境，提升人才培养质量，获得卓越绩效的重要途径。

职业学校通过与教育管理部门、政府其他部门展开合作，能够获得更多的办学资源，改善办学基本条件并增强办学影响力。与此同时，政府也可以获得更优质的毕业生资源以及学校的科研成果。职业学校与学生家长合作可以更好地稳定学生思想，一定程度上化解因学生家长对学校管理理念不理解而产生的矛盾，更好地优化学校教育教学环境。

近年来，国家和地方越来越重视职业学校与企业、行业协会的合作。职业学校和企业的合作从最初的实习合作，到后来的校企合作、产教融合的"八个共同"，到现在国家提倡的职业学校与企业探索共建专业、共建研究所，探索与企业共建二级学院等校企深度融合的体制机制。职业学校也要探索与行业协会共同制定行业标准和学生教育教学标准。与科研机构合作方面，职业学校主要是参与产业升级改造的研究，为当地社会经济发展服务。

职业学校与各利益相关方保持良好的合作关系，这样可以充分发挥合作各方的优势，形成优势互补，节约各方行动成本，形成合作共赢的合力，推进各方达成卓越绩效目标。

二、实践说明

（一）聚焦学生

学生驱动理念是职业学校卓越绩效管理核心理念之一。该理念要求职业学校准确了解、分辨并识别学生的类型，根据学校教育教学的需求，结合社会对毕业生要求，坚持立德树人的教育理念，扎实推进"全员育人、全程育人、全方位育人"的"三全育人"工作。要建立与学生顺畅沟通的渠道，重视学生权益保护，不断地改进教育教学方式，提高教育教学质量，进而提高其绩效，提高学生对学校的好感度和忠诚度。

1. 职业学校学生的概念与特点

学生的概念从广义上可以指一切正在学校、培训机构或其他任何地方受教育的人，从狭义上一般指在学校或培训机构受教育的人。其中，学校学生根据不同阶段可以分为幼儿园学生、小学生、中学生（初中生、高中生、中等职业学校学生）、高等院校学生，高等院校学生又可以分为普通高等专科学校学生、高等职业学校学生、普通高等学校本科生、硕士研究生、博士研究生等。职业学校学生指在职业学校受教育的人，一般包括中等职业学校学生和高等职业学校学生。

职业学校学生的突出特点主要有五个方面：一是学生文化考试成绩普遍较低，学生质量差别很大，并且对学生的学习能力缺乏统一的评判标准；二是存在文化基础薄弱的情况，对传统的文化课教学不适应，学习动力不足，学习效率较差。但是他们对动手操作的实训型课程接受度比较高，学习动力更足；三是学习目标不够明确，对自身的学习需求没有清晰的认识，缺乏主动学习的动力，未做职业生涯的长远规划，尚未养成制订学习计划的习惯；四是自信心不足，对自己和对学校的评价以及期待都不高，心理素质较差，意志力和抗压能力不够强；五是欠缺独立能力和合作能力，心理承受能力偏弱，导致对学校和老师有较强的依赖心理，独立性和团队合作能力较差，在实习和就业上表现出一定程度的不适应。综上所述，文化基础薄弱，心理承受能力较弱，学习能力欠佳，学习效率较低是目前职业学校学生普遍存在的问题。但是，这些问题从本质上来说其实是中学后进生的问题，并不是在职业教育和职业学校中产生的。究其根源，则是教育资源分配不均和学生生源分配不公平的问题。在教育资源分配上，无论是中等职业学校还是高等职业学校，从政府财政上获得的资源都远远不如普通高等教育学校。资源分配不均导致职业学校很难获得更优秀的师资、更多的科研经费和更好的教学仪器设备，办学实力自然无法与普通高等学校相比。在学生生源分配上，近年来虽然国家开展了职业教育本科试点，出现了一批职业本科院校，但是从历史和数量上看，绝大多数高等职业学校还是以专科为主，在招生顺序上始终要排在普通教育本科之后，学习能力强、心理素质好的优秀生源基本都被普通高等学校招完后才轮到职业学校招生，其生源必然含有大量的中学后进生。同时，目前国家正在实行高等职业学校扩招，要求将退役军人、农民工、下岗工人和新型职业农民四类人员也纳入招生计划，再加上已有的中高职学生衔接机制，职业学校学生来源进一步复杂化，教育教学压力进一步加大。因此，了解职业学校学生特点以及理解其产生的原因，可以更好地帮助职业学校对学生进行分类，分析各类学生的需求并加以满足。

2. 职业学校学生的分类

多元智能理论认为，智能是解决某一问题或创造某种产品的能力，而这一问题或这种产品在某一特定文化或特定环境中被认为是有价值的。智能是多元的，每个人身上至少存在八项智能，即语言智能、数理逻辑智能、音乐智能、空间智能、身体运动智能、人际交往智能、自我认识智能和认识自然的智能。每一个人都是具有多种智能组合的个体，具有某种智能很高水平的人不一定具有相同程度的其他智能。

根据多元智能理论可知，职业学校学生每个人的类型都是不一样的，学校性质、学生来源、学生擅长的能力、学生不同的学习阶段都会对学生的类型产生影响。因而，不同学生的需求也是不一样的，我们在探讨职业学生需求之前了解职业学校学生分类情况，有针对性地满足不同类型学生对教育教学的需要。

职业学校学生有不同的分类方式：一是根据学校级别和性质划分，可以分为中等职业学校学生和高等职业学校学生，其中又可以分为民办中等职业学校学生、公办中等职业学校学生、技工学校学生、公私混合中等职业学校学生、民办高等职业学校学生和公办高等职业学校学生。二是根据学生来源划分。通常中等职业学校学生来源较为单一，绝大部分为普通初级中学毕业生，极少数为社会人员。高等职业学校学生来源较为复杂，传统来源主要是普通高中毕业生以及中高职衔接的学生。近年来还出现了高等职业学校单独招生以及社会人员注册评价入学等方式。2019年，为响应国家高等职业学校两年内扩招200万人的号召，退役军人、农民工、下岗工人和新型职业农民等"四类人员"也被纳入高等职业学校招生范围。三是根据学生智能组合类型划分，职业学校学生可以分为音乐智能、数理逻辑智能偏重的逻辑理论型学生，语言智能、人际交往智能、自我认识智能偏重的沟通协调型学生，空间智能、身体运动智能、自我认识智能偏重的技术技能型学生等类型。

3. 职业学校学生的需求及满足

（1）职业学校学生的共通需求与满足

职业学校学生作为社会群体的一员，其需求具有共通性，即同样具有人的基本需求。根据马斯洛需求层次理论，根据层次来划分，人的需求可以分为生理需求、安全需求、社交需求、尊重需求和自我实现需求。要满足这些需求，就要求人要实现多元智能发展。

①生理需求。

生理需求也称为生存需求，指为了维持生存而必需的各种物质或者非物质条件，如食物、水分、空气、睡眠、性的需求等。生理需求是人的需求中最基础也最重要的，其余需求的满足都要在满足生理需求的基础上才能达成。对于职业学校学生来说，学习最基础也是最重要的一点就是获得社会生存的手段，最直接的表述就是为了毕业后能找到获取更多生存资源的方式，这种方式大部分是通过找到一份好工作，或是自己创业，但前提必须是学到谋生的本领。因此，对于职业学校来说，满足学生生存的需求，本质上就要求学校不断提高教育教学水平和人才培养质量，提高学生获取生存资源的能力，为学生发展提供坚实基础。

②安全需求。

安全需求主要指人需要稳定、安全的环境，受到保护、有秩序、能免除恐惧和焦虑等。这里的安全不仅仅是指身体的安全，更重要的是环境的安全以及人的内心感到安全。对于职业学校学生来说，安全需求不仅是人身安全，更是需要构建一个能够安全发展的环境。如有能力找到一份稳定的工作，能够购买社会保险，购置房产有稳定发展环境，这些都属于安全需求的范围。对于职业学校来说，满足学生安全需求，除加强学校安全保卫、防止出现校园安全事件以外，更重要的就是培育学生获取安全环境的能力，包括知识与技术技能的培养、社会风险的识别与规避能力的培养、身体健康与心理健康教育等。

③社交需求。

社交需求就是需要进行社会交往，一般是一个人要求与其他人建立感情的联系或关系。这种关系既可以是朋友、同事的关系，也可以是恋人、爱人的关系。对于职业学校学生来说，语言智能和社会交往智能水平因为客观原因往往并不突出，其社交需求比起普通学校学生来说更不容易得到满足。社会交往能力的欠缺也是职业学校学生毕业后无法适应社会竞争的一个重要原因，因此职业学校要更加注重对学生社会交往能力的培养。

职业学校通过设置相关课程和开展交际活动，充分锻炼学生语言表达能力，提高学生社会交往能力，使学生社交需求更容易得到满足。

④尊重需求。

尊重需求是指对自己自信，保持自尊以及渴望自己或自己的学习工作得到承认和尊重的需求。职业学校学生由于综合素质能力不足，自信心和自尊心可能受到影响，因此更渴望获得别人的认可和尊重。职业学校应该充分理解学生在知识储备、技能水平等方面客观存在的不足，了解学生对他人的尊重和认可的需求，在教育教学中应以表扬激励为主，尽量减少否定与批评。在管理上推行人性化和质量管理，在管理目的、管理过程和管理人员上都要体现尊重学生的思想。让学生在学校感觉到自己获得了尊重，自己的学习成绩得到了别人的认可。同时，职业学校也要教育学生如何尊重和认可别人，要让学生明白尊重他人就是尊重自己。

⑤自我实现需求。

自我实现需求是指人们追求实现自己的能力或者潜能，并使之完善。自我实现需求是马斯洛需求理论中的最高层次，代表人在某一领域的最高目标与最终需求。职业学校学生追求自我实现与自我认识智能有直接关系，要达到自我实现首先要求自己真正追求的是什么。对于学生来说，在校期间能够意识到自我实现是比较困难的。职业学校要对学生进行适当的引导，让学生明白自我实现的需求应与国家前途、民族命运紧密相连，要主动地在国家民族发展的框架下寻求实现自我的途径。

（2）职业学校学生的不同需求与满足

职业学校学生除有马斯洛需求层次理论所指出的五个共通需求外，根据学生分类的情况还存在着各自不同的需求，职业学校要根据学生的不同需求有针对性地制订和调整教学计划，完善教育教学资源供给，满足学生各种不同类型的需求。

①根据学校级别和性质划分的中等职业学校学生、技工学校学生和高等职业学校学生有不同的人才培养目标。中等职业学校培养与我国社会主义现代化建设要求相适应的人才，德、智、体、美全面发展，具有综合职业能力，在生产、服务一线工作的高素质劳动者和技能型人才；技工学校是为适应工业发展需要而培养合格中级技术工人的学校；高等职业学校培养面向生产、建设、管理、服务第一线需要的下得去、留得住、用得上、实践能力强、具有良好职业道德的高技能人才。不同类型的职业学校的人才培养目标都是结合学校学生需求和社会需求而制定的，职业学校要继续完善各专业人才培养方案，充分听取学生的意见，满足学生对高质量职业教育的需求。

②根据学生来源划分的经过中考和高考的初中、高中毕业生，中高职衔接学生、单独招生的学生，退役军人、农民工、下岗工人和新型职业农民"四类人员"以及社会学生有不同的人才培养方案。

经过中考和高考的初中、高中毕业生以及单独招生的学生属于经过考试入学的学生，是职业学校学生的主要来源，在数量上占在校生的大部分。经过考试入学的学生经过了较为系统的学习和统一标准的考试，其素质能力有可参考的指标，其对教育教学的需求也相对合理，职业学校只需要完善人才培养方案，提高教育教学水平即可以满足他们的要求。

中高职衔接学生一般不经过统一标准的考试，由中等职业学校直接升入高等职业学校。虽然没有经过统一标准的考试，但是也经过了职业学校系统的学习，因此其对新环境适应能力比其他类型的学生更强，能很快地融入新学校的环境。由于是直接升入高职，这类学生容易把中等职业学校的不良习惯也带入高职，同时因为没有经过专业的考核，学习上会感到有压力，学习主动性和学习效率较差。职业学校要理解中高职衔接学生的特点，完善人才培养方案，突出高等职业学校与中等职业学校的不同之处，提高学生的学习兴趣和主动性。

在"四类人员"（退役军人、农民工、下岗工人和新型职业农民）中，退役军人年龄相对较小，工作和家庭负担不重，少部分学生可以做到全日制在校学习，大部分还是以线上学习、集中培训考试的方式为主。尽管退役军人普遍都有固定的工作，且对自我需求有清晰的认识，但他们普遍缺乏系统的理论学习和专业技能培养，这在一定程度上限制了其职业发展的深度和广度。因此，职业学校应考虑退役军人的现实需要，灵活地安排上课时间，探索网络直播等线上教育模式，利用集中培训考试的方式强化他们系统性的理论学习和实践操作能力，帮助他们更好地实现其职业发展目标。

相比之下，下岗职工、农民工、新型职业农民三种类型的学生年龄普遍较大，全日制在校学习的可行性低，因此需要采取更灵活的授课方式。这类学生社会经历丰富，因此对技能型课程以及技术技能资格证需求更为迫切，对文化知识教育兴趣相对较低。职业学校要针对这类学生的特点定制更人性化、更合理的教育教学时间安排，同时更要重视对学生的就业指导，帮助他们实现技术技能水平的提升，找到更好的工作也有不同的人才培养侧重点。

③根据学生智能组合类型来划分的音乐智能、数理逻辑智能偏重的逻辑理论型学生，语言智能、人际交往智能、自我认识智能偏重的沟通协调型学生，空间智能、身体运动智能偏重的技术技能型学生也有不同的人才培养侧重点。

音乐智能、数理逻辑智能偏重的逻辑理论型学生更能接受文化课理论学习的传统教育方式，他们头脑逻辑清晰，接受能力强，理论方面的课程成绩往往名列前茅，但是对于职业教育非常重视的技术技能实践能力较弱，沟通交流和团队合作能力不够强，从特点上看这类型的学生更接近于普通学校的要求。对这类学生，职业学校要尽量引导他们，满足他们对专业的需求，可以建议他们选择理论知识比例更高，对技术技能要求没有那么严格的专业，更接近其智能特点的专业可以使他们的优势得到进一步发挥，有利于实现人才培养目标。选择合适的专业也可以让这类学生成长为符合社会需求的技术技能型人才。同时，这类学生还可以通过专升本等途径继续深造，进入本科院校学习，从技术技能型向知识研究型转变，充分发挥他们智能的特点，取得更好的成绩。

语言智能、人际交往智能、自我认识智能偏重的沟通协调型学生无论是在学校的适应性还是毕业后的社会适应性表现都很突出。良好的自我认知保证了他们有清晰的自我定位和准确的判断力，人际交往和语言智能使他们可以胜任各种管理和组织职位。这类学生短板是在理论学习和技术技能学习的深度上可能稍显不足，在成绩上不够亮眼，但是班团干都是他们可以胜任的职位。职业学校对这类学生的培养建议如下：在专业上，可以选择技术管理类的专业，如工程管理、施工管理、信息管理等，既含有技术技能类课程也包含管理类课程，可以充分发挥学生沟通协调和管理方面的优势；在学科上，建议以管理学和工学为主，在校期间可以担任班团干部锻炼自己的工作适应力，毕业后可以尝试从事管理、媒体等岗位。这类学生同样可以通过专升本去更高一级的本科院校深造，选择适合自己发展的管理类或传媒类专业。

空间智能、身体运动智能、自我认识智能偏重的技术技能型学生是职业学校人才培养的最佳对象。这类学生的智能使他们更好地能够适应技术技能学习需要，同时他们具备良好的自我认知和团队合作能力，在技能比赛上具有很大的优势，也非常适合社会化大生产的需求。同时，他们可以明确自身职业规划，可以保证能够持续、稳定、深入地参与技术技能专业的学习和训练。这类学生如果能够持续地进行技术技能学习和培训，可以在毕业的时候轻松地找到专业对口的好工作，同时更容易在技能比赛中获奖或更容易获得职业资格证书。职业学校对这类学生的培养，一是要帮助他们选好自己的专业，要努力让他们提高实践能力，学好专业理论知识，培养创新创业能力，拥有良好的职业道德；二是给他们实现自我的机会，如选拔他们参加技能竞赛培训和比赛，组织他们参加相关技能证书的考试等；三是可以考虑为他们提供专升本指导或校企合作的进修机会。

4. 职业学校与学生双向沟通机制

职业学校在明确学生类型，就业需求和目标后，还要建立与学生的双向沟通渠道，向学生传达学校的战略规划和实施计划，了解学生对学校质量管理的意见和建议，与学生建立良好的关系，强化学生管理机制。

（1）双向沟通的内涵

双向沟通是沟通的其中一个类型，指信息发送者和信息接收者之间可以双向传播信息。相较于单向沟通而言，双向沟通是一种更适合双方需要互相交流信息的沟通方式。

（2）双向沟通的原则

①双向沟通的时效性。

双向沟通是发送者和信息接收者之间双向传播信息，更注重双方对信息的评价与反馈，因此对信息沟通的时效性要求也更高。为了切实提升沟通效率，双向沟通的各方一般应会采取限定时间回复的做法来确保及时获得相应信息。

②双向沟通的多渠道性。

双向沟通是一种动态的过程，因为经常涉及多个沟通对象，因此面对不同的沟通对象必须灵活选择不同的沟通渠道和沟通方式，面对单个对象的时候也需要综合使用多个沟通渠道，确保能同时满足信息发送者和信息接受者的需求。

③双向沟通程序的标准性和明确性。

在进行双向沟通的时候，信息发送者和信息接收者必须按照一定标准来传递明确的信息，否则很容易因为信息标准不同和信息内容模糊而引起误解，影响沟通效率。

④双向沟通的平等性。

双向沟通过程中信息发送者和信息接受者应处于平等的地位，并且位置会经常进行转换。这是双向沟通区别于单向沟通的最大特点。

5. 职业学校与学生双向沟通机制的建立

对学生的全面培养是职业学校存在和发展的核心目标，学校的战略规划、战略实施和人才培养方案等都是为提高学校办学水平和人才培养质量服务的，因此学校要建立与学生的双向沟通机制，加强与学生的联系，加强学生人性化管理。

（1）学生座谈会

学校召开学生代表座谈会是学校与学生进行双向沟通的重要渠道和方式，在座谈会上学校可以倾听学生对学校办学和人才培养方面的意见建议，学校可以解答学生关注的重点问题，增进学校和学生的互信，提高学生的满意度和忠诚度。

（2）校长信箱和校长邮箱

这是近年来职业学校广泛采用的一种双向沟通渠道。无论是纸质的信件还是电子邮件，都可以起到由学生直接与学校领导层进行沟通的效果。对学校领导听取学生意见建议，扁平化沟通模式起到很好的促进作用。

（3）学生代表大会

学生代表大会既是学生参与职业学校民主管理的重要途径，也是学生与学校沟通的重要渠道。学生代表大会既可以起到宣传落实学校战略规划和质量管理要求的作用，还可以搜集学生对学校教育教学的意见和建议。

6. 职业学校对学生权益的维护

（1）职业学校学生权益的概念

职业学校学生权益是指取得学校学籍的在校学生能够按照自己的意志以作为或不作为的方式，要求他人相应作出或不作出行为的方式实现利益的许可和保障。

职业学校学生除拥有一般公民的所有权利外，还可因学生的身份拥有其他特殊的权利。

（2）职业学校学生权益的具体内容

①受教育权。

根据《中华人民共和国教育法》《普通高等学校学生管理规定》，职业学校学生的受教育权包括教育平等权、入学升学权、教育选择权、听课权、参加权、建议权、考试权、学位权、学历权、择业权和获得公正评价权等。

受教育权既是国家宪法赋予公民的一项基本权利，也是包括学生在内的全体公民享受教育的前提和基础。

②使用教学资源权。

《中华人民共和国教育法》第四十三条规定，学生享有"参加教育教学计划安排的各种活动，使用教育教学设施、设备、图书资料"的权利。学生使用教学资源权不仅通过学生直接使用教学资源来体现，也可以通过教师使用教学资源教育学生来体现。

③知情权。

《中华人民共和国教育法》第三十条第（四）点规定，学校应当"以适当方式为受教育者及其监护人了解受教育者的学业成绩及其他有关情况提供便利"。知情权是指职业学校学生有权利了解学校的战略规划、规章制度、师资水平、教育教学水平和学校办学基本情况等信息。职业学校应当主动公布这些信息，学生也有权利了解学校公布的相关信息。知情权是职业学校和学生建立互信的基石。

④监督权。

职业学校学生有监督学校办学是否合法合规、收费是否合理合规、教师教育教学质量是否符合要求、学校教育教学是否按照规定运行等权利。

⑤参与权。

职业学校学生的参与权主要是指民主管理的参与权。学生作为职业学校的重要组成部分，拥有与学校管理层以及教职工一样的民主管理学校的权利。尤其是与学生其他权利相关的事项，职业学校应该充分保障学生享有参与讨论和决策的权利。

⑥申诉权、起诉权。

职业学校学生的申诉权是学生针对自己受到的处分或者认为自己合法权益受到侵害时，向学校内部以及学校上级部门提起申诉的权利，在申诉的时候学生同时拥有陈述权与申辩权。职业学校学生的起诉权是指学生认为自己的合法权益受到严重侵害，申诉已经无法更改的情况下对学校或上级教育部门提起行政诉讼的权利。

⑦其他权利。

除学生特有的权利外，职业学校学生还拥有一般公民的其他权利，包括人身权、财产权、知识产权等。

（3）职业学校学生权益维护的渠道

①行政申诉。

申诉包括校内申诉和校外申诉，校外申诉也称为行政申诉。校内申诉既是维护职业学校学生权益最适用，也是最重要的渠道。职业学校要建立健全学生校内申诉制度。要根据相关规定成立学生申诉处理委员会，委员会成员由学校领导、相关职能部门和二级学院（系部）负责人、教师代表和学生代表组成。申诉委员会负责受理和解决学生因为处分或利益受到侵害而提出的申诉。由于学生申诉处理委员会是学校内设机构的一部分，在管理和运作上受学校制约。如学生认为学校学生申诉处理委员会不能公平处理自己的申诉，还可以向学校上级部门（教育厅或教育局）提起行政申诉。

②司法诉讼。

司法诉讼指职业学校学生就特定的权益侵害行为向人民法院提起的行政、民事和刑事诉讼，包括司法诉讼、行政诉讼、民事诉讼和刑事诉讼。

司法诉讼渠道是维护学生权益最强的渠道，是解决权益侵害纠纷的最终解决方案。行政诉讼一般是学生针对学校对其毕业证、学位证及学籍管理方面权益的侵害提起的诉讼，如当年很有代表意义的英语四级证书与学位证挂钩导致的行政诉讼。民事诉讼主要是学生在人身权、财产权等权益受到侵害时提起的诉讼。刑事诉讼主要分为自诉和公诉，在学生诉讼中极为少见。

③法律援助。

法律援助是国家或政府通过法律援助中心为经济困难或特殊案件的当事人给予减、免收法律服务费用的法律帮助，以保障其合法权益得以实现的法律制度。职业学校学生是一个特殊群体，其合法权益受到侵害时理应可以申请法律援助。但是，在实际运作中，学生大多是运用行政申诉等渠道维护权益，极少涉及法律层面，法律援助就更为罕见。

7. 职业学校学生满意度

（1）职业学校学生满意度的概念

从广义上来说，职业学校学生满意度应该包括以下四个层面：

①学校层面。

它是指学生对职业学校的总体满意度，是集中反映学生对学校办学发展满意与否的评价维度。

②机构层面。

它是指学生对职业学校某个机构工作或者服务的满意程度。这个机构可以是二级学院等教学部门，也可以是教务处等职能部门。

③教学层面。

它是指学生对职业学校整体的教育教学或者某个教学单位在教学管理、教学组织等方面的满意度。其内容与评教评学有相似部分。

④教职工层面。

它是指学生对职业学校教职工工作业绩或者工作态度的满意度，对一线专任教师的满意度评价往往以学生评教的方式出现。

（2）职业学校学生满意度的意义

卓越绩效模式是以学生驱动为核心的理念之一，其根本就是要让学生对学校满意，因此学生满意度作为一个衡量学校办学和管理质量的指标有重要的意义。但是也要防止出现片面地将学生满意度等同于客户满意度的情况。学校和学生具有教与学的对立统一性，与企业和客户的关系并不完全一样。这就要求学校正确看待学生满意度的指标，既要做到既重视学生，提高学生满意度，又要破除唯满意度论，将其视为反映学校办学质量的一个参考。

8. 职业学校毕业生就业质量双反馈

2020年至今，受到新冠疫情以及国际形势的影响，职业学校就业率成为社会关注的焦点。目前职业学校就业率统计已经形成了学校统计、主管部门监督、第三方核查的良性机制，尤其近年来引入的第三方核查确保了就业率统计的真实性和有效性。但是，学校就业率并不等同于就业质量，只看就业率也无法完整反馈就业质量。因此，职业学校要想通过毕业生就业质量的统计数据来衡量学校教育教学，促进学校办学质量的提高，就必须建立健全毕业生质量双反馈机制。

（1）职业学校毕业生就业质量双反馈的内涵

职业学校毕业生就业质量双反馈机制简单来说就是学校开展毕业生就业质量的反馈以及用人单位对学校毕业生就业质量的反馈。毕业生就业质量的反馈需要了解毕业生就业单位的信息、专业对口度、薪酬与福利情况以及学生对用人单位的评价；用人单位对学校毕业生就业质量的反馈需要了解用人单位对毕业生职业道德、专业素养、工作能力和工作态度的评价。毕业生和用人单位的双反馈机制可以使学校充分了解毕业生的就业质量，以及用人单位对毕业生的要求。双反馈机制为改进教育教学方法，确保培养出符合市场和企业需求的高质量毕业生提供了数据支持。

（2）职业学校毕业生就业质量双反馈机制的意义

①可以实现学校与用人单位在人才培养上的对接。

在以往的毕业生统计工作中，重点都放在毕业生就业率上，以毕业生就业率为第一要务，并不注重毕业生的就业质量，而且只统计毕业生对用人单位的评价却不关注用人单位对毕业生的要求。建立毕业生就业质量双反馈机制，可以使学校与用人单位之间能够有效对接，让学校了解用人单位对毕业生的要求，从而以此为依据调整专业和课程设置，使学校人才培养标准与社会需求保持一致。

②可以获得毕业生就业质量的可靠数据。

长期以来，社会、教育主管部门和学校都将关注重点放在了毕业生就业率上，为保证毕业生就业率的真实性设置了各类核查制度，但是对就业质量数据的统计核查主要还是依靠学校自身力量。学校对毕业生就业质量统计的不重视，也导致学生经常随意填报就业质量相关数据；用人单位对毕业生质量评价也没有形成统一的标准，有些职业学校甚至不做用人单位方面的统计。因此，建立职业学校毕业生就业质量双反馈机制，可以同时收集毕业生对用人单位的反馈以及用人单位对毕业生的反馈。通过双向数据的相互印证，能够有效提高毕业生就业质量数据的可靠性。

（3）职业学校毕业生就业质量双反馈机制的构建

①职业学校要在思想上重视毕业生就业质量统计。

长期以来，社会、上级主管部门和学校普遍重视毕业生就业率统计，而对毕业生就业质量统计的关注相对不足。这种现象在一定程度上反映了职业学校在大规模发展的阶段中的必然选择，也契合了当时社会发展的客观需求。但是，随着近年国家对职业教育和职业学校发展要求的改变，尤其是2019年《国务院关于印发国家职业教育改革实施方案的通知》中要求职业教育要由追求规模扩张向提高质量转变，职业学校也要随之从规模发展向质量发展转变。质量发展不只要求职业学校教育教学和行政管理有质量，更是提出毕业生就业质量也是其中一个重要的考核指标。

②加强职业学校毕业生就业质量双反馈机制的机构建设。

职业学校一是要完善负责毕业生就业质量双反馈机制的机构建设。学校一般会设置就业处等类似的机构，负责毕业生就业工作的相关信息统计，在以往重点关注就业率统计的情况下，由于有上级部门和第三方机构协助核查毕业生就业率，因此就业处的工作强度和工作压力并不是很大。但是要构建毕业生就业质量双反馈机制，就需要针对毕业生和就业单位同时开展就业质量统计，并且还要将分析结果和改进建议反馈给学校领导层，学校就业部门则应该强化机构建设，增加工作人员，建立必要的数据库系统，确保毕业生就业质量双反馈机制更加完善。二是毕业生就业质量双反馈机制不仅要求对毕业生就业质量进行双向统计，更是要求对就业质量结果的双反馈，学校各部门要依据就业质量反馈来改进教育教学的不足之处。因此，这项工作不能单纯依靠学校就业部门独立完成，还需要学校制定关于毕业生就业质量反馈与整改的联络改进制度，并且将各相关部门都纳入这个制度之中，共同做好毕业生就业质量双反馈工作。

③探索开展职业学校毕业生就业质量双反馈统计的新方式和新渠道。

职业学校传统上无论是开展毕业生就业率调查还是毕业生就业质量调查都是以纸质调查问卷为主，这种方式成本高且效率低，数据难以电子化分析。职业学校可以充分利用学校信息化建设的成果，如建有校园大数据平台的学校，可以利用大数据的强大信息处理能力，对毕业生和就业单位开展电子化的信息收集，提供电子化的调查问卷，同时还可以快速分析毕业生就业质量反馈数据，形成改进教育教学质量等相关工作的意见和建议。没有大数据中心等设备的职业学校可以参照就业率统计引入第三方调查机构开展毕业生就业质量调查。

（二）关注利益相关方

合作共赢是职业学校导入卓越绩效管理的核心理念之一，它要求职业学校要关注学校利益相关方需求，形成系统的制度机制，与学校利益相关方建立合作共赢的关系，建立健全利益相关方双向沟通渠道和投诉处理机制，提高利益相关方对学校的满意度。

职业学校的利益相关方包括了企业、人民政府、教育人社等相关部门、合作学校、家长和行业协会等，其中企业是职业学校最重要的利益相关方，人民政府和教育人社等相关部门是职业学校办学发展的次要利益相关方。职业学校与各利益相关方保持良好的合作关系，可以充分发挥合作各方的优势，形成优势互补，节约各方行动成本。同时，也是学校获取办学资源，提升办学实力，优化办学环境，提升人才培养质量，获得卓越绩效的重要途径。

1. 职业学校与企业的合作共赢

（1）校企合作的概念与内涵

校企合作首先应该是一种教育模式。一般来说，校企合作是一种利用学校和行业、企业不同的教育资源和教育环境，培养适合行业、企业需要的应用型人才为主要目的的教育模式。校企合作关注人才培养质量、学校理念学习与企业生产实践的融合、学校与企业在教育教学资源和信息上的共享。

校企合作理念认为，校企合作包括学校和企业两大基础要素，学校是基础理论教学一方，企业是实践操作训练一方，双方互有联系又各有不同。典型的校企合作理念下的人才培养根据校企合作的存在而被分为两个组成部分，即学校理论知识的传授和企业实践操作能力的培养，两者是学生学习的不同阶段，因此校企合作中学校和企业应该具有明确的边界。

随着职业教育的发展和校企合作实践的深入推进，人们逐渐发现典型的校企合作理念更接近于普通学校尤其是普通本科院校对校企合作的简单理解，与职业教育需求的校企合作模式有较大差距。于是学校和企业在新时代背景拓展了校企合作的深度和广度，同时也赋予了校企合作新的内涵。新的校企合作理念认为，学校和企业应该围绕"产教融合"这个核心，以实现"八个共同"途径开展校企合作，即学校和企业共同制定培养标准、共同完善培养方案、共同构建课程体系、共同组建教学团队、共同建设实训基地、共同实施培养过程和共同评价培养质量。校企合作新的内涵意味着学校和企业不再是之前割裂的关系，而是围绕人才培养这个共同目标，从人才培养方案开始到人才培养质量评价全程开展合作，这无疑更能贴近职业教育和职业学校对校企合作的本质需求。

进入新时代，随着经济全球化与数字网络经济的迅猛发展，以2019年1月国务院印发的《国家职业教育改革实施方案》为标志，校企合作的内涵在之前的基础上又融入了新的元素。方案提出，学校和企业要建成命运共同体，并重新梳理了职业学校教授专业理论知识，企业开展技术技能培训的传统校企合作的内容，将其重新定义为校企"二元制"合作模式。同时，将"八个共同"的要求与"二元制"模式融合，提出了现代学徒制和企业新型学徒制试点的要求。在产教融合上，提出了要建设产教融合型企业认证制度，要校企共同建设高水平的产教融合实训基地，要校企共同培养"双师型"教师队伍。在办学上支持企业举办高质量职业教育，支持企业加入职业教育集团建设。新要求的提出反映了国家以促进就业和适应产业发展需求为导向，深化职业学校办学体制改革和育人机制改革的目的和决心，同时也对新时代校企合作提出了更多的期待和更高的要求。

（2）目前职业学校与企业合作存在的问题

①职业学校办学经费不足影响校企合作项目开展。

职业学校和普通学校相比，在办学实力和经费拨款存在着较大差距。同时职业学校对实训教学仪器设备和师资队伍的高要求也导致其办学成本较高，较高的办学成本和较低的办学经费让职业学校无力承担太多校企合作项目的成本支出。在落实校企合作项目的时候，职业学校往往单方面地向企业寻求资金和设备支持的情况，从而影响企业开展校企合作的积极性。

②职业学校办学理念和师资水平的问题。

中国职业教育的发展在时序维度上远远落后于普通教育，职业学校在成立之初由于缺乏对职业教育的专业人才的了解，往往照搬普通学校的专业设置、教学计划，甚至人才培养方案，而其学校领导者、管理层、教职工也几乎都是从普通高校毕业，对职业教育没有很深入的了解。因此，在办学理念和体制上，职业学校往往是用普通学校的理念和体制在办职业教育，用普通学校学生的培养方式来培养职业教育的学生，对校企合作，"产教融合"的理解不够深入。很多职业学校到现在还是保持传统的校企合作理念，将企业视为学生的实习单位，而不是共同开展人才培养的合作伙伴，这样一来校企合作的执行力必然大打折扣。

在职业学校师资水平方面，无论是开展现代学徒制合作还是根据"八个共同"开展的校企合作，都需要大量符合职业教育要求，熟悉学校和企业运作方式，同时拥有扎实的理论知识和丰富的生产实践经验的"双师型"教师。但是，国家近年来才开始规范"双师型"教师的标准，开展"双师型"教师培养和评定的时间太短，导致目前各职业学校"双师型"教师数量紧缺，中级以上的"双师型"教师更是稀少，难以满足与企业开展"八个共同"的校企项目合作的需求。

虽然目前很多职业学校都在教学规划上非常重视校企合作、产教融合，但是真正进行实践并收到良好效果的校企合作案例少之又少。

③企业缺乏激励机制，主动性不足。

职业学校是非营利机构，其投入的人力、物力归根到底都是为了人才培养。校企合作、产教融合可以极大地提升学习人才培养质量，从这方面看职业学校不存在主动性不足的问题。但是，企业的根本目的是开展生产经营并赚取利润，而非协助职业学校开展人才培养。学校和企业在运营方面有着不同的要求，因此，学校必须给予企业足够的激励措施，才能提升企业参与校企合作的主动性和积极性。

在传统的校企合作模式里，企业愿意接收职业学校的学生来企业实习实训，本质上还是基于利益考虑。实习学生经过了系统的专业培训，人数众多且实习时间相对固定，职业学校可以为企业提供大量的优质员工同时又省去了招聘员工的高额成本。因此，长期以来，学生到企业实习就成了维持职业学校与企业合作的重要因素，在部分学校甚至变成了唯一因素。校企合作、产教融合也被简单地理解成职业学校派学生到企业实习然后换回企业的设备或者资金支持。这就极大地违背了校企合作开展的初衷以及目的。但是企业不得不考虑成本和收入是否匹配的问题，企业参与校企合作必然会付出大量的时间成本、人力成本和资源成本，这些成本的支出在得不到补偿的情况下将会影响企业开展校企合作的主动性和积极性。

（3）职业学校与企业合作的内容与方式

①校企"双元制"育人。

"双元制"起源于德国，是一种校企合作共同开展的职业培训模式。"双元"的内涵包括学校和企业，其中"一元"是指职业学校要教授学生职业专业知识；另"一元"是指企业作为技术技能培训基地，要培养学生实践动手的能力，提供技术技能相关的培训。"双元制"本质上就是传统意义上所说的校企合作，虽然在国内已经实施了较长时间，但是目前"双元制"育人依旧是校企合作的重要内容。

②校企联合开展现代学徒制育人。

校企合作开展现代学徒制育人是2014年由教育部提出的，目的在于深化产教融合、校企合作，探索校企共同合作育人的新模式和新方法。现代学徒制是通过校企深度合作，教师和专家共同传授，对学生开展技术技能方面的培养。相比于传统校企合作的订单班和冠名班，现代学徒制培养具有更深刻的内涵。一是培养过程完全体现了校企合作育人"八个共同"的要求，即学校和企业共同制定培养标准、共同完善培养方案、共同构建课程体系、共同组建教学团队、共同建设实训基地、共同实施培养过程和共同评价培养质量。二是凸显学徒这个人才培养关键词。现代学徒制不是将学生的培养割裂为理论和技能，并把学生分别放在学校和企业培养，而是将企业的员工培养功能引入学校，形成"校中企"，参加现代学徒制学习的学生同时具有两种身份，在校学生和企业员工，为其授课的老师也具有两种身份，教师和企业"师傅"。因此，现代学徒制真正融合了校企合作"八个共同"的全部要求，实现了企业与学校在人才培养上的全过程对接，更实现了学生从在校生到企业员工的无缝对接、毕业证与职业技能资格证对接等，既提高了学校的人才培养质量，又让企业获得了高适应性的技术技能人才，实现校企合作的双赢。

③校企合作共建二级学院（系部）和专业。

对校企合作的方式来说，传统的订单班和冠名班合作已无法适应新时代关于产教融合"八个共同"的要求。根据《国家职业教育改革实施方案》的要求，要推动校企全面加强深度合作，其中就有鼓励企业参与举办各类职业教育。企业可以投入资金、人力和设备与职业学校共同建立二级学院（系部），机构管理、师资力量成本由职业学校和企业共同承担，根据"八个共同"的要求培养学生，二级学院（系部）内的专业由职业学校和企业共同设立、共同建设，真正达成"校中企"和"企中校"的校企深度融合。目前，校企共建二级学院（系部）和共建专业已经在部分职业学校试行。在这种合作模式下，学校得到了企业的资金、设备和师资的支持，确保了学生人才培养质量、就业率和就业质量；企业虽然付出了资金、设备和人力资源，但是得到了长期的用工资源，节省了招聘和员工培训的大量成本，为企业的持续健康发展提供了人力资源保障。

④校企合作开展员工和教师的双向培养。

职业学校的教师培养与企业员工的培养一样都是时间长、投入大、见效慢的投资，双方共同开展教师和员工双向培养有利于节约培养成本，提高培养效率。校企合作开展员工和教师的双向培养主要是指职业学校选派教师到企业开展企业实践学习，企业选派员工到职业学校开展系统性的技术技能学习。对学校来说，目前师资队伍最为紧缺的是符合职业教育要求，熟悉学校和企业运作方式，同时拥有扎实的理论知识和丰富的生产实践经验的"双师型"教师，而培养"双师型"教师通常需要他们到企业进行实践活动。对企业来说，企业员工系统性的技术技能学习培训是提升员工素质，提高员工生产效率和企业效率的重要举措，而有大量专业的技术技能教育教学设备，专业的应用型师资队伍的职业学校是企业员工培训的绝佳选择。随着我国产业转型升级，企业面临产业升级、技术升级的压力，必然对员工技术技能培训有更高的需求，这也间接性地要求职业学校加快建设"双师型"教师队伍，满足产业和企业的需求。因此，实行校企合作开展员工和教师的双向培养不仅是校企合作的必然要求，也是国家在新时代产业发展的必然要求。

⑤校企合作共建研发中心和产教融合实训基地。

对于企业来说，获取利润的方式一是通过增加销售收入，二是通过减少成本。就成本而言，企业技术研发和员工培训是占据企业支出很大的份额，能够与职业学校共建研发中心和产教融合实训基地可以极大地减少这个领域的支出，同时又可以获得职业学校专业科研人员的支持，企业既有能力也有意愿开展这方面的合作。对职业学校来说，共建研发中心和产教融合实训基地既可以节省学校单独建立其基地的成本，也可以得到企业关于产品研发技术以及研发人员的支持，加强学校实训基地建设，为学校学生获取技术技能资格证提供支撑。因此，这种合作对校企双方都具有很多好处，也是近年来校企合作重点发展的领域。

（4）职业学校与企业的双向沟通

双向沟通是沟通的其中一个类型，是指信息发送者和信息接收者之间可以双向传播信息。相对于单向沟通而言双向沟通是一种更适合双方交流信息的沟通方式。职业学校与企业要做到有效的沟通需要注意以下四点：一是要提高校企沟通质量。双向沟通是提高职业学校和企业合作效率与合作效益的重要手段，职业学校和企业要建立完善的双向沟通制度，有效解决校企合作中产生的各种问题。二是要重视信息沟通的质量。信息质量决定着校企沟通的准确性和有效性。高质量的信息沟通能够有效减少误会，提高校企合作中的信任程度。三是重视信息共享。信息共享是校企合作中的一个重要方面。一般而言，校企合作越深入，信息共享的作用就越大。

因此，学校和企业可以考虑在双向沟通机制上建立信息共享机制，让信息能够快速流通，提高信息传递效率，有利于提高校企合作的质量。四是学校和企业要广泛开展各种级别的沟通。校企人员的沟通层面会随着校企合作的深入而不断上升，校企人员的沟通不应当仅限于领导层或者一线执行层等部分层面，而应该是保持各种层面的广泛沟通，确保各层级出现的问题都能得到及时有效的沟通解决。

2. 职业学校与人民政府的关系

（1）职业学校与人民政府关系的历史问题

①政府在职业教育中的角色还不够明晰。

在传统管理模式下，政府既是职业学校的创办者也是管理者，同时因为学校教职工都是政府公务人员，相当于政府也是职业学校的办学者。长期以来，包括职业学校在内的学校行政化是政府职能不明晰的一个重要表现。近年来，随着社会的发展，政府职能转变是一大趋势。但是，在职业教育领域，对公办职业学校而言，政府事实上依旧是创办者、管理者和办学者，在公办学校财政拨款、人事管理和教育政策上拥有绝对的话语权。

②职业学校办学自主权仍受政府的制约。

长期以来，我国职业学校都由政府创办，在学校办学过程中，国家往往通过行政命令决定职业学校的重要人事任命、专业设置、招生就业、基础设施建设等，职业学校具有一定的行政化倾向。这种倾向使部分职业学校领导层存在依赖行政指令或片面追求短期成果的现象，造成教育资源的浪费甚至出现腐败问题。同时，公办职业学校的行政化倾向还导致学校习惯于依附政府办学，从办学经费、办学用地、校企合作到校园建设，均需政府支持，而非依靠自身办学实力发展。这种过度依赖政府的模式不利于职业学校的自主办学，也不符合其面向市场发展的历史要求。

③政府对职业学校投入不足。

职业教育与普通教育同为国家教育体系中重要的组成部分，职业学校承担了培育国家产业转型升级所需产业工人的大部分任务，办学成本高，办学压力大。然而，在投入上，政府给予职业学校的投入与普通学校尤其是本科院校是大不相同的。同时，高等职业学校虽名为大学，但是职业本科试点数量极少。当前，绝大部分都处于专科层次，由于办学层次上的差异，在招生环节，职业学校只能在普通高校之后进行招生，其生源数量和质量与普通学校相比差距较大。

（2）职业学校与人民政府关系的调整

①推进职业学校去行政化。

职业学校与人民政府关系的调整从根本上来说就是扩大职业学校的办学自主权，政府保留举办者的角色，弱化管理者和办学者的角色。政府应该根据行政与学校分开的原则，推进职业学校去行政化，让职业学校不再是政府的准下属部门。政府要深化"放管服"改革，加快推进职能转变，主要负责战略规划、制定政策指引和依法依规监督学校办学。同时，要引进企业等办学主体，支持民办职业学校的建立与发展，在政府投入上平等对待公办职业学校和民办职业学校，使公办职业学校摆脱对政府的依赖性，真正依靠自身实力办学。

②完善政府对职业学校的服务和保障功能。

政府要将对职业学校的直接管理转变为间接管理或者是服务保障。其主要转变分为三点：一是要为职业学校的发展提供良好的政策环境，在舆论上强调职业教育和普通教育的同等重要性，继续开展职业本科试点，提升职业学校的地位与办学实力。二是为职业学校的发展提供信息和路线指导。根据国家和地区社会经济发展的要求，指导职业学校在专业设置、人才培养上做出调整，服务社会经济发展。三是政府要认识到职业教育和职业学校在国民教育体系中所起的重要作用，在政策与资金支持上平等对待职业教育与普通教育，为职业学校的发展提供良好的贷款融资环境，为职业学校提供公平竞争的市场环境。

③建立职业学校与政府的沟通协调机制。

无论是公办还是民办，职业学校要更好地服务国家社会经济发展，应当紧跟时代需求，与政府构建良好的沟通协调机制。职业学校应当根据市场和地方社会经济调整自己的办学思想、设置专业、调整人才培养方案，开展校企合作产教融合。同时，要加强与政府的沟通，在办学方向、服务地方社会经济上与政府保持高度一致，寻求政府的帮助，协调解决办学困难。对于地方性职业学校来说，职业学校办学的公益性要求其办学目的应与当地社会经济发展要求一致，地方政府的需求是关乎地方职业学校发展的最优先考虑事项。因此，加强与地方政府的沟通，了解地方政府对职业学校的需求，服务地方社会经济发展是地方职业学校应尽的责任。

（3）职业学校与政府工作部门的关系

政府工作部门是指按照一定标准对政府工作进行分解和分类，并以此为依据建立的负责政府某一方面事务的机构。地方人民政府工作部门，在接受同级政府领导管理的同时，在业务上接受上级政府工作部门对口或对应机构的指导。政府各工作部门在同级政府的统一领导下工作，相互间具有配合、协调及一定的制约关系。

职业学校与政府工作部门的关系非常密切而且重要，具体体现在如下三个方面：

①政府工作部门是职业学校的直接创办者与直接管理者。

对于公办职业学校而言，政府创办者这个角色通常由具体的政府工作部门具体承担，如工业和信息类高等职业学校通常由工业和信息化委员会（厅）举办，并同时接受工业和信息化委员会（厅）和教育厅的双重管理，这时候工业和信息化委员会（厅）就成为这个学校的直接创办者与直接管理者。对于民办职业学校而言，虽然创办者不是政府，但是一样也要受到教育厅（局）的管理。这种管理体制下政府的管理权有部分由政府工作部门来实现，形成职业学校、政府和政府工作部门三方的复杂关系。

②政府工作部门是职业学校各项事务的重要责任者。

职业学校除了接受教育厅（局）和直接创办管理职业学校的政府工作部门的管

理外，还需与多个政府工作部门协同合作。如职业学校的重要规划和重要建设任务需经过发展和改革委员会审批等，职业学校的各项事务在工作中都离不开政府工作部门的管理和指导。因此职业学校要与政府工作部门保持良好的关系，主动配合这些部门对学校的管理与指导，为学校各项事务的正常开展提供良好的环境。

③政府工作部门是职业学校的重要合作者。

从隶属关系上看，除教育厅（局）和直接创办管理职业学校的政府工作部门外，其他部门与职业学校之间并不存在隶属关系。因此，政府工作部门除是职业学校各项事务的重要责任者外，也可以成为职业学校的重要合作者。从定义上可以看出，政府工作部门负责政府某一方面事务的机构，职业学校要开展人才培养，服务地方社会经济，实际上就是要求职业学校要与地方政府工作部门合作。如职业学校可以与科学技术局合作共同开展科学研究、技术研发和科普活动，与司法局合作开展普法活动等。

与地方政府工作部门合作是职业学校履行社会责任一种重要形式，是其服务地方社会经济发展的重要渠道。职业学校要从实际出发，建立健全双向沟通机制或联席会议制度，及时了解地方社会经济发展的趋势和要求，探索更深入的合作模式与合作内容。同时，在合作中积极争取获得政府工作部门的政策、项目和资金支持。

（三）职业学校与其他利益相关方的关系

除企业、政府和政府工作部门外，学生家长、行业协会也是学校重要的利益相关方。

对于学生家长，职业学校要建立双向沟通渠道，如定期召开线上家长会，建立家长沟通 QQ 群或微信群。部分学生家长在遇到问题的时候倾向于向学校上级管理部门反映情况，因此学校要完善针对家长提出问题的受理与处理机制，公开受理的方式和处理时限，及时反馈处理结果，确保学校能够妥善解决学生家长提出的问题。同时，学校需将学生家长反映的信息进行分析和整理，明确问题产生的原因和学校的改进方向，针对不足之处进行整改，不断优化学校的工作方式方法，进而提高各方对学校的满意度。

行业协会是指介于政府、企业之间，商品生产者与经营者之间，并为其进行服务、咨询、沟通、监督、公正、自律、协调的社会中介组织。行业协会是一种社会团体性质的组织，它不属于政府的管理机构，而是政府与企业的桥梁和纽带。对于行业协会，由于其与行业、企业的特殊关系，职业学校可以将行业协会加入校企合作、产教融合之中，形成学校、行业协会和企业三者的互联互通，一起开展人才培养和技能实训基地建设。学校也可以根据国家开展职业教育改革的要求，与兄弟院校、企业、行业协会一起组建职业教育集团，充分发挥行业协会的沟通协调作用，整合行业企业的办学资源，共同开展职业教育集团化办学探索。职业学校要建立与行业协会的双向沟通的机制，双方共享职业教育和行业企业信息，学校可以通过行业协会了解行业发展趋势并作为专业设置和课程改革与人才培养的参考。

三、实施范例

（一）总则

某职校率先在全国中职学校中系统引入美国卓越绩效模式并开展本土化实践，借鉴企业市场化思维，确立了以顾客为中心的管理理念，解决了以往公立教育机构（事业单位）更多关注内部运营状况而忽视外部顾客与市场相关研究、管理的问题，在各项工作中全面贯穿"同心文化"的理念，力求为学生提供精准、精细、精心的服务，促进师生同心，通过借助学生的发展助力学校自身发展。

通过以上措施，学校的顾客与市场管理工作，取得累累硕果：在全日制教育教学市场中，获评本市五星级家长学校、"十四五"广西中等职业学校五星级学校、荣获国家首批"1+X"证书制度试点院校；在培训市场方面，培训业务收入规模保持着持续且稳健的增长态势。

（二）顾客和市场的了解

1. 提要

建校以来，学校坚持立德树人的育人方针，践行"厚德精技，求真尚美"的办学理念，努力实现"服务区域经济，成就师生梦想"的办学价值。学校设工程机械系、艺术设计系、文化旅游系、交通运输系、经济贸易系、公共基础部、体育教学部共五系两部，开设幼儿保育、新能源汽车运用与维修等24个专业。学校育人氛围浓厚，加强技能人才培养，办学质量获得了社会的广泛认可。

学校作为教育机构，不论培育或培训，其产品或服务均是教育方案和教育服务。在全日制教育中，学生是直接接受学校提供服务的群体，是学校的直接顾客；学生在学校学到的知识和技能最终为用人单位服务的，体现在毕业生身上的"产品"也要按照社会用人单位的需求来制作，因此用人单位是学校的最终顾客。在社会培训中，参训学员是直接接受学校服务的主体，所以学员是直接顾客。

对于学生或学员的家长，以及作为培训出资方出现的政府或企事业单位而言，学校的服务虽然是应其要求提供的，但由于其不直接接受学校服务，因而学校按照美国卓越绩效标准（教育类），将其定位为利益相关者，并等同顾客识别其需求。以此为基础，学校针对不同市场及其顾客群、利益相关者进行类别细分及需求了解，如表4-1所示。

表 4-1　学校顾客一览表

序号	产品	序号	群体类别
1	人才培养服务	1	学生
		2	家长
		3	初中学校
		4	高职院校或本科院校
		5	用人单位
		6	政府
2	社会服务	1	学员
		2	委托培训单位

2. 顾客和市场的细分

（1）识别顾客、顾客群和细分市场

①细分市场识别与潜在市场的预见。

全日制教育教学市场细分为三个层级，第一层按招生区域划分，第二层按专业（产业）划分；社会培训市场细分为两个层级，第一层级按照培训对象划分；第二层级按产业类别划分。

学校按照以上不同市场的几个层级，进行更具体的细分，结合学校"服务区域经济，成就师生梦想"的使命来分析目标市场及未来市场。

②全日制教育教学市场。

A. 招生生源区域细分。

学校通过对过往招生市场业务数据的深度分析，坚守原则，坚持做稳规模、提质量、显特色的招生计划。2020—2022 年，学校的招生总人数呈不断上升趋势。在维持人数规模稳定的同时，学校招生以提升生源质量为导向，加强对生源区域的战略性把控。生源市场的侧重方向逐渐从分散于自治区各市转变为集中本市；从分散在本地市及各区县转变为聚焦本市城区。2022 年，招收本市范围内初中毕业生 3 657 人，其中城区招生 2 168 人，占本市招生人数的 59.28%，同比 2021 年上升 19.28%，比 2020 年上升 23.68%。县区招生 1 489 人，占本市招生人数的 40.72%，同比 2021 年下降 19.18%，比 2020 年下降 23.58%。

学校将应届中考成绩总分在 C 及以上和成绩占比作为关键指标，通过对过往招生市场业务数据的深度分析，将招生要求的重点放在针对初中毕业生思想品德、行为规范、就读意向，科学、精准判断全日制招生业务的未来市场。

在 2022 年生源质量方面，学校 C 级及 C 级以上的优质生源占比达 58.26%，2023 年该占比为 86%，创下历史新高。

B. 招生重点区域战略调整。

针对市区生源再次进行全面的调查与分析，根据分析结果合理调整招生重点区域战略，以提升生源优质率为核心，制定生源优质率提升方案与实施途径，确定生源优质率提升过程中的重点工作与专项工作。

C. 提升市区初中学校进校覆盖率。

通过总结经验与复盘反思，进一步改进市区初中学校进校方式。制定市区初中学校覆盖率指标，根据既定指标合理分配各招生项目组任务与职责。创新进校手段与途径，自主研发"招生宣讲微课"形式强化进校力度，并善于灵活整合多方力量，提升市区初中学校在招生进校工作中的配合度与积极性。

D. 专业（产业）细分。

建校 40 多年来，学校坚持立德树人育人方针，践行"厚德精技，求真尚美"的办学理念，努力实现"服务区域经济成就师生梦想"办学目标。近年来，学校对照柳州产业发展方向，不断调整专业布局。学校现有物流服务与管理、新能源汽车运用与维修等 24 个专业，动态修订人才培养方案，建成面向现代支柱产业及新兴产业装备制造、交通运输、商贸物流、艺术设计和文化旅游 5 个专业群；商贸服务、工程机械运用与维修、电子商务、城市轨道交通车辆运用与检修 4 个专业获批为自治区职业教育示范特色专业及实训基地，物流服务与管理、服装设计与工艺 2 个专业列入自治区品牌专业建设名单。学校产业分类情况如表 4-2 所示，2020—2022 年招生专业分析报告（部分）如图 4-1 所示。

表 4-2 学校产业分类情况

产业	专业大类	2020 年	2021 年	2022 年
第一产业	农林牧渔大类	33	44	45
第二产业	轻工纺织大类	194	187	231
第二产业	装备制造大类	386	433	540
第三产业	财经商贸大类	707	690	740
第三产业	电子与信息大类	411	413	285
第三产业	公共管理与服务大类	42	87	90
第三产业	交通运输大类	991	936	1 050
第三产业	教育与体育大类	646	649	686
第三产业	旅游大类	258	257	279
第三产业	文化艺术大类	323	395	520

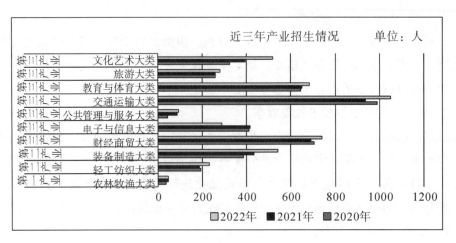

（a）

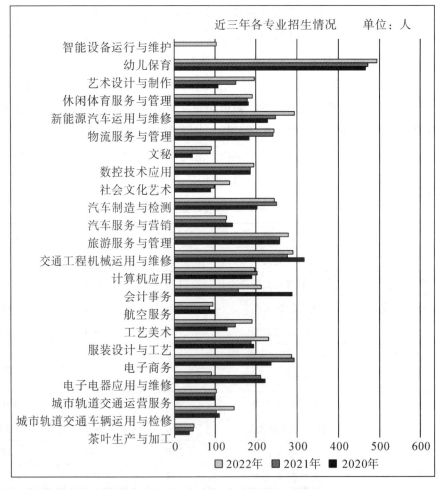

（b）

图 4-1 2020—2022 年招生专业分析报告（部分）

未来在产业布局及专业建设上，学校根据《关于深化现代职业教育体系建设改革的意见》等文件精神，深度融入共建"一带一路"倡议，以及"互联网+"行动和《中国制造2025》等国家战略计划，重点关注自治区"14+10"现代工业、现代服务业、现代农业、民族文化产业等领域。同时聚焦当地产业转型升级需求，围绕本市域产教联合体建设项目主要涉及的汽车产业的上、中、下端发展需求、围绕本市区域民族文化特色资源（图4-2），针对学校现有专业群，明确中职阶段人才培养定位，集聚相近产业领域打造"一体两翼"专业群发展模式，如表4-3所示。

表4-3 "两翼"专业建设规划

两翼	具体描述
对接汽车产业群，构建一中心四领域的专业（群）建设模式	以"汽车产业"为一个中心点着力发展交通运输产业链上的新能源汽车运用与维修、汽车制造与检测、城市轨道交通车辆运用与检修等专业；聚焦中心点辐射四大专业领域优化调整相关专业方向：汽车智能制造链上的智能设备运行与维护、智能化生产线安装与运维等专业，汽配物流链上的智慧物流、智能仓储管理等专业，汽车销售链上的汽车服务与营销、电子商务、直播电商服务、会计事务等专业，汽车智能网联链上的计算机应用、物联网技术应用等专业
对接民族文化产业群，构建民族非遗"123+N"的专业（群）建设模式	从服务民族地区、关注少数民族学生成长角度出发，开发和利用地方特色性少数民族文化资源，深度挖掘和整理区域内的侗、苗、瑶民族非遗项目，规划发展旅游与休闲产业链上的高星级饭店运营与管理、休闲体育、舞蹈表演等专业，民族服饰产业链上的服装设计与工艺、艺术设计与制作、工艺美术等专业，驱动学校相关专业发展方向

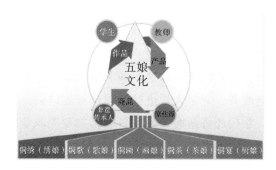

图4-2 "五娘文化"育人系统

除此之外，为更好地服务区域传统产业转型升级、新兴产业发展、社会建设和公共服务领域对新型技能型人才的需求，依据"强优、育新、调弱"的思路，逐步调整优化专业结构，对于不适应社会需求和区域经济发展的专业，在专业招生、专业建设、教学质量、就业前景等方面都面临较大困难的，将逐步转型或停止招生。

③培训市场。

学校根据以往的业务数据及相关市场信息，按照服务类别将培训市场划分不同的市场维度。在培训市场范畴内，业务数据主要的影响因素为项目收益水平及市场竞争力，学校通过二维分布来确定市场开发的方向与侧重点，如表4-4所示。培训市场分析如图4-3所示。

表4-4 年培训人数项目及项目收益比例

服务类别	收入/万元	市场竞争力	出资方
成人与社区教育	11.98	中	函授学生、教育局
社会培训	135.53	高	培训委托单位
职业等级认定	182.99	中	培训学校
特种设备操作员上岗资格认定	47.47	高	培训学校
承办各类比赛	35.81	中	比赛主办单位

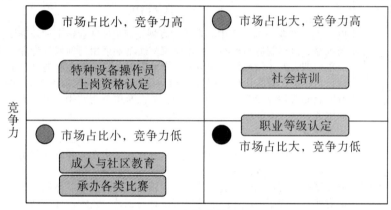

图4-3 培训市场分析

　　未来，学校将以乡村振兴为核心，结合自身优势，深入挖掘并研究社会培训与职业等级认定业务。依据各类文件的要求，结合学校电子商务、休闲体育、社会文化艺术设计等专业优势，计划以社区养老服务为切入点，开发一套老年教育培训课程。通过推进智慧助老服务、老年大学进社区项目开展培训，同时开展养老护理员职业技能培训。同时，学校还将新增老人照料等相关专项职业能力认定资质，并开展认定工作，以此助力本市养老服务建设。

　　同时，结合学校民族教育优势，依托艺术设计系、文化旅游系教学资源，大力开发并开展民族刺绣、油茶、扎染等一批非遗技艺培训；依托学校电子商务专业与教师团队，新增电子商务师、农村电商、直播电商等职业工种及专项职业能力培训资质与认定资质，大力开展培训与技能认定工作；依托学校幼儿保育专业与教师团队，新增母婴护理（月嫂）、哺乳指导等专项职业能力认定资质，大力开展培训与技能认定工作；根据《关于加强茶产业技术人才梯次培训的建议》，新增评茶员职业技能等级培训与认定资质，大力开展培训与技能认定工作。

　　（2）细分顾客群识别与典型顾客

　　学校涉及的培育、培训行业与市场，顾客群体细分方法多种多样。学校各业务部门按照规范顾客管理的需要，分别研究不同顾客分类方法，形成了一套顾客细分的机制，按照顾客细分步骤，确定不同顾客群体。

①全日制教育教学市场。

学校按照生命周期将全日制教育教学市场顾客分为潜在初中毕业生、在校生、家长三大类，并通过分析过往业务数据和办学实际，将其分为不同的顾客群，确定典型顾客及其特征，如表4-5所示。

表4-5 全日制教育招生顾客细分表

市场	顾客细分维度		典型产品
全日制教育教学市场	潜在初中毕业生/初中学校		招生咨询服务及各专业人才培养方案
	二产专业在校生		装备制造、交通运输等人才培养方案
	三产专业在校生		商贸物流、艺术设计和文化旅游等人才培养方案
	家长	高一、高二家长	校园活动、心理咨询等德育服务及教育教学服务
		高三家长	升学、就业辅导、优秀企业实习机会及教育教学服务
	用人单位		教育教学人才培养方案、科研项目

②社会服务市场。

学校通过分析社会服务市场需求、服务类别、过往业务数据和办学实际，将其分为不同的顾客群，确定典型顾客及其特征，如表4-6所示。

表4-6 社会培训顾客细分表

市场	顾客细分维度		典型产品
社会服务市场	学员（角色）	在校生	职业技能等级认定、普通话测试、心理讲座等
		农民工	职业技能等级培训、创业培训等
		企业职工	职业技能等级培训
	委托单位	人社局	职业技能等级培训、专项职业能力培训、承办各类职业技能比赛
		总工会	手工艺培训课程、职业技能等级培训等
		柳州市残联	职业技能比赛赛前集训等
		各级机关、企事业单位	职业技能培训、岗前培训、党建培训、研学活动等
		社区	禁毒教育、法治教育、家电维修服务、全民健身教育等
		养老机构	心理讲座、智慧助老推广、网上购物、老年大学系列课程等
		区内各类中职学校	各类师资研修培训等
		培训学校	职业技能等级认定、专项职业能力认定、特种设备操作员考试等

③竞争对手的顾客。

A. 全日制教育教学市场竞争对手情况。

学校全日制教育就业市场的竞争压力主要来自同等综合实力的学校，其中竞争压力最大的应属同坐落于本市的某职校。

B. 培训市场竞争对手情况。

表4-6显示，学校培训市场面临的主要竞争对手是市内其他职业、技工院校、本市具有培训资格的中职及社会培训、考试机构。培训市场竞争策略如表4-7所示。

表4-7　培训市场竞争策略

竞争对手	策略
市内民办培训、考试机构	1. 综合实力策略。学校作为公办学校，相比民办机构工作流程、制度规范较为严谨；培训、考试质量更高；财务制度健全；材料完整；确保给客户最大的安全保障。学校曾荣获"国家级重点中等职业学校""国家中等职业教育改革发展示范学校""自治区五星级中等职业学校"荣誉称号，教师实力雄厚，专业实力强，能承接的社会服务种类多且质量高。 2. 价格策略。学校作为公办职业学校落实国家社会服务、终身教育职能，办学经费由财政拨款。社会服务工作相比民办机构更注重产生的社会效益
市内相同培训资质的公办职业学校技工学校	1. 挖掘自身优势，合作共赢策略。学校开展社会服务工作结合学校优势，如缝纫工、叉车等职业技能培训，学校具备丰富的培训经验；同时，学校在党建行动学习、研学、民族教育、专业建设等领域已成为区内同类学校的标杆，可结合市内其他院校优势牵头组织开展联合培训，达到合作共赢。 2. 依托学校卓越绩效质量管理优势，提升学校社会服务质量，认定资质力求为客户提供更优质的服务。 3. 加强宣传，拓展业务。研究竞争对手宣传手段和客户群体，丰富学校社会服务宣传手段，提升宣传效果

3. 顾客需求和期望的了解

学校各业务部门针对不同的顾客群采用了"多元化倾听法"，针对不同对象采取不同倾听方式，精准收集各类目标顾客群的需求，并通过对顾客需求的分析和转换，确定不同顾客群的需求和期望，形成了较为完善的顾客倾听机制。

（1）倾听全日制教育教学市场顾客声音的方法。

全日制教育教学顾客群体较多，报告中将以学生、家长及用人单位作为重要对象进行阐述。

①建立"线上+线下"相结合倾听方式。

学校通过建立线上咨询通道、线下招生大厅、新生满意度调查、在校生满意度调查、学生座谈会、家长沙龙等方式，全面掌握全日制教育招生市场顾客的有关需求。其中，线上咨询具有实时回复、信息全面的特点，有效满足了顾客的实时互动需求，是学校应用信息化手段加强招生市场顾客倾听的创新做法，线下招生咨询如图4-4所示。

（a） （b）

图4-4 招生咨询现场

②"请进来+走出去"倾听方式。

学校通过企业人才岗位需求调查，主动邀请企业进校参加校企洽谈会，外出走访企业，赴南宁、长三角、珠三角等地参加政府、行业举办的校企洽谈会。对于定制培养类型的企业，学校通过多种形式的校企合作、资源共享等方式，建立了"线上+线下""请进来+走出去"多种形式结合的倾听方式，全面深入掌握企业顾客的需求和期望如表4-8所示。企业用人需求调查表如图4-5、表4-9所示。

表4-8 用人单位倾听方法

倾听方法	倾听对象	倾听内容
调查问卷	大量普通合作类企业	了解企业对专业人才的技能、培养需求
校企洽谈会	未开展合作的企业	请进来：邀请企业进校参加校企会了解企业需求；走出去：参加政府及行业举办的校企洽谈会，每年6~7次，与用人单位面对面交流
企业走访	订单班企业、大型企业、已合作企业或有意向开展深度合作的企业	每年7次以上深入企业开展

图4-5 企业用人需求调查表

表4-9 全日制教育招生市场顾客需求一览表

市场	顾客细分		需求
全日制教育教学市场	学生	潜在初中毕业生	环境好、有喜欢的专业
		二产专业在校生	掌握技术技能
		三产专业在校生	锻炼创新能力
	家长	初中毕业家长	能学到一些技能、便于以后规划人生观
		高一、高二家长	孩子能学会为人处世、获得友情
		高三家长	孩子认真读书，顺利毕业
	用人单位		符合产业转型升级需要，贴合实际工作需要

③倾听培训市场顾客声音的方法。

学校通过与潜在学员座谈、问卷调研、电话访谈、学员所在单位问询、走访培训项目委托方等多种形式，深入了解顾客需求。通过以上倾听方法，学校全面掌握了培训市场顾客的有关需求，如表4-10所示。

表4-10 培训市场顾客需求一览表

顾客群体	需求
学员	1. 合理的培训费用； 2. 优质的教学质量； 3. 灵活的培训安排； 4. 交通便捷的培训地点； 5. 较高的培训通过率； 6. 能够快速获取证书
委托培训单位	1. 定制化的培训方案； 2. 较低的培训费用； 3. 优质的教学质量； 4. 灵活的培训安排； 5. 交通便捷的培训地点； 6. 良好的办学、培训声誉

（2）利用顾客、市场和产品供应信息改进产品设计及绩效。

学校应用卓越绩效模式理念和框架，树立了以顾客为中心、从顾客的角度思考问题、改进工作的理念，精准、高效反馈顾客需求和期望信息，持续与完善学校教育教学体系，不断提高教育培训满意度，形成精准高效的中职教育教学质量保障卓越绩效模式。

①如何应用信息。

学校及时收集顾客、市场的数据信息，并对数据进行深入分析，将相关分析结果分发到相关业务部门，督促有关部门及时向顾客进行反馈，并进行有针对性的改进和提升。

②利用顾客信息改进工作的具体案例。

A. 倾听学生心声，共促学生成长。

学生代表座谈会是学校为倾听广大学生心声，全面了解学生对学校教育教学、管理服务等方面的意见和建议的最直接的方式，鼓励同学们以主人翁意识积极参与学校建设，每次座谈会都会记录每一位同学的发言，针对大家提出的需求进行分析，明确哪些是当前急需解决、密切关注或小众需求，并对急需解决的需求进行改进提升。

B. 案例：以中德 SGAVE 项目为试点开展课程改革，促进学生实践教学能力发展。

某职校于 2022 年 4 月成功入选教育部中德先进职业教育合作项目（SGAVE 项目）首批试点院校，是该省唯一一所入选该项目新能源汽车领域的中职学校。SGAVE 项目深度借鉴德国"双元制"职业教育经验，由中德联合为我国国情开发和实施适应的技术技能人才培养方案，系统导入权威人才标准与先进职业教育理念，产教融合、校企合作优化课程资源，采用"客户委托、工单引领、问题导向"的"剥洋葱式"模块授课模式，坚持学生考核、学校审核、教师培训标准化，坚持企业全程参与学校遴选、学生组班、轮岗实习、顶岗实习各环节，推进工作过程导向课程与行动导向教学改革，强化资源条件和质量体系建设，形成对接国际前沿、富有中国特色的新能源汽车职业教育人才培养体系，有助于更有效地激发学生的自学能力，培育多元认知特长，促进学生实践教学能力的发展。它不仅让学生获得有效的学习成果，同时也让学生从中获得更多的乐趣。

C. 创新"产教融合+技艺传承+产业振兴"模式，不断提升社会培训服务质量。

通过日常企业回访，学校了解到市总工会对民族地区经济发展有迫切的需求。于是，学校充分发挥自身在职业技能方面的专业优势，启动民族技艺乡村振兴项目，打造"产教融合+技艺传承+产业振兴"的模式，充分发挥"政府牵头+学校创新+企业投资合作"的主体作用，将民族刺绣技能提升培训、侗族大歌走村进寨和发现"柳州工匠"等工作项目落到实处。通过侗绣技艺传承带动产业发展，让手工侗绣真正成为少数民族村民在家门口创收增收的"指尖经济"，助力越来越多的群众走上致富路，如图 4-6 所示。

（a）　　　　　　　　　　（b）

图 4-6　侗绣技艺培训与教学

③定期评价和改进了解客户需求和期望的方法。

顾客与市场始终处于动态发展变化过程中。过去，学校总是在市场出现明显变化后才采取应对措施，工作被动而滞后。在引入卓越绩效模式后，学校构建了定期评价和改进"了解客户需求和期望的方法"的机制，以确保相关方法充分符合学校发展方向及业务需要，充分适应市场变化。学校也因此得以第一时间洞悉市场变化情况，第一时间做出超前、精准应对的措施，如表4-11所示。

表4-11　定期改进方法

细目	了解顾客需求的方法	关于方法是否适应变化的评审	方法的改进方向
全日制教育教学市场顾客	新生满意度调查问卷	1. 调查问卷纸质版形式导致统计难度大，不利于后续调查结果的准确生成。 2. 调查后对于问卷各项结果的处理，仅用于数据汇总与工作汇报，没有进一步透彻性分析，局限了调查问卷的功能，同时无法让招生部门对于招生工作进一步优化提供可行性依据。 3. 对于满意度调查的问题设置不够全面，缺失关于招生服务满意度等全方位问题的调查，内容的不完善不利于全面了解招生群体对招生工作的感受反馈，以及招生工作更真实的成效	1. 调查问卷从纸质版变成"问卷星"电子问卷，有利于更精准地统计问卷已填写数量，确保调查问卷的有效性，同时对于调查结果数据的汇总、统计更快捷，生成数据反馈更直接且形式丰富。 2. 根据招生工作实际开展的内容，设置更全面的调查问题。不仅从学生基础信息着手，更注重对招生宣传关注、广告投放影响力、招生服务满意度等多角度的调查，为进一步了解学生对于招生工作的感受，以及分析判断招生发力点打下了基础。 3. 通过科学分析调查的结果，汇总及对比各项数据，将调查结果形成《新生满意度调研报告》，有利于对当年招生复盘工作的开展，同时为进一步优化招生工作起指导性作用，让招生工作相关决策有据可依
	生源地回访	1. 生源地回访工作由招生部门单一进行，因人数有限导致工作难度大、回访区域小，工作成效不佳。 2. 生源地回访形式上只是对当年招生情况的汇报与总结，与初中学校的沟通内容别无二致，难以给对方留下较深刻的印象，体现不出回访工作的特色。 3. 回访工作开展后，影响力仅限于校内工作汇报，没有发挥出工作的宣传作用，不利于提升学校的社会影响力	1. 生源地回访规模从以招生部门单一进行，转变为学校全部招生项目组共同参与。增加回访初中学校数量，扩大回访的覆盖面，增强生源回访能效。 2. 生源地回访形式创新且多样化。新增制作回访宣传册、优秀学子风采录、学校文创工艺品等宣传品，展示学校特色与亮点，强化生源校对学校的印象，最大化区别于竞争对手的回访工作。 3. 生源回访影响力提升。利用学校公众号、官方网站等平台，对生源地回访进行新闻报道，扩大宣传力度。同时借助市县级媒体报道，提升生源回访社会影响力，增强学生、家长及大众对于职业教育的关注度

表4-11(续)

细目	了解顾客需求的方法	关于方法是否适应变化的评审	方法的改进方向
培训市场顾客	走访了解	国家、社会对培训重视程度、力度加大,但是目前针对国家政策研究,行政机关走访较少,不了解	加强对国家政策的研究、行政机关的走访,了解国家培训的计划和导向
	问卷调研、电话访谈、单位问询、行政机关走访	顾客的种类、需求各式各样,目前调查了解的重点不突出	明确学校的优势,重点调查了解理工类专业技能培训及柳州市组织部委托项目的潜在需求

(三) 顾客关系与顾客满意

1. 顾客关系的建立及管理

(1) 建立与维护顾客关系

学校在引入卓越绩效模式后,改变了以往"以我为主"的工作思路,做到一切以顾客为中心,在充分了解顾客需求并不断改进自身产品和服务的基础上,与各类顾客群体结成命运共同体,建立了紧密、可持续发展的良好关系,形成了针对不同市场维度的顾客,包括建立关系、关系成长、持续跟进三个阶段的顾客关系管理策略,以及完善的顾客关系建立与维护管理机制,精准、有效地开展顾客关系管理与顾客满意测量,如图4-7所示。

图 4-7　全生命周期顾客关系

①全日制教育教学市场顾客关系管理。

学校针对全日制教育教学市场不同顾客群体的特点,采取多元化关系的管理方法。

A. 覆盖学生全生命周期的关系维护。

面对当前招生市场的新形势和新挑战,学校以公平公正为核心、以制度建设为基础、以信息公开为重点、以严格管理为根本、以优质服务为依托、以有效监督为保障,逐步构建起了以上各类与我国社会发展相适应的、更加有效的招生市场顾客关系管理方法。

a. 建立信任期——职教体验周。

学校每年以"匠心筑梦，创绘青春"为主题开展职教体验开放日，主要以学生体验互动为核心，集项目展示、操作体验于一体，这不仅为来访学生带来一场震撼的现场视觉盛宴，也让学生们在体验项目过程中了解学校特色与专业技能要求。初中毕业生借此能进一步了解职业教育，感受技能学习的乐趣，提高学习专业技能的实用性，从而为今后的学习生活和人生寻找更适合自己的机遇，拓宽成长成才的路径。职教体验周活动如图 4-8 所示。

（a）　　　　　　　　　　　　　　　（b）

图 4-8　职教体验周现场

b. 关系成长期——同乡社（三江同心社，镌刻学校温暖）。

中华民族有着深厚的宗亲观念，同乡亲情往往是异乡客的精神慰藉。某职校三江同心社组建最初的目的是，让三江的孩子在来到学校后能第一时间找到同根同源的团队组织，确立孩子们对学校产生的归属感与认同感，从而快速地融入校园生活中，让家长放心地把孩子交给学校，让学校在孩子们的心中建立起"家"的概念。组建的思路是把来自三江的孩子通过学校组织、老师引导和学生自我管理凝聚成一个有丰富地区标识且富有民族特色的团体。自 2013 年组建至今，三江同心社管理有序、活动丰富、效果显著、亮点不断，成为可复制、可推广、成效好、受欢迎的中职学校学生管理模式，如图 4-9 所示。

图 4-9　某职校同心社特色做法

c. 关系成长期——学生画像。

学校给学生提供迎新、报考、报到、在校学习生活、毕业、校友等不同阶段的服务。学生通过平台可以参与到学校教育教学的各个环节，通过数据服务可以了解个人在学校学习、生活的各个方面，以及与不同类型学生的对比、对个人成长路径的分析建议，并借助阈值实现对个人成长的预警服务，同时实现对学生成长过程的信息化平台支撑和服务。

d. 关系成长期——建档立卡毕业生服务。

目前，学校建档立卡毕业生就业已形成规范化、全时段、全方位、全员化的优质服务模式，以多举措落实建档立卡毕业生就业服务工作。尊重建档立卡毕业生的就业意向，具有针对性地开展就业服务，同时推进推荐就业与升学辅导。此外，依据上级部门下达的文件精神开展毕业生求职创业补贴申请工作，学校已为 801 名毕业生申请总金额超过百万的毕业生求职创业补贴，切实帮助毕业生解决在经济上、心理上、求职技巧方面的实际难题。

B. 持续跟进期——校友回访。

学校通过微信公众号、官网等新媒体平台开展了"学校榜样"系列的校友宣传。近年来，学校在升学、创业、就业等领域涌现出 120 位校友的优秀事迹。为此，学校特别推出各系优秀校友特辑，以展示他们的卓越成就。

同时，学校定期组织校友回访，充分了解校友的就业在岗动态，积极利用信息化手段，打通基础数据、部门协作信息、工作管理信息的互通，增进校友与校友、校友与学校之间的沟通及联系，深化了学校与校友之间的情谊。

a. 家校共育，维系家长关系。

为认真落实全国、全区教育大会的部署要求，整合教育资源，建立家校共育网络，搭建良好家庭、学校协同共育平台，促进青少年健康成长，实现家庭社会和谐美满。

学校开展"我为群众办实事——爱心大家访"活动，通过大家访为桥梁，对完成学业有困难的学生，尤其是脱贫家庭（原建档立卡贫困户）学生、城乡低保家庭学生、孤儿、家庭经济困难残疾学生、残疾人子女等家庭经济困难的学生进行家访，面对面倾听群众的声音，尽己所能解决被访学生家庭的疑难疑惑。

为进一步促进家校共育，赋能家庭教育，学校开办家庭教育沙龙，让家长学习心理健康知识，理解青春期孩子的行为表现，提升了与孩子沟通的技巧，有意识地开始着手构建和谐的亲子关系，如图 4-10 所示。

（a） （b）

图 4-10　家庭沙龙现场

b. 紧密交流促合作，全面蓄力迈新高，维护与初中学校的关系。

为进一步提高学校生源质量，加强学校与生源地教育局及初中学校的沟通与交流，维护良好的生源地关系，为招生宣传工作的顺利开展打下坚实基础，学校每年都会组织开展生源地回访。在生源地回访工作开始前，学校招生就业办为确保回访工作精准有效，针对回访高校进行了科学的部署与充分的筹备。通过制定生源地回访工作方案、收集汇总历年各地区送生数据等举措，确保回访工作顺利开展。在回访过程中，工作组向各生源地教育局、初中学校对某职校招生工作的支持及配合表示由衷的感谢，并以清晰翔实的数据统计为切入，重点向各县区教育局、初中学校汇报年度招送生任务完成情况，以及对历年招送生人数进行现场解析，为持续完成上级部门下达的招送生任务而共同努力。生源地回访如图 4-11 所示。

（a） （b）

图 4-11　生源地回访

c. 加强校企合作，维系校企关系。

随着产业的不断升级，人才需求也在不断变化，学校通过多种校企合作、人才培养方案共同制定、后期就业回访等形式，加强校企互动交流，加强与企业的关系管理。校企合作顾客关系管理如表 4-12 所示。

表 4-12 校企合作顾客关系管理

方法的描述	方法细则	对象
校企洽谈会	参加柳东新区人才交流服务中心举办的校企交流研讨会，就学生就业、校企合作等需求等进行探讨	柳州国轩电池有限公司、耐世特汽车系统（柳州）有限公司、柳州赛克科技发展有限公司等未接触的潜在合作企业
企业走访考察调研	走访市内及珠三角、福建等重点地区实习就业市场，深入考察企业，了解企业概况，发掘校企合作契合点，深入拓展岗位资源，洽谈合作事宜	利郎（中国）有限公司、比亚迪汽车有限公司、广东职教桥数据科技有限公司等有意向开展深度合作企业
企业回访	每年多次深入合作企业回访毕业生，关怀实习生，切实了解学生的岗位实习情况，保证实习工作扎实有效开展，与企业就合作事宜进一步沟通洽谈	三江县侗寨厨娘文化发展有限公司、广西翰蜜教育科技有限公司、柳州富力万达嘉华酒店、柳州市兴佳酒店管理有限公司深航鹏逸酒店、柳州东城华美达广场酒店、广西车佰年汽车服务有限公司、沃尔玛（广西）商业零售有限公司、广西数字跳动文化有限公司、上汽通用五菱汽车股份有限公司、柳州天仁汽车技术有限公司等数十家订单班企业和已合作企业
QQ群、微信群、邮箱	定期与企业联系，获取企业情况和用人需求	柳州桂格光电科技有限公司、上汽通用五菱汽车股份有限公司、柳州天仁汽车技术有限公司、广西车佰年汽车服务有限公司、广西华信中安保安服务有限公司、延峰彼欧汽车外饰系统有限公司东莞分公司等几十家已建立合作企业
电话咨询	每日接听答复企业来电，与各类企业保持联系，不断开拓校企合作资源库	各类企业
学校官网就业板块就业信息发布	审核用人单位招聘信息，组织网络招聘活动，持续进行	相关有招聘需求并通过审核的企业
招聘及服务需求调查	发放调查问卷，收集用人单位招聘需求及就业服务需求，每年1次	已经建立合作及联系的企业
企业宣讲会	组织用人单位与毕业生开展专场见面会和深度交流，根据实际情况开展实习就业合作	柳州富力万达嘉华酒店、柳州市兴佳酒店管理有限公司深航鹏逸酒店、柳州东城华美达广场酒店、广西车佰年汽车服务有限公司等能提供较多岗位的优质企业
双选会	组织用人单位与毕业生开展见面和双选交流会，每年3-5次	有意向招聘的各类企业

表4-12（续）

方法的描述	方法细则	对象
满意度调查	每年发放实习单位满意度问卷和实习生满意度问卷，持续性地优化学校实习管理工作	广西翰蜜教育科技有限公司、柳州富力万达嘉华酒店、柳州市兴佳酒店管理有限公司深航鹏逸酒店、柳州东城华美达广场酒店、广西车佰年汽车服务有限公司等几十家参加学校招聘会及录用毕业生的企业
校园开放周	组织用人单位到校参观交流及宣讲，促进用人单位对我校实训基地等办学条件等实力的了解，每年固定1次，平时按需求安排	上汽通用五菱汽车股份有限公司、广西翰蜜教育科技有限公司、柳州富力万达嘉华酒店、柳州桂格光电科技有限公司等有一定合作基础的企业
签订校企合作协议	双方就合作事宜进行书面约定，不定期进行	三江县侗寨厨娘文化发展有限公司、广西翰蜜教育科技有限公司、柳州富力万达嘉华酒店、柳州桂格光电科技有限公司、上汽通用五菱汽车股份有限公司、柳州天仁汽车技术有限公司、广西车佰年汽车服务有限公司等几十家开展校企合作的企业

②培训市场顾客关系管理。

培训市场竞争愈发激烈，学校建立了"事前—事中—事后"顾客关系维护机制。

A. 培训前。

学校与委托方对接，了解对方的基本情况，确定合作意向，签订培训协议。根据委托方需求组织相关人员讨论研究制定服务方案，并就方案中的细节与委托方进行沟通，方案确定后组织、协调、采购活动所需设备、场地、耗材，安排符合条件的教师授课。学校老师与培训委托方了解培训需求如图4-12所示。

图4-12 职业培训处袁老师与培训委托方了解培训需求

B. 培训中。

在过程中，学校严格按活动计划执行，掌握活动开展情况。同时收集、整理学员签到表、活动照片等过程材料。对于活动中出现的问题，主动、及时发现并组织改进，同时把实施情况及时反馈给委托方。

C. 培训后。

活动工作结束，学校针对学员及委托方开展满意度调查，从调查结果当中学校可以总结经验，提升培训教育实力。撰写培训总结整理培训材料并归档，接受委托方验收并与委托方完成结算工作。组织参与人员就此次活动开展情况进行复盘与效果评估。

（2）建立与顾客接触的主要渠道，满足接触要求，解决客户需求

为更好地满足顾客接触的需求，学校面向全日制教育教学市场、培训市场两个不同市场，建立线上线下多元化、全面便捷的顾客接触渠道，倾听顾客需求，高效解决问题，提高顾客的满意度。

①建立"线上宣传、线下宣传、实物宣传"三大接触渠道。

招生与对外交流处根据多年来招生宣传工作的经验累积和反思总结，确立以线上宣传、线下宣传、实物宣传三大渠道齐头并进的内容结构，实现不同渠道横向发力，提升宣传的广度和深度，为宣传结构丰富饱满地开展保驾护航，在强化招生工作成效的同时，致力于提升学校社会影响力与知名度。

其中，招生就业处利用新媒体特点与优势，以初中学生喜闻乐见的新形式，联手柳州市电视台与五系两部首次开展 2021 年招生宣传直播成为线上招生宣传最大流量爆点。

②资源共享合作平台接触渠道。

学校通过与各地人才市场、人力资源机构、校企合作平台等开展资源共享合作，在各人才网站和行业招聘网站设立学校就业网站和重大活动的宣传链接。学校主动参加各地校企洽谈会，与全国各地用人单位面对面接触交流，洽谈用人事宜。

③面对面沟通接触渠道。

学校通过回访机制，接待用人单位、企事业单位、学校来校来访，了解顾客需求，维系客户关系。

（3）顾客投诉管理

①针对教育教学顾客构建全方位投诉机制，确保交代有回音、投诉有着落。

为了提高师生的满意度，将问题能够妥善解决，减少和消除因舆情造成的各种负面影响，营造良好的校园环境，学校通过"校长热线、信箱、餐厅专项投诉"等方式构建全方位投诉渠道，确保交代有回音、投诉有着落。

如学校特增设校长热线投诉及建议岗位，配套"三个必"（热线必须登记、必须 1 小时内反馈、必须回访）工作要求。通过制定"校长热线"工作要求，广泛听取学生对学校的工作意见及建议，接受学生咨询，将反馈到的问题进行系统化分类，

切实帮助学生解决实际问题。如已经退学学生拨打校长热线询问退学退费相关事宜，学校会第一时间核实相关情况并及时回复和处理。具体流程如图 4-13 所示。

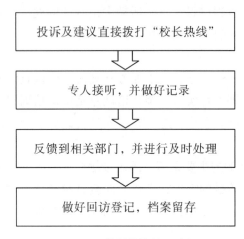

图 4-13　校长热线处理流程

②针对培训学员的反馈信息，做实做细处理记录，确保每件事项形成闭环。

接到学员投诉应做好投诉记录，并第一时间核实学员反映情况是否属实，如有问题需要及时向学员解释。若属实，应就学员投诉的问题进行协调解决及时处理并与投诉人进行反馈，将处理结果一并记入投诉记录。如本人无法协调处理，应及时向上级主管进行汇报，由上级主管协调解决，同时与学员做好沟通工作。对于学员的投诉，要做到记录及时、处理及时、责任明确、流程清晰、及时总结。

2. 顾客满意度的量化评估

（1）满意度调查

为全面真实地了解顾客的满意度，学校建立了一套完善的顾客满意度调查与分析系统。在日常工作中，由质量与督导办公室、招生处、就业处等校内部门调查实施主体，承担不同市场维度下各类顾客满意度调查的具体执行工作；由质量与督导办公室统一汇总各项满意度调查数据，并对数据加以分析、应用。

①满意度的调查内容

学校根据不同顾客群体设计不同的满意度调查问卷，分别调查不同的服务内容，有针对性地提升服务质量，如表 4-13 所示。

表 4-13　顾客满意度调查设计内容

调查问卷	调查内容
新生满意度调查	招生宣传、招生系统、招生方式、招生服务
在校生满意度调查	学生日常管理、课堂管理、区域卫生、班级管理、班级活动等
毕业生满意度调查	毕业生就业满意度、毕业生对学校生活服务满意度、毕业生对学校教学工作满意度、毕业生对学校学生工作满意度

表4-13（续）

调查问卷	调查内容
用人单位满意度调查	企业用人满意度、毕业生工作能力、毕业生适应能力、毕业生专业知识、毕业生职业道德、毕业生学习能力
学员满意度调查	整体课程设计评价；单项授课内容评价；单项授课教师评价；食宿安排评价；管理人员（班主任）评价；意见与建议
委托单位满意度调查	总体服务能力总体评价；活动方案设计评价；过程控制评价；材料收集、整理评价；工作响应速度评价；意见与建议

②满意度调查分析。

学校定期开展满意度调查数据解读会和满意度调查工作总结会，帮助学校各部门和教职工深入理解报告中的各项指标和数据，将调研数据更好地应用于现有工作的改进，从而不断提高学校各项管理服务工作质量。

如当学生反馈宿舍维修存在不及时的情况时，通过分析可发现有以下问题：

A. 报修登记程序烦琐，出现电话占线以及较多人员不清楚报修电话等问题；

B. 分项处理周期长；

C. 人工登记出现错单、漏单等问题；

D. 人工成本较高无法做到24小时报修，上班时间有专人接听，休息时间有勤工俭学学生接听，但是对于夜间紧急报修存在无人接听的情况。

针对以上问题，通过报修服务满意度调查，学校在多次召开专题会后，对报修服务方式进行了优化更新，统一采用智慧校园内"报修系统"优化界面，方便快捷查找报修入口，所有报修通过智慧校园平台分项进行报修根据不同类型报修报送不同部门进行处理，可实时查询到维修进度。

③确保满意度调查数据的使用。

学校还将提升满意度作为学校的关键绩效指标，并明确提出提升程度的具体要求，确保各部门重视满意度调查结果的运用并不断改进工作，提升顾客的满意度。

（2）跟踪产品和服务质量，及时获得可用的反馈信息

①跟踪方式及信息获取方法。

A. 生源回访和满意度调查制度。

对迎新工作、评教、在校满意度情况、服务中心受理的各类常规事务等各方面进行跟踪与记录，建立数据中心，进行资源整合。数据中心与学校各个应用系统、平台进行对接，关注学生的学习成长过程。生源回访流程如图4-14所示。

B. 毕业生就业跟踪评价。

另外，学校还参考第三方机构给予的毕业生就业跟踪评价数据，了解毕业生专业相关度情况、地区贡献情况、行业企业服务情况等信息，以此评价学校教育方案和教育服务的质量，以便有针对性地改进学校教育教学服务。

流程	责任人	责任部门	工作内容	记录
确定访问对象，制订回访计划	招生就业办主任	招生就业办 学生工作处 专业部	1.招生就业办下发招生录取管理程序中的招生数据统计分析表分发至各专业部招生负责人 2.由专业部招生负责人组织本专业部招生项目组/专项组，做出生源市场回访计划并上交至招就处 3.统筹各专业部上交回访计划，制定学校总体回访计划并下发至各专业部	1.招生数据统计分析表 2.生源市场回访计划书
贫困学生补助申请	学生工作处主任	学生工作处 财务室 专业部	1.如受访学生家庭贫困，则由专业部提交"受访家庭经济困难学生家访记录表" 2.专业部提交"受访家庭经济困难学生家访记录表"至学工处，并由学工处审核并给出补助意见 3.按照财务制度提取学生补助资	3.受访贫困学生家访记录表 4.受访贫困学生家访记录表（审批）完成
开展生源市场回访工作	专业部负责人	专业部	各专业部协调人员、交通工具等开展生源市场回访工作	5.回访工作图文资料
统计、总结生源市场回访工作	招生就业办主任	招生就业办 专业部	1.专业部对生源市场回访作出总结，并上交招生就业办存档 2.专业部按照报销流程处理各项开支	6.回访总结 7.参照财务室报销流程

图 4-14　生源回访流程

C. 现场回访机制。

为提高用人单位的服务质量，学校就业工作队伍开展定期、非定期的方式，跟踪服务效果并及时总结改进。日常的跟踪反馈方式包括校园招聘会的满意度调查问卷、用人单位对毕业生的满意度调查问卷等。现场跟踪回访方式包括招聘后的企业走访、录用毕业生后的企业回访、有针对性的订单班或者深度校企合作企业专项回访等，其间还会根据实际情况开展电话沟通或实地走访。

D. 培训学员回访机制。

一是开展培训后的考核，通过统计并分析考核通过率和职业技能资格证获得比例，检验培训质量，并进一步分析相关原因，将分析结论作为改进培训内容和方式的依据。二是回访学员及学员所在单位，对培训是否促进了学员在工作中的工作能力、改进态度，或者是否助力其取得更好工作业绩进行相关性研究，研究结论也作为对培训实效性的评价依据，在此基础上，寻找培训工作的改进机会及创新思路。

②应用获取信息的方法。

学校对获取到的服务质量信息、顾客对服务的反馈信息等进行分析处理，将反映的有关问题分解到产品和服务的具体环节，再编制整改计划，明确整改要求、责任部门、完成时间，再由责任部门完成整改。

在生源回访过程中，不少初中学校提出建设性建议，例如，针对地区或初中学校，挑选优秀毕业生典型案例进行挖掘与包装，以喜报形式吸引关注；要善于将招生宣传与当地民族文化特点相结合，达到深入人心的效果，扩大学校的影响力。回访工作组将交流内容逐一记录并加以整合，为来年招生工作的推进与整改提供举措方面的参考。

③获取和使用竞争对手的客户满意信息，提升学校竞争优势。

学校招生主要集中在广西区域内，竞争主要来自区域内的同类职业院校。区域内职业院校间会有较多的交流，各个竞争对手相互之间也较为了解，只是发展的方向和特色不同。针对这样的竞争格局，学校主要通过以下方法获取竞争对手的客户满意信息。

A. 通过行业媒体报道、官方网站查询等方式了解竞争对手的招生信息、就业信息和人才培养信息，间接判断竞争对手的顾客满意度。

B. 通过相互间面对面的拜访沟通、交流学习等，了解有关信息。

④结合学校战略，完善测量顾客满意度的方法。

学校依据卓越绩效管理模式——秉持"顾客驱动的卓越""满意和契合"的理念，坚持以顾客为导向，通过不定期评价"测量顾客满意的方法"，对方法的适用性、有效性进行分析和改进。学校未来将利用更多信息化、大数据手段，改进满意度测量方式方法，使了解顾客、服务顾客、测量顾客满意度的方法适应时代发展的需求。满意度方法改进如表4-14所示。

表4-14　满意度方法改进

满意度调查类型	现有满意度调查方法存在的问题	改进的措施
在校生满意度调查	现有的问卷调查等调查方式不能实时呈现满意度数据，不利于实时调整工作内容，也不利于各类型满意度数据的交叉分析	应用大数据手段，对满意度进行实时调查，建立数据库，综合存储呈现数据库
毕业生满意度调查	1. 问卷发放的方式太过单一，设计不够合理，间接影响数据的真实性和可靠性，得到的数据结果可能不够准确； 2. 调查对象的数量需要进一步把控，往年调查对象由班主任自行决定，导致调查的人数不足毕业生总人数的50%，影响了调查有效率； 3. 调查时间设置不合理，往年调查时间太长，问卷信息反馈不完整，影响到了调查问卷的时效性； 4. 未能提前向毕业生做好满意度调查的宣传，导致毕业生忽视调查问卷的重要性； 5. 毕业生离开学校后管控难度大，对于调查问卷的填报积极性不高	1. 调查内容调整：新增毕业生教育质量、就业服务、社会资源等方面的问题，以及考虑到毕业生特点和调查主体相关的问题； 2. 调查对象的选择：要求具有代表性，以排名靠前的专业及其他应届毕业生为主要调查对象。应尽可能排除抽样错误，保持合理的样本数量，以保证调查结果的准确性和代表性； 3. 信息披露：在进行调查之前，要向毕业生充分披露调查目的和关键信息，阐述调查数据的意义和使用方式，增加毕业生主动参与的积极性

表4-14（续）

满意度调查类型	现有满意度调查方法存在的问题	改进的措施
用人单位满意度调查	1. 问卷发放的方式太过单一，设计不够合理，间接影响数据的真实性和可靠性，得到的数据结果可能不够准确； 2. 调查对象的选择需要进一步斟酌，往年调查对象由班主任自行决定，没有硬性要求，导致调查结果缺少一定的代表性和可靠性； 3. 调查时间设置不合理，往年调查时间太长，问卷信息反馈不完整，影响到了调查问卷的时效性； 4. 未能提前向用人单位做好满意度调查的宣传，导致用人单位忽视调查问卷的重要性； 5. 部门未自行开展调查，专业性不强，缺乏第三方监控	1. 优化问卷设计：问卷设计应该符合调查的目标和内容，关键问题和指标应该准确、明确，避免过度简化，避免双关问题，提供足够的选项供用人单位选择，并确保其足够易于理解； 2. 调查对象的选择：在选择调查对象时，应当广泛选择涵盖不同行业、不同规模企业的用人单位，以便在调查结果时给予足够多样化的考虑； 3. 问卷分发方式的改进：问卷分发方式多样化，可以通过邮件、短信、微信等多平台发布，以此吸引更多的用人单位进行回答。此外，适当提高对问卷回收率的奖励力度也是必要的； 4. 加强调查结果反馈：在调查结果建议优化策略后，要及时告知用人单位目前所存在的问题和采取的解决方案，及成果展示等
培训学员满意度调查	1. 纸质问卷调查及电话访谈方式联系潜在顾客，耗时、有难度； 2. 调查对象样本覆盖面有限	1. 纸质问卷改成微信问卷星方式调研，扩大了调查范围； 2. 在社区学院网页增设顾客需求调查，及时了解培训市场导向

第五章 教职工

一、基本概念

教职工是一个学校所有教育教学活动的主体。在职业学校的教育教学活动中，教职工应按照岗位职责的要求，认真落实教育教学、行政管理和后期服务等各项具体工作任务，保证学校各项工作正常运行，使学校实现预期目标和绩效。因此，教职工作为职业学校各类活动的参与者，在卓越绩效管理体系中占据着重要地位。

为推动学校高质量发展，必须坚持以教职工为本，应从四个方面入手：一是要认识到教职工是学校存在和发展的根本。学校是为培养学生而存在的，教职工是承担这一责任的主体，教职工的素质和水平决定了学生培养的水平，建设一支卓越的教职工队伍是学校达成卓越绩效的关键所在。二是要保障教职工生存和发展的权益。根据《中华人民共和国教育法》和《中华人民共和国教师法》的规定，这方面的内容主要包括开展教育教学活动、教育教学改革和实验的教育教学权，从事科学研究、学术交流的科研学术权，指导学生学习和发展的评价权，获取工资报酬等福利待遇的获取报酬权，通过教职工代表大会或者其他形式，参与学校民主管理的参与民主管理权，参加进修等培训的参加进修培训权等。切实保障教职工的权益，是职业学校重视和关心教职工的重要指标。三是要营造公平合理的工作环境。其中包括公平的绩效评价、平等的学习培训机会、公平合理的职务职称晋升渠道以及公平合理的绩效奖励机制。公平合理的工作环境可以在很大程度上激发教职工的工作积极性，使其安心钻研工作任务，促进教职工的发展，提高教职工对学校的满意度和忠诚度。四是要形成教职工投诉处理体制机制。将教职工合法合理的投诉视为对学校卓越绩效管理的重要补充，学校应对投诉内容高度重视，迅速给予回应和解决，提升教职工的归属感和满意度。

二、实践说明

（一）教职工的绩效管理

近年来，随着经济全球化的加速推进以及共建"一带一路"倡议的提出，我国综合国力不断提升，正加速迈向中华民族伟大复兴的宏伟目标。同时国家也面临着国际大国竞争日益激烈，产业转型升级压力不断加剧等问题。在这种现实背景下，职业学校逐渐成为经济社会发展的重要助推器，在培育优秀产业工程师、产业工人，推进产业转型升级上起到了重要作用。

职业学校在 2008 年后取得了突飞猛进的发展，无论是中等职业学校还是高等职业学校，在校学生人数有所增加，办学规模也在不同程度上得以扩大，为国家培养了大量适应企业需要的技术应用型人才。职业学校在取得大发展的同时也产生了重办学规模、轻办学质量的问题，部分职业学校开始探索引入卓越绩效质量管理模式以提升学校的教育教学质量。要提升学校教育教学质量，最重要的一环就是提升教师队伍质量，因此，职业学校秉持以教职工为本的理念，做好教职工人力资源的管理与开发工作，开展教职工绩效管理，这是提升教师队伍质量，进而提升学习教育教学质量的重要举措。

1. 教职工绩效的相关概念

（1）绩效的概念与意义

绩效的概念一直以来都存在争议，众多专家和学者根据不同的角度和标准对绩效的概念给出了不同的定义，从词义上看，绩效就是成绩和效益两个词的组合体。从经济活动上看，绩效就是指社会经济活动的成绩和效果。从人力资源角度看，绩效就是指行为主体与资源的投入产出比。从组成结构上看，绩效由工作行为、工作能力、工作过程、工作效果等几个方面组成。目前，认可度比较高的解释为：绩效是指组织中个人（群体）在特定时间内可被描述的工作行为和可衡量的工作结果，以及组织结合个人（群体）在过去工作中的素质和能力，对其加以指导，助其改进完善，从而预计该人（群体）在未来特定时间内所能取得的工作成效的总和。

从绩效的定义可以看出，绩效可以分为组织绩效、个人绩效、群体绩效三个部分，这三者有一定的关系但又不能等同。众所周知，组织和群体绩效的实现是以个人绩效的达成为基础的。但是组织绩效实现并不意味着群体绩效或个人绩效一定达成，因为组织绩效达成、群体绩效、个人绩效在达成指标上并不一样。

对教职工绩效来说，教职工绩效对于学校这个组织绩效而言既可以是群体绩效（教职工这个群体），也可以指个人绩效（单个教职工）。因此，在保证学校绩效达成的同时，如何做好教职工绩效管理是职业学校需要考虑的重要方面。

就绩效的意义而言，绩效既是行动（有行动才可能出现可观测的结果），也是结果（存在结果才可能被测量与评价）。因此绩效可以反映出个人或者群体在组织中的作用和价值。

关于绩效与薪酬之间的关系，从薪酬的概念来看，薪酬是组织内的员工给组织提供劳动所获得的酬劳。这种酬劳既包含货币酬劳，也有非货币酬劳。从作用来看，确定员工的薪酬是组织开展绩效管理的一个重要目的，薪酬水平也是体现员工或群体绩效最明显的标志。根据员工或群体绩效来确定薪酬的制度，即绩效薪酬制度。绩效薪酬制度作为绩效管理的一部分，是绩效管理考核评价结果之一。简单来说，它旨在将绩效评价结果与薪酬水平联系起来，通过完善薪酬发放机制，激励员工和团体主动提升工作绩效。

（2）教职工绩效管理的概念与目的

绩效管理是指组织的管理者为了达到组织目标，对员工个人或群体开展的包括绩效计划制订、绩效辅导沟通、绩效考核评价、绩效结果应用、绩效目标提升在内的绩效管理。绩效管理的目的是持续提升个人、群体和组织的绩效。根据这个通用概念，我们要讨论的教职工绩效管理可以理解为，职业学校的领导者为了达成学校发展的目标，对学校教职工个人或部门开展的包括绩效目标制定、绩效沟通、绩效考核评价、绩效薪酬制定等一系列管理活动。职业学校教职工绩效管理的目的是持续提升教职工、部门和职业学校的绩效。

（3）职业学校教职工绩效的特点

①职业学校教师工作任务的创新性。

职业学校承担着人才培养、科学研究、社会服务、文化传承创新和国际交流合作的重要职能。身为职业学校的教师，其工作任务主要围绕这五个重要职能展开。与普通企业员工不同，无论是进行人才培养、科学研究还是文化传承，职业学校教师在工作中都始终需要融入创新的要求。创新精神不仅仅是对学生培养过程中的要求，更是对广大教师在进行教育教学时的要求。只有教师不断地在人才培养、科学研究、文化传承等领域创新方式方法，才能更好地履行教书育人的职责。

因此，在对职业学校教师设定绩效指标和开展绩效考核的时候不能单纯地把职业学校教师的工作量化，而不考虑其创新的部分。同时也应该对绩效指标和考核方式做动态调整，以适应教师工作任务创新性的特点。

②职业学校教职工工作任务的复杂性。

教职工是学校教师、职员、教学辅助人员和工勤人员的简称。教师是学校负责学生教育教学工作的专业技术人员，职员是负责学校管理工作的人员，教学辅助人员是负责学校实验实训、思政辅导等教学辅助的人员，工勤人员是负责学校后勤保卫等服务的人员。虽然从广义上来说，以上人员绝大部分都归为学校教师。但是从定义上就可以很明显地看出学校教职工工作任务的复杂性。因此，对于绩效管理来说，根据教职工的具体分类和工作任务确定绩效指标和绩效考核是必然的要求。

即使是职业学校教师，也可以分为科研型和教学科研并重型两个类型。科研型教师还可以继续分为基础科学研究和应用科学研究两个类型，教学科研并重型教师还可以根据负责教学的学科专业不同，针对学科、专业、课程划分不同的工作任务。因为负责的学科、专业和课程不同，面对的学生和所需承担的工作任务往往差别很大。这就要求职业学校为教职工设定绩效指标和绩效考核的时候，要尊重教职工工作岗位要求复杂这个客观事实，不能和企业员工一样单纯地以岗位为依据区分，而是要综合考虑教职工的岗位、类型和具体工作任务作出详细的区分，确保教职工绩效管理的公平公正。

③职业学校教师工作成果的不确定性。

在企业中，无论是组织绩效、群体绩效还是员工绩效，在设定绩效指标和绩效考核的时候，一般情况下考核时间与成果和实际工作时间段都呈现对应的关系。如企业生产经营以年、季度、月来计算，其绩效指标和绩效考核就可以对应为年、季度和月。但是对于职业学校教师来说，这种对应往往存在不确定性。无论是从事教学还是科研工作，教师工作产生成果的时间都是不确定的。对于从事教学工作的教师而言，虽然给学生上课的时间是可以确定的，但是教育教学效果并不仅仅是通过期末考试等校内测试而确定，而更应该交给社会，即毕业生就业质量来确定，如此就不能以学期或者学年为时间段考核教师的工作绩效。对于从事科研和教学并重的教师而言，科研成果的不确定性就更为突出，首先是科研成果研究时间的不确定，即使是制定了详细的科研规划也无法保证研究成果就能够按时取得。其次是科研成果产生的市场和社会效益的不确定，一项科研成果尤其是基础研究成果很难在短期内对其市场效益和社会效益进行一个评判，有些科研成果产生效益的时间可以拖得很长。因此，职业学院对教职工的绩效管理不能简单地以年、季、月的工作任务和工作成果来判定，而应该更多地考虑教师工作成果的不确定性，公平合理地设定教师绩效指标和绩效考核。

2. 职业学校教职工绩效管理中存在的问题

（1）教学方面的绩效评价问题

教学是职业学校教育教学的中心工作，也是教师的首要职责。但是在开展教学绩效评价时，职业学校过于偏重根据教师工作量和学生评价情况来进行，片面地将教师在单位时间内（一般是学年或者自然年）的教学工作量和学生评价视为教师教学绩效的全部内容，对教师的工作积极性、参与专业建设、投身教学改革、实践活动等方面重视不足。

在教学质量评价中，强调学生评教情况固然可以体现出尊重学生教育教学主体地位，维护学生评教的民主权利。但是因为教师对学生培养的成果最终是要放到社会去检验的，有明显的滞后性，所以学生对教师教学的评价也会出现滞后的情况。也就是说，学生往往要到毕业进入社会后才能真正准确地判断哪位教师是真正对他们的成长起到帮助作用，哪位教师的教学水平更高。但是如果在课程结束的时候就让学生进行评教，学生对教师的评价可能会出现偏差，对教师来说并不公平。比如某位教师对学生要求很高，在学生评教中很可能得到的分数和评价会比较低。当整个学校因为这种不公平的评价形成一个不良导向后，老师们为了在评教中得到高分，就会主动降低对学生的要求。这种行为可能会获得短时间的好评，但是对学生培养可能会起到消极作用，到学生毕业真正可以公平地评价教师时对学校和老师的评价就会大为降低，影响整个学校的教育教学质量和社会声誉。

另外，与科研相比，职业学校对教师教学绩效重视程度仍显不足。究其原因有以下几个方面。一是科研业绩更容易量化考核，成果指标明确，对教师来说在科研上投入精力比在教学上投入精力更容易出成果，也更容易得到学校绩效的肯定。而教学的各项指标量化较为困难，且存在滞后性，容易造成教师将精力投入教学工作但是又难以公平评价其工作成果和工作价值的情况。二是科研业绩往往是明确的而具有权威性质，如科研课题、科研论文、专利等成果都是需要经过国家部门或者上级部门的认证，具有确定性和权威性，社会认可度高。教学业绩和成果往往难以量化，也难以形成明确和权威的判定，社会只能根据少数指标判断教师的教学能力。三是科研项目包括科研课题、科研论文、专利等大多数情况下都有明确的经费支持，因此相比于平常的教学工作更能得到学校和教师的重视。教师尤其是高学历、高职称教师存在不关心常规教学活动，而将集中于申报科研项目的情况，可能会对职业学校教学产生不良的导向作用。

职业学校的教学绩效评价还有一个重要问题就是经常把指导学生技能竞赛的业绩与常规教学业绩一同归入教学业绩进行绩效考核。虽然对职业学校而言，学生技能竞赛成绩是检验职业学校教学成果，体现学校办学实力的重要途径，但是学生技能竞赛本质上还是职业学校举全校之力，调动各种资源支持的比赛，参加人数只占全体学生人数很小一部分。若将竞赛业绩与常规教学业绩一同考核就容易造成教师重比赛而轻常规教学的倾向。因为指导学生参加技能竞赛可获得的资源多，得到的社会资源也会更多，在绩效评价中也更易取得成果。因此，如果职业学校的教师将本已有限的精力放在指导学生技能竞赛上，就势必会影响常规教学工作。如果一个学校的这种倾向状况得不到扭转，就会变成学校在教学绩效上看似优秀，但实际上对大部分学生而言教学质量并没有得到提高，甚至因为教学资源过多集中于技能竞赛，一定程度上还会出现教学质量的降低。

（2）科研方面的绩效评价问题

职业学校的科研工作主要服务于企业技术技能的革新以及各类技术的应用等方面，对企业、产业乃至社会经济发展起到重要的推动作用。对职业学校教师来说，科研也是与教学一样重要的工作，是职业教师两大基本职责之一。因此，对教师开展科研方面的绩效评价是判断教师的绩效水平、引导教师主动投身科研工作的必要要求。

虽然大多数职业学校都能制定符合自身需要的科研绩效评价体系，但是在具体实施过程中也出现了一些问题：

①重形式，轻结果。

职业学校在对教师科研工作开展绩效评价时往往只看重教师科研的形式，比如获得课题的级别和经费，发表论文的平台和数量，取得专利的类别和数量，而对科研结果的评判仅仅通过课题、论文和专利等科研项目所产生的社会效益和社会价值，这种评判标准缺乏公平性。这就导致老师往往只关注所取得的科研业绩形式，至于是否能够产生社会效益以及如何产生社会效益却无人在意，这就违背了教师通过科研服务社会的初衷。

②经费资源支持不同容易使科研项目出现两极分化。

如科研课题因为获得经费支持较多，在绩效评价上更容易获得重视，就会造成教师集中于科研课题申报，而像发明专利、高水平论文、无经费或者经费少的课题等项目因投入与产出不对等的关系就会受到教师的冷遇。由于高水平、高价值的课题数量少，能参与的人数也少，因此会出现高收益的科研项目抢着做，低收益甚至无收益的科研项目没人做的情况，不利于职业学校科研工作的发展。

（3）绩效考核制度的问题

①职业学校绩效考核制度大部分都是按照时间段进行考核。

职业学校绩效一般按照年、学期、季度来进行考核。时间段考核有利于统一标准，量化绩效数据。但是它对于日常考核和工作过程考核的关注不够，这就容易出现部分教师投机取巧，只紧盯绩效考核时段和重点绩效，以获取高评价；而部分勤勤恳恳工作的教师反而绩效评价不高，这种情况会影响教师的工作积极性。

②对新进教师绩效考核缺乏支持和保护。

新进教师由于教学科研经验不足，积累的科研资源也不足，在科研项目申报、开展教学改革研究和日常教学方面都会有不同程度的限制。如果对新进教师一视同仁地进行绩效考核，这对新进教师来说是不公平的，还极易给他们带来过大压力，进而影响其教学事业的发展。

③绩效考核制度不够全面。

绝大部分职业学校都会将绩效考核的重点放在教学和科研这两大职责上，对学生管理、学生工作、社团指导、学生社会实践、实习实训、师德师风等问题关注不够，容易造成部分教师在完成教学和科研任务后对其他工作漠不关心，没有集体意识。

④绩效考核制度的制定没有建立双向沟通机制。

很多职业学校认为，绩效考核就是由学校制定好标准，然后在一定时间范围内对教师的工作业绩对照标准的完成情况进行评价。在标准制定和考核过程中，既未听取教师的意见和建议，也认为无须听取。这种想法和做法是不符合绩效考核的要求的，很容易造成教师对绩效考核结果的不理解，进而影响绩效考核制度的公正、公平。

⑤绩效考核的结果没有得到明显体现。

部分职业学校在进行绩效考核并得出考核结果后，未能对结果进行合理运用。

往往只是强调绩效考核结果作为职务聘任、职称评审、绩效薪酬的参考依据，但是并没有说清楚具体如何参考以及参考的比例，也没有针对考核结果为教师的发展给出意见和建议。这种为了考核而考核的做法会影响教师的工作积极性。

3. 职业学校教师绩效管理问题的对策

（1）完善职业学校教师绩效评价体系

①科学制定绩效目标和绩效考核评价指标体系。

职业学校要认识到学校、部门群体和教师三者在绩效目标和绩效考核指标上的不一致性，要根据三者的不同特点，科学制定学校、部门群体和教师个人的绩效目标和绩效考核指标，使三者有机结合在一起，让教师个人和部门在达成自己绩效目标的同时也帮助学校完成绩效目标，实现三者目标的统一。

②扩大绩效考核评价指标的覆盖范围。

职业学校在制定绩效考核评价指标体系的时候，需扩大指标体系对教师教学和科研工作的覆盖范围。如教学工作的评价指标需增加毕业生质量的评价，科研工作的评价指标需增加社会效益和学术价值的评价等，确保评价指标体系能够较为完整地呈现教师在教学和科研上的工作状态。

③调整部分指标权重，维护绩效考核评价指标体系的公平。

职业学校要充分考虑教师教学和科研工作中部分难以量化的指标权重。学校可以尝试采用量化和非量化的方式共同制定评价指标，在某些无法量化的领域可采用定性评价，充分考虑教师教学和科研工作业绩的特殊性。

④区分教师教学工作中学生技能竞赛指导与常规教学指标。

针对部分职业学校将学生技能竞赛指导与常规教学同用一种评价指标的情况，职业学校要明确教师在技能竞赛指导与常规教学上的不同指标内容进行区分考核。避免将技能竞赛指导业绩等同于常规教学业绩的情况，促进学校公平合理分配教育教学资源，实现学校层面绩效的整体提高。

（2）完善职业学校教职工绩效考核制度

①完善教职工绩效的过程性考核。

针对部分职业学校在绩效考核过程中重结果轻过程的情况，职业学校要完善教职工绩效考核的内容。职业学校教职工包含了学校教师、职员、教学辅助人员和工勤人员，虽然广义上我们都称为职业学校教师，但是在制定教职工绩效考核内容的时候要根据岗位的特定与具体分工来确定。职业学校不应该只关注教职工在业绩上的内容，而应该综合考虑教职工在师德师风、专业素养、技术技能水平、工作态度、生活作风和廉洁自律上的各种表现，以此来完善教职工绩效的过程性考核。学校要充分考虑教职工岗位特点和整体表现，这是确保绩效考核公平公正的必然要求。

②建立多维度教师绩效考核制度。

针对教师教学绩效评价时在学生评价上可能出现的评价不公平的情况，在教师绩效评价的时候这种主观评价偏差普遍存在，因此，职业学校在开展教师绩效考核的时候需要探索构建多维度多主体的绩效评价制度，在学生评价的基础上可以尝试加入自我评价、同事评价（包括同部门和不同部门）、部门领导评价、学校领导评价、学生干部评价等多维度评价视角，减少绩效评价的主观性，提高绩效考核制度的客观性和公平性。

③建立健全教学评价、责任约束与激励体系。

职业学校要切实落实教学在学校各项工作中的中心地位，要认识到教师的教学能力、教学质量、教学工作积极性和教学工作责任心在教育教学过程中处于同等重要的地位。因此，教师的绩效考核指标评价应当包含教师教育教学全过程，以及所有过程中所取得的全部绩效成果，其中起到核心作用的就是教学工作量与学生培养质量。全过程评价也有利于对教师形成责任约束，防止某些教师利用考核机制的漏洞，只在某个环节履行责任。教师的教学评价体系应该被视为教师绩效考核的关键标准。要确保教学方面绩效评价高的教师，更容易在总体绩效考核中获得高评价，以此激励教师自觉提高教学水平和教学质量。

④完善绩效考核的组织架构。

部分职业学校中，对二级学院（系部）、职能部门和教职工个人的绩效考核都由学校人力资源部门负责。这样既增加了人力资源部门工作压力，又因为人力资源部门无法深入了解一线教职工的工作业绩和工作情况，导致学校直接对教职工开展的绩效考核不能真实反映其工作成绩，进而使得通过绩效考核激励教师的目的无法实现。为解决这种情况，职业学校可以考虑改革绩效考核的组织架构，将教职工个人的绩效考核交由二级学院（系部）或职能部门来执行，形成学校—二级学院（系部）、职能部门—教师个人的三级绩效考核组织体系。

这种三级体系既可以缓解学校人力部门的工作压力，也可以充分调动二级学院（系部）和职能部门的力量，提高他们的工作积极性。同时教职工在日常工作上主要由二级学院（系部）和职能部门直接管理，对教职工日常工作情况和工作业绩的更加了解，由二级学院（系部）、职能部门开展绩效考核，既有利于更好地考核教职工的工作业绩，也有利于二级学院（系部）、职能部门更好地组织教职工开展教学科研等工作。

⑤确保绩效考核制度的公平公正。

教职工绩效考核制度是职业学校开展卓越绩效管理模式，进行人力资源质量管理的关键。绩效考核的结果直接影响教职工的切身利益，如果无法保证绩效考核的公平公正，不仅会影响教职工的工作积极性，损害教职工对学校的信任，更会导致教职工教育教学工作质量受到严重影响，对职业学校治理管理目标的达成造成重要消极影响。因此，职业学校必须建立绩效考核监督保障机制，配备专门的人员，负责监督检查学校绩效考核的实施，确保绩效考核制度的公平公正。

（3）完善绩效考核教职工参与和反馈机制

职业学校的领导层应该明白教职工参与学校绩效考核评价指标制定与做好绩

考核结果的反馈的重要性。学校对教职工的绩效考核过程并不能简单理解成学校管理层根据自己制定的考核指标对教职工开展考核，而应该理解成学校与教职工共同审视一段时间内工作业绩作出评价，然后共同发展的过程。这个"共同"，首先应该体现在绩效考核指标制定过程中的共同参与上。职业学校绩效考核负责部门应完善绩效考核指标教职工参与机制，在制定绩效考核指标的时候通过问卷、座谈会、意见征集稿等形式广泛征求教职工意见和建议，力求在标准制定上做到公开、公平、公正，为之后的考核工作能够顺利进行打下良好基础。与此同时，学校在制定标准的时候不仅需要教职工参与，在考核过程中也应该充分听取教职工的意见，及时改正绩效考核过程中的不足，提升教职工对学校绩效考核工作的信任度，让教职工能够主动地投入和配合绩效考核工作中。

职业学校绩效考核负责机构还应当建立考核结果反馈机制。学校应当认识到得出绩效考核结果并不是开展绩效考核的最终目的，不能认为将绩效考核结果进行公布就等同于考核结果反馈。教职工绩效考核结果，不仅是确定教职工待遇的主要依据以外，更是借此发现教职工在教学、科研等工作上存在的不足。学校绩效考核负责机构应根据绩效考核结果详细分析教职工在工作上的短板，结合教职工的岗位和职业生涯规划，形成教职工能力提升的意见和建议，及时沟通并反馈给教职工，形成"工作—考核—提升"的良性循环，进而有效提升教职工参与绩效考核的积极性。

另外，学校要重视对教职工绩效考核结果的分析。绩效考核结果并不是简单地对教职工工作优劣的判定，而是能呈现出教职工工作的具体状态。同时因为绩效考核时间段固定的局限性，对教职工绩效考核结果的分析还能知道哪些教职工是确实存在工作短板，哪些教职工是因为绩效考核制度的局限性而受到影响，有利于学校管理层了解教职工的实际工作业绩与能力潜力，从而更好地对更有能力和潜力的教职工加以培养。

（4）完善人性化的教职工绩效管理体系

职业学校开展教职工绩效考核本质目的是让领导层和教职工自身了解教职工的工作状态和工作业绩，进而激励和指导教职工主动改进和提升自己的教学科研水平。归根到底，教职工绩效管理是对人的管理，关注的是人的发展，因此，完善人性化的教职工绩效管理体系是职业学校开展教职工绩效管理的必然要求。

完善人性化的教职工绩效管理体系需要从以下两个方面着力：一是要建立新进青年教师绩效考核保护制度。由于职业学校对教师在实践技能上有更高的要求，新进青年教师在还没适应职业学校能力素质要求的情况下仍然按照老教师的标准对其进行考核，是不公平且也无法反映教师真正工作业绩的，会严重打击新进教师的工作积极性。根据人性化管理的原则，职业学校可以设置 3 年左右的新进青年教师绩效考核保护期，在这个时间段内弱化教学科研指标，仅设置与新进青年教师发展相关的考核指标，如获取教师职业资格证、担任班主任、到企业开展企业实践时间等，力求让新进青年教师在 3 年时间内适应职业学校教育教学要求，获得基础的教育教学资格和经验，为接下来的教育科研工作打下良好基础。同时也可以极大地减轻新进青年教师的绩效考核压力，对稳定新进教师队伍，提高他们工作积极性具有重要意义。

二是要完善差异化的绩效考核奖惩制度。教职工绩效管理除要促进教职工发展外，另一个重要作用就是激励作用，该作用一般借助绩效考核奖惩制度来实现。部分职业学校在公布绩效考核结果后，若奖惩措施落实不到位，就会打击教职工的工作积极性。职业学校应当根据绩效考核结果作出判定。

（二）教职工的培训与发展

近年来，随着"中国制造 2025"战略的全面推进，国家工业尤其是制造业，正面临产业转型跨越发展的历史机遇和挑战。推进"中国制造 2025"目标的达成，关键是提高人才供给的数量和质量。因此，加快培养大量具有较高理论知识和较强实践能力的应用型技术技能人才，是职业学校新的历史责任和历史使命。

要培养大量面向生产一线的应用型技术技能人才，职业学校必须建设一支适应职业教育要求，有较高专业技能，结构合理的高水平师资队伍。但是面对职业教育的迅猛发展以及扩招带来的生源压力，职业学校普遍面临师资紧缺的情况，尤其是同时具有丰富理论知识和实践经验的"双师型"教师普遍缺乏，影响了职业学校的人才培养质量。因此，加强职业学校教职工尤其是一线教师的培训，不断提高他们的理论水平和实践操作水平，促进师资队伍整体发展，是培养新时代应用型技术技能型人才、支撑国家产业转型升级的迫切需要。

1. 教职工培训的概念

教职工培训从时间上来说可以分为入职前培训、入职培训以及入职后培训；教职工培训从性质上来说又可以分为入职培训和在岗培训。两者的区别在于入职前培训的性质不同，入职前培训就是指在没有工作单位时接受的学历和非学历教育，如高校学生接受的本科教育、在入职前考取的各种资格证等都属于入职前培训的内容。由于入职前培训内容广泛，且均为个人行为，因此一般认为入职前培训不应包含在教职工培训的范围内，教职工培训仅包含教职工入职培训与在岗培训两个部分，其中重点是教职工在岗培训。

因此，职业学校教职工培训是指对职业学校在职在岗的教职工开展的一系列培训，旨在进一步提高教职工专业知识水平、专业技术能力、专业管理能力等。

教职工培训既包括入职培训与在职培训，也包括学历培训和非学历培训。它是职业学校教职工在职更新提高专业知识水平、技术技能水平、学历水平的主要渠道，对职业学校教职工的学习与发展具有决定性意义。

2. 职业学校教职工培训存在的问题

（1）学校方面

①职业学校对教职工的培训不够重视。

目前我国职业学校教职工绝大部分是从普通高等学校毕业后进入职业学校任职，尤其是本科以上学历者，这种情况几乎是 100%。因为目前开设有职业教育教师培养专业的学校极少，即使有少数本科开设这样的专业，但是因为绝大多数本科也都是普通高等学校，能否有效开展职业教育师资培养尚存疑问。在这种情况下，部分职业学校仍然以普通学校的视角看待教师队伍建设，片面地认为高学历、高职称的教师就一定可以教好学生，往往将大量精力和经费花在招聘高学历、高职称教师方面，而忽略了教职工的在岗培训。但是普通高校毕业的教师其培养模式与职业教育有很大区别，这些教师不仅缺少对职业教育的了解，更是长期脱离社会实践，缺乏实验实习指导经验，实践操作能力较差，无法适应职业学校培养技术技能型人才的需求。

②职业学校培训经费投入不足。

职业教育是培养知识理论与实践操作并重的技术技能型人才，对技术操作能力要求很高，因此，与普通学校教师以知识理论为主的培训相比，职业学校教职工的培训需要更高的成本，对培训效果有更高的要求。然而，与普通学校相比，职业学校的办学实力和办学经费却是远远不足，这就要求职业学校要以更低的经费预算承担更高的教职工培训成本，势必会产生培训经费投入不足的情况。

③职业学校教职工的流动性较高。

从待遇上来看，职业学校无论是办学实力还是办学经费都无法与普通学校相比，待遇的差距和生存的压力使职业学校的教职工更倾向于跳槽到普通学校。从社会认可层面来看，职业学校在教育领域处于边缘地位，其社会认可度远远不及普通教育。从学习经历上绝大部分职业学校教职工都来自普通学校，从内心里更愿意接受普通学校的教学和管理方式。以上种种原因造成职业学校教职工呈现出高流动性的特征。学校投入资金支持教职工参加培训，往往出现送培一人便有一人离职的状况。长此以往，职业学校便在教职工培训上持谨慎态度，不愿意将有限资金浪费在教职工培训方面。

④职业学校在培训的考核激励机制存在不足。

部分职业学校对培训的激励作用理解不够充分，把给教职工培训的机会认为是对教职工的奖励和激励，培训机会往往变成少数优秀老师的特权，造成培训机会分配不均。少数优秀教师独占培训机会还会对教职工总体水平的提升产生影响。没有得到培训机会的教职工还很容易出现消极情绪，进而影响教师队伍的团结。同时，即使是有机会参加培训的教职工往往也没有从培训中得到足够的激励，教职工在培训中取得的成绩或技能证书等一般都不列入工资待遇和职称评定等考虑范围，教职工参加培训无法得到明显的利益，影响了教职工参加培训的积极性。

⑤职业学校教职工培训的资源不足。

从学历培训上来说，职业学校一般需要与更高一级的普通本科院校合作，其合作显然不如与普通学校合作顺畅，同时学历培训大多需要教职工脱岗培训，多数职业学校无法承受教职工长达2~3年的脱岗状态。在非学历教育层面，由于职业教育的特殊性，能够承担职业学校教职工技术技能培训任务的学校和机构相比于普通学校来说就更为少见，培训资源的不足严重限制职业学校教职工所能获得的培训名额。

（2）个人层面

①职业学校教职工参加培训的积极性不高。

相比于普通学校教职工较多的教学科研以及学历职称等压力，职业学校教职工在学历职称竞争压力上更弱，同时对科研要求也没有那么高。因此，无论是开展学历培训还是开展非学历培训，职业学校教职工参与培训的积极性不高。

②职业学校教职工缺乏对职业教育的认同。

目前职业教育教职工大多毕业于普通学校，没有受过专业的职业教育熏陶，不清楚职业教育的特点，对职业教育认同感较为淡薄。职业学校教职工普遍缺乏对职业学校组织目标、组织文化及管理理念等方面的认同，能够长期稳定在职业学校工作的教职工比例一直不高。职业学校师资队伍稳定一直是职业学校治理管理的一大难题。职业学校教职工的离职率较高，部分教职工将培训视为自己跳岗或跳槽的契机，于是出现送培一人就流失一人的现象，这对职业学校来说是常见的情况。在这种情况下，职业学校对教职工开展培训，也难取得好的效果。

3. 做好职业学校教职工培训与发展的工作

（1）学校层面

①职业学校要重视对教职工的培训。

职业学校领导层首先要树立质量意识，认识到在推进卓越绩效管理体系建设的背景下，通过培训促进学校教职工发展的重要性。要深刻地认识到教职工的培训对教职工职业生涯的发展、对学校教育教学质量的提高、对整个职业教育质量的提高都具有重要意义。随着职业教育的重要性不断提高，以及近两年职业教育大扩招政策的影响，职业学校间的竞争会越来越激烈。如何更好地适应社会对职业学校的更高要求，迅速提升学校的办学水平和办学质量，重视和加强教职工培训是职业学校领导层的必然选择。

②职业学校要制订完善的教职工培训计划。

完善的教职工培训计划一般包括以时间为标准的年度培训计划、学期培训计划、中期培训规划、长期培训规划，以及以岗位划分的各岗位教职工培训计划。完善的培训计划是落实职业学校教职工培训的重要保障。一是要明确教职工各岗位的培训目标。要明确培养适应现代职业教育要求的，拥有较高知识水平和较高技能水平的"双师型"教师为目标，不断提高教职工的专业知识水平、技术技能水平和职业道德水平。二是要明确各岗位教职工的培训方式。要根据教职工的岗位和实际要求，灵活选择培训方式。一般而言，教职工培训方式包括校内培训、政府企业培训、学校委托培训、上级教育部门组织的校外培训等。校内培训是最常用的培训方式，其是指教职工的一般性培训或者校外培训回来的转培训，培训成本低。政府企业培训主要是指由政府或者企业联合职业学校提供培训机会，比如政府的培训项目、企业与学校合作开展教师挂职锻炼等。学校委托培训一般是指学历培训或者短期集中进修。比如委托其他高校为学校培养硕士、博士等脱岗培训，或者选派教职工参加其他学校举办的研修班等。上级教育部门组织的校外培训主要是指上级教育主管部门组织到其他学校开展的各类技术技能等专业培训，这是学校教职工技术技能培训的主要方式。三是根据教职工的工作岗位调整培训项目。职业学校教职工并不全是一线专任教师，还有辅导员、行政人员、实验实训员等教学辅助人员。在制订培训计划的时候既要充分考虑到教职工不同岗位的不同需求，也要考虑同岗位教职工的个体差异，灵活调整培训项目，力求达到培训的最佳效果。四是制订教师梯队培训计划。职业学校要制订包括中层管理岗位和学科带头人、专业带头人、技能大师、骨干教师等关键岗位的梯队培训计划，通过形成老、中、青等年龄梯队，形成师资梯队和管理人才梯队，提高师资队伍抗风险能力，保障师资队伍的持续健康发展。

③职业学校要建设一支高水平的校内培训师资队伍。

从上文我们知道教职工培训方式包括校内培训、政府企业培训、学校委托培训、上级教育部门组织的校外培训等，其中除校内培训外，其他几种方式要么是培训成本低但是名额稀缺，要么是名额多但是培训成本高，培训名额和培训成本高度统一的仅有校内培训这一种方式。校内培训包括由本校组织的校内培训和参加政府企业培训、学校委托培训、上级教育部门组织的校外培训后回校开展的转培训。因此，职业学校组建一支高水平的校内培训师资队伍，是扩大教职工培训面、降低培训成本、提高培训总体质量的重要手段。

高水平的校内培训师资队伍要求有高水平的专业理论知识、技术技能实力以及丰富的培训经验，是职业学校内教育教学水平最高的一批教师，同时也应当接受过政府企业培训、学校委托培训、上级教育部门组织的校外培训等。拥有丰富的转培训组织经验，能够很好地将外部培训的知识经验传达给校内教职工。校内培训师资队伍不仅包括本校教职工等固定师资，也可以邀请高水平专家、学者，或者企业高管、工程师等作为校内培训师资队伍的兼职教师。

④职业学校要完善教职工培训激励机制。

职业学校要合理地利用各种类型的激励方式和方法，激发教职工参加培训的积极性和主动性。一是完善教职工培训激励体系。教职工培训激励体系根据层次不同可以分为学校激励、二级学院（系部、职能部门）激励以及个人激励。学校激励一般指职业学校领导层制定的有激励作用的薪酬制度、福利制度、补贴制度以及职务晋升制度等。二级学院（系部、职能部门）激励主要是负责教职工直接管理二级学院（系部、职能部门）内部制定的关于支持和鼓励教职工参加培训的各种措施，如优先使用各类教学资源、优先考虑职称评定、提高绩效考核评价等。个人激励主要来自教职工自身对培训的认识。教职工通过自我认知意识到参加培训是提高教学水平和技术技能水平的有效方式，促使其根据自身职业生涯规划主动参加培训。二是合理运用不同的激励方法。职业学校可以利益为导向，将教职工参加培训的成绩与其薪酬收入、职称评定、评优评先、职务晋升等利益挂钩，以此调动教职工参与培训的主动性和积极性。学校也可以根据教职工参加培训的效果，对教职工培训费用，尤其是学历培训费用的报销比例进行调整。若教职工按时获取相应学历或学位，学校将承担一定比例的培训费用，以此减轻教职工参加培训的经济负担，极大提升教职工参加培训的积极性。学校还可以设立优秀培训奖等奖项，授予在培训中表现突出的教职工，激励其他教职工主动地寻求培训自我提高。学校还可以针对重要的培训目标设定专项薪酬，如近年来职业学校非常重视的"双师型"教师建设，便需要对教职工进行大量培训。学校可以作出规定，对于没有得到"双师型"教师认证的教职工，其课酬将面临减少，以此激发教职工的紧迫感，让教职工更加积极地参与培训。

⑤职业学校要加强教职工师德师风培训。

职业学校不但要加强教职工知识水平和技能水平的培训，更要加强教职工师德师风的培训。所谓师德，即教师的职业道德，包括爱岗敬业，教书育人，为人师表，诲人不倦等；师风，即教师的行为作风，包括热爱学生，尊重学生，关心学生，等等。加强教职工师德师风培训，既可以提高教职工对学校、对职业教育的认同感，也可以提高教职工立德树人的使命感。促使教职工自觉地遵循立德树人的根本要求，主动学习专业知识，提高自身的专业技术能力。

（2）教职工个人层面

①教职工要提高对培训的认识。

教职工应该认识到终身学习的重要性，尤其是在学校这个特殊环境，不断学习专业知识，提高专业技术能力，完善知识技能结构，是作为职业学校一分子应尽的义务和责任。为了让教职工提高对培训的认识，职业学校首先要做好新进教职工的入职培训。在入职培训过程中，明确教职工在学校期间的职业生涯规划，以及为达到规划目标所应当付出的努力，强调培训对教职工自身发展的重要作用，从而引导教职工树立终身学习的理念。

②教职工要做好自身的培训规划。

虽然职业学校应当为每一位教职工制订相应的培训计划，但是教职工自己的培训规划更为重要。教职工应当根据自身的条件以及职业生涯规划，有针对性地选择学历培训、理论知识培训或者技术技能培训，从被动的适应学校培训机制变成主动地选择自身受培训的方向。

③教职工要增强对职业学校的归属感。

教职工要认识到职业教育在今后相当长一段时间内面临的重大挑战，主动了解和认识职业教育的客观发展规律，坚定在职业学校发展的信心和动力，调整工作心态，主动参加培训，提升自身职业教育教学水平。

（三）教职工的权益与满意度

随着经济社会的发展，尤其是近年来国家深入推进全面依法治国，《中华人民共和国教师法》（以下简称《教师法》）正稳步推进落实，职业学校教职工的权益不断得到保障，职业学校教师的社会地位逐步提高。但是对照社会对教师的要求且相较于普通高等教育，职业教育存在投入不足的状况，职业学校教职工待遇偏低、教职工权益受侵害的现象依旧存在。因此，如何在法律的框架下更好地维护教职工的权益，提高教职工对学校的满意度和忠诚度，是职业学校必须关注的一个重要问题。

1. 教职工权益的相关概念

要探讨什么是教职工权益，首先要理解权利与权益的关系。权利一般是指法律赋予人实现其利益的一种力量，而权益指公民受法律保护的权利和利益。虽然两个词看起来很相似，但两者其实说的并不是同一种东西，权利更偏向于"权"，权益更偏向于"益"。详细来说，权利是由法律赋予的，实现利益的力量，权益就是这种力量要实现的利益。一般而言，权益在实际应用中可以理解为合法的利益。因此，教职工权益可以理解为教职工受法律保护的权利和利益，也可以简称为教职工的合法利益。

教职工权利为法律赋予，教职工权益受法律保护，在社会实践中教职工的权益一般体现在三个方面：一是教职工的主动行为权，比如教学、科研、管理等权利；二是教职工工作取得回报的权利，包括社会认可、工资报酬、社会福利待遇等；三是教职工权利受到侵害时进行申诉或诉诸法律的权利，如通过教职工申诉渠道反映问题、法院起诉等。

教职工权益的实现和保护与教职工对职业学校的满意度和忠诚度有直接关系，舒适的工作环境、丰厚的福利待遇、较高的社会认可、完善的民主管理都是提升教职工满意度和忠诚度的重要手段。因此，职业学校必须重视对教职工权益的维护，不断地提高教职工对学校的满意度和忠诚度。

2. 教职工权益维护的四个层面

由于教职工权益本质上是法律赋予的，且职业学校又是社会的一部分，因此，教职工权益维护并不是只靠职业学校本身来实现，而是应该包含法律、社会、组织（学校）和个人四个层面。

（1）法律层面

法律层面是维护教职工权益的理论起点与根本力量。教职工权益的法律保障一般指法律对教职工的权益做出明确的界定，如出现损害教职工权益的情况，加害方将承担相应责任。教职工权益的法律保障根据性质不同，可以分为条文保障和行动保障。条文保障一般指明确教职工权益和责任的法律条文。最直接的法律条文就是明确界定了教师行为规范和权利权益，其在里面明确规定了"国家保障教师的合法权益"。该法律在条文中详细规定了保护教师合法权益的相关措施，规定了各级政府、社会各界以及社会个人在维护教师合法权益上的责任，若侵犯了教师合法权益，应当承担相应的法律责任。《教师法》不仅规定了教师的责任，更赋予了教师维护自身合法权益的权利。因此，这部法律是维护教职工合法权益的主要法律依据和重要支撑。

教职工权益的行动保障是指教职工权益受到侵害时，有权采取实际行动申请相关执法部门介入，获得执法部门的行动支持。如果教职工出现违法的情况，也需要根据法律的相关规定严格按照程序进行处分或处罚。

（2）社会层面

社会层面的教职工权益保障是指社会力量为维护教职工合法权益所制定的各项规定与采取的各项措施。这里的社会力量包括各级政府部门和社会各界力量。

各级政府部门对教职工权益的保障，主要体现在贯彻施行《教师法》等法律法规，以及制定配套的地方性法规。

推动社会各界以及学校切实保障教职工合法权益，对各类学校维护教职工合法权益情况进行监督检查，保证教职工各项权利的实现起到重要作用。各级政府还可以根据《教师法》的要求出台相关规定，明确给予教职工免费或者优先使用社会资源的权利。如博物馆、公园、文化体育设施等免费向学校教职工开放，车站可以让学校教职工优先购票，医院可以让学校教职工优先挂号等，充分体现社会对教职工权益的维护。此外，政府部门和社会力量还可以引导社会舆论，一方面是强化学习教职工对社会贡献的宣传，以提升社会大众对教职工的认可度，进而提升教职工的社会地位。如近年来职业学校与媒体合作开展的"职业教育活动周"，就起到了宣传职业教育，宣传职业教育教师的作用。另一方面还可以形成强大的社会舆论监督。新闻媒体对教职工权益保护的关注，对侵害学校教职工合法权益的个人或行为群体持续曝光、督促查处，对于增强社会对学校教职工权益的法律意识，遏制侵害行为具有重要意义。

（3）组织层面

组织层面的教职工权益保障一般可以分为工会组织和教职工所在的学校两个方面。工会组织主要是可以对民办学校与教职工的劳动合同、劳动争议等进行仲裁，调解学校教职工与学校之间的劳动纠纷，维护教职工的合法权益。教职工所在的学校则是维护教职工合法权益最重要的直接责任人。教职工的聘任关系、教育教学、绩效考核、人事调动、福利待遇、申诉反馈等行为都是与所在学校有直接关系。在侵害教职工权益方面其行为主体也往往是所在学校，因此学校的态度和行为对教职工权益的维护具有决定性意义。

对职业学校而言，维护教职工的合法权益主要体现在以下几个方面：一是成立教职工代表大会，保障教职工参与学校民主管理、提出改革意见建议的权利。二是建立教职工申诉委员会等投诉处理机制，负责接受关于教职工权益侵害、行政处分等行为的申诉和处理。三是完善绩效考核管理制度，保障教职工公平、公正地获取劳动报酬的权利。四是学术委员会制度。保障教职工学术自由，合法开展学术研究的权利。

（4）个人层面

教职工个人既是受到权益保障的主体，又是权益受到侵害的主体。要保障教职工权益，离不开教职工自身思想和行为所发挥的积极作用。首先，教职工个人应该了解和熟悉与教职工权益相关的法律法规，培养自身的法律意识，掌握基础的法律知识和运用手段。其次，教职工个人要有运用法律手段维护自身权益的意识和决心，要自觉地与侵害自身合法权益的行为作斗争。

3. 职业学校教职工权益保障目前存在的问题

虽然对职业学校教职工权益保障形成了法律、社会、组织和个人四个层面，但目前对职业学校教职工权益的保障还是存在种种问题，教职工权益的落实并未得到根本执行。而民办教育和公办教育的共同存在又让职业学校教职工权益的维护变得更加复杂，其主要表现在以下几个方面。

（1）不同的合同性质导致教职工劳动报酬和福利待遇的不公平

目前，我国职业学校的性质主要由公办职业学校和民办职业学校组成。公办职业学校教职工的福利待遇主要由政府财政拨付，民办职业学校教职工的福利待遇主要靠学校学费、住宿费等收入，很少有财政拨款。由于公办职业学校在财政拨款、办学实力、办学条件积累等方面相较于民办职业学校有绝对优势，两者的教职工福利待遇也有所不同。在公办职业学校，也存在国家正式实名编制教职工（入编）和学校聘用的非实名编制（合同工）教职工，两者的合同性质不一样，往往福利待遇也不一样。这就造成同样条件的教职工，所在学校的性质不一样，签订的合同性质不一样，福利待遇差别很大的不公平情况。《教师法》中提到关于"教师的平均工资水平应当不低于或者高于国家公务员的平均工资水平，并逐步提高"的规定，目前大部分仅有公办职业学校正式实名编制的教职工可能享受到相应的薪资待遇，而民办职业学校和公办职业学校非实名编制的教职工还未享有同等福利待遇。这种因为合同性质不同造成的不公平待遇的情况，除影响民办职业学校的发展外，在公办职业学校里也非常影响教职工之间的团结，这会对学校教师队伍的稳定性产生消极影响。

（2）福利待遇与法律政策规定不匹配

《教师法》中规定"教师的平均工资水平应当不低于或者高于国家公务员的平均工资水平，并逐步提高"，但是在实际工作中，即使是公办职业学校教职工的福利待遇也很少根据这个规定匹配。有些地方无法为教职工匹配相应的待遇，但是又为了规避风险，还进行条文曲解，如将工资理解为基本工资而不是收入，或者将工资和福利剥离，只匹配工资福利要缩水等，造成这项法律规定形同虚设。同时，在教育资源分配上，长期偏向普通本科学校，职业学校无论在财政拨款、生源经费还是科研建设经费上都无法与普通本科学校相比。这就使职业学校的教职工福利待遇远远低于公务员和普通本科学校教职工。

（3）社会责任与社会认同不匹配

社会常常赋予老师诸如"园丁""灵魂工程师""蜡烛"等美好称谓，社会赋予了教师这些称谓的同时，却也在无形中束缚住了教师群体追求责权统一和自身合法权益的自由。来自学生和家长的压力也与日俱增，一方面学生越来越难以管理；另一方面，随着社会压力的增大，以及教职工管理学生可采用的约束手段越来越少，这一情况逐渐演变成一道无解的难题——如何在管理手段匮乏的情况下妥善开展学生管理工作？因此，近年来，职业学校班主任越来越没有教师愿意担任，以至于有些职业学校将职称评审与班主任工作挂钩，或者干脆实行轮岗或抽签等方式安排班主任人选。

与此同时，职业学校教职工的社会认可度却没有得到显著提升，甚至由于某些媒体的偏颇报道，教师这个职业的社会声誉反而出现了某种程度的下降，连带职业学校的教职工的社会声誉也受到一定程度的影响。

（4）职业学校对教职工合法权益的侵害

教职工是职业学校教育教学的主体，是学校赖以生存和发展的基础，职业学校本应最重视教职工权益的保障，但是少部分职业学校领导层忽视教职工的权益，以行政命令代替民主管理。同时，教职工代表大会制度和教职工申诉制度越来越形式化，没有起到维护教职工合法权益的作用。

4. 职业学校教职工权益受到侵害的原因

（1）法律法规无法得到有效落实

《教师法》为规定教职工权益的根本大法，自1994年1月1日起施行，至今已经有31年。尽管在此期间，《教师法》经过修订，但从实际执行情况来看还是存在着不少问题。一是在内容偏向上，教师义务、教师责任和教师资格等对教师有约束作用的内容占比很高，教师权利、培训奖励等事关教师权益的内容占比较少。二是部分用词存在模糊性。如在关于教师权利、培训奖励等教师权益的条款，所用的词几乎都是应当，而不是必须。《教师法》第二十五条"教师的平均工资水平应当不低于或者高于国家公务员的平均工资水平"里面所用词也是"应当"，并且平均工资水平词义表述不清，没有详细解释平均工资如何测算，这就给教职工工资的测算留下了模糊的操作空间。三是对不落实教师权益条款甚至侵害教师权益的行为处理描述不清。法律条款对违反法规行为并没有明确的惩戒措施，给人感觉这些条款仅仅是指导意见没有强制执行力，可执行力和可操作性比较弱。四是法规规定的教师申诉制度表述不清，既没有明确的申诉渠道也没有明确的申诉机构，更没有赋予教职工法律诉讼的权利。

（2）来自社会舆论的不公平待遇

长期以来，社会舆论对教师群体在给予崇高赞美的同时，也对教师存在着非常高的社会期待。社会各界对教师只谈奉献，不谈回报的情况日益严重，将教师正常的权益诉求当作大逆不道来加以批判，严重影响社会舆论对教师追求合法权益行为的容忍度。同时，由于网络时代的到来，教师群体的行为因为广受社会各界关注但是又没有实质的社会权力，特别容易受到媒体尤其是网络媒体的关注。媒体对个别教师不当行为的持续报道加大了社会各界对教师群体的不信任感，给教师教育教学和学生管理工作带来更大的压力。

（3）缺少代表教职工利益的组织

根据《教师法》关于教职工申诉的第三十九条"教师对学校或者其他教育机构侵犯其合法权益的，或者对学校或者其他教育机构作出的处理不服的，可以向教育行政部门提出申诉"的规定，教职工只能向教育系统内的教育行政部门申诉，而不能提出诉讼，也不能向工会等组织申诉。学校教职工大会和工会作为学校内部机构面对教职工的申诉也很难做到客观公正，这就会造成教职工权益受侵害后没有第三方代表教职工权益的组织可以申诉。由于教育行政部门同时也是职业学校的管理部门，很容易出现"堂下何人状告本官"的情况。对于职业学校的普通教职工来说，要通过这样的渠道申诉成功的难度很大。

（4）教职工维权意识受到压制

教职工维权意识长期受到压制，除前面说的社会长期以来对教师固有印象的影响外，教职工对《教师法》和《中华人民共和国劳动法》等法律法规知识的欠缺也是重要原因之一。职业学校的教职工在工作之余很少有人能去关注自身权益的保护，大多数教职工的态度都是多一事不如少一事，忍一忍就过去了，缺乏主动维权的意识。

5. 维护职业学校教职工合法权益的策略

（1）完善相关法律

职业学校教职工的合法权益由法律赋予，因而维护合法权益的权利同样也需源自法律。在推进依法治国和依法治校的当前，完善相关法律是维护职业学校教职工权益的根本保障。要推动《教师法》等相关法律的修订，根据权责利对等的原则，细化教职工权益的相关条例，尤其在教职工工资待遇等相关表述上要明确而可操作，增加维护教职工权益的相关内容，明确损害教职工权益的组织或个人应承担的责任。

（2）推进依法治校工作

职业学校要深入推进依法治校工作，严格依据法律法规切实维护教职工权益。一是要完善决策机制。坚持将教职工代表大会和工会大会制度作为学校决策机制的一部分，所有学校的重大事项决策、重要干部任免、重大项目投资决策、大额资金使用等"三重一大"决策以及与教职工切身权益相关的决定必须经教职工代表大会审议通过后方能执行。二是要完善相关制度。对于与教职工权益相关的教育教学、人事管理、绩效考核、岗位职责等制度，都要教职工全程参与修订，公布前要广泛征求教职工的意见和建议，公布后要监督执行情况，通过召开座谈会等方式倾听教职工的意见。

职业学校还要依法执行校务公开、党务公开，严格按照学校信息公开实施办法的规定事项，就学校规划、招生就业、职称评定、人事聘任、奖惩情况、财务管理以及重大事项实施情况进行全网公开，确保决策透明、信息透明。

（3）探索建设教师工会

职业学校教职工代表大会是保障教职工参与民主管理的机构，但教职工代表大会不是学校的常设机构，每年开会时间有限，而且这个机构只是审议提案，并不受理教职工权益损害相关的申诉。而一般承担处理教职工申诉责任的学校教职工申诉委员会本身就是学校的机构，在出现较大争议的情况下对教职工权益的保护优先。因此探索建设教师工会，由教师工会统一组织教职工参与学校的管理，处理教职工的申诉，是目前在校内维护教职工权益行之有效的办法。

（4）获取舆论支持

近年来，教职工权益维护举步维艰，复杂的社会舆论环境是原因之一。要创造鼓励教职工维护自身权益的社会环境，要先获取舆论的支持，尤其是媒体的支持。媒体在进行相关报道时，不应只关注教师的付出，更不应该为了吸引眼球和网络流量一味地盯住师生冲突、教师行为不当等事件，更应当关心教师的生活情况，权益保护情况。同时，还应该向社会大众普及《教师法》《中华人民共和国教育法》等相关法律知识，激发全社会对教职工权益保护的关注，优化教职工维护权益的社会环境。

（5）增强教职工维护权益的意识

职业学校的教职工要主动地学习教师法、教育法、合同法等法律法规，了解自身应享有的权利和利益。在自身权益受到侵害时，要自觉地收集好相关证据，要懂得运用法律武器与侵害行为作斗争。

6. 教职工权益的维护与教职工满意度

（1）教职工权益的维护与满意度的关系

根据《教师法》的规定，教师享有下列权利：进行教育教学活动的权利、开展科学研究和学术交流的权利、指导和评定学生学习的权利、获得工资报酬和福利的权利，参与学校民主管理的权利以及参加进修培训的权利。教职工的权益就是围绕以上权利所产生的所有利益。以上权益基本代表教职工在学校工作中关心的所有方面，因此维护教职工权益对于提高教职工对学校的满意度有决定性作用。

（2）教职工满意度的调查

教职工对学校的满意度是职业学校卓越绩效管理中非常重要的一个指标，是影响教职工工作积极性、工作效率和离职率的重要因素，对学校教育教学质量、师资队伍稳定有重要意义。职业学校开展教职工满意度调查主要是采用问卷调查法。问卷法调查法是目前各类学校开展项目调查中比较喜欢使用的一种方法。问卷一般是与调查话题相关的，以问题和答案选择为表现形式的表格。问卷调查法是学校借助特定表格收集与调查话题相关反馈，并以此作为今后工作指导的一种方法。调查问卷一般包含教职工对学校民主管理、制度建设、工资福利、工作环境、教育培训、领导能力、职称晋升的评价，可以有效地分析出教职工对学校的满意度。

三、实施范例

（一）总则

学校制定的"十四五"教育事业发展规划，明确了2021—2025年近、远期发展方向和目标。为确保发展战略的实现，学校对战略部署、运营管理提供人力、财务、信息与知识、技术、基础设施、相关方关系等资源的支持和保障。

（二）人力资源

学校秉持"育引并重、外引内培、名师引领、人才强校"的师资队伍建设战略，打造了一支素质优良、师德高尚、结构合理、专业水平高、实操力强的师资队伍。目前，学校现有教职工528人，其中全国优秀教师1名，广西特级教师2名，广西中等职业学校名师及培养对象6名，自治区级名师工作坊1个，正高级教师5名，享受政府特殊津贴名师1人。人力资源管理系统如图5-1所示。

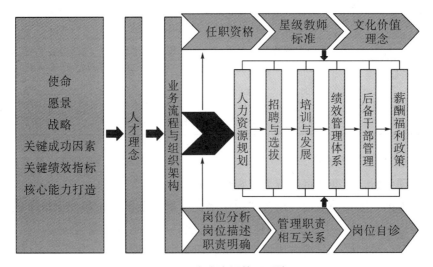

图 5-1　人力资源管理系统

1. 组织管理

（1）紧跟战略，完善职位架构

①根据战略发展变化，持续优化组织结构。

在卓越绩效管理模式下，学校以"十四五"师资发展规划为方向，以《职业教育提质培优行动计划（2020—2023 年)》为目标指引，全面分析原有机构设置、管理机制、部门职能、工作流程等优势和不足。围绕顾客需求，经过多方调研论证，重新梳理学校组织架构。"十三五"期间，学校在全区中职学校中率先构建起了比较完善的院系二级管理机制，培育出了一支服务意识强、质量监控能力突出的管理队伍，并在学校与二级系部两个层面建成了综合服务中心、党员服务中心、专业建议与教学改革发展中心、学生发展中心、教师发展中心、校企协同育人中心等六大服务中心。

②加强各部门协作联动，形成系统教师能力发展机制。

学校以实施提质培优、转型升级发展为契机，成立了相对应的跨部门、跨职位组织，搭建有效沟通和技能共享平台，促进组织的内部合作和管理创新，在确保完成任务的同时，促进了学校工作系统的高效运作。学校跨部门小组如表 5-1 所示。

表 5-1　学校跨部门小组

小组名称	工作内容
教师发展委员会	调研各相关部门及教师发展需求，审议有关教师发展工作计划，协助规划、实施学校师资建设整体工作
校园安全管理委员会	通过建立安全管理责任制，制定安全管理制度和操作规程，排查治理隐患和监控重大危险源，建立预防机制，促进安全管理法律法规的贯彻落实
专业建设指导委员会（教务）	接受学校、系部的委托，开展教学的研究、咨询、指导、评估、服务等工作，包括对培养方案开展论证，组织开展人培方案论证会；参与竞赛项目的设计及评价，提高办赛质量
学术委员会（科研）	推动学校改革与发展，加强学校的学术管理，包括对各系部选送的论文进行公平公正的双盲评审，对申报的教育教学改革研究项目进行初审
纪律检查委员会（纪检）	深入推进清廉学校建设工作，切实解决学校党风廉政建设中群众反映强烈的突出问题，保障教育教学工作顺利进行

（2）教职工招育用留

①合理分析，精准确定岗位类型和数量需求。

学校依据上级相关规定，结合"提质培优"的实际需求，参照上级单位《岗位设置管理指导意见》、本校的《岗位设置与首次聘用实施方案及岗位聘用实施细则》等文件规定，采用岗位分析方法识别新增教职工类型和数量。

学校的岗位实行动态管理，结合内外部环境、政策变化对岗位数量和需求不断调整，对不能满足需求的岗位及时调整。"十四五"师资队伍建设规划如表 5-2 所示。

表 5-2 "十四五"师资队伍建设规划

目录	类型/年度		2020	2021	2022	2023	2024	2025	合计
教师结构	职称	正高级讲师/人	1	2	1	2	1	3	10
		高级讲师/人	61	4	5	5	5	10	90
	专业"双师型"教师/人		147	3	5	5	20	20	200
	研究生学历教师/人		50	5	5	5	5	5	75
"十四五"师资队伍建设规划路线图类行年度			2020	2021	2022	2023	2024	2025	合计
教师层级	教学名师/人	自治区级	4	—	2	—	2	—	8
	技能大师/人		5	—	10	—	5	—	20
	专业(学科)带头人/人		10	—	5	—	5	—	20
	骨干教师/人		32	—	8	—	10	—	50
	市级以上政府特殊津贴专家/人		1	—	—	—	—	—	1
	优秀教师/人	区级	—	—	1	—	—	—	1
	特级教师/人	区级	1	—	1	—	—	—	2

②精准识别岗位技能，实现高效赋能。

A. 识别员工素质能力。

a. 学校星级教师标准。

学校依据《国家中职教师专业标准》《自治区中职教师发展标准》等规定制定了学校星级教师标准，涵盖了师德师风、职业素养、专业能力等维度，明确教职工的技能需求，应用于员工作描述、潜力验证、能力评估、培训需求等方面。

b. 系部星级教师标准。

各系部根据不同的专业建设要求，在学校星级教师标准的基础上开展个性化优化，构建适用于各系部的星级教师标准，以此实现各系部发展规划目标。

B. 形成岗位说明书。

学校根据星级教师发展标准及岗位职责来确定岗位任职资格，制定全员的《岗位职责说明书》，从岗位专业知识、技能、学历、工作经验等方面要求岗位任职人员的能力，通过岗位技能培训和合理的人员优化配置，促进学校战略目标的实现。岗位说明书中将岗位关键职能与绩效指标联系，以此对岗位运行情况进行量化评估，对不能体现岗位职能及特点的内容进行修正。

学校根据各岗位说明书及工作完成情况比对分析现有教职工的能力情况，同时结合教师发展诊断对教职工能力与岗位技能需求进行匹配，获得现有教职工能力提升需求，制订教师个人改进计划。

C. 多渠道开展有针对性的招聘。

受地理位置、交通、城市竞争力等因素的影响，学校在人才引进过程中容易处于劣势。为此，学校采用不同的招聘渠道，并采用多种考核方式开展招聘。如表 5-3 所示。

表 5-3　各类招聘渠道及招聘计划

招聘岗位	招聘渠道				招聘人数		
	单位自主招聘	网络招聘	中高级人才招聘	事业单位公招	2023	2024	2025
专任教师	*	*	*	*	10	10	15
行政管理人员	*	*	*	*	—	—	—

人事与对外交流处每年都会进行招聘结果分析，对招聘的优质员工来源以及整体学员结构进行剖析，吸收好的渠道方法，并对效果不佳的方法进行改进。2023—2025 年招聘成效如图 5-2 所示。

图 5-2　2023—2025 年招聘成效

D. 双向多通道的教职工聘任制度。

学校于 2018 年出台《学校开展中层干部选拔任用工作方案》，在干部的选拔任用上，学校根据事业单位选人用人要求，结合学校实际，制定干部选拔任用制度。

教职工拥有双向选择权，可根据自身职业发展需要选择相应的岗位，学校以岗位竞聘方式择优使用，既保证了岗位人员的匹配度，又为教职工职业发展提供了可选路径。在人员任用过程中，学校构建教师、行政管理双晋升职业发展通道，根据职业发展以及人岗适配原则，实施交叉选拔任用。同时，在人员流动过程中，结合绩效考核对任用情况进行评估，并将绩效考核结果作为任用的参考依据。

E. "以人为本"的留人政策。

学校坚持"以人为本"的理念，采取满意度调查、比较分析等方法识别教职工需求，将需求结果与学校内外部资源进行匹配，提出基于文化、事业、待遇、感情的"四维留人"模式。通过"四维留人"模式，学校实现了教职工人数的稳定，离职率处于较低水平。对成效显著的政策，予以持续使用；对效果不佳的政策，则在下一年度计划中加以改进。"四维留人"措施如表 5-4 所示。

表 5-4　"四维留人"措施

维度	具体措施
文化留人	学校通过加强校园文化建设，充分发挥"同心"校园文化的导向功能、凝聚功能、激励功能及约束功能，使员工个人价值的实现与学校发展目标相一致。最大限度地释放员工心中对事业追求和个人价值实现的能量，增强学校对人才的吸引力和人才的归属感
事业留人	职业生涯规划（职称评定指导等）、岗位轮换、个性化专业培训等
待遇留人	绩效奖励、年度奖励、校长质量奖、节假日津贴、健康体检、个性化福利等
感情留人	中秋、春节、三八妇女节等节日贺礼、生育贺礼、生日贺礼等

③线上线下相融合，搭建双向多元技能共享平台。

A. 畅通的沟通渠道。

学校在上下级、部门、职位、区域采取"线上+线下"的双线结合沟通模式，让信息在教职工之间得到有效分享、实现沟通的高效。在沟通过程中，学校实时跟踪沟通双方的情况及沟通效果。信息中心作为线上沟通模块的支持机构，能够在短时间内疏通线上沟通过程中的堵点，保证沟通顺利进行。具体沟通渠道如表 5-5 所示。

表 5-5　沟通渠道

沟通类别	方法	说明
正式	部门月例会、周例会	各部门员工定期进行工作沟通，鼓励员工进行工作分享
	员工座谈会	定期举行高层领导与员工的座谈会，沟通发展方向，收集意见，了解学校员工现状，收集员工对学校的合理性建议以及员工个人职业发展的困惑等，并逐一落实
	年终总结大会	每年年底召开全体员工参与的员工大会，通报全年的工作完成情况，展望未来一年的工作计划和绩效目标
	OA 系统（钉钉）	实现内部工作高效沟通与反馈
	绩效面谈	每季、年度上级与下属进行绩效面谈，绩效面谈记录中反映出的问题将作为确定关键因素的重要参考
	员工满意度调查	通过调查问卷了解员工心声
非正式	校长信箱	在学校办公区域设置有校长信箱，定期由专人开启，员工可以匿名或实名提出任何意见和建议
	网络论坛	员工可以在任何时候通过论坛提出意见、建议和心声，论坛提到的有效问题将会得到限时回复和解决
	微信群	部门或相同职能模块员工建有微信交流群，员工通过微信群可进行交流或行业文章分享
	文化宣传栏、文化墙	通过学校宣传栏对文化活动进行宣传，表达心声及寄语

B. 技能共享，提质增效。

学校通过建立质量文化建设中心来实现部门、职位和校企间的技能共享，质量文化建设中心由教师发展中心、党员服务中心、学生服务发展中心、校企协作育人中心组成，旨在为教师、学生和企业搭建交流平台。通过设计科学有效且持续改进的制度机制，营造科学交流的环境，帮助教师解决在工作和自我成长过程中遇到的问题，帮助学生解决在学习和自我成长中遇到的困惑，为师生成长提供服务和保障，持续增强教职工质量意识、服务意识，推动学校发展迈向更高水平、实现更大突破。

（3）教职工绩效管理

①教职工绩效管理的实施。

在事业单位绩效管理相关政策的指导下，学校引入卓越绩效管理理念，精心设计学校绩效管理体系。并在中职学校中率先设立专门绩效管理运行部门——质量与督导办公室，该办公室负责绩效考核体系的建立和运行。

在推动绩效管理过程中，建立了定性与定量评估相结合的绩效考核体系，重点评估各部门和教职工在党建管理与服务、教育教学、学生管理与服务、科学研究和社会服务等方面取得的可量化的业绩贡献，同时充分考虑其履行职责的过程表现和实际效果。绩效管理体系相关环节的实施方法如表 5-6 所示。

表 5-6　绩效管理体系相关环节的实施方法

绩效环节	方法说明	负责部门
绩效指标制定	学校建立部门绩效考核指标库，再分解至行政人员与教师的绩效指标库	党政办、质量办、人事处
绩效自评	学校基础考核（20%）和部门主管考核（80%）	领导、部门主管
绩效数据的核定与审定	考核评估	领导小组
绩效评估结果	学校绩效考核领导小组根据《部门绩效考核指标》对各部门进行考核，考核结果分为五星、四星、三星三个等次	质量办
绩效应用	考核结果直接与行政人员的奖励性绩效工资挂钩。由党政办公室部门考核结果、人数核定、各部门绩效系数和总额，各部门主管自行考核本部门成员，进行二次分配	各部门

在设计绩效考核时，学校针对不同岗位性质制定不同的绩效考核维度，具体涵盖行政管理人员、专任教师及班主任这几类岗位，具体指标设计如表 5-7 所示。

表 5-7　不同教职工个性化设计考核指标

类别	考核指标内容
行政人员	1. 工作行为与态度 2. 工作岗位履职情况 3. 部门领导评价 4. 专项/创新工作完成情况

表5-7(续)

类别	考核指标内容
专任教师	1. 师德师风（25%） 2. 教育教学（55%） 3. 继续教育及企业实践完成情况（20%）
班主任	1. 德（专业化精神和道德、专业化情感和态度） 2. 能（岗位业务能力、岗位核心能力） 3. 勤（工作、管理、教育、活动到位） 4. 绩（班级考核、教育科研） 5. 责（班级事务、安全责任）

②薪酬管理。

学校注重绩效管理效能和服务质量的提升。致力于建立一个符合工作责任职责、体现岗位绩效、实现分级分类管理的分配制度。通过这一制度，明确各项工作责任、理顺分配关系、规范分配秩序、构建合理的分配格局，切实体现分管领导的一岗双责，以此充分调动教职工工作的积极性和主动性。在薪酬设置方面，将薪酬分为岗位工资、薪级工资和绩效工资。其中，绩效工资分为基础性工资和奖励性绩效工资，并根据不同岗位及价值制定不同的薪酬标准。薪酬体系如表5-8所示。

表5-8　薪酬体系

薪酬结构		说明
岗位工资		适用所有岗位
薪级工资		适用所有岗位
绩效工资	基础性绩效	适用所有岗位
	奖励性绩效	课时绩效,适用专任教师,分为常规课时与非常规课时,均有不同的标准
		班主任绩效,适用班主任,包括学生工作处考核绩效和系部考核绩效两部分
		行政管理人员绩效,适用行政管理人员,按照岗位等级进行核算

③激励制度。

学校建立了物质与非物质相结合的激励机制。除以薪酬体系为主的物质激励之外，还通过荣誉评选等非物质方式，对教职工予以激励。此外，在人员选拔、晋升过程中，将绩效考核结果纳入选拔条件，以此激励教职工高效、优质地完成工作。

学校每年根据绩效结果及满意度调查对激励政策效果进行评估，通过教职工大会、座谈会等收集激励改进意见，并据此改进评优标准，完善激励政策。如表5-9所示。

表 5-9　激励制度一览表

激励种类	激励项目	覆盖范围
个人激励	攻读博士奖励	全校教职工
	年度优秀教师、优秀教育工作者、师德模范	行政管理人员、专任教师
	优秀班主任	班主任
	教学名师评选	专任教师
团队激励	年度优秀教学团队	专任教师
	年度优秀大师工作室	管理人员、专任教师

（4）教职工学习和发展

①教职工的教育和培训。

围绕学校战略和教职工成长发展需要，学校成立了教师发展中心。该中心的职能定位是"服务教师、关注发展"，主要工作内容为教职工工作（教学）能力发展培训与咨询、教职工职业生涯规划与管理等。

学校建立完善的培训管理制度，以确保培训有效实行。同时，组织开展教职工职业生涯规划工作，为教职工能力提升和职业发展搭建平台，进而保障学校发展战略的顺利实现。培训系统如图 5-3 所示。

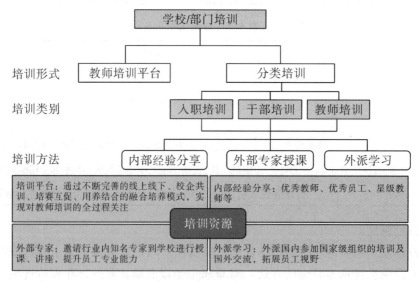

图 5-3　学校培训系统

A. 教职工培训需求识别。

为了解学校教师发展的个性化需求，寻求有利于教师发展的服务和管理机制，学校通过对教师发展路径研究，密切关注教师各成长阶段的发展需求，形成后期教师发展活动的现实依据。

B. 培训计划制订与实施。

学校根据不同教职工的特点，开展个性化培训策划，内容涵盖入职（新员工培训）、干部培训、教师培训等。此外，学校还为教师量身定制个性化、终身化的教师发展服务支持方案。

a. 新入职教师"启航"培训。

为进一步强化新教师的教育理念，提升师德修养水平和教育教学能力，全面理解并掌握课程标准，迅速适应工作岗位，学校特举办新入职教师"启航"培训。培训形式按照学校统筹实施、系部负责、校系二级管理、分步分项目推进，分为集中培训、系（部）培训、个人自学三种形式。以期通过培训引导新教师更新教育观念、规划职业生涯，尽快实现角色转换。促使新教师开阔眼界、丰富知识、获得提升，让新教师能迅速适应学校环境，融入学校发展，不断凝聚起推动学校发展的合力。"启航"集中培训现场如图 5-4 所示。

（a）　　　　　　　　　　　　　（b）

图 5-4　"启航"集中培训现场

b. 干部培训。

为推动学校中层干部加强政治理论学习、提升管理能力、锻造过硬本领，着力打造忠诚干净担当的高素质干部队伍，推动学校高质量发展，学校通过集中授课培训、履职能力测评、素质能力拓展、对外交流学习、总结汇报等形式开展中层干部培训。以期通过培训，让干部们将所学内容内化于心、外化于行，练就过硬本领、勇于担当作为，不断提高解决实际问题的能力，为我校高质量发展贡献智慧和力量。中层干部集中培训现场如图 5-5 所示。

 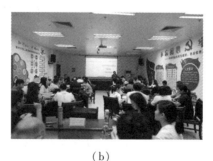

（a）　　　　　　　　　　　　　（b）

图 5-5　中层干部集中培训现场

c. 教师培训。

学校构建一体化的培训模式，探索形式多样的培养方式，采用线下混合研修、在线培训、结对学习、跟岗研修、返岗实践等灵活多样的研修方式，依托国家级、区级、市级、校级等重点项目，针对教师专项能力开展培训或研修活动。同时，优化设置培训内容，完成师德师风、教育教学、科研、信息化、教材开发、学生管理等各类型培训，旨在促使教师落实立德树人的根本任务，对接新标准，更新知识技能，强化和提升教育教学能力。

C. 培训实施。

学校通过组织内部员工经验分享、外聘行业专家、国外交流等形式开展各类培训，拓宽教育培训渠道。

D. 培训效果评价。

学校对所有培训坚持"每训必评"的原则，对教育培训方法的有效性、适用性进行综合评价，制定、实施改进措施，不断提高培训效果。培训效果评估方式与内容如表5-10所示。

表 5-10　培训效果评估方式与内容

评估层面	方法	评估内容	工作对象
反应层	问卷调查	培训效果及满意度	参培教师
学习层	对比法	教学进度表、教案、课件、课程考核方案	参培教师
行为层	对比法	说课、授课	参培教师、导师及上级领导
结果层	绩效考核	岗位绩效达成情况	参培教师、上级领导

②教职工的职业发展。

A. 职业发展管理。

学校秉持"为卓越人才搭建卓越平台"这一教职工职业发展管理理念，建立完善的职级管理制度，为所有教职工开辟通畅的发展空间。

a. 设置职业发展通道。

学校实施"双晋升职业发展通道"管理模式，为教职工阶梯式成长提供坚实的基础，最大限度地发挥教职工的潜能，促进教职工的发展和成长，如图5-6所示。

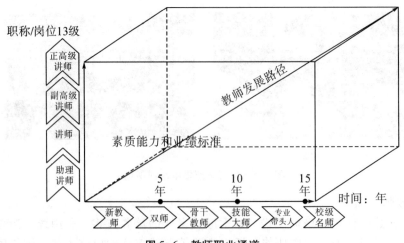

图 5-6　教师职业通道

b. 组织职称评定。

学校组织拟定《学校职称评审工作制度》，每年面向全校教职工开展职称评审与聘任工作，为被聘用人员提供配套的内部行政职务待遇和专业技术职称待遇。教师发展中心每年开展职称评定工作有效性评估，对职业发展通道、任职资格、职称评聘等方面征求各部门（系部）意见，并在每年管理评审会上进行评审。随后，根据评审结论制定措施，将其纳入第二年改进工作当中。

B. 基于内部诊改推动职业生涯规划管理。

为了更系统、全面地掌握教师队伍现状和不足，学校构建教师发展路径，推进针对教师发展的诊断工作，为教师的成长发展和学校师资队伍建设工作提供依据。教师规划系统如图 5-7 所示。

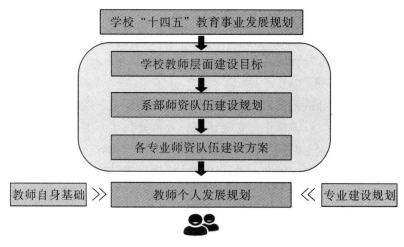

图 5-7 教师规划系统

a. 构建个人目标链。

各位教师根据学校和部门规划目标，结合对标分析和自身的 SWOT 分析，确定个人发展目标。

b. 个人目标分解。

制定个人发展目标后，将目标按三年时间进行分解，从而形成个人发展规划表。

c. 开展对标自诊。

对标目标链和标准链，寻找差距，结合实际情况分析原因并制定改进措施。如图 5-8 所示。

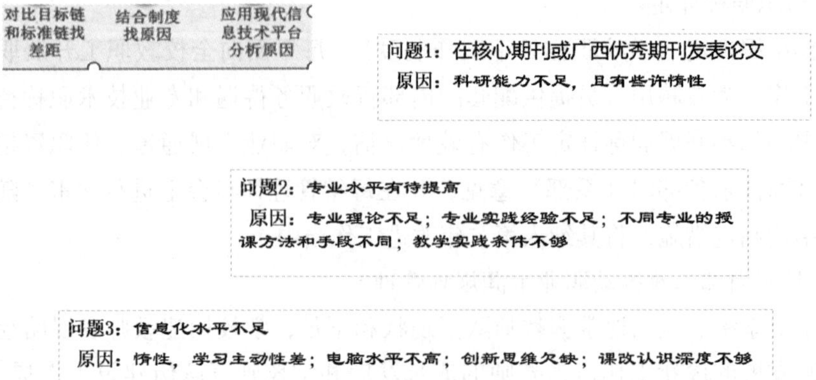
对比目标链和标准链找差距
结合制度找原因
应用现代信息技术平台分析原因
问题1：在核心期刊或广西优秀期刊发表论文
原因：科研能力不足，且有些许惰性
问题2：专业水平有待提高
原因：专业理论不足；专业实践经验不足；不同专业的授课方法和手段不同；教学实践条件不够
问题3：信息化水平不足
原因：惰性，学习主动性差；电脑水平不高；创新思维欠缺；课改认识深度不够

图 5-8 自诊改进点

d. 制定个人年度任务。

综合上一年度诊改周期内未完成的目标、本人发展规划目标及对标后制定的整改措施，形成个人年度发展任务。

e. 任务实施与评价。

按已制订的计划和措施实施任务，借助教师发展标准、绩效考核条件、科研考核要求等，实时检查、反馈修正，完成任务。人事处每年开展职业生涯规划工作有效性评估，对制定职业生涯规划组织、组织测评、组织指导、规划实施效果等方面进行总结，并在每年管理评审会上进行评审。根据评审结论，制定相应措施并将其纳入第二年改进工作。

C. 人才梯队计划。

根据学校“十四五”师资队伍发展规划，学校建立了人才梯队资源库。按照目标岗位及通道层级对人才的需要，组织开展人才梯队建设工作。如表 5-11 所示。

表 5-11 学校人才梯队具体实施路径

人才梯队培育工程	具体实施路径
教学名师培育工程	实施教学名师培育计划，鼓励优秀人才脱颖而出。重点培养敬业爱岗、师德高尚、教学效果优秀、科研成果突出、在本专业领域有较强影响力的教师，为他们创造良好的工作和生活环境，使他们早日成为市级、省级和国家级教学名师。到 2025 年底，新增自治区级教学名师 8 名，自治区特级教师 1 名，自治区优秀教师 4 名
专业带头人培养工程	专业带头人是专业建设的核心力量，培养一批“爱岗敬业、理论扎实、技能精湛、教学出色、改革创新”的专业带头人，以加速学校品牌专业群的建设、提升学校的整体办学水平。根据专业发展需要，制定专业带头人（培养对象）选拔与管理办法，根据专业的发展趋势，每个专业选拔和培养 1~2 名专业带头人。到 2025 年重点选拔和培养校级及以上专业带头人共 20 人

表5-11（续）

人才梯队培育工程	具体实施路径
骨干教师培育工程	启动骨干教师培养工程，实施优秀青年骨干教师培养计划，通过专业建设、实训室建设、课程建设、教科研课题等项目引领，引导青年教师迅速成长，成为学校发展的中坚力量。到2025年重点培养校级及以上骨干老师50人
青蓝工程	制定青年教师个人职业发展规划和培养计划，实施青年教师素质能力提升工程，建立教师成长发展机制。坚持新聘用教师岗前培训制度，完善以老带新的青年教师培养机制。加强青年教师在职培训，创造条件鼓励青年教师在职读研读博，提升青年教师学历层次；支持青年教师参与生产管理一线的工程技术攻关和科技研发活动，提升青年教师的科研和技术服务水平；鼓励青年教师深入企业顶岗实习、企业实践锻炼以及指导学生参加技能大赛等，提升青年教师的实践教学能力

（5）教职工满意度管理

①教职工权益。

A. 职业健康安全。

学校根据《中华人民共和国劳动法》《中华人民共和国职业病防治法》《中华人民共和国消防法》等法律法规，制定《消防设施管理规定》等多个关于环境、安全、职业健康的管理制度，帮助学校与师生教职工识别危险源、危险因素及关键场所的环境测量项目、测量方法和指标。通过确立并严格执行这些制度流程，学校为教职工及学生营造了清洁、安全、舒适的工作、学习和生活环境。同时，学校切实维护教职工的职业健康、劳动安全权益，保障教职工身心愉快工作生活。针对可能发生的各种紧急情况，学校制定了应急预案和处置流程，并组织开展培训和演练，以此提高快速反应能力。针对不同的工作场所，学校测量项目和指标如表5-12所示。

表5-12　学校工作场所测量项目和指标

工作场所	测量指标	差异性	改进目标	改进方法	责任部门
办公室	办公环境及设施	舒适、安静、明亮	1. 温度控制 2. 现代化办公设备	1. 装配空调和落地扇 2. 提高办公设备水平	后勤处
教室	教学环境	舒适、宽敞	1. 温度控制 2. 灯光效果的改善	1. 装配吊扇和落地扇 2. 合理布置灯管数量	教务处 后勤处
实训基地	实训环境	安全、舒适	1. 温度控制 2. 废气、废液排放	1. 装配吊扇和落地扇 2. 改造废液、废气排放管道	各系部 后勤处
运动场馆	场馆环境	安全、舒适	1. 场所安全达标 2. 增加淋浴设施	1. 场馆内墙面软包裹 2. 改造淋浴设施	后勤处
食堂	就餐环境满意度	安全、卫生	1. 提供合理储存环境 2. 安全卫生条件、就餐环境美化	1. 更新食品存储设备 2. 实施食品第三方监管	党政办 后勤处

　　B. 教职工服务与支持。

　　学校根据《中华人民共和国工会法》《中华人民共和国劳动法》的规定，按照最高标准落实国家规定的福利，同时结合学校自身条件，制定各项福利政策，对不同员工群体提供差异化支持。如表 5-13 所示。

表 5-13　教职工福利政策、措施

福利类型	具体内容	教职工
国家规定	缴纳社会保险	全体教职工
	每年一次体检	全体教职工 全体退休教职工
	为教职工带薪、婚假、丧假、生育假等	全体教职工
	传统节日发放慰问品	全体教职工
	每月发放食材补助（伙食补贴）	全体教职工
	职工物业服务补贴	全体教职工
学校自定	每年发放生日蛋糕券	全体教职工
	患病住院、分娩等慰问、发放慰问金	相关教职工
	成立教职工足球、健身、羽毛球俱乐部，提供活动场地、活动经费	有需求的教职工
	免费提供声乐、书画、科学发声与用嗓相关物品	有需求的教职工
	组织联谊会，增加教职工与外界的交流机会	未婚教职工
	购买互助险	有需求的教职工

　　C. 鼓励教职工参与学校管理和改进工作。

　　学校建立双向沟通机制，积极鼓励教职工为学校建设建言献策，通过建章立制，实施科学有效管理，通过考核评优、表彰通报、宣传发布等活动，对改善成果进行评定、认可，极大地提高了教职工的参与度和积极性。

　　②教职工满意程度。

　　学校按照《教职工满意度管理办法》开展教职工满意度调查，不断提升教职工满意度。通过问卷调查、文献分析、教职工座谈会（新教职工座谈会、骨干教师代表座谈会、班主任代表座谈会、管理人员代表座谈会等）、绩效沟通、教代会、校长邮箱等途径，学校全方位与教职工沟通交流，分析、评估识别确定影响教职工权益、满意程度和积极性的关键因素，梳理出各群体的影响满意度的关键因素。

　　A. 构建不同维度的员工满意度调查指标体系。

　　学校针对教职工不同阶段的需求制定了不同的专项员工满意度调查，包括教职工对各部门的服务、工作配合满意度调查。如表 5-14 所示。

表 5-14　教职工满意度设计

调查项目	调查内容
部门满意度调查	工作纪律、业务能力、协作精神、服务态度、服务效率五个方面
教职工满意度	食堂满意度调查、员工福利满意度
新教师满意度	培训、工作环境、工作待遇、入职安排等调查

B. 分析满意度调查数据，提供改进建议。

为确保学校领导了解教职工关于学校建设的意见和建议，并及时作出积极反馈和处理，质量与督导管理办公室在年度会议上对教职工满意度的情况做专题汇报，并通过业务流程提交报告至学校领导审阅，校领导在校长办公会集体研究并做出决策，由校长下达政策改善改进指令的通报，向全校宣贯最新政策动向和改善改进指令。

C. 满足个性化需求。

通过教职工满意度调查，学校汇总分析教职工意见，以质量与督导管理办公室牵头组织各相关部门开展改进，通过对教职工满意度调查的及时反馈与改进，积极促进各部门质量管理服务意识和能力的增强，教职工满意度也得到明显提升。不同层级教职工的需求及保障措施如表 5-15 所示。

表 5-15　不同层级教职工的需求及保障措施

员工类别	关键需求和期望	保障措施
管理人员	充分授权的工作环境；自我实现的事业平台	充分授权、福利保障
教学名师	充分授权的工作环境；稳定舒适的生活保障	名师工作室、福利保障
骨干教师	鼓励实干创新的工作环境；稳定舒适的生活保障	多样化激励、福利保障
青年教师	鼓励实干创新的工作环境；稳定舒适的生活保障	多样化激励、福利保障
行政人员	畅通公正的晋升平台；稳定舒适的生活保障	晋升通道、福利保障

（三）财务资源

为实现学校的战略目标，学校推行审慎的财务管理政策，逐步建立和完善有关的财务管理制度，在资金的筹集、安排、使用、调配等财务活动中，将财务预算、控制、分析、评价等贯穿计划始终，为确保战略实现提供资金保障。

1. 保障供需平衡

根据学校"十四五"规划和"提质培优"建设任务，由建设部门和归口管理部门制订重点工作长期行动计划和年度执行计划，对计划的必要性、可行性和合理性进行组织论证，根据资产设施、设备配置标准对价格进行确定，保证需求资金的合理性。财务部门根据不同时期的资金状况，多渠道筹措资金，建立财政投入主要投向运转经费、学杂费收入主要投向学校发展、政府性基金主要投向重大项目建设的资金投入保障体系。校长办公会、党委会对各部门战略目标及资金需求进行审议，形成年度预算。每年年中，归口管理部门根据调整的年度计划，并结合项目的进度情况，提出预算调整或追加方案，及时对资金进行统筹调配，以确保学校战略目标的实现。

2. 全面开展财务预算工作，促进学校发展

（1）预算工作

围绕学校的发展目标，按市财政坚决落实过紧日子，厉行节约，严控一般性支出的要求，落实各部门、系部管理主体责任，完善部门预算约束机制，从人员经费、公用经费、项目经费等各方面着手，继续强化"三公"经费管理，节约日常经费支出。推动学校预算绩效管理提质增效，不断提高预算编制的科学性、规范性和准确性。

学校根据自治区财政厅的总体部署要求，大力推进预算管理一体化建设，全面优化预算管理各环节业务流程和规范，以系统化思维和信息化手段推动深化预算管理制度改革。通过组织培训，熟练掌握业务流程和系统操作，实现预算编制、执行、决算等各项业务全面贯通。学校开展预算培训如图5-9所示。

图5-9 预算培训现场

（2）决算工作

决算是对预算工作的检查监督，按照年初下达的预算目标，检查学校各项预算资金的执行情况，通过分析偏差，发现学校预算资金执行过程中存在的问题，从而提高学校财务管理水平。

3. 强化项目资金管理，保障学校战略落地

根据上级的决策部署，学校进一步完善学校资金支出标准，利用预算、决算、绩效等管理手段，加强对资金执行情况的分析，并注重结果运用，同时编制学校可使用资金情况表；通过完善学校资金支出标准，利用预算、决算、绩效等管理方式，加强对资金执行情况的分析和结果运用，使学校近几年财政预算资金执行率均达到

90%以上。

4. 规范项目支出流程，提升专项资金的使用效率

学校积极推进项目支出标准体系建设，充分利用预算评审、决算、绩效管理等，加强对项目执行情况的分析和结果运用，将科学合理的实际执行情况作为制定和调整标准的依据。2021年，学校财政资金执行率达到95%。

5. 实施风险管控，确保财务安全

随着国家对财务工作的要求日益提升，按照上级部门的指示，学校不断加强自身的制度建设，不断进行梳理和完善。针对内控管理的各个环节加强制约，不断完善新业务的操作规程和流程。同时，加大考核力度，秉持"以考核促提高，以提高谋发展"的理念开展工作。在制度、会计、审计、安全等多方面，构建起相互融通相互制约机制。学校专门成立业务检查小组，定期、不定期对人员进行考核、检查。同时结合案件"专项治理"工作，全方位提高制度执行力。

如财务处进一步规范学校报账管理，从规范公务卡支付入手，对财务风险进行控制。列入公务卡强制结算的公务支出事项有办公费、差旅费、培训费、公务接待费等17项，单次消费额度在5万元以下、500元以上的商品和服务支出，必须通过银行转账或公务卡结算。同时，通过与工商银行沟通协调，简化学校公务卡的办理流程，实现公务卡网上办理。

2022年，学校再次修订《学校差旅费管理办法》《校经费支出审批报账管理办法》两项制度；规范报销流程9项；经费使用事前审批流程、公务出差（含培训）事前审批流程、学生退费流程、劳务费报销流程、职培处部门报销流程、收费项目审批流程、租车费报销流程、论文发表费报销流程、公务接待费报销流程等核心工作流程9份，通过对制度和流程的梳理，实现对财务风险的有效控制。

（四）信息和知识资源

为把学校打造成具有现代化、智能化的校园，学校不断深挖内涵建设，努力查找自身不足。在此基础上，对学校信息化建设提出了新的需求。然而，各部门分散建设业务系统，导致师生基础数据不唯一，造成"信息孤岛"。这是学校之前建设信息化存在的弊端。学校聘请由教育部职业教育信息化专家领衔的专业团队对学校信息化建设整体规划，一体化平台建设的顶层设计以及现场驻场进行实地指导建设。以应用驱动、问题导向（需求导向）为出发点，即依据当前教育教学管理的实际需求进行建设和应用。借助应用来解决学校的实际问题，针对单个问题运用特定应用加以解决。在解决问题的过程中，采集数据、处理数据、产生数据，这些数据汇聚成数据中心。通过数据中心的综合数据分析和应用来解决学校的综合问题。同时通过应用和数据为学校的内控体系建设提供支撑，通过大数据实现管理精准化、决策科学化、内部治理现代化。

1. 信息源开发

通过全面、准确收集和分析不同角色的信息需求，为制定战略性决策提供依据。学校根据战略信息的需求，首先识别出数据的关键使用者和使用者对信息的要求，然后分析信息的来源以及确定信息源和开发渠道。

为保证信息及时、准确、有效，学校在各部门中由主任负责信息分析整理工作，定期对各项信息源进行评估，根据其重要性整理归档，适时对信息进行删除更新。信息源识别与开发信息和信息源开发系统如表5-16。

表5-16 信息源识别与开发一览表

对象	信息类别	信息价值	识别和开发责任部门	信息源	开发渠道
教职工	教职工基本信息、学习经历、工作经历、岗位聘任、专业技术职务聘任、基本待遇、年度考核、教师资格、师德信息、教育教学、教学科研成果及获奖、入选人才项目、国内培训、海外研修访学、技能及证书、合同管理	师资战略规划依据	人事处/教师发展中心/教务处/科研处	教职工、各部门	全国教师管理信息系统、科研系统
学生	基本情况、学习情况、实习需求、生活需求	人才培养质量提升规划依据	学生工作处	学生、各系部	学生学籍管理系统、问卷调查
市场	生源分布、竞争对手、标杆规模、优势、人才质量报告	战略定位	招生与对外交流处、教务与实训就业处	官方文件、行业协会各类媒体	访问互联网、政府发布文件、院校官方网站、加入行业协会，购买咨询、院校调研、微信订阅号推文
企业	满意度、用人需求，员工培训需求、技术支持需求	产教融合战略决策分析、技术服务方向决策	教务与实训就业处、各系部	主要合作企业	访问互联网、企业官方网站、企业调研、
供应商	资质、信誉、供货能力、服务能力	运营保障依据	后勤与资产管理处	供应商、供货现场、相关使用部门	政府定点采购咨询、市场调研
合作伙伴	基本情况、能力评估、合作需求	战略合作（选择）依据	招生与对外交流处	合作伙伴、相关会议各类媒体	现场考察调研

2. 信息化建设

为贯彻落实《教育信息化2.0行动计划》，推动实现"三全两高一大"的发展目标，学校进行统一规划、统一部署，着力打破各部门信息壁垒，对数据展开统计工作，从而解决信息孤岛问题。学校坚持以师生应用服务为宗旨，以应用驱动、问题为导向（需求导向）原则，从网上办事大厅、行政办公、教务、人事、教学、学工、后勤等轻应用着手加以推进，最终实现业务系统全覆盖、过程数据安全监控、全员参与信息化三全目标。信息化建设框架如图5-10所示。

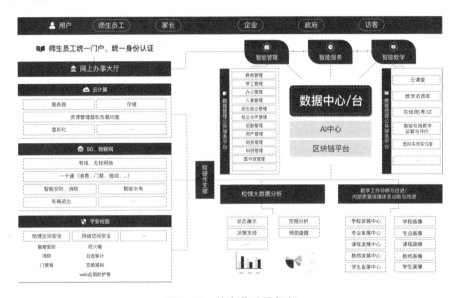

图 5-10　信息化建设框架

（1）构建信息系统

学校信息系统建设规划以建设数字校园为目标、服务师生为根本，信息互通，数据共享，能提供高效、准确的校园信息化服务。提供满足跨部门、跨系部的业务管理，面向全校便捷的信息服务。学校整体信息化建构采用高度集成的分层架构，应用开放、互联的数据管理体系，使系统之间不仅可以实现业务数据信息共享，还可以业务集成和融合，支持覆盖学校全部业务领域，部署简便，实施时效便捷，系统资源利用率高，为师生生活、工作等方面提供了便捷、高效、及时的协作支持，为学校整体信息化建设战略的稳步推进注入强劲动力。

（2）配备用于获取、传递、分析和发布数据与信息的设施

①搭建数据中心制定数据采集和管理规范。

建立统一的数据交换体系和数据标准，规范数据的采集、处理、交换和利用的全过程，实现全校数据的有效存储、管理与利用，提供全面、实时、准确、可用、安全的数据资产及服务。

②内部和外部信息获取方式。

学校充分发挥信息系统对学校各项业务发展及师生需求服务的作用，通过统一身份认证、统一管理平台 PC+移动端，集成了涵盖学生、教务、人事、后勤、OA 办公等业务系统。师生可以通过统一平台便捷地获取、传递信息，实现校内信息化服务在工作与生活中的高效应用。

通过业务系统的过程数据采集，还建设了驾驶舱平台，辅助学校统计、分析相关业务数据，为学校发展提供数据支撑。学校还可以通过钉钉、远程视频会议、教职工代表大会等形式发布信息。学校内部信息的获取、传递、分析和发布见表5-17。

表 5-17 内部信息获取、传递、分析和发布一览表

信息内容	使用部门及人员	平台	信息获取、传递、分析和发布系统
学校基础信息（组织架构）	各业务部门	统一管理平台	师资管理后台系统
教学管理各类信息	各系部、学生工作处、教务与实训就业处、后勤与资产管理处、高层领导		教务管理系统、学籍管理系统
师资管理信息	全校教师		教师中心管理系统、师资管理后台系统
财务预算数据、部门经费使用数据	高层领导、各部门		财务管理系统
资产管理信息	高层领导、各业务部门		资产管理系统
各类质量分析数据和报告、个人画像	教职工、质量与督导办公室、教务与实训就业处、招生与对外交流处、高层领导	驾驶舱平台	校情大数据分析
学生、教职工满意度调查/毕业生反馈	质量与督导办公室、教务与实训就业处、招生与对外交流处、就业处、高层领导		
课程教学信息	教职工、学生	教务管理模块、超星教学互动平台	在线学习系统、在线考试系统等

为实现学校和相关方之间的信息获取、传递和发布，学校采用"线上+线下"多形式，多渠道的方式，在线上学校信息系统中配置协同合作服务平台、信息公共平台，发布学校最新动态、人才培养报告、各类招标信息、校企合作信息等，让相关方能及时获取学校的最新信息；在线下，通过提供纸质报告、宣传册、座谈会、调研等方式，加强与相关方的信息沟通。外部用户信息获取、传递内容和大数据服务平台分别如表5-18、图5-11所示。

表 5-18 外部用户信息获取、传递内容一览表

信息需求方	信息内容	信息获取、传递渠道
政府	区域经济发展预测报告、产业及新技术预测报告、职教发展战略研究报告、人才培养数据、人才培养质量报告	提供预算报告、信息公开平台、学校宣传册、人才培养数据系统等
企业	技术项目信息、技能培训信息、人才培养质量报告	信息公开平台、协同合作服务平台、技术服务宣传册
供应商	学校资产、服务采购需求、应标要求	业务座谈会、信息公开平台（学校采购招标专题网站）政府招标采购网
合作伙伴	招生专业及需求、师资提升培训项目	信息公开平台、协同合作服务平台、学校宣传册、调研交流

图 5-11 大数据服务平台

③推进智慧校园平台建设的推广与完善。

A. 系统模块。

实现学校工作运转智能化一体化，提升学校行政部门管理效率，实现数据采集手段多样化。

B. 系统流程。

规范工作程序，确保各部门工作规范、高效、有序。保证数据来源有依据，数据源头唯一，数据采集规范。学校平台情况如图 5-12 所示。

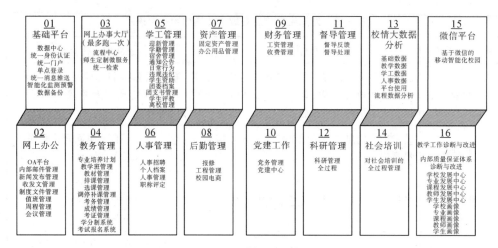

图 5-12　学校平台情况

④采取措施确保硬件的可靠性、安全性、易用性。

为保证学校数据信息系统的可靠性、安全性，学校专门设立了信息中心，主要负责对学校所有的软、硬件系统进行维护，并不断开发和引进更可靠和安全的信息平台。

通过建设校内云机房，搭建高效可扩展的虚拟化应用平台，并配置高性能的基础设施云平台，平台自身可以以故障转移群集的方式，保障业务系统的可靠性。在此基础上，学校引入国内优质的一体化智慧校园平台，并对微信、钉钉等应用进行整合，以满足用户人员对软件操作界面、操作习惯、友好性的要求。从基础硬件架构到桌面软件再到移动端设备，同时保证了平台的可靠性、安全性及易用性，具体措施如表 5-19 所示。

表 5-19　信息化在可靠性、安全性、易用性等方面的具体措施

类型		可靠性	安全性	易用性
核心基础设施平台	服务器	使用知名品牌服务器，自带完善的自我诊断及报警、纠错机制，双路电源冗余，长期稳定运行	多机群集私有云平台，有效的系统运行基础平台保障能力	通过私有云平台，用户可以实现应用的快速部署、灵活调整，降低管理成本，提高运行效率。平台的自动化运维监控及审计系统将 90% 以上的数据中心及校园网骨干设备纳入系统，实现信息系统可预测运行
	存储	采用最为成熟稳定的 16GBFCSAN 技术，2 台光 FC 交换机与 2 套存储互为冗余，提供高速、稳定、可靠的 SAN 平台	SAN 形成冗余结构，核心数据实时同步备份实现灾备	
	网络	高性能数据中心交换机，多设备联动实现 IRF 交换虚拟化，电信、联通多运营商多线路接入，形成高效、可靠的数据传输能力	配备下一代防火墙、应用安全防火墙等安全设备，内核安全，稳定，应用安全识别能力突出、性能强大	
	UPS、机房动力及环境管理	双路市电自动切换，长效 UPS 供电，整体具备防电涌、高压尖脉冲、雷击、电弧放电、静态放电等能力。机房温湿度、漏水、烟雾、视频监控、门禁、防雷、消防的动态监控预警集中管理平台	—	通过微信、钉钉接口，实现动力系统及环境系统的监控预警功能，使得监控人员可快速直观地进行故障跟踪和调度

表5-19(续)

类型		可靠性	安全性	易用性
核心软件	应用软件服务	平台承载在学校的私有云中，系统能满足1 500人并发访问和10 000人同时在线访问，并发访问响应小于3S。采用集群部署方式，核心组件"双机负载均衡"	系统达到国家信息系统安全等级二级保护要求	突破时空限制，提供全天候、全方位、全过程人性化服务，网上自助业务办理，轻松掌握校园动态

3. 信息系统评估

（1）主动调研用户体验和持续优化、升级系统

信息中心针对每个系统制定了系统推广跟踪方案。各部门之间合理分工，让部门人员全程参与客户部门的系统推广工作。信息中心负责记录使用系统活动的过程，关注其中的不足之处，记录用户反馈的界面布局不合理、项目选项缺失、系统流程不正确、系统稳定性不足等问题并进行整理和研究。随后，信息中心联合客户部门对推广活动进行细节优化，将推广方案进行细化与重构，以确保其更加详尽且具有可操作性。及时将系统问题反馈至开发商，并配合监督开发商限期整改。然后及时组织部门对改进后的系统进行检查测试，以确保全校师生能够高效地使用该系统。

（2）信息化建设规划

学校在信息化建设过程中，始终坚持"一体化建设、应用为王、服务至上"的原则，逐年推进信息化体系建设。根据战略信息需求和业务发展需求，及时评估学校信息系统和软硬件配置的需求，进而实施适合学校实际使用需求的信息系统建设项目。信息化建设历程如图5-13所示。

图 5-13　信息化建设历程

具体设计思路如下：

- 标准：《职业院校数字校园规范》
- 体系：一体化基础设施层、云资源层、数据层、平台层、应用层
- 思路：大平台、小应用、微服务
- 行动：统一规划、分步实施、强化应用、整合资源、共享数据
- 目标：实现学校管理精准化、科学化和现代化

信息化建设成效对比如图5-14所示。

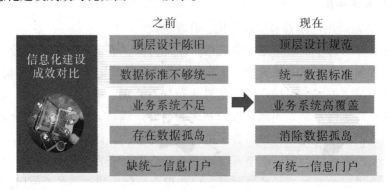

图5-14　信息化建设前后对比

（3）从"十四五"建设需求出发，积极规划智慧校园信息系统

在信息化建设的过程中，学校意识到信息化不仅是单独的一门技术，更是一种智慧学习和服务方式，是实现学校战略发展目标的助推器。学校将继续统筹推进一体化、智能化校园平台的建设工作，通过调研各业务部门的业务需求，并将其转化为信息系统建设的具体内容，进一步完善一体化平台的建设目标。在现有信息化建设基础上，完整、及时地采集现有的过程数据，通过分析数据，查缺补漏，结合调研情况，建设符合各业务部门在日常工作、生活中需要的、实用的、简便的、易用的系统，最终实现业务系统全覆盖、过程数据全监控、人员全参与信息化三全目标。

4. 知识资源管理

知识管理是提升核心竞争力、推动可持续性发展的重要手段。学校高度重视知识管理，积极构建学习型组织，将知识作为重要资产进行管理。学校指定质量与督导办公室作为知识管理归口部门，联合各系部、教务与实训管理处、科研、校企合作、招生就业处等部门，共同构建了知识管理流程。对学校内外部知识进行整合，促使个体知识向团队知识转化，将隐性知识显性化，将外部知识内部化，进而有效整合学校自身拥有的知识资产，以此提升学校竞争力。

（1）知识分类收集

学校根据持续保持先进性发展的需要，按需分类，梳理确定了学校的主要知识类型，如表5-20所示。

表 5-20 知识分类和收集

范围	知识类别	知识收集	责任部门
内部	教学知识	开展多形式多层次的教研活动收集教学知识、教学标准、实践条件标准等，收集育训案例	教务与实训管理处，各系部
	德育知识	定期邀请外部专家进行培训指导、参加校外培训交流、心理健康培训等方法获取德育内容和方法知识、德育评价信息，收集德育案例	学工处、纪检监察室、各系部
	技术知识	定期举办技术交流会，出版学术专刊，行业技术专家培训，校企工作分析会等方法获取技术研究知识。通过科研管理平台收集前沿技术论文知识、专利课题信息	科研与民族教育处、招生就业处、各系部
	制度/规范	组织各职能部门根据管理职能完成各类管理制度、岗位说明书编制及收集	党政办公室、各职能部门
	基础理论知识	采购图书和网络书库资源进行收集	信息中心
	最佳实践	通过各类别（教学类、技术类、德育类、管理类、产教融合类）的最佳实践活动开展最佳实践的收集	质量办、各部门
	隐性知识	各部门负责隐性知识的收集	各部门
外部知识	政策法规知识	采用集中采集、日常采集等方式收集国家、区域政策法规知识	党政办公室
	行业知识	通过参与各类职教交流会、院校调研、网络信息分析，职教论文分析，不间断地开展外部知识的收集	科研与民族教育处
	企业知识	通过企业调研、工作分析会、项目合作等方法收集技术标准、先进管理方法	招生就业处、各系部

（2）知识共享与应用

学校通过搭建开放的知识平台和开展培训分享、讲座、论坛等方式，营造良好的学习氛围，实现学校内部的知识共享和应用，如表 5-21 所示。

表 5-21 知识分享与应用一览表

范围	知识类别	传递知识	分享应用	应用对象
内部	教学知识	信息化教学知识、专业建设标准、课程标准、教学标准、实践条件标准、评价标准	教学知识库、教学工作坊活动（公开课观摩、培训、内部培训交流）等	所有教职工
	德育知识	师德师风 心理健康知识 德育内涵 德育方法 德育评价	心理健康月活动 心理健康教育与咨询平台	学生
			班主任技能竞赛、经验分享会、市级职教德育年会分享交流等	班主任
			师德师风培训交流会	所有教职工

表5-21（续）

范围	知识类别	传递知识	分享应用	应用对象
内部	技术知识	新技术知识、技术研究方法 技术标准、论文知识、专利课题知识	通过大师带徒做技术项目、传帮带实现技术创新和知识的有效传递和分享	所有教职工
			科研沙龙、专利、课题申报经验分享会	教职工、学生
	制度/规范	卓越绩效管理知识	成熟度评估、中层领导培训分享会、制度宣贯培训等	中层及以上领导
外部	政策法规知识	各类新政策法规知识	政策法规知识库、政策解读会	教职工
	行业知识	职业教育研究方法知识	行业知识库、职教资讯、论坛讲座	教职工
	企业知识	企业标准、先进技术、管理方法知识	企业知识库、企业宣讲会、专家讲座、内部培训	教职工、学生

学校依托超星教学资源库管理平台，通过云端、校本双资源库模式，积极充实校本教学资源，建成校本资源库，共有教学资源128 G，课程22门，涉及电子商务、服装设计与工艺、交通工程机械运用与维修及新能源汽车运用与维修四个专业。其中，服装设计与工艺专业教学资源库为自治区级教学资源库。

5. 属性保证机制

学校专门成立了由分管领导、学科专家、信息中心人员组成的网络安全和信息化领导工作小组。该小组负责统筹信息化需求调研、信息化系统建设、信息化应用等工作，并对系统、数据、附件信息的全生命周期进行监控。通过网络安全和信息化领导小组的定期召开的会议，确保信息化建设在发展方向上与国家整体发展战略、行业内职教信息化发展、学校本身信息化建设目标发展一致。合理地利用信息化手段，对信息化网络、数据等相关方面的风险进行管理，以此推进业务的创新与变革。各项措施如表5-22所示。

表5-22　各项措施一览表

知识属性	保证措施
完整性	1. 主要业务流程通过信息化管理，运用加密、校验等技术，将过程、结果数据完整地保存，确保集到的数据完整、一致、准确、值得信赖和可靠 2. 所有业务表单实行逐层审核，审核后不能再次修改数据，记录相关日志
及时性	通过指定各部门教职工兼职信息管理员，负责定期检查更新本部门相关的信息并提醒部门教职工更新个人相关信息，确保信息的及时性
准确性	1. 兼职信息管理员定期检查 2. 通过系统监控分析确保信息的准确性

表5-22(续)

知识属性	保证措施
可靠性	制定《信息发布审核制度》,规范数据信息的录入,确保信息的可靠性
安全性	1. 成立校级网络安全和信息化领导小组,制定《网络信息系统应急处理程序》《网络信息安全管理程序》《突发事件应急处置程序》等保障信息安全性 2. 信息系统安全保护达到国家信息系统安全等级二级保护要求
保密性	1. 数据库实行分级授权管理,对重要机密信息数据实行加密处理 2. 定期更新数据库登录管理员密码 3. 与掌握核心信息的人员签订保密协议

(五) 技术资源

学校秉持"厚德精技,求真尚美"的办学理念和"服务区域经济,成就师生梦想"的办学目标,坚持"科研强校"的理念,以问题为导向,在创新创造中实现组织价值和个人价值。

1. 技术水平评估

围绕职业教育重大热点和焦点,充分发挥学校职教特色和专业优势,通过承担各级、各类课题项目,培养构建一支具有科研创新能力的科研人才队伍。在管理服务中密切关注各级各类项目申报信息,并积极寻找科研项目,努力为学校教师搭建多种科研工作平台。技术评估标准如图 5-15 所示。

图 5-15 技术评估标准

学校通过行业资讯网站、行业报告、政府网站、第三方调查结果等渠道,运用PEST 分析和对比分析方法评估学校现有技术水平,为学校制定发展战略提供了参考依据,如表 5-23 所示。

表 5-23　当前学校技术列表

类别	技术名称	技术水平
人才培养	育人模式：《五融合四主体三进阶："侗寨五娘"非遗现代传承育人模式的创新与实践》	获 2022 年职业教育国家级教学成果二等奖
	育人模式：《"侗寨五娘"非遗"123+N"现代传承育人模式实践与创新》	获 2019 年自治区教学成果特等奖（第一名）
	育人模式：《"侗寨五娘"非遗"123+N"现代传承育人模式实践与创新》	获 2020 年"纺织之光"中国纺织工业联合会职业教育教学成果一等奖
	育人模式：《"三位一体、三创融合、五段渐进"的中职双创育人模式的实践与创新》	获 2021 年自治区教学成果二等奖
	育人模式：《中职学校"三全三课"德育模式的研究与实践》	获 2019 年自治区教学成果二等奖
	课程建设：《中职旅游服务与管理专业国际化课程标准建设与实践》	获 2019 年自治区教学成果一等奖
	人才培养：《中职学校基于中华民族共同体的民族团结进步教育研究与实践》	获 2021 年自治区教学成果二等奖
	标准建设：专业、课程、教师、学生等星级系列标准	在区内多所中职学校推广应用
	育人专著："侗寨五娘"：职业学校非遗文化现代传承育人模式的探索	2022 年广西第十七次社会科学优秀成果奖
	教学模式："竞赛驱动、四化赋能"的教学模式	市教育教学成果一等奖，连续四届获广西壮族自治区赛一等奖，两次入围国赛
社会服务	培训模式：学校培训特色品牌——"产教融合+技艺传承+产业振兴"的培训模式	近五年开展培训人数年均 4 000 人，培训人数、培训项目及到款额逐年稳步提升
	研学模式：建立了以共学为基础，以共研为手段，以共享为导向的科研管理模式	发明专利数 43 个，居全区领先
管理能力	管理标准：《职业院校卓越绩效评价准则应用指南》	是国内首个职业院校卓越绩效管理省级地方标准
	教学成果：《基于卓越绩效的中职学校教学质量持续提升机制研究与实践》	获 2021 年自治区职业教育教学成果奖一等奖，获 2021 年柳州市教学成果特等奖
	典型案例：《以卓越绩效驱动中职学校教学诊改工作研究与实践》	获 2021 年自治区优秀诊改案例
	管理文献： 1. 专著：《卓越绩效模式下职业学校教育教学实践研究》；《职业院校中层干部管理能力》； 2. 管理论文：50 余篇	全区领先

（1）"竞赛驱动、四化赋能"的教学模式

　　教学团队深入挖掘技能竞赛在培养复合型人才方面的成效和作用，通过构建"竞赛驱动、四化赋能"的教学模式，将技能竞赛育人的经验和做法应用到大众教育之中，致力于塑造学生各项职业能力，赋予学生相应的职业素养，准确响应行业企业对汽车类复合型人才的要求，有效促进了人才培养质量的提升，为当前中职学校汽车类专业培养复合型人才提供了新的思路和方法。"竞赛驱动、四化赋能"的教学模式如图5-16所示。

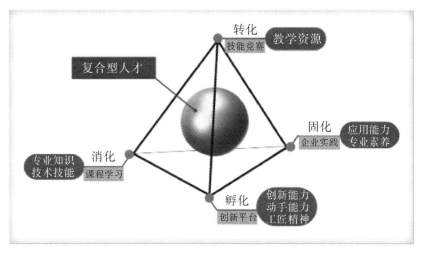

图5-16　"竞赛驱动、四化赋能"的教学模式

（2）"侗寨五娘"非遗技艺现代传承"五融合、四主体、三进阶"育人模式

将"侗绣、侗歌、侗画、侗茶、侗宴"五项非遗技艺与服装设计与工艺、社会文化艺术、学前教育、工艺美术、茶叶生产与加工、旅游服务与管理等多个专业融合，确立以女性为主体，达到"绣娘、歌娘、画娘、茶娘、厨娘"的育人目标；以非遗代表性传承人、学校教师、专业学生、原住民作为传承主体，组建多支非遗传承团队，加强非遗师资队伍建设，促使非遗传承人队伍不断发展壮大；搭建教学研展产商实践平台，以非遗资源产业化为载体，畅通非遗"作品→产品→商品"三进阶的转化路径，打造"侗寨五娘"国际非遗交流品牌，激发非遗创新发展的动力。"侗寨五娘"非遗技艺现代传承"五融合、四主体、三进阶"育人模式如图5-17所示。

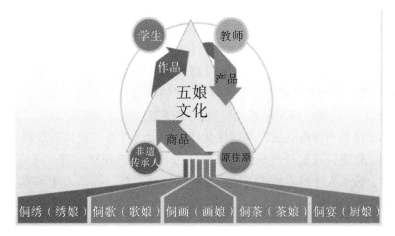

图5-17　"侗寨五娘"非遗技艺现代传承"五融合、四主体、三进阶"育人模式

（3）"双主体育人、三环节相扣、三能力并重"的工学结合、知行合一人才培养模式

学校与广西交通职业技术学院、柳州柳工叉车有限公司、柳州柳工挖掘机有限公司成立了柳工叉车产业学院和柳工挖掘机产业学院；在2019年高职扩招期间招收了1个广西交通职业技术学院工程机械应用技术大专班，这个班的学生大部分是学校工程机械专业毕业的柳工在职员工，在两个产业学院的帮助下，这个班级的学生采用现代学徒制的人才培养模式，顺利完成了高职的学业全部毕业。工程机械专业群通过现代学徒制人才培养模式，在教学过程中还植入企业生产管理要求及企业文化理念，使学生的思想行为方式更接近企业。如此一来，学生毕业后也能更快地融入工厂，实现了"育人"与"用人"的对接。目前已基本构建工程机械专业群"双主体育人、三个一体化、三能力并重"的中高企联动现代学徒制人才培养模式，如图5-18所示。

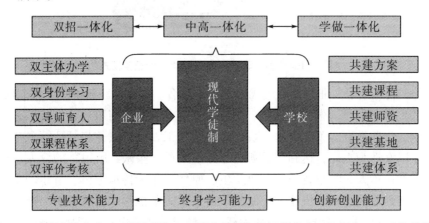

图5-18 "双主体育人、三环节相扣、三能力并重"的工学结合、知行合一人才培养模式

2. 国际标准引进

（1）引进国际先进标准，吸收内化促成某职校教育教学标准创新

①创新人才培养模式，完善国际教学标准。

从2016年起，以柳州市职业教育国际化项目建设为平台，学校积极落实《柳州市职业教育国际化发展行动计划》，通过政校、企校、校校等合作途径，全力推进"工程机械运用与维修专业职业教育国际化""物流服务与管理专业现代学徒制人才培养体系构建""构建中高职衔接的'现代学徒制'人才培养模式""建设国际化专业课程标准体系和师资队伍"等国际化项目建设。打造工程机械维修工作室、现代学徒培训工作室，开发《汽车售后服务实务》《物流现场管理》《安全与健康》等课程教材，改革人才培养模式，推进课程国际化改革，提高人才培养质量。国际标准专业如表5-24所示。

表 5-24　引进国际标准专业

序号	试点专业	合作企业	引进国际先进职教标准
1	新能源汽车运用与维修专业	上汽大众	德国双元制人才培养标准
2	物流服务与管理专业	柳州市瑞泽商贸有限责任公司	英国现代学徒制人才培养标准
3	旅游服务与管理专业	广州沐辰教育咨询有限公司	WSET 葡萄酒与烈酒协会等级证书认定标准、美国

②积极引入国际高质量教学标准，探索其本土化应用。

A. 专业教学标准引入实践教学。

从 2014 年起，学校积极对接国际专业教学标准，先后引入英国国家职业资格学徒（三级）认证标准，制定现代学徒制相关的专业、课程、认证、质量监控等标准，形成"双元育人"的教学管理体制及运行机制；通过德国巴符州职教集团、德国 BBW 职教集团试点引入德国汽车商务人才培养标准及课程体系，在对其进行研究、消化和吸收的基础上，对汽车整车与配件销售专业人才培养方案和课程体系进行重新修订，并积极开展探索和试点实施工作。赴海外学习与交流成果如图 5-19所示。

（a）　　　　　　　　　　　　　　　（b）

图 5-19　赴海外学习与交流

B. 课程教学标准引入实践教学。

2018 年，学校与英国 WSET（英国葡萄酒与烈酒教育基金会）进行洽谈，并就WTAPRO（葡萄酒品鉴艺术认证）、ABSS（餐厅酒水服务标准流程）等培训课程达成初步合作意向，如图 5-20 所示。2019 年 1 月，SEPR 法国里昂职业技术学院专家凯瑟琳女士、世界著名水晶品牌 BACARA 的设计师迪卡先生等专家到学校开展服装制版、珠宝设计课程的专业技能指导、教学诊断、经验交流和专业课程鉴定等教学研讨活动，如图 5-21 所示。学前教育专业引入具有高瞻性质的国际化课程标准，以此促进专业课程的进一步优化。

图 5-20　英国 WSET 签订合作协议

图 5-21　与法国职业教育专家开展课程研讨

C. 教师专业标准引入实践教学。

学校与欧洲侍酒师学校、法国 CAFA 侍酒师学校、英国 WSET（英国葡萄酒与烈酒教育基金会）、法国 MI 国际调酒师协会、SCA 国际精品咖啡师协会、国际茶研社协会合作，先后培训考核师生取得高级侍酒师资格认证、WSET3 级证书、巴黎MI 调酒师协会初级证书、国际茶研社初级证书等，如图 5-22 所示。此外，旅游服务与管理专业带头人余冰老师荣获阿尔萨斯产区葡萄酒骑士勋章，80 余名旅游服务与管理专业学生取得初、中级侍酒师资格认证，其中 30 余名学生受雇于米其林星级餐厅及与其同等级别的高级餐厅，如图 5-23 所示。

图 5-22 侍酒师培训及学生技能展示

图 5-23 旅游服务专业带头人余冰老师荣获阿尔萨斯圣埃蒂安骑士会颁发葡萄酒骑士勋章

③合作开发东南亚汽修专业职业技术标准。

汽修专业国际化项目——"建设国际化专业课程标准体系，探索现代师徒制的实施路径"，主要目的是给上汽通用五菱汽车有限公司的海外技术项目提供一定的支持和服务。此项目是建立在柳州铁道职业技术学院牵头的国际化项目《汽车技术服务职业教育国际化》的子项目，双方携手为上汽通用五菱汽车有限公司量身定制海外（主要面向东南亚）培训课程，编写培训教材及课程标准，同时着力打造培训师团队。在此过程中，积极为企业开展文化及技术输出工作，培养一批对中国有感情、理解中国文化、熟悉中国设备和技术标准的技术技能人才，从而为柳州汽车产业"走出去"提供坚实的人才支撑。

（2）采取多种方式提高技术创新能力，以推动教育模式不断创新

①发挥民族教育的优势，拓展民族教育研究领域。

通过组织实施一系列举措，如推动非遗大师、非遗集市进校园，开发民族教育课程，申报市级及以上民族团结进步教育示范学校、民族团结进步教育基地，申报市级及以上民族团结进步教育研究课题等。学校的民族教育工作打造出了系列品牌，并实现常态化推进、聚焦课堂以课程化推进、对标政策按标准化推进、围绕理论研究走内涵化推进的良好局面。如图 5-24 所示。

图 5-24　教育路径多样化

②引智借力，组织开展各类学术交流活动。

拓宽渠道，打造科研学习通道，引入职业教育领域专家开展学术交流、讲座，合理地组织学术报告活动，为广大教师提供学习和交流的机会，营造浓厚的学术氛围。依据学校对科研课题项目进行分层规划指导，在 2021 年中国—东盟职业教育联展暨论坛等平台上交流分享学校特色教改成果，如图 5-25 所示。

图 5-25　学术交流活动现场图

③构建教师科研能力养成体系，开展分层培育，提高教师科研工作动力。

对标教师职称申报的要求，通过组织区内外专家和校内学术委员会专家，运用线上线下开展"专项+专题+普惠"多类型培训，围绕课题申报与研究、文献查询利用、论文写作、教材开发、专利研究、教师科研工作规划、教学成果培育等需求实施分类指导，实现创新突破，推进系统化培养，提高学校教师的科研能力，如图 5-26 所示。

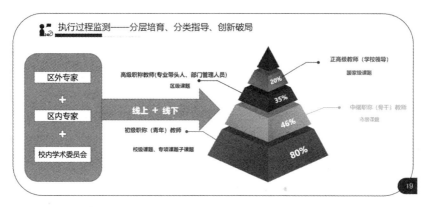

图 5-26　分层培育、分类指导、创新破局

④政校企合作，推动专业群研究建设与人才培养模式创新。

学校贯彻落实《柳州市职业教育国际化发展行动计划（2014—2020）》，在市教育局的指导下，重点推进工程机械运用与维修、物流服务与管理、汽车运用与维修、（汽车）市场营销等专业开展现代学徒制实践，深入推进职业教育的国际化发展进程。

2018 年、2020 年，学校先后获批立项广西职业教育工程机械专业群、汽配产业物流服务与管理专业及专业群两个发展研究基地建设项目。自获批立项以来，学校狠抓专业群建设工作，通过与柳工集团、广西汽车集团等企业展开合作，推进产教融合，成立产业学院，丰富教学资源，创新管理机制，专业群建设成效明显。

（3）技术资源保护

①自主技术创新。

学校鼓励自主技术创新，任何个人或部门都可提出新技术或技术升级方案。为保证技术具备先进性，学校特别针对技术形成过程中的评估环节制定了不同的评估标准和要求。只有当验收评估等级须达到良好以上时，才能正式认定为新技术。随后，会形成技术总结并将其存入知识库，面向全校教职工推广应用。新技术开发如表 5-25 所示。

表 5-25　新技术开发/技术改造项目评估方法

形成评估环节	评估方法	责任部门
技术项目立项评估	从新技术重要性与必要性，技术先进性和创新性，技术项目可行性几个维度进行等级评估	各系部教学工作委员会、 校级教学工作委员会、 学术委员会
技术项目验收评估	从技术项目实施成效、应用价值、创新贡献程度三个维度进行等级评估	

②强化顶层设计，不断构建完善的科研工作制度体系。

学校先后制定《学校科研项目管理办法（试行）》《学校教育教学成果奖励办法（试行）》《科研经费管理办法》《学术委员会管理条例》《课题管理程序》《校本教

材开发管理程序》《科研经费管理程序》《二级系部科研积分管理办法》等一系列管理制度，形成了信息发布、课题项目管理、学术讲座、成果评选、推广应用、培训指导、评价考核、科研奖励、资金配套等科研管理措施，逐步规范科研工作管理。

2021—2022 年，学校获广西壮族自治区级教改立项、柳州市教育规划立项课题共 100 余项，教师在《中国职业技术教育》等优质期刊上发表论文 100 余篇，出版公开教材 27 本，开发专利 31 项；建有自治区级专业群发展研究基地 2 个、校企合作产学研科研平台 1 个。2021 年，教学成果《基于卓越绩效的中职学校教学质量持续提升机制的研究与实践》获评自治区级教学成果等次评定一等奖，《"三位一体、三创融合、五段渐进"的中职双创育人模式的实践与创新》《中职学校基于中华民族共同体的民族团结进步教育研究与实践》获二等奖。学校获评柳州市第三批民族团结进步教育基地和自治区第二批民族团结进步教育示范学校。2021—2022 年学校部分技术成果如图 5-27 所示。

图 5-27　2021—2022 年学校部分技术成果数据

③开展学术交流，助力技术成果推广与应用。

学校积极拓宽渠道，以服务教师发展为主线，开辟科研学习团队的成长通道，开展校内学术交流活动。同时通过搭建或参与校际交流平台、与校外学校交流学校等方式，推广学校有效育人模式的经验做法。通过校际交流平台推广学校成果，彰显头部效应，扩大学校育人品牌在全国的影响力。

④地方标准的制定。

在全区中职学校中率先树立基于卓越绩效的教学质量观念，创新性开发省级地方标准《职业院校卓越绩效评价准则应用指南》，对教学质量实施科学客观的测评，并提出改进路径。此标准不仅是国内首个职业院校卓越绩效管理标准，也是自治区教育厅首个予以推荐的地方标准。

（4）技术开发管理

学校充分考虑广西"三大定位"新使命及柳州产业转型升级需求，依据"十四五"建设目标，拟定了十大工程。在这十大工程中，有两项专门聚焦学校技术提升，从而明确了学校未来的技术定位。

学校相关技术负责部门根据学校"十四五"规划提出的未来技术定位，依据技术开发与改造计划流程方法，结合各类技术发展现状，通过引入新标准和新技术等手段，确定具体技术开发、改造计划和措施。2023—2025 年学校技术革新规划如表 5-26 所示。

表 5-26　2023—2025 年学校技术革新规划

规划内容	2023 年	2024 年	2025 年
人才培养模式规划	着力推行职业教育数字化转型发展战略，以数字资源建设赋能、以工作过程为导向的教法改革，聚焦在线课程建设专项工作，推动各专业核心课程全面实现"线上+线下"混合式教学模式	依托学校"一专业（群）一实体"的产教融合工作思路，以校内生产性实训基地为教学平台，构建具有中国特色学徒制的教法改革	依托市域产教联合体项目建设，搭建联合体人才供需信息平台，建设产教融合实训基地，校企共建产业学院，促进教育链、人才链与产业链、创新链紧密结合，实现科教融汇
民族教育特色成果规划	推进教育部重点课题《新时代民族地区中职学校"五育"融合实践路径与评价改革研究》研究，在此基础上，将民族文化传承教育与学校德育、体育、美育、劳动教育以及教育教学改革有机结合	持续优化民族团结进步教育载体，构建课堂教学、网络学习、社会实践、主题教育多位一体的民族团结进步教育平台，将民族团结进步教育列入学校教育教学计划，融入教育全过程。加强理论研究与成果总结，构筑民族教育实践理论一体化工作机制	全面启动民族职业教育的特色化发展工作，实施西部少数民族人才培养研究，聚焦铸牢中华民族共同体意识与民族团结进步教育研究、民族文化传承与创新教育研究、民族教育现代化发展研究，持续产出高质量研究与教育教学成果，扩大学术影响力和辐射力，打造具有示范效应的广西样本

（六）基础设施

1. 设施建设规划

为满足学校"十四五规划"建设的需求，围绕学校精神、校训、办学定位、办学理念、治校方略、办学特色等文化内核，结合学校专业建设发展布局，通过校园建设规划的落实、重点建筑和文化设施建设、楼宇文化建设、生活园区文化建设，对生活及教学基础设施进行改造，不断推进校园美化、绿化、净化、亮化及和谐校园建设。在此过程中，持续优化校园绿植搭配，结合学校文化打造如主题树林、主题道路等校园景观，以提升校园环境的美化程度。

"十三五"期间，学校积极打造功能齐全、布局合理的办学空间及环境，完善办学基础设施，先后建成了 2 栋教学楼、3 栋宿舍楼和一个 400 米标准田径场，完成了西南角下窑村的拆迁及学生服务中心、各系部四大中心、工程系大师工作室等若干零星基建项目。大幅提升了学校教学、住宿、运动场地条件，改善了校园环境和育人功能，基本满足了师生对学校环境的需求。按照学校"十四五"规划要求，2021 年 3 月完成了 3#、4#、5#实训楼及室外配套工程建设。该项目地上建筑面积

2.97 万平方米，地下 1.29 万平方米。2021 年 12 月完成 2#食堂、图文中心、7#宿舍楼建设并投入使用。截至 2021 年 3 月，完成学校基础建设总规划，总建筑面积 22.07 万平方米，平均建筑面积 22 平方米，达到万人学校"卓越"级标准。

2020—2022 年，学校致力于打造布局合理、功能完备的办学空间及环境，完善办学基础设施，先后建成了 1 栋教学楼、3 栋实训楼、1 栋食堂、1 栋宿舍楼、1 栋图文信息中心和一个 400 米标准田径场，完成了西南角下窑村的拆迁及学生服务中心、各系部四大中心、工程系大师工作室等基建项目，如表 5-27 所示。大幅提升了学校教学、住宿、运动场地的条件，优化了校园环境，提升了育人功能，基本满足了师生日益增长的需求。为全校近 10 000 名在校生，500 名教职工提供餐饮、保洁、绿化、设施维修、水电保障、宿舍区热水供应、四害消杀等多项服务，保证在校师生能够正常工作和生活。为学校的各类教学、科研、会议、比赛、校园活动提供后勤支持，保证学校教学和科研工作能够正常开展。在建及待建项目进度安排和新建楼宇效果图分别如表 5-28、图 5-28 所示。

表 5-27 已完成投资项目一览表   单位：亿元

建设期	主要建设内容	投资额	服务效果
2020 年	建设 5#教学楼	0.218	增加校舍面积 7 193 平方米
2021 年	建设 3#、4#、5#实训楼、2#食堂、7#宿舍楼、图文信息中心	1.853	增加校舍面积 52 555 平方米

表 5-28 在建及待建项目进度安排表

建设期	主要建设内容	年度资金安排/亿元				当前进度及预期效果
		2023	2024	2025	小计	
新建	实训基地建设及改造，新建小型基建项目，基础设施的功能提升，实训基地配套设备采购	0.375			0.375	采购类项目的采购工作已全部完成，设备采购中标总金额是 1 099.25 万元。基建类项目于 2022 年 12 月开工建设，前期费用和工程费实际投入近 1 100 万元，各子项目主体工程已完工。通过实施 6 个基建类建设项目，消除学校存在的安全隐患，大幅度提升设施使用功能、学生实训和活动空间，改善师生工作、学习及生活环境。通过实施 6 个实训基地建设，实现实训室的开放共享性，打造提升校企合作、产教融合成效，推动学校教学产学研一体化建设和品牌专业示范建设。提高人才培养结构与社会需求的契合度，提升学校办学质量和服务社会经济能力

表5-28(续)

建设期	主要建设内容	年度资金安排/亿元				当前进度及预期效果
		2023	2024	2025	小计	
翻新	教学楼公共区域翻新	0.005	0.006	0.005	0.016	目前正对1号至4号老教学楼公共区域进行翻新，项目建设完成后将对老教学楼墙面脱落和墙面污损问题进行彻底解决，大力改善教学环境

图5-28　新建楼宇（实训楼、图文信息中心、2号食堂、7号宿舍）效果图

2. 设施维护保养

学校根据历年基础设施维修数据，将基础设施生命周期中可能出现的问题进行模块化处理。随后找出各模块的主要观测点，并针对这些观测点明确检查方法。按照检查方法落实检查任务，汇总检查结果，分析结果信息。对出现故障前征兆的部分，开展预防性维护保养；对已出现故障现象的部分，则进行故障性维修。最后，将维修数据反馈至基础设施维修的基础数据中，为以后开展基础设施预防性和故障性维护保养工作夯实基础。

3. 设施更新改造

2020—2022年，学校进行了多项水电管网改造、节能改造、智慧云平台改造项目，例如，针对学校供水主管漏水严重且难以找到漏水点的情况，对局部供水主管进行重铺改造；为解决用水高峰期水压不足的问题，对学校二次供水系统进行了升级改造；针对3#、4#、5#实训楼投入使用后供电容量不足问题进行了电网增容改造；为监控各楼宇水资源使用情况给全校楼宇安装智能水表；依托智慧校园云平建设云报修系统，以此提高报修维修工作的效率和管理水平。

学校通过制订并落实更新改造计划，提高基础设施建设工作的管理水平；制订并落实针对性更新改造计划，旨在提升基础设施建设工作服务于学校教学、实训的能力。为优选项目，提高改造资金使用效能，学校建立了更新改造项目的遴选机制，通过对项目重要性、紧迫性、安全性、环保性、经济性等因素的评估，对应选项目进行筛选排序，确定更新改造建设项目计划表。

在落实更新改造计划的过程中，为提升校园能耗管理水平，进一步推进节能减排工作，学校所申报的校园节能环保改造项目，成功入围 2021 年广西壮族自治区职业教育投资建设储备项目计划，并于同年获得广西壮族自治区现代职业教育发展水平提升项目资金支持（如表 5-30 所示）。经过该项目的节能设备改造、能耗监管平台部署等建设，2022 年，学校上报的3#、4#、5#实训楼功能完善提升项目获得了教育强国推进工程职业教育产教融合 2022 年中央预算内投资计划 3 000 万元的投资支持。学校是全区获得此项支持的两所中职院校之一，也是全市唯一一所获该投资计划的中职学校。教育强国推进工程项目和建设图分别如表 5-29、图 5-29 所示。

表 5-29　教育强国推进工程职业教育产教融合央财支持项目

基建类建设项目	实训基地建设类项目
体育中心外墙及露台安全升级改造	工程机械专业群实训基地建设项目
校园自来水全网二次加压系统项目	汽车车身修复实训中心项目
围墙、围栏、路面及宿舍推玻轨道门安全改造项目	汽车养护产教融合实训基地项目
垃圾转运站工程建设	幼儿保育专业产教融合实训基地建设项目
1#实训楼临时实训场拆除项目	3#4#5#实训楼信息化建设项目
民族教育实训基地工程	

图 5-29　教育强国相关项目建设图

表 5-30　校园能耗情况一览表

指标名称	单位	2020 年 *	2021 年	2022 年
建筑面积	平方米	210 654	213 210	220 878
人均用电量	千瓦时/人	292.36	405.88	254.57
单位面积用电量	千瓦时/平方米	10.52	15.70	10.31
人均用水量	立方米/人	60.14	56.08	49.66
人均综合能耗	千克标准煤/人	37.03	50.86	31.97

4. 消除社会不良影响

学校预测识别基础设施项目实施过程中会影响环境、职业健康安全和资源利用的各方面因素，与施工方、监理单位共同制定、审核安全文明施工专项方案，并严格按照国家、地区相关法律法规履行项目监管职责，消除社会的不良影响。

基于上述举措，学校近三年来在基础设施相关工作中未出现项目投诉、施工安全事故及使用者人身健康安全事故、因高能耗被政府责令停工和因不满足节能要求无法通过竣工验收的情况。

（七）相关方关系

中职院校办学向多元化发展，学校综合实力的提升离不开政府、职工、学生、合作伙伴及供应商等利益相关方的支持。学校坚持以共赢的原则，与社会各界保持良好的关系。其中，针对学生、家长、用人单位和职工的关系管理已分别在顾客及人力资源模块予以介绍，其他相关方说明见表5-31。

表5-31 相关方类型、角色

相关方类型		角色	说明
政府		学校的管理方及资源提供方	见领导模块
学生		学校品牌宣传使者	见顾客模块
家长		学校品牌宣传使者	见顾客模块
企业		学校品牌宣传使者	见顾客模块
合作伙伴	高职院校（大学）	合作办学，学校品牌宣传使者	见本模块
	合作企业	合作办学、合作科研方，学校品牌宣传使者	见本模块
	国际交流	学校品牌宣传使者	见本模块
供应商	生活服务供应商	生活服务提供商、学校品牌宣传使者	见本模块
	教学物资供应商	教育教学物资提供商、学校品牌宣传使者	
	设备供应商	设备提供商、学校品牌宣传使者	
	基建施工方	新校区建设施工方、维修工程施工方，学校品牌宣传使者	
社区		提供培训学员、社区资源、学校品牌宣传使者	见过程模块

（1）合作伙伴

产教融合、校企合作是提高人才培养质量的必经之路。学校在总结多年实践经验的基础上开展理论研究，并构建起一套完整的校企合作管理体系。

①合作需求分析。

为更满足区域传统产业转型升级、新兴产业发展、社会建设和公共服务领域对新型技能型人才的需求，学校依据"强优、育新、调弱"的思路，逐步调整优化专业结构。学校聚焦中职"提质培优"、强化协同创新、深化服务内涵，紧密对接专业链、科技链、创新链与产业链，完善学校专业动态调整机制，依据"强优、育新、调弱"的思路，逐步调整优化专业结构，从而满足地区经济社会发展对技术技能型人才的需求。根据企业发展规律需求分析测评，寻找校企合作契合点，制定全方位的合作育人方案，精心设计合作项目和合作形式，以确保合作能够顺利推进。

②推进产教融合项目建设。

学校不断加强产教融合项目建设，其汽车制造与检修专业、服装设计与工艺专业、电子商务专业4个专业，分别与上海阑途信息技术有限公司（途虎养车）、柳州原力服装有限公司、柳州市柳东新区乐比佳便利店等企业签订产教融合协议，并建立校内外实训基地。校企双方通过"学校专业群+企业"的模式，将学生实践、实习的场所搬迁到实际的企业生产环境中，通过完成订单的经营生产的方式，为学校产教融合工作开展提供实践尝试和经验沉淀，探索校企共建、风险共担、资源共享、人才共育的中高职衔接育人新赛道。学校与企业合作技术交流情况如表5-32情况。

表5-32　学校与企业合作技术交流情况

类型	方法	模式	合作伙伴
松散型校企合作	校企基于临时需求，共享师资、技术、培训等	讲座、培训班、课程建设咨询等	柳州市柳东新区乐比佳便利店
稳固型校企合作	企业方提供设备、生产案例、技术人员等；校方提供技术、师资、实习工作人员等	校中厂、厂中校、企业托管、植入式工作站、企业订单班、顶岗实习、教师挂职锻炼等	柳州原力服装有限公司
集约型合作（或一体化合作）	校企双方统一发展定位，建立长期、深度的战略合作	职业教育集团或理事会、校企一体化人才培养基地等	广西中等职业教育非遗传承职业教育集团、广西婴幼儿托育服务于管理职业教育集团、柳州市物流职业教育集团、柳州工程机械职教集团

学校每年定期组织论坛和集团年会，准确把握职业教育集团的性质、任务，充分发挥好示范带头作用，强化服务意识，带动集团成员共同发展。同时，不断拓展校企合作，创新合作机制，增强职业教育带动产业振兴、服务地方经济社会发展能力，为中国经济发展赋能增效，为行业企业发展提供坚实的人才支撑。

③探索校内外实训基地建设新模式

学校与校内乐比佳便利店签署校园电商校企合作协议，共建校园电商平台，为学校电子商务专业学生打造校内实践新平台，实现双元双主体教学机制升级，探索"教—学—用"的共同前进模式。

学校与上海阑途信息技术有限公司（途虎养车平台主体公司）共同创办"某职校—途虎产业学院"，由双方共同投资、共同建设、共同运营，实行"双主体领导下的院长负责制"现代学院治理模式，提升职业院校在国内汽车后服务行业的品牌影响力，打造可推广、可借鉴的办学模式。

同时，学校各系部专业与相关行业头部企业、区域龙头企业达成合作意向，开展深度合作。合作的企业包含国内外知名企业，如希尔顿、万豪、沃尔玛等国外行业知名领头企业，也有五菱、京东、广西投资集团等区域龙头企业。学校通过优化合作企业类型构成，截至 2022 年年底，学校建有校外实习实训基地 68 余家，如表5-33 所示。新建实训项目名单如表 5-34 所示。

表 5-33　实训基地变化情况

序号	数据指标	单位	2021 年	2022 年	变化情况
1	校外实训基地	个	79	68	11↓
2	校内实训室	个	181	186	5↑
3	校内实训工位	个	6 642	7 571	929↑

表 5-34　新建实训项目名单

序号	数据指标	获批资金/万元
1	汽车车身修复实训中心	168
2	汽车养护产教融合实训基地	252
3	"侗寨五娘"非遗文化产教融合数字化展馆	139

④合作方法改进与创新。

在校企合作的过程中，学校根据阶段性的合作绩效评价结果发现存在的问题，结合学校发展战略、行业发展规律、企业需求，寻找未来合作创新机会。合作改进计划与措施如表 5-35 所示。

表 5-35　合作改进计划与措施

改进来源	改进计划	改进措施
战略需求	现代学徒制师资队伍建设计划	开展现代学徒制人才培养模式改革计划，学校不断深化和落实工学结合、校企合作的人才培养模式，并遴选部分产教融合程度较高的工程机械运用与维修、电子电器应用与维修及数控技术应用 3 个专业 445人开展了现代学徒制试点工作。发布了现代学徒制试点专业人才培养方案指导意见，组织相关专业对接企业岗位需求，构建了"平台+方向+拓展"的课程体系；对接企业生产过程，构建了以"生产性教学项目"为载体的实践教学体系；对接企业质量管理，构建了能力本位的考核评价体系
顾客需求	校企合作实践形式创新计划	校企合作实践形式不断创新，学校不断深化产教融合项目工作开展，学校汽车制造与检修专业、服装设计与工艺专业、电子商务专业 4 个专业，分别与上海阑途信息技术有限公司（途虎养车）、柳州原力服装有限公司、柳州市柳东新区乐比佳便利店等企业签订产教融合协议，建立校内外实训基地。校企双方通过"学校专业群+企业"的模式，将学生实践、实习的场所搬迁到实际的企业生产环境中，通过完成订单的经营生产的方式，为学校产教融合工作开展开提供实践尝试和经验积累

表5-35（续）

改进来源	改进计划	改进措施
	幼儿保育产教融合项目	目前，学校还积极培育幼儿保育产教融合项目，幼儿保育专业在不断探索产教融合教学方式的发展与完善，将产教融合融入幼儿保育专业课程改革中，结合学校实际教学发展情况，制定适合的产教融合教学模式。2022年学校投入不少于500万推动幼儿保育专业发展，并与广西哈贝教育科技有限公司合作共建"某职校幼儿保育专业产教融合实训基地"，该实训基地建设乳儿班2个、1~3岁混龄班3个、3~6岁混龄班2个合计7个班，按照乳儿班10人、1~3岁混龄班18人、3~6岁混龄班30人，共计134个婴幼儿配置。该项目获市卫生健康委评为托育创新项目
过程改进	校企共同育人计划	2022年，学校先后与广东希尔顿酒店有限公司、深圳万豪酒店管理有限公司、沃尔玛（广西）商业零售有限公司、上汽通用五菱汽车股份有限公司、广西京东信成供应链科技有限公司、广西投资集团柳州高速公路运营有限公司签订合作框架协议，从人才培养方案制定、校内外实训场地建设、合作成立产业学院等多方面进行合作，探索校企共建、风险共担、资源共享、人才共育的中高职衔接育人新赛道

（2）供应商

学校在合规准入、合作共赢的基础上，与供应商建立稳定的良好合作关系。供应商管理规定如图5-30所示。

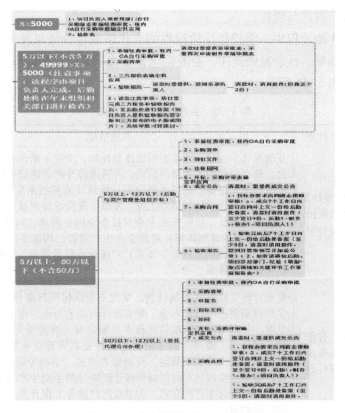

图5-30　供应商管理规定（部分）

①供应商选择。

学校全面梳理政府采购流程，加快项目建设进度，针对不同的采购事项，在采购论证、合同会签、采购验收等关键环节采取由相关技术专家组成的采购小组对采购产品参数、服务细则等关键要素实施综合评价方式，确保甄选出质量可靠、服务周到的供应商。

学校在制定采购程序时，充分考虑了响应教学需求的重要性，在采购规定的范围内，通过对同类供应商的商家信誉、供货质量、服务能力等进行综合评价，择优纳入《定点服务商名录》，与其建立长期合作关系。

②供应商评价。

学校以合作协议作为基本评价标准，结合供应商考核制度，通过采购部门、资产管理部门、内审部门对供应商的供货质量、服务水平等方面进行综合评价，淘汰合作效果差的供应商，严重违反协议事项的列入采购黑名单；优选资质出色的供应商，与其建立稳定、可持续的合作关系，并引入奖惩机制。以餐饮服务供应商为例，学校已建成一套完整考核体系。如表5-36所示。

表5-36 餐饮服务供应商评价机制

评价标准	制度支撑	检查主体及频率	检查工具	改进
《某职校食堂综合考核表》	《企业落实食品安全主体责任监督管理规定》《某职校堂委托经营管理合同补充协议》《某职校食堂管理补充协议》	检查食堂食品安全管理、食堂卫生情况，按照检查标准执行日管控、周排查、月调度	现场检查、查阅资料	对供应商的考核层次、考核等级需进一步地明确；对供应商的分类及评估准则有待进一步完善；供应商的改善成果有待进一步体现

③维护并强化与供应商的关系。

学校注重在与供应商的合作过程中最大程度地激发供应商服务能力，通过识别供应商在合作过程中的需求，提供相应的服务，助力供应商提高服务能力，最终实现共赢。除常规的业务交流外，学校还创新了多种增强合作关系的方式。如表5-37所示。

表5-37 学校维护及增强供应商关系的方法（节选）

方法	实施细则	合作案例
共享管理工具	向供应商输出卓越绩效管理模式，提高管理质量；共享信息化管理系统，提高工作效率等	学校食堂委托经营餐饮服务公司、物业服务公司等
共同研发技术	为供应商提供技术支持，共同研发产品、升级技术	与西门子公司共同开发集教学、生产一体的西门子柔性生产线教学设备

表5-37（续）

方法	实施细则	合作案例
提供员工培训	定期及不定期地为学校供应商的员工提供技能培训，提高员工服务能力	学校食堂委托经营餐饮服务公司、物业服务公司等
共商管理标准	将供应商需求融入学校管理要求，共同商定服务标准、考核办法等	学校食堂委托经营餐饮服务公司、物业服务公司等
邀请参与学校管理	承担学校管理育人等职责，为供应商优秀员工颁发奖励	学校食堂委托经营餐饮服务公司、物业服务公司等

　　与学校深度合作的供应商，例如负责学校食堂委托经营的餐饮服务公司，得益于学校卓越绩效管理的理念及信息化管理工具的助力，其管理模式与水平实现飞跃提升，打造出柳州市校园食堂的第一条智慧化自助式餐饮线，获得各级政府部门的高度认可。智慧化自助式餐饮线如图5-31所示。

（a） （b）

图5-31　外部人员来访智慧化自助式餐饮线

（3）国际交流与合作

①加强高层次交流，推动深度互动的国际合作。

A. 加强国际交流，提升学校的知名度和影响力。

　　2020年11月，学校参加在成都举办的2020亚洲教育论坛年会，从众多职业院校中脱颖而出，成功入选"2020亚太职业院校影响力50强"。本次50强共有11所亚太其他国家和地区职业院校和39所中国职业院校入选。在这50强中，我国只有两所中职学校入选，我校便是其中之一，如图5-32所示。

B. 国际研学，积极开拓合作新领域。

　　a. 2016—2023年，学校先后派出约50人次教师赴海外开展课程研修、专业学习、学历提升和参加国际比赛等，不断提升教师的专业能力。

图 5-32 教育部人文交流中心主任杨晓春为学校颁发奖杯及荣誉证书

b. 2016—2023 年，学校累计接待国外访学人次达百余人次，进一步提升了学校声誉，拓展了合作空间。学校先后接待了缅甸柳工学校、法国欧洲侍酒师学校，泰国大城商业技术学院、泰国唐恩技术学院、春武里技术学院、那空那育商业技术学院，泰国教育部职业教育代表团、中国—东盟国际学院代表团、日本熊本县高中代表团、法国里昂职业技术学院、印尼雅加达必利达三语学校等各国代表团来校进行文化交流。

c. 2019 年 7 月，学校牵头成立了中等职业教育民族文化传承创新柳州联盟，并举办了"侗寨·五娘"文化论坛，国内有 22 所中职学校参加，多位国外友人也以个人名义参会。学校当选为理事会单位，进一步扩大了在国内的影响力。

d. 2020 年 9 月，学校参加柳州—欧盟城市职业教育国际合作交流研讨会，与欧盟城市代表就工程机械和交通运输专业群的国际交流合作达成意向；2020 年 10 月，学校参加中国（西安）世界职业教育大会，并在会上代表柳州市发言，学校的国际影响力进一步提升。

②打造国际涉外参观点，开拓国际化发展新路径。

2021 年 1 月，经市外事办审核认证，柳州市首批共有 22 个单位成功申报涉外参观点，其中，学校获得两个，分别是柳州市民族非遗文化传承"民族类大师工作室"展示接待点、柳州市民族非遗文化传承特色风情园展示接待点。学校依托师生自主设计的民族服装作品、自主编排民族歌舞秀等原创作品。

通过"走出去"，吸引国外学校"走进来"进行交流互动，学校将借助柳州市涉外参观点这个全新的平台，将民族非遗文化阵地打造成民族职业教育国际化前沿阵地，进一步提高学校涉外接待能力，助力柳州对外宣传工作，提升城市的综合竞争力。

第六章　过程管理

一、基本概念

卓越绩效模式是一种系统性、整体性的质量评价模式，其针对的不是学习教育教学活动的某个方面，而是涵盖职业学校教育教学活动的整个过程和全要素。职业学校的卓越绩效管理必然要求教育教学活动的整个过程都是卓越的，构成教育教学活动的各要素也应该是卓越的，因此重视过程，提出对过程的卓越要求，既是职业学校导入卓越绩效管理的必然的要求，也是实现卓越绩效的必经途径。

卓越绩效模式强调组织绩效的评价应该以结果和价值为导向，因此职业学校的卓越绩效管理必然要关注结果，主要涵盖学生的就业率和专业对口率、专业和专业群水平、校企合作水平、教科研水平、教师素质以及技能大赛成绩等方面。这些关键的结果观测点可以反映出职业学校的学生人才培养质量、教职工质量和发展情况、服务社会情况以及办学质量和办学水平。通过对职业学校的绩效结果和价值的衡量，能够了解学校是否处于良性的发展状态，是否偏离了当初预定的战略目标，这有利于学校对卓越绩效的关键节点进行监控，为持续提升管理绩效提供数据支撑。

二、实践说明

教育是一种提高个人综合素质的实践活动。它通过将客观的知识教予他人，进而让每个人在各自的生活经验中形成并坚守自己独特的价值观。教学是由教师的教和学生的学所构成的一种人类独有的人才培养活动。通过这种活动，教师有目的、有计划、有组织地引导学生学习和掌握文化科学知识和技能，推动学生素质提高，使他们成为社会所需要的人。教学作为教育的手段和方式，具有效果呈现的即时性、内容的计划性、目标的针对性等特征。教育则是教学的最终目的，具有效果呈现的长期性、内容的阶段性和目标的长远性等特征。

（一）教育教学价值创造

教育的价值在于全方位地塑造人，助力其从自然人向社会人的转变。过程是一组输入转化为输出的活动，并可依据活动的复杂程度划分为若干个子过程，活动的质量则在各个相互衔接的子过程中得以完成传递与转化。

1. 教育教学过程的识别

教育教学的质量是按教育教学的运行过程来传递的。基于质量形成的基本规律，人从出生时作为自然人，在向社会人转变的过程中，呈现出不同质量在各个教育教学子过程的传递。识别教育教学过程，是对不同教育教学子过程的质量予以科学合理规划和设计的基础。

（1）教育过程的识别

①从终身教育的视角。

基于我国教育体制，从终身教育的视角，人的一生所经历的教育总过程分为学前教育、义务教育、普通高中教育、高等教育、继续教育等若干个子过程。

职业教育作为一种独立的教育类型，目前我国仅有中、高、本三个层次，且在初等教育、本科教育两个层次与普通教育可能存在交叉或融合。学生在完成义务教育阶段以后，出现了中等职业教育与普通高中教育的分流情况；初等教育进入高等教育领域则再次出现普通高等教育和高等职业教育的二元选择。

②从社会人的视角。

马克思主义的观点认为，社会是人们通过交往形成的社会关系的总和，是人类生活的共同体。社会组织之间相互制约、相互竞争、相互关联、相互融合。家庭是社会的细胞，个人是组成家庭的最基本的单元。自然人转化为社会的人过程，既融合了家庭教育与学校教育，也融合了学校教育与社会教育。而且家庭教育、学校教育和社会教育既是相互交织、相互影响也是相互制约的，不能按过程和子过程的模式进行划分。

③从人才培养的视角。

人才是指具有一定的专业知识或专门技能，进行创造性劳动并对社会做出贡献的人，是人力资源中能力和素质较高的劳动者。人才是我国经济社会发展的第一资源。由此可见，人才属于社会人的一种类型，其与其他类型的社会人的本质区别在于是否对社会做出贡献，而专业知识与专门技能是其能否能够对社会做出贡献的基础，这种基础的获得过程也是识别教育过程的一种方式和途径。自然人向社会人的转化模式如图6-1所示。

图 6-1　自然人向社会人的转化模式

　　显然，学习是获得知识与技能的唯一途径。但学习可以根据学习的目标、时间、地点、内容、方式、环境、渠道等要素进行细分。这些要素的不同组合构成了人才不同的成长模式。在不同的阶段，人才的学习模式有所区别。绝大多数人才在学校学习阶段完成知识与技能的初步积累，从学校毕业后进入社会、职场，并在职业岗位的工作实践中完成知识与技能的提升、调整和完善。因此，从人才培养的视角来看，教育的过程是在不同场合为达成阶段性目标，对个人已掌握的知识与技能结构进行调整、完善和提升的过程，而每个子过程中所掌握的知识与技能都有可能对下一个子过程的学习带来深刻的影响。人才成长的模式如图 6-2 所示。

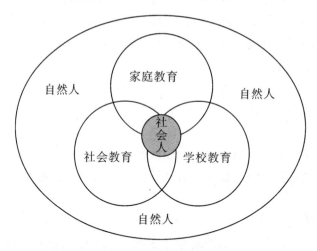

图 6-2　人才成长的模式

　　（2）教学过程的识别

　　相较于教育过程，教学过程具有明显的阶段性，而且每个阶段都有显著的目标、内容载体，并通过教师与学生的共同作用才能完成。在不同的教学阶段，教学目标的关系，既可以是递进关系，如教学过程 3 和教学过程 4，也可以是平行关系，如教学过程 1、教学过程 2，抑或是分离的关系，如教学过程 2 和教学过程 3，见图 6-3。

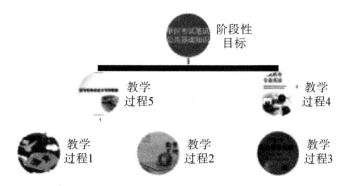

图 6-3　教学过程的分解

这种结构关系颠覆了传统认知的课程的概念，将课与程作为教学过程的两个要求予以区别，课是内容，程是路径。因此，课程就是根据预设的目标，以特定内容为载体所设计的达标路径或渠道。根据这一定义，教学过程本质上是一个教师与学生共同努力达成预设目标的过程。为完成这一过程，需要六个方面的要素按一定方式予以组合（见图 6-4）。一个教学过程的单位根据其预设目标的复杂程度和运行发展的周期、时长，既可以是一个专业、一门课、一个单元或者一次（节）课，也可以是一个任务的实施过程。

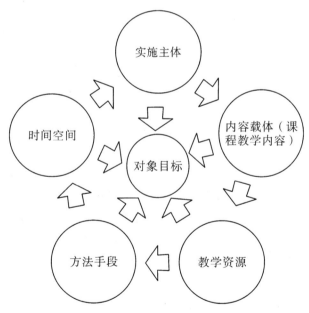

图 6-4　"六位一体"的课程构成要素

（3）教育过程与教学过程的相互关系

教育是一个长期的过程，关系到把受教育者培养成为什么样的社会角色和具有什么素质的根本性质问题。在阶级社会，教育具有阶级性，如古希腊雅典教育要求培养身心和谐发展的人，斯巴达教育要求培养骁勇善战的人，中国封建社会要求培养明人伦的士大夫。

如果按时间予以划分，教育是无数个教学过程的累积。教学可以作为教育的最小的子过程，经由无数个子过程的运行，最终完成教学质量的传递，达成教育的最终目的。每一个教学的子过程的输出目标是否达成都会影响下一个教学过程的运行模式。如果某个教学过程的输出没有达成预期目标，从质量控制的要求来说，教学的运行应予以中止，不能进入下一个教学过程。但由于教育的复杂性以及人才成长过程的复杂性，有时某些教学过程的预期目标并未达成，但却在后续阶段的教学中得以纠正。或者因为某一阶段的掌握的知识与技能存在缺陷，但对其下一阶段的成长并没有产生明显的阻碍作用。从而提示教学的每一个过程都必须为达成教育目标服务，但教学目标的建立是分阶段、多方位的，某一阶段的教学目标的达成是教学实施的目的，但并不是教育的全部目的；同时，由于教学过程对教育最终目标的指向性要求，因此当发现某个教学过程未能达成预期目标时，就应调整教学过程，使教学质量得以提升，进而有助于教育教学质量的有效传导。

2. 教育教学过程设计

教育教学设计是围绕人才的培养目标，对特定对象所开展的一系列活动。培养目标是指依据国家的教育目的和各级各类学校的性质、任务提出的具体培养要求。不同层次和不同类型的教育，对人才培养的要求是不一样的。职业教育是指让受教育者获得某种职业或生产劳动所需要的职业知识、技能和职业道德的教育。其目的是培养应用人才和具有一定文化水平和专业知识技能的劳动者。与普通教育和成人教育相比较，职业教育侧重实践技能和实际工作能力的培养。

教育教学过程的设计由上到下分为专业设计、课程设计、教学设计三个基本过程。而教学设计则通常以一次课为单位，分为教学目标的选择与定位、学情分析、教学策略选择确定、评价方法建立四个阶段。

（1）专业设计

职业教育是指让受教育者获得某种职业或生产劳动所需要的职业知识、技能和职业道德的教育。由于不同职业所需要的知识、技能和职业道德有显著的差异，因此职业教育所传授的职业知识、技能和职业道德是按一定的职业岗位分布规律来进行设置的，这些针对某个或数个具有内在关联的职业岗位所需要的素质成为职业教育专业设置的基本依据。

①专业宽度。

一个专业的教学内容所能覆盖的职业岗位数量被称为专业宽度。根据职业岗位工作任务的复杂程度以及职业岗位之间的相互关系，一般的专业宽度控制在 1~4 个，且这些职业岗位应有一定的关联性。这种关联性既可以是工作流程的先后顺序，也可以是具有共同的工作场所，或者是在履行岗位职责时所依托的人员素质有共同的要求，等等。例如，物流服务与管理专业主要培养仓管员、配送员、运输员、信息员、叉车员。这些岗位通常是同一企业中不同的职位分工，各个岗位所需要的工作知识与技能不完全相同。依据这种岗位关系定位专业人才培养目标，有助于毕业生在同类职场中的不同岗位间轮转。又如，城市轨道交通车辆运用与检修专业主要培养的是机修钳工和电工，但因就业职场的不同，可能对机修钳工和电子的知识与技能素质有所差别，故城市轨道交通车辆运用与检修专业根据职业岗位再次拆分为城轨车辆检修、维护方向和城轨车辆装配两个专门化方向，城轨车辆检修、维护方向主要培养机械检修工、电器检修工，而城轨车辆装配方向则培养车辆装配工。

②专业深度。

专业的深度特指该专业针对某个职业岗位层级的覆盖程度。我国的职业标准，大多数分为初、中、高、师、高师五个等级。一般情况下，中等职业教育的专业深度对应的是中级，覆盖初级，而高等职业教育的专业深度对应的是高级，覆盖初级、中级。专业人才培养目标是以相应层级的职业岗位人才的素质要求为标准建立的。例如，学前教育专业，主要面向幼儿园、托幼机构和其他学前教育机构能够胜任与保教相关工作的学前教育人才，要求毕业生具有普通话合格证、保育员资格证，且普通话合格证只需要达到二级乙等标准，而保育员资格证则需要达到四级（中级）标准。

（2）课程设计

专业的宽度与深度是设置课程门类及课程内容的基本依据。每一个专业都有其相应的教学内容，这些教学内容的归并、整合，形成具有不同地位和功能的课程，在人才培养中发挥着不同的教育作用。不同门类的课程按照一定的结构模式组合，就形成了该专业的课程体系。课程组合的理念与方法不同，就可能形成不同的课程结构。

①课程体系结构。最常见的课程体系结构为三段式，即文化基础课程、专业基础课程、技术核心课程（见图6-5）。这三类课程构成了层次递进的关系并在职业教育中承担不同的育人功能。

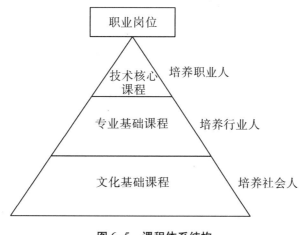

图6-5　课程体系结构

这种课程的功能定位结构模式被置于职业教育专业课程体系构建的实践中，难免广受诟病。一方面，这种结构模式具有以学科知识内容为主线的普通教育类型的特点，更主要的原因在于这种结构的递进式关系在实际的教学实践中难以呈现。有些专业基础课程的内容是否必须在完成文化基础课程的学习后才能实施，是一个颇有争议的问题。另一方面，这种递进式关系应有的质量传导过程受到某些因素的影响，在下一层级的教学质量没有达到输出要求的前提下，因系统运行的惯性推动就直接进入了上一层级，对上一层级的教学质量形成了负面影响，容易形成相互指责、抱怨的局面。这种最典型的例子现在莫过于义务教育没有达标的孩子进入了中等职业学校，致使中等职业学校的学生在学力水平上与普通高中的学生学力水平不对等的客观现状。

解决这个问题的方法存在三个层面，一是在理念上的认知到位，二是在心理上对现状保持平和的认识，三是在技术上进行结构调整。从学生成长的视角来看，教育的目标是助力学生的成长，因材施教是教育的基本原则之一。针对中职学生的学力水平开设与之相匹配的学习课程，是保证专业设计质量的基本要求。因此，需要从心理上接受学生学力水平偏低的现实，以积极的心态去发现学生的"生长点"并施加教育教学的影响，将此视作履行教育职责的根本。此外，将三段递进式课程体系结构改变为渗透式课程体系结构（见图6-6）。在此体系中，课程与课程之间的层级关系被淡化，质量的传递主要在同一课程中完成，模糊了文化基础、专业基础与专业技术课程之间的层级关系，进而推动课程对就业岗位需求的指向性。而且这种课程结构有助于摆脱中等职业学校学生在普通初等教育中学力水平偏低，从而导致文化基础课程学习难度大的问题。

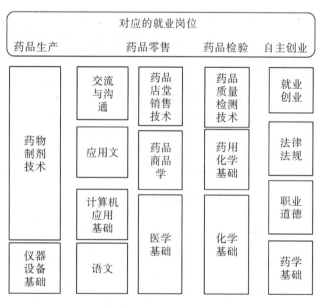

图6-6　渗透式课程体系结构——以药剂专业为例

事实上，在职业教育的专业课程体系中，不同课程虽然都会指向职业人才的素质要求，但课程与课程之间不一定完全对应着这种递进关系。以中等职业学前教育专业为例，或许公共基础课程的学习有助于提升学生的文化素养，从而提高其艺术表现力和鉴赏力，但这些公共基础课程与专业技能课程之间似乎并没有内在、必然的递进关系。是否只有完成通用性的公共基础课程，才能进入专业技能课程的学习，这是一个值得探讨的问题。

对课程体系结构的审视与理解，能够助力教师准确把握课程在人才培养中的地位和作用。从课程应有的功能定位出发，对课程内容进行有效的筛选设计，并为学生不同学习阶段的学习内容做出科学、合理的安排，进而规范教学过程的运行。

②课程目标。课程目标即课程要达到的预期结果，是课程设计的出发点与归宿。不同的课程的目标都应聚焦人才培养目标。因此，从专业人才培养的视角来看，不同的课程可以理解为实现专业人才培养的最终目标所设计的不同路径。不同的课程目标，实质上是人才培养目标的细化分解。

具有明确的职业指向性对人才培养而言，是职业教育的基本特性。这种特殊性决定了在专业人才培养方案中所选择设置的课程具有目标指向。

3. 标准明确的要求

（1）课程目标

课程目标是教学设计的起点与归宿，其设计的关键要点在于可识读性。课程目标对教师的提示在于需要教什么以及教到什么程度；课程目标对学生的提示在于完成课程学习后能够获得怎样的收获。如果用隐晦的陈述方式表达课程目标，则有因课程目标的定位产生歧义而最终导致后续一系列教学活动的失败。因此，主张采用易于识读的动词来描述课程目标，例如，"能说出……""知道……""会做……"等。如果需要在动词"做"的程度上予以说明，可以添加适当的状语，如"能熟练地完成……""能独立地完成……"等。例如，药剂专业中的药物制剂技术课程"片剂"模块的课程目标是"掌握片剂中常用赋形剂的种类，掌握湿颗粒制备片剂的工艺流程，熟悉片剂的质量检查项目，熟悉片剂包衣的目的，种类及包糖衣的方法，了解制备片剂过程中的常用设备操作，了解片剂的特点和分类"。这种表述方式在教学中常常以什么叫了解？什么叫掌握？在教学的标准尺度上难以识读，因而对教与学的导向作用较为欠缺。按下列方式描述，则教师与学生都比较容易判断达标的要求："能说出片剂的5种赋形剂、3种包衣类型和5项片剂质量检查项目；能用给出的处方和设备做出片剂，并能够自行检查、判断该片剂是否合格"。显然，后一种表述方式使得不仅教师能够评判学生的学习成果，而且学生自身也能够评判自己和同学的学习成果。

（2）课程的类型与内容

课程内容的选择是教学设计的关键，它在一定程度上决定着学生的学习方式和预期的学习成果。影响课程内容选择的因素，一是培养目标，二是培养对象。职业教育的独特属性决定了职业教育课程更多地关注工作过程知识和基本工作经验。但这种工作过程知识与工作经验的学习，应与职业人才培养的目标岗位及学习者的学业智力水平相适应。职业目标的针对性和学力水平的适配性成为选择课程内容的重要依据。

课程内容的选择与课程的类型密切相关。通常情况下，课程类型常分为理论课与实践课。教材是课程内容的载体，其编排形式会形成一门课程的基本的内容结构。理论课的教材内容常呈现为"绪论、第一章、第一节、一、（一）、1……"；实践课的教材内容则常呈现为"实验一、实验目标、实验材料、实验方法、注意事项……"这种课程内容的载体形式目前正逐渐被理实一体的项目模块化活页式教材取代。

项目模块化活页式教材的设计如表6-1所示。

表6-1　项目模块化活页式教材的设计

课程	项目一	项目二	项目三	……	项目n
	模块1.1	模块2.1	模块3.1	……	模块n.1
	模块1.2	模块2.2	模块3.2	……	模块n.2
	模块1.3	模块2.3	模块3.3	……	模块n.3
	……	……	……	……	……
	模块1.n	模块2.n	模块3.n	……	模块n.n

项目模块化活页式教材是否能够呈现出"活页"的特征，取决于所设计的项目与模块之间没有必需的递进关系而保持相对的平行关系，即在教学上不需要对项目一与项目二的先后顺序进行界定。但同一项目的模块与模块之间也应该是平行关系，存在递进关系的内容应编制在同一个模块中。同一项目中编制不同模块的目的是建立可灵活选择的课程内容，以增强对不同教学资源的适应性，同时也可以通过对同类模块的学习达到复习巩固的目的。

（3）教学设计

从过程模式模型的视角来看，教学设计是一种活动。这种活动所需输入的显性信息是教学目标、教学对象的特征，通过教师的思考、分析、决策等活动最终输出教学方案。狭义的教学设计是基于一次教学活动的安排，时长一般是2~3个课时的时间；广义的教学设计是基于一门课程的教学安排，通过设计活动输出的是课程教学方案。倘若基于一个专业的教学设计，则输出的是该专业的人才培养方案。因此，教学设计活动按层次由低到高、由简单到复杂的输出成果为教案、课程教学方案和人才培养方案。

不同层次的教学设计所需输入的信息以及设计活动的复杂程度也有所不同。教学设计所涉及的基本要素包括课型、内容布局、运行过程、教学资源、时间分配、检测方法等。这些要素的不同组合方式进而形成了不同的教学模式。

①理论课常见教学模式。传统的理论课教学模式是讲授模式，其形态特征在于老师的讲和学生的听为主要行为特征。其特点在于知识信息的传输量大。讲授教学模式对受众的学力水平要求相对较高，且以理论知识的传递为主。为提高教学的有

效性，常常穿插提问、讨论、角色扮演、案例分析等活动，使讲授教学模式转化为问题导向教学模式、情境教学模式、案例分析教学模式。而且通过课堂上信息化教学资源的引入和应用，可演化为线上与线下相结合的教学模式。

②实践课常见教学模式。实践课程是与学生肢体行为密切相关的课程。根据实践目的、实践场所等要素，可将其分为实验课、实训课、实习课三种类型。实验课与实训课的区别在于，实验的目的在于验证知识、原理，以获得预期的结果为目标；而实训的目的则是为了训练完成某一工作任务的行为能力，目标定位于行为的熟练性和流程的规范性。实训课与实习课的区别则在于，教学的场地环境有所不同，且对实践结果的要求有所区分。实训可以在校内完成，每一次实训的产出不一定要求达到标准；但实习通常在实体环境中完成，其工作的产出需要达到实际规定的标准。从职业教育的特性来看，实训是实习的准备，实习是实训的延伸，同时也是学生从学校走向社会的过渡。一般情况下，学生完成实习并毕业后步入社会，其角色便从学习者转变为社会人士或职业人士。

当实践课以具体的工作任务（项目）指令下达，并规定了具体的工作流程与工作要求，以完成工作流程且最终形成可视化实体文本成果为结束标志的实践，这种情况被称为任务（项目）导向教学模式，是职业教育领域倡导并广泛应用的实践教学模式。如果没有固定的工作流程，而是以最终的实体文本成果为结束标准的实践，也可以称之为成果导向教学模式。任务导向教学模式与成果导向教学模式的区别在于对工作过程的要求不同，任务导向教学模式更关注工作过程的规范化，兼顾对成果标准的要求，而成果导向教学模式更强调工作结果的标准化，相对忽略取得最终成果的方法路径。

③理实一体的教学模式。这种教学模式是指在同一堂课中，把理论知识的讲解和工作技能的训练交替进行的一种教学模式。这种教学模式可能是任务导向教学模式的一种演变。在理论性较强的课程中，案例教学也可以归类为这种模式。

理实一体的教学模式改变了理论与实践分离的教学运行形式，突出了教学内容与教学应用性、综合性、实践性。其操作的基本要领，是把理论知识套嵌在实训任务中，通过即时讲解、操作示范和即时操练，强化教、学、做的相互融合，促进教师与学生的双向互动。通过激发学生的学习兴趣，加深学生对理论知识的理解，从而提升教学效率。借助信息技术与信息化教学资源的支持，可以将操作示范多次、反复呈现，便于学生即时查询，解决现场即时解惑的难题，使实训课程也演变为线上线下混合教学模式。

4. 教育教学过程的实施

教学过程的实施实质上是教学活动的计划安排，在不同的时间范围内呈现为专业的教学计划、课程的教学计划和课堂的教学实施方案。

常规的专业教育教学计划安排通常分为三个子过程，即入学教育、专业课程学习、专业实习。为每门课设置具体的授课学时和授课时间，则形成了专业的授课计划（表6-2）。

表 6-2 专业的授课计划

课程类别	序号	课程名称		总学时	一 18周	二 18周	三 18周	四 18周	五 18周	六 18周
							各学期周数、学时分配			
公共基础课程	1	德育教育		144	2	2	2	2		
	2	职业生涯规划		36	2					
	3	职业道德与法律		36		2				
	4	经济政治与社会		36			2			
	5	哲学与人生		36				2		
	6	语文		144	2	2	2	2		
	7	数学		72	2	2				
	8	英语		72	2	2				
	9	礼仪		36	2	2				
	10	计算机应用基础		36			2			
	11	体育		144	2	2	2	2		
		合计		792	14	14	10	8		
专业技能课程	13	专业核心课	幼儿卫生与保育	36	2					
	14		幼儿心理学	72			2	2		
	15		幼儿教育学	72		2	2			
	16		幼儿游戏活动入门	72			2	2		
	17		幼儿教师口语	72			2	2		
	18		幼儿园教育活动设计与指导	108			2	4		
	19		保育员考证指导	72		2	2			
	20		普通话	72	2	2				
	21		书法	36	2					
	22		自然科学基础	36		2				
		小计		648	6	8	12	10		
	23	专业技能课	乐理视唱练耳	72	2	2				
	24		琴法	72	2	2				
	25		伴奏编配弹唱	72			2	2		
	26		舞蹈	72	2	2				
	27		幼儿舞蹈	72			2	2		
	28		声乐	144	2	2	2	2		
	29		美术	144	2	2	2	2		
	30		幼儿园课件制作	36			2			
		小计		684	10	10	8	10		
	31	选修课	亲子舞蹈							
	32		奥尔夫音乐教育法							
	33		蒙特梭利教育法							
	34		感统训练法							
	35		育婴师课程							
		小计		72			2	2		
	36	综合实训课程	阶段实习	60			60			
		小计								
		顶岗实习		1 000					500	500
		总计		3 196	30	32	32	30	500	500

理论上，专业课程的学习与专业实训能够交替实施，工学交替的教育教学运行模式是德国职业教育双元制的特征之一。但在中国现有体制制度框架下，工学交替教学模式实际的运行中会带来管理的高成本和高风险，故近年来已鲜有提及。但某些课程为强化学习内容与实际工作的契合，会在课程教学实施过程中安排一定的时间组织学生到社会机构学习实践，这种安排通常被称为见习。见习与实习的根本区别在于：见习持续的时间通常比较短，内容也比较单一，而且以某一课程的运行计划为依托；实习持续的时间相对较长，内容涉及多个岗位，以专业课程的运行计划为依托。

5. 教育教学过程的改进

（1）时间进程的调整

在专业教学计划的基本框架下，对具体课程教学时间进程安排以及具体某一课程学时数的调整，是教育教学改进最常见也是最简单的变动。调整的动因在于在教学运行过程中总体学时资源发生了变动，同时学校其他相关工作对整体协调性也有要求。一般情况下，每个学期的实际教学时间为19周，但因春节等国家法定节假日及其他客观因素，可能导致实际教学的时间有1~2周的错位，从而对每个学期各门课程的授课课时数略有细微的调整。这是教学计划运行的常态，通常由学校教学管理人员负责实施，并将教学指令下达给相关部门及教学人员。但从教学管理的规范性来看，若课程的实际授课时数调整幅度过大，会存在质量风险。因此，应建立针对调整教学时数变动的预警机制，同时明确审批流程与审批权限。

不同课程授课的先后顺序调整也是教学计划运行的常态。但当这种调整在课程与课程之间保持独立、平行的关系时，课程教学实施顺序的改变会比较简单。但如果课程与课程之间存在知识与能力的递进关系时，教学顺序的调整则存在重大质量风险，应由教学管理人员与承担相关课程教学的老师进行协商，对调整的必要性和可行性予以充分论证。

（2）课程体系的调整

课程体系的调整涉及整门课程的增删，属于教学运行计划的重大变动，必须由教学管理人员、专业带头人、相关课程老师甚至是行业、企业的专家组成专门的团队，对课程门类调整的必要性和可行性进行论证。

课程体系的调整动因主要是，本专业人才培养目标随行业、企业的变动，使目标岗位所需要的人才素质发生变化，需要增加或减少相应课程来适应人才培养目标变动的要求。需要强调的是，职业院校对课程的设置并非有全部的权限，某些课程的设置是国家政策规定的，必须在教学运行过程中保障这些课程的教学时效。例如，中等职业学校中的军训、顶岗实习等课程，以及职业生涯规划、职业道德与法规、体育、经济政治、语文、数学、英语、计算应用基础等文化基础课程和相应的教学学时数，原则上都能增不能减。不同学校、不同专业设置与调整空间较大的是综合实训课程，因其内容分散渗透到具体的课程门类中，也存在不设综合实训课程的情况。

另一类可任意调整的课程是选修课。选修课程的门类、数量，在不违背意识形态管理的前提下，可以由学校根据校内学生的实际需要进行增减，从而为学生实现自主提升开辟相应的渠道和空间。

（3）课程内容的调整

教学内容的调整由承担本课程的教师团队协商解决。课程内容的调整应基于正确的教学理念：一是课程内容的载体观，即课程内容是育人的载体，这种载体是可以根据教学目标的需要予以选择和变更的；二是课程内容的适配观，即课程内容是与课程的运行密切相关的要素，但在取舍时应以与学情相适配为原则，这种适配性不仅对实现教学目标具备有效的支持，也与学生的学力水平相适应；三是课程内容的整体观，即作为载体的课程内容可以通过拆分或整合，与学生的学力水平和教学目标实现对接。例如，当实践课程中的任务过于复杂，学生难以一次完成时，可以将任务拆分为若干个子任务让学生分阶段完成。或者当某种工具的使用随着行业、企业的发展已经淘汰时，使用这种工具的课程内容应予以删减，同时及时用新工具的使用来替代。

（4）课堂教学策略的调整

教学策略是教师为有效实现教学目标，所采用的教学程序、方法、形式、媒体等手段。其主要内容有：了解学生，有针对性地教；确定教学程序，研究如何根据学习内容的规律，合理安排教学行为的过程；选择教学方法，研究达到教学目标实行有效转化的教、学双方应采取的活动方式；选择教学组织形式，研究为达到教学目标，师生在时间上有效组合的方式；教学媒体，主要研究为有效进行教学信息的传输、接收与加工，师生双方应采取的载体或手段。

从教学实施的过程可知，教学策略是教学设计阶段的核心任务，其基本原则是有效规划教学内容，有效运用教学资源和选择适宜的教学模式与教学方法，以期获得最佳的教学效果。教案作为教学策略的载体，是在课堂教学运行前预设的。在实际的课堂教学实施过程中，教师需要根据学生学习的实际情况，对预设的方案及时做出调整，这便是课堂教学调控。这种课堂的适时调控能力，是教师在长期的教学实践中逐渐总结积累形成的。

教学策略的调整不仅是对同一组对象在某一课堂教学过程中的适时调整，也体现在同一内容面向不同对象时的教学设计阶段。但无论是何种阶段的调整，其调动的动因都取决于学情与目标两个基本点，目的都是为了提高教学的有效性与效率。

（5）满意度监测

教育教学服务的质量是在服务主体与顾客的互动过程中形成的，具有载体的无形性、过程的依赖性、主客体的协同性和评价者的主观感受性等特征。教育教学服务首先是面向学生实施，且学情因素是教学策略选择设计的重要因素。因此，学生作为第一顾客，理所应当成为教育教学质量评价的第一主体。在课堂教学过程中适时采集的学生满意率以及课程结束后采集的学生满意率，常常作为教育教学质量的重要指标，并且理应成为课堂教学质量改进的重要依据。

　　然而，从满意度评价模型（见图6-7）来看，基于学生的学力水平，在课程实施过程中，作为质量评价的主体未必能够对课程的价值与质量有准确的感知，并对课程服务的结果有恰当的期望。因此，学生的课程教学满意度评价对教育教学质量的反馈能力是具有局限性的。

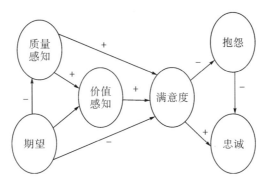

图6-7　满意度评价模型

　　能够对课程价值具备理念判断能力的人员应是教师、行业人员以及课程专家。这些人员是独立于教育教学服务主体与顾客的第三方，能够对课程的价值和质量从专业的视角予以评判，从而对课程运行的结果进行理性的期待。因此，这类群体虽然不是教育教学服务的对象，但具有评价教育教学质量的专业能力。这类群体的满意度能够为教育教学质量改进提供理性和权威性的依据。

（二）教育教学支持

　　现代教育教学活动是一种群体协作劳动。一个学校的整体运作主要基于三个体系（见图6-8）。

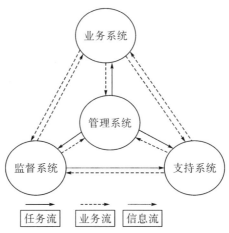

图6-8　学校管理体系的基本架构

显然，支持系统是为业务系统的运行服务的。就职业学院而言，教育的产品是专业、课程与服务，教育教学过程是指达成教育成果的过程。因此，教育教学业务应包含教学服务、生活与安全保障服务两大业务系统，支持系统则是围绕这两大业务系统正常运行的要求提供人、财、物、信息、技术、设施与设备的支持。

1. 人力资源支持

以教育教学过程所涉及的人力资源不仅仅是教师，而是指为教学和学生服务的所有人员。从体系运行的流程来看，人力资源支持包括岗位设置、人员配置、培养培训、考核评价、激励五个子过程。

（1）岗位设置

为保障学校日常业务的正常运行，职业院校的岗位主要包括教学人员岗位、行政人员岗位和工勤人员岗位三类（见图6-9）。

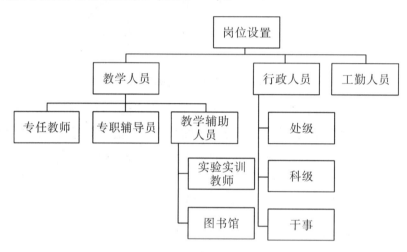

图6-9　职业学校常用岗位设置

传统的组织管理理念会把教学岗位作为学校的一线岗位，强调教学部门以及教学管理部门的重要性，突出行政管理部门在管理层次上的高层级性，而把服务岗位置于教学岗位之后，被归类为后勤服务岗位。这种行政化岗位设置模式潜藏着很多问题。把同类工作的人员划分在不同的层级进行管理，影响了组织团队的活力的构建与提升。例如，教育教学所呈现的效果与质量，往往是服务于同一对象的不同群体综合、协作的结果，很难与专任教师、教学辅助人员、专职辅导员等角色的业绩形成直接的对应关系。而在同一个部门按行政级别设置多个层次，按行政级别实施上下级管理，只会延长工作流程而降低管理效率，增加信息传递偏差的风险。

从服务的视角来看，教学岗位和服务岗位都是面向第一顾客的岗位，只因服务的内容不同、面向学生的范围大小不同、对服务人员的素质要求不同而已。而管理岗位在其后提供支持，使学校的组织结构呈现出扁平化特征（见图6-10），也为学校实施以团队绩效为核心的绩效管理模式提供了基本的思路。

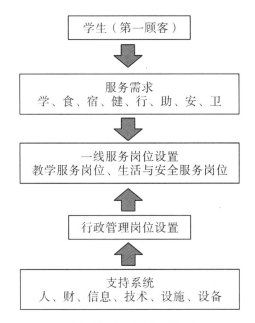

图 6-10　扁平化组织结构

管理成熟度高的职业院校会借鉴企业管理的岗位设置模式，减少部门内部的岗位层级，只设负责人和干事两级，用以区分并突出部门管理者的职能，促进岗位设置的扁平化。这种岗位设置模式是对所有部门实施平行化管理，不关注哪个部门的业务更重要，而是引导所有的部门都聚焦服务顾客需求的目标指向，高度关注的是部门的业绩而不是个人的得失，从而推动不同岗位的分工与协同。

（2）人员配置

职业院校的人员配置需要关注的是两个关键，一是从业资格，二是规模结构。

①从业资格。

教师资格是国家对专门从事教育教学工作人员的基本要求，是公民获得教师职位、从事教师工作的前提条件。教师资格制度是国家实行的教师职业许可制度。《中华人民共和国教育法》和《中华人民共和国教师法》明确规定，凡在各级各类学校和其他教育机构中从事教育教学工作的教师，必须具备相应的教师资格，没有相应的教师资格的人员不能被聘为教师。教师资格的法定凭证为教师资格认定申请表和教师资格证书，可在全国范围内适用。

在生活与安全服务岗位人员中，也有部分岗位有从业资格的要求，如从事电路与电器维修服务的人员需要持有电工证，提供餐饮服务的人员需要持有健康证等。

②规模结构。

根据教育部对职业院校办学的标准，教师队伍的数量应与在校生的规模相适应，通常要求生师比为 16∶1。2019 年 10 月，教育部、国家发展改革委、财政部、人力资源和社会保障部联合印发《深化新时代职业教育"双师型"教师队伍建设改革实施方案》提出："到2022年，职业院校'双师型'教师占专业课教师的比例超过一半"。2020年1月，教育部发布实施《新时代高等学校思想政治理论课教师队伍建设规定》，要求思想政治理论课教师队伍规模要达到350∶1。这些文件对职业院校教师队伍的规模及结构提出了明确的标准和要求。

（3）培养培训

从过程管理的视角，人员的培养培训可以依照两种思路进行策划和实施。

①以个体为单位的培养和培训。

A．以职业生涯发展为基本线路。

教师的职业生涯发展主要分为入职、在职、轮（转）岗、离职四个不同的阶段。入职培训的目的在于，使新入职人员更熟悉岗位职责与工作任务，在尽量短的时间内完成从事本职工作所需能力的学习的过程。在职培训的目的在于，在人员已经能够完成本职工作的基础上，通过继续学习获得完成更复杂、更具挑战性的任务应对能力。轮（转）岗培训的目的则在于，为人员轮换到另一个岗位，使人员获得更多的岗位业务适应性所实施的培训。而离职培训与轮（转）岗位培训的区别在于，培训的重点是对于即将离职的人员，对其离职可能带来的潜在的不良心理予以疏导。

职业教育的人员配置，其特殊之处在于专业的动态性对教师职业生涯发展的影响，并且最集中体现在教学服务岗位人员身上。因学校外部环境的变动导致专业的设、转、并，会彻底打破教师原有岗位业务的"舒适圈"，迫使教师处于被轮（转）状态而导致职业心理的剧烈反应。管理成熟度高的组织应充分全面地考虑这一特殊时段的人员需求，并以适当方式予以引导与疏导。

B．以能力提升为目标导向。

以能力提升为目标导向的人员培训主要集中于人员的在职阶段。不同岗位的人员显然所需的职业能力有所不同。一般情况下，职业院校都会高度关注教师的能力提升。但一个管理成熟度高的组织，会从服务人员能力整体提升的视角，将人员培训工作以教师为重点，对全体员工负责，并关注不同人员能力提升的需求，对培训的频率、培训内容、培训形式等要素进行有效的策划和设计，从而提升全员的获得感与满意度。

②团队建设。

团队建设是指为了实现团队绩效及产出最大化而开展的一系列结构设计及人员激励等团队优化行为。影响团队建设有效性的因素主要是目标的同一性、成员的信任度和文化的凝聚力。

在多数职业院校中，比较成熟的管理理念将教学岗位定义为一线岗位，行政管理部门与教学岗位形成服务与被服务的关系。团队是根据岗位设置及"自然"形成的工作团队，如财务部、教务部或系（部）、教研室等。不同的团队之间根据行政管理的层级形成直线制（见图6-11）。这种团队组织结构模式对教育教学常规业务的支持极为有效，特别是为维持日常的教学秩序、保证教育教学业务系统的规范运行提供了强大的支撑力。

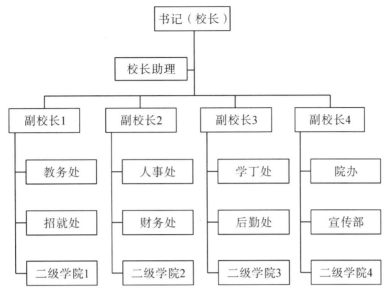

图 6-11 直线制组织结构与"团队"的关系

但是，这种直线制的团队关系因极其明确的职责边界和团队专业背景的相对一致，在重大、非常规、创新性强的任务常常显现出其沟通效率低、团队整体能力不足、执业力较弱等问题，事业部制的"跨界团队"建设可能是解决这一部门的有效路径。事业部制的团队结构关系模式见图 6-12。

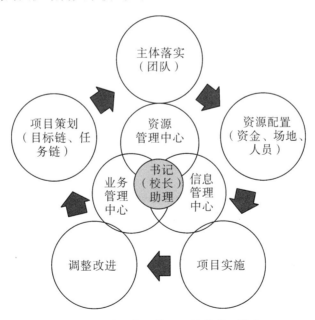

图 6-12 事业部制的团队结构关系模式

　　跨界团队组合实际上是以任务目标为导向、以能力互补为原则，集业务流、信息流、资源流于一体的项目团队构建模式。在工作实践中，这种模式有着不同深度层次的体现。例如，为了提高学习的效果，期望通过讨论促进不同人的思想相互碰撞，从而产生具有创新性的理念和方法，把不同部门、不同岗位的人员编制在同一个学习小组，令其对指定的任务展开讨论，是在课堂教学过程中常常采用的方法。再如，在组建一个课题的研究团队时，需充分考虑研究目标与研究内容的需求，跨教研室、跨系（部）吸纳不同岗位的人员，按研究计划与任务进行合理分工，从而有效提升课题研究团队的工作实力，为课题的可行性提供能力保障。当某一重大项目下达时，或者在组织在特殊的时间节点、面临重大组织变革时，跨界团队成员的构成不仅需要打破本组织内部原有的行政管理结构，而且需要打破行业、专业的壁垒，以寻求更为广泛的人力资源的有效支持，从而将岗位配置与人员培训两个环节的工作融为一体。

　　（4）考核评价

　　对人员的考核评价是针对组织内部员工的工作绩效的测评。在实施考核评价过程中，应注意保障样本数据的有效性并合理应用评价结论。

　　考核的目的在于为激励提供有效的依据。样本数据的有效性与数据规模、采样对象、采样方法、采样范围、采样频度等因素密切相关，且直接影响评价结论的有效性。以制度形式固化考核评价数据的征集方案，有助于构建公平、和谐的组织文化，提升组织的凝聚力。反之，临时性、隐秘性的考核信息采集方式，极易导致员工的反感，甚至可能导致考核结论失去应有的公信力。将评价结论予以公示，并建立申诉机制，是防止考核评价过程质量风险的有效手段。

　　（5）激励

　　激励的过程就是激发人的动机，使人产生一种内在的动力，朝着所期望的目标努力的活动过程。考核评价并非最终目的，而是为有效激励提供可靠依据。

　　①激励理论。

　　马斯洛的需求有五类，即由低层次到高层次依次分为生理需求、安全需求、社交需求、尊重的需求和自我实现的需求。根据人的不同需求，有针对性地采取不同的激励措施，容易取得应有的效果。

　　在人员流动的障碍基本消除的社会发展现阶段，工作环境因素可能是推动人员流动的重要因素，但在组织内部，工作环境因素相对稳定，且维持在一个可接受的水平之上，则工作环境的优化不会对成员工作的主动性和创造性产生激励作用，单调的、简单的重复性劳动会极易消耗员工的情感，引发员工的职业倦怠。适度提升目标任务的难度，或提供具有多样性、丰富性且具有挑战性的工作任务，则能有效地激发员工的斗志和工作热情。

　　满意度评价模型同样有助于对员工行为的分析。当员工不能准确理解目标任务的价值时，会对完成目标任务的结果满意度形成制约，继而降低对组织的忠诚度，或对组织产生抱怨。同理，在现实生活中，对同一目标，因每个人的需求不同、所处的环境不同，他们对目标的价值理解和期望也会有很大差异，因此在参与此项工作中所付出的努力也各不相同。而且根据归因理论，有成就需要的人会把成就归因于自己的努力，而把失败归因于别人努力不够。反之，成就需要不高的人则归因相反。当员工把行为的结果与周围的人进行"横向"对比时，就可能对激励的公平性产生质疑。

因此，新行为主义认为，人类的许多行为都具有操作性和工具性。人出于某种需要而引发的探索或自发的活动。在探索的过程中，若一种反应成为达到目标的一种工具，人便会学习利用这种反应来操纵环境，进而达到目的和满足需要。

②激励模式与组织的发展周期。

组织的发展周期常分为上升期、平台期和衰退期三个阶段。根据激励的原理，通过调节并作用于某种激励要素，以实现有效激励员工，保持良好的工作业绩，促进组织持续发展。上升期提高成长速度，平台期延长平衡发展时间，衰退期延缓衰退速度。这是激励理论应用于教育教学管理的基本动因。

常用的激励模式有目标激励模式、利益激励模式、参与激励模式、情感激励模式和文化激励模式。这些激励模式在组织发展的不同阶段或对不同的团队成员将产生不同的效果。并且在一定程度上也反映出组织管理的成熟程度。在发展的起步阶段，目标激励模式与利益激励模式可能起关键性作用，通过绩效分配制度的改革，形成奖优罚劣的激励机制，组织管理逐渐走向成熟，理解、尊重、信任等人际关系相对稳定，组织的凝聚力也会明显提升，员工满意率提高，组织发展轨迹呈持续、快速上升阶段。但随着管理成熟度的提升，也可能造成组织管理僵化、形成新的组织团队壁垒以及因组织创新力不足而造成组织在外界市场的竞争力不够的风险。

值得注意的是，不同的激励模式的有效性都有其边界，超出其边界则很难呈现激励模式应有的效果。同时，各种激励模式也不是相互隔离甚至对立的关系，而是相互作用、相互渗透的关系。在何时、何地、何人选择采用何种激励模式，关键在于管理者对需求的精准识别。

2. 财务资源支持

学校作为社会的一个独立的法人组织，在教育教学运行的过程中，与其他的社会机构之间发生经济利益关系。账务管理要研究学校的资金运行及财务关系，这是职业院校账务管理与其他企业财务管理所具有的共性。但职业教育作为一种公益性的服务，账务管理理念与企业有着本质的区别，企业的账务管理追求的是利润最大化，而学校的账务管理强调的是收支平衡。

（1）学校资金结构

学校的资金来源分为非税收入、财政收入以及其他收入三个部分。其中，非税收入主要是指从学生中收取的学费、教材费、住宿费、水电费等；财政投入是指政府按学校办学规模以及课题研究、专项建设等经费；其他收入部分各不相同，主要是学校依托自身的办学资源面向社会开展种类租赁、培训等业务的收入，或者还包括学校为发展向银行申请的贷款等。资金的使用主要包括教学运行经费、专项建设经费、人员经费、贷款和还贷支出等（见图6-13）。

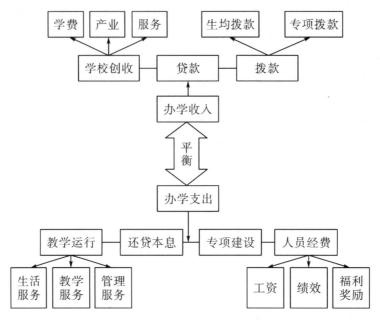

图 6-13　学校资金的基本结构

（2）资金的预算和决算

①资金预算。

学校的资金预算要根据上级财政管理部门下达的有关年度各项财政预算定额参数和经政府批准的学校办学收费项目及标准、结合年度招生计划进行测算编制。既考虑事业发展的需要，又必须充分考虑财力的可能，确保学校发展建设规划实施法定支出和重点支出的需要。不同时期的资金预算投入的侧重点可能会有所不同。财务部门要按"轻重缓急、保证重点、兼顾一般、积极稳妥、实事求是和收支平衡"的原则对每一年的资金进行预算。一般情况下，特别是在中央八项规定实施以后，财政拨款支出安排的出国（境）费、车辆购置及运行费、公务接待费三项经费大幅缩减；行政公用经费严格控制，人员绩效按编制与学校在校生规模予以核定；重大建设项目的投资占比增大。

②资金决算。

资金决算是对资金的实际支付情况所进行的统计与总结。其作用主要是总结一年以来的收支情况、年度预算完成情况，或某一建设项目的进展情况、预算执行情况，以便做到心中有数。资金决算要做到数据真实、准确、完整，各项指标的口径衔接一致。通过资金决算表能够反映学校的财务状况、办学能力、发展潜力，能有效实施财务监督监控，为评价学校办学绩效和宏观决策提供科学依据。

（3）账务审计

审计部门应围绕为学校领导决策服务、为教育教学服务、为广大教职工服务的原则开展工作，在维护财经纪律、优化育人环境、推进精神文明建设、改善经营管理、提高办学效益等方面发挥监督管理及保驾护航的作用。

①财务审计的职责范围。

根据《教育系统内部审计工作规定》第二十条规定，"内部审计机构应当按照国家有关规定和本单位的要求，对本单位及所属单位以下事项进行审计：（一）贯彻落实国家重大政策措施情况；（二）发展规划、战略决策、重大措施和年度业务计划执行情况；（三）财政财务收支和预算管理情况；（四）固定资产投资项目情况；（五）内部控制及风险管理情况；（六）资金、资产、资源的管理和效益情况；（七）办学、科研、后勤保障等主要业务活动的管理和效益情况；（八）本单位管理的领导人员履行经济责任情况；（九）自然资源资产管理和生态环境保护责任的履行情况；（十）境外机构、境外资产和境外经济活动情况；（十一）国家有关规定和本单位要求办理的其他事项。"

②财务审计的方法。

财务审计按审计的项目类别不同，分为设备采购项目审计、基建修缮工程项目审计和经费使用效益审计。对设备采购项目审计，应检查设备选型论证是否充分，确认采购需求是从专业建设需求出发，充分了解市场供给情况、货比三家以选择意向设备厂家和型号等参数，并且价格合理，能提高办学的社会效益或经济效益。对基建修缮工程项目审计应与基建管理部门联合，通过查看图纸和造价情况，避免因设计超标准而造成的设计浪费；内审与外审相结合，共同完成基建修缮工程项目的预结算审计；加强对施工过程的审计跟踪工作，要对外审完成的预算和结算进行复核，对小额修缮项目独立完成审计。教育经费的使用效益。应加强对国有资产管理和使用的审计，摸清家底，优化配置，避免资产闲置不用造成浪费。通过使用情况登记表记录设备使用情况，对新设备长期不用的，适当追究设备申购责任人的责任。

3. 信息资源支持

（1）信息、数据、知识的关系

不同时期的各国学者对信息的内涵有不同的定义。有人把信息称为情报和消息，有人把信息称为数据，有人把信息称为资料。不同的定义源于人们对信息理解角度与侧重的不同。通信的本质是传输信息。为了解决通信中的各种问题，需要深入研究通信的本质及度量的方法。因此，通信领域最早把信息作为科学对象加以研究，并逐渐应用到生命科学以及经济领域。随着互联网的普及和利用，网络世界把信息传递到了人类社会生活的每一个角落，使人们认识到信息的普遍性和不可或缺性。人们对信息的理解涵盖了在网络上一切数据、符号、资讯、资料，这是一个无所不包的庞大集合体。

根据近年来人们对信息的研究成果，信息比较公认的概念可以被概括为：信息是客观世界中各种事物的运动状态和变化的反应，是客观事物之间相互联系和相互作用的表征，是客观事物运动状态和变化的实质内容。

信息是依附于文字、声像、实物等媒体的客观存在。由于人的感知能力、理解能力和目的性，信息有了效用性、价值的判断与取舍。因人对信息的存储、传递、加工、共享，信息在时间、空间以及组合等维度上的变化，形成新的信息形态。因此，信息的特征表现为客观性、普遍性、不完全性、依附性、时效性以及可传递、可存储、可扩散、可共享、可加工等。按空间状态不同，可将信息分为宏观信息、中观信息、微观信息；按信源类型不同，可将信息分为内源性和外源性信息；按时间不同，可将信息分为历史信息、现时信息、未来信息；按价值不同，可将信息分为有用信息、无害信息、有害信息；按载体不同，可将信息分为文字、声像、实物信息；按性质不同，可将信息分为语法信息、语义信息和语用信息，等等。

按信息性质分类形成的三个类别也被称为信息的三个层次：语法涉及"事物运动的状态和状态改变的方式"本身，是信息最基本的层次。语义、语用信息都是基于语法信息之上，并借助于语法传输的（见图6-14）。

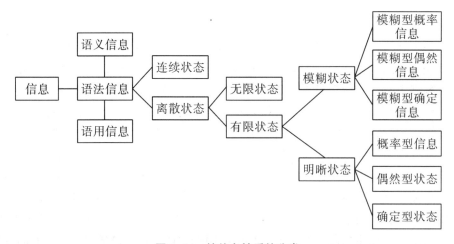

图 6-14　按信息性质的分类

数据是载荷或记录信息并按照一定规则排列组合的物理符号，可以是数字、文字、图像、声音、计算机代码。信息是数据载荷的内容。对同一信息，其数据的表现形式可以多种多样。知识是信息接收者对提炼和推理而获得的结论：传输者的知识—数据—信息—接收者的知识。

教育教学过程是一个知识传递的过程。在此过程中，存在两个数据信息的转换：一是教师依据自身的学识将已有的知识转换为教育教学的信息向学生传递，二是学生依据自身的学力对教师传递的信息进行接收与解码，最终沉淀、内化为自己的学识与素养。由此可见，人的认识能力和理解能力为数据转化为信息、信息转化为知识、知识的有效融合、新知识的创造提供了必不可少的条件。

（2）互联网时代背景下教育教学信息的规范管理

在人类社会中，当信息产生后便要流向特定的利用者，使信息的生产者和利用者之间不断的流动，被称为"信息流"（见图6-15）。

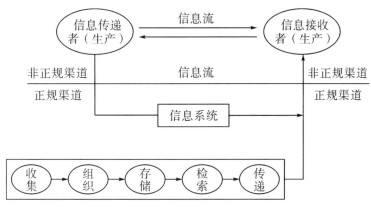

图6-15 信息流

狭义的信息管理是指对信息本身的管理，即采用各种技术方法和手段（如分类、主题、代码、计算机处理）等，对信息进行组织、控制、存储、检索和规划，并将其引向预定目标。而广义的信息管理是指对涉及信息活动的各种要素（信息、人、机器、机构等）进行合理的组织和控制，以实现信息有关资源的合理配置，从而有效地满足社会的信息要求。信息化社会的特征之一便是数据量呈指数级增长。如果不对信息流予以控制，就不能有效地利用信息，甚至危害人类的生存和发展。因此，对学校教育教学信息的管理，本质上是对学校信息流的管理，建立信息生产与有效利用的工作机制，提升信息有效传递的效率和防范不良信息危害教育教学质量的相关风险。

①信息管理流程。

根据信息生命周期，信息管理分为创建、采集、组织、存储、利用、清理六个阶段。

信息管理是对信息生命周期中各个阶段的管理。在信息创建阶段，信息的产生和发布有很大的自由度与随意性，需要从组织的视角对信息来源与信息内容实施价值判断，同时对信息的标准格式予以规范。信息采集是信息与开发利用的起点，常见的信息采集方式有自动获取和手工采集两种。面对当下增长速度快、多载体、多格式、多渠道的信息内容，通过制度确定信息采集的政策，明确信息采集的内容与范围，这便是对采集过程的管理。信息组织阶段的任务是将采集到的大量、分散、杂乱的信息进行进一步的筛选、分析、标引、著录、整序、优化，使之形成一个易于用户有效利用的系统的过程。将信息存储在相应的载体和介质上，是将不可得转化为可得，继而从可得转化为可用的管理过程。借助专业搜索引擎用户能够按自己的需求检索和提取到生意人信息，就是利用阶段。随着时间的推移，信息逐渐老化而失去其原有价值，没有再继续保存的必要，即可按相应的政策、制度对信息进行清理，则完成了信息全生命周期的管理。

②信息管理制度体系的建立。

结绳记事是古人管理信息的原始形式。图书馆是文字产生以后，人类以文字形式存储信息而产生的信息管理组织。因文献收藏内容基本上是社会生活中的各种文字记录，均为各类文书档案，因此早期的图书与档案的社会机构是"同源"的。随着社会的发展，图书馆和档案馆出现了分流，实质上是不同组织对信息类别的有选择性的采集。

信息管理制度需要解决的是"管理什么、谁来管、怎么管理"的问题。管理什么是对信息内容的选择，谁来管是要明确管理的责任，怎么管理则涉及信息采集的对象、时间、范围、传递渠道、传递方式、信息的标准格式以及存储载体、介质、存储位置等要求。在大多数情况下，学校的信息管理分为宣传信息、档案信息、工作运行相关信息三个大类。其中，宣传信息主要是新闻报道方面的内容，信息形成的主体有校内、外的人员，故管理的风险点在于审核。审核的关键要素是信息的真实性以及是否有害的价值判断，并根据这些价值判断把控信息发布的对象、渠道、范围，进而提升信息利用的效益。以是否有害作为判断标准的信息管理还延伸到意识形态管理领域，将审核工作前移到信息产生的源头。同时，通过对信息发布后的舆情监测，将审核工作后移以便防范潜在的舆论风险。工作运行所产生的相关信息，从质量管理的角度而言，也可以称之为记录凭证性文件。但并非所有的记录性凭证都能够或应该转化为档案材料。一般情况下，与学校资产、经费、成果等办学历史相关的材料，教师个人的党员发展信息以及学历、学位、职称方面的信息，学生的学籍等方面的信息都应该作为档案材料保存，并有较长的保存期限，甚至要求永久保存。但在办学过程中形成的各种动态调整的运行材料，如调课单、考试卷等则可以由业务部门自行管理，适当缩短保存期限，并按规定按时进行销毁。

在信息管理中还需要注意信息保密机制的建立。根据信息安全的等级划分，信息可以分为A、B、C、D四级。其中：A级为密级信息，包含绝密、机密、秘密三个等级；B级为敏感信息；C级为内部管理信息；D级为公共信息。根据信息的级别，能够同时确定信息发布的等级：C级以上信息不得发布，C级以下（含C级）信息可以在外网发布，但必须严格执行信息发布审批制度。任何人不得制作、复制、发布、传播含有有害内容的信息，例如，泄露国家秘密，危害国家安全，损害国家利益，破坏民族团结，破坏国家统一；宣扬邪教和封建迷信；散播谣言，扰乱社会秩序，破坏社会稳定；赌博、暴力、凶杀、教唆犯罪；其他法律法规禁止发布的信息，等等。

③传统信息服务模式的当代审视。

传统的信息管理以信息源为核心，管理的重心在"藏"。由于信息量的剧增，在实地馆藏容量有限的情况下，出现了各种信息载体的开发应用。并借助计算机系统，不仅创设了极大的信息虚拟存储空间，也建立了快速高效的信息检索路径。但是，随着社会的发展，信息呈现碎片化、爆炸性的增长，而信息的时效性也随之缩短，在顾及高效处理、传播的同时，也出现了如何有效利用、共享的矛盾以及信息安全和信息利益等问题。需要从经济学资源高层决策战略需求的角度对信息活动进行资源性质的管理。因此，把技术、经济、人文三种手段结合起来，对网络信息资源进行管理显得十分急迫。

（3）推进智慧校园建设

"互联网+"打破了权威对知识的垄断，让教育从封闭走向开放，人人能够共享知识、人人能够获取和使用知识成为常态。教师与学生之间的界限不再泾渭分明，教育组织与非教育组织之间的界限已经模糊不清。与此同时，"互联网+"也提升了教育自我净化的能力。在"互联网+"的冲击下，教育资源需要重新配置。

①智慧校园的内涵与特征。

智慧校园的提出缘于 IBM（国际商业机器公司）于 2008 年提出的"智慧地球"，是信息技术视野下新的理念、新管理模式和具有系统化思维以及数字化、数据化、网络化、智能化外延系统，目的在于变革人与人、人造系统与自然之间的交互方式。智慧校园的发展经历了网络化、数字化、信息化三个不同阶段。在网络化校园时代，信息以对教学的互联互通为目标，并以扩充校园网带宽为基础，以多媒体教学、一卡通、视频监控等为手段，以资源建设为主要目的，促成了学校教学、办公、科研等各项管理能力的提高。随着信息资源异常丰富及各类信息不断整合，校园网络也进入了成熟应用和持续运行的数字化阶段。数字化阶段的特征体现于校园网的"超高速"和信息的"泛载"性。依托一套统一的网络基础设施平台，通过虚拟化技术形成各类资源池（如网络、计算、存储及安全等），然后根据业务或用户的需要进行分配，以达到校园网络的泛载。但存在资源利用率低和基础设备投入成本高的缺点，信息孤岛的形成是此阶段的普遍问题。相互割据的网络建设成本高、维护烦琐、资源利用率低、能耗高、占用空间大。随着大数据、云计算、移动互联等信息技术的引入，使学校的信息系统可以通过虚拟化技术让校园网满足各种业务的需要，实现网络带宽、服务器、存储资源的有效分配而呈现"智能化"。而这种智能化的具体体现就在于信息的采集、存储、处理、推送等环节的信息管理实现自动化。数字校园与智慧校园的根本性区别在于——在数字化时代，信息更多地表现为方便施者控制和管理外部世界的"权力"。而在智慧校园中，数据将更充分流动与透明，数据的利用过程更加注重责任和体验，也更加注重利他和激发包括"施者"和"受者"在内每一个人的活力。

②智慧校园建设的关键技术。

大数据、云计算、移动互联是智慧校园建设的三大关键技术。大数据技术是指从各种各样类型的海量数据中快速获得有价值信息的技术。

大数据不仅指庞大的数据规模，也包括采集数据的工具、平台和数据分析系统等软、硬件，大数据意味着体量大、多样性、价值密度低、速度快。学校师生在校期间甚至在离校后的一定时期内会产生大量的学习、教学、科研及奖惩数据，这些海量数据中涵盖了学校常规管理的业务，如人事、教学、财务工作等。将这些数据应用缝集成技术进行采集，并根据消息源、接收方、消息正文、消息类别和消息传播媒介五个方面的要素将数据进行结构化分类处理，从而为数据的推送和利用奠定了基础。

云计算是一个可容纳大量数据信息的集合体，其作用就是为网络用户提供一个虚拟的、抽象的、具有较大存储能力和分析能力的平台。云计算为学校师生在日常产生的海量数据提供存储空间，同时通过数据安全、信息管理、存储等方面的分析，能够找出师生的服务需求、行为习惯，从而整合、总结出对不同用户有价值的信息，实现信息的共享，并为不同需求的用户改变行为、决策提供可靠依据。

移动互联是指互联网技术、平台、商业应用与移动通信技术结合并实践的活动的总称，是桌面互联网的补充和延伸，具有业务使用的私密性、终端和网络的局限性、业务与终端及网络的强关联性等特点。移动互联拓宽了智慧校园的构建信息来源与分享渠道。

③智慧校园助力推动教育方式变革。

课程的构成要素包括主体、对象、内容、方法路径、时间、空间六个方面。慕课是大规模的网络开放课程，是为了增加知识传播而由具有分享和协作精神的个人组织发布的，散布于互联网上的开放课程。慕课打破了传统课程中时间、空间要素的局限，突出了学习者内生动力对提升学习质量的重要作用；慕课的课程资源呈现碎片化，能降低学习难度；课程内容可随时暂停和反复回放，以适应学习者的学习节奏。这些特性都是传统课程从群体性学习向个性化学习转变的体现。同时，这些特性也将改变课程载体的形态、结构、技术条件。以纸质媒体承载课程内容的传统教材，因其固化且缺乏弹性的内容形态已难以适应个性化学习的需要，故而将逐渐被立体化、活页式的新形态教材替代。线下的授课也将逐渐演变成线上或线上线下相结合的教学模式，这对课程资源的丰富性、开放性提出了新的要求，推动了课程开发的协作性与共享性以及教学体验的交互性与参与性。

4. 技术支持

（1）教育技术的定义

人们对教育技术的认识是逐渐深入的。广义教育技术是指人类在教育活动中所采用的方法、工具与所要求教育参与者的技能之和，是为了促进学习，运用教与学的规律，设计教学过程，开发、使用和管理教学资源所采用的技能、工具和方法的综合体；狭义的教育技术是指在解决教育教学问题中所运用的媒体技术和系统技术。

①教育技术的本质特征。

教育教学是一个信息沟通与传递的过程。在这一过程中，不仅有各种技术硬件对信息传递的有效性与效率所提供的支撑，也离不开人对传输信息的有效开发、选取、整合以及信息推送时间、空间、速度、频率等要素的组合、集成的方法策略的设计。因此，教育技术的本质特征包含以下三个方面：一是对各种教学资源的开发，包括人、财、物、信息等；二是用系统方法设计和组织教学过程，有效、高效地利用教学资源；三是追求教育的最优化，通过对教育过程的控制，以提高教育质量，实现教育过程的最佳效果，为教育提供优质服务。

②教育技术的分类。

教育技术分为有形（物化形态）和无形（智能形态）两个大类。物化形态的技术是凝固和体现在有形的物体中的科学知识，如从黑板、粉笔等传统教具到电子计算机等一切可用于教育的器材、设施、设备等；智能形态的技术是指那些以抽象形式表现出来，以功能形式作用于教育实践的科学知识，如系统方法等。

③教育技术的发展趋势。

传统教学手段主要通过语言媒体、文字与印刷媒体，使用黑板、粉笔、挂图、模型、教科书等实施教学，是视角信息与语言信息相结合的一种教学模式。教育的技术支持主要体现在教学主体——教师的个人素质以及教学内容的系统化设置方面，并通过教具应用来提高信息传递的效率。随着信息技术的不断发展，物化的信息技术与教师智能化的教学素养深入整合，使教学技术从口头语言、文字和书籍、印刷教材、电子视听设备为依托的视听教学转向集成多种媒体信息的网络化教学（见图6-16），并依托互联网技术而呈现出自动化、微型化、多样化、网络化、交互化、大众化、综合化、系统化和科学化的趋势。

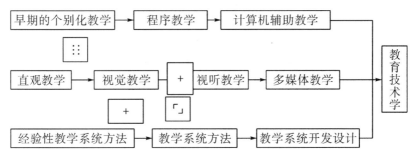

图6-16　教育技术的演化历程

（2）教育技术的原理

教学过程既是传播教育的过程，也是教与学双方有意识地进行沟通的过程。

①信息传播模式。

传播理论对教育技术的贡献是它对教学传播过程所涉及的要求、教学传播过程的基本阶段及教学传播基本规律的归纳。基于现代传播学的奠基人之一拉斯维尔的5W模式，布雷多克揭示了教育传播过程的规律。影响教学信息传播效果的因素见图6-17。

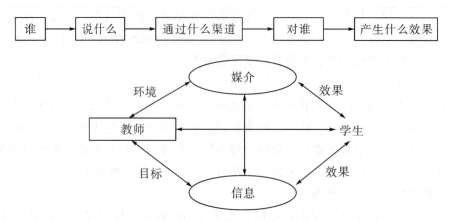

图 6-17　影响教学信息传播效果的因素

　　信息论的创始人香农及同事韦弗在研究信息流通过的过程时，提出了香农-韦弗模式（见图 6-18）。在这一模式中，传播被描述为一种直线性的意向过程，包括了信源、编码、信道、译码、信宿、干扰六个因素。后来在该模式中又增添了反馈因素，形成了双向传播模式。

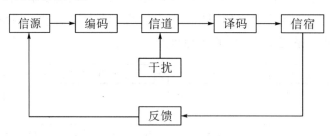

图 6-18　香农-韦弗模式

　　②系统科学理论。

　　所谓系统是指由相互联系、相互作用的要素组成的，具有一定结构和功能的有机整体。如果说传播模式为教育技术的选择与应用提供了分析模型，并且支持教师从各个不同的环节要素对课堂教学予以优化，那么系统科学理论则为教师提供了科学的思维模式。

　　整体性是系统的本质特征，系统中各要素的自身状态及相互关系的形式决定了整个系统的总的功能和效用。以合格率为例，某系统中每个子过程的合格率（或满意率）都达到 99.5%，似乎是一个比较优质的运行结果，但经过 5 个相互衔接的子过程的传递，系统的总体合格率仅为 $95\% \times 95\% \times 95\% \times 95\% \times 95\% = 77.4\%$。显然，一个学校整体的教育教学质量的传递也符合这一规律，进而揭示整体的质量取决于每个环节的 100% 合格（或满意）。

　　没有反馈不成系统。反馈是把已给定的信息作用于对象后产生的结果再输送回来，并对信息的再输入产生影响的一种过程，并使过程形成一个闭合的回路（见图 6-19）。

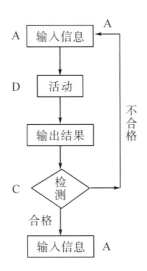

图 6-19　信息反馈模式

（3）现代教育技术的地位与作用

现代教育技术是指有别于传统口耳相传之术的当代多媒体、互联网，乃至虚拟现实等信息化教育技术，是在教育中运用的电子技术、信息技术等现代教育媒体及相应的应用方法、策略、技巧和经验。从物化形态技术来说，现代教育技术更多的在于探讨现代信息技术的教育应用，主要以多媒体和网络技术应用为核心，目的在于形成以多媒体和网络技术为基础的教学环境和学习环境；从智能技术的角度来说，现代教育技术的应用必须以先进的教育理论为指导，以提高教学质量，为实现教育过程的最优化服务。

现代教育技术对教育教学的作用体现在四个方面：一是扩大教育规模。利用现代教育技术，能够突破课堂教学的时空限制，使更多人受到教育，使更多人享受到优质的教育资源，从而推进教育公平。二是提高了教育教学质量。现代教育技术融合了多种类型的信息资源，以生动、形象、感染力强、易于激发学生的学习兴趣和内部动机而提高信息传递的有效性。三是提高教育效率。现代教育技术能够利用各种信息载体对学生的各种感觉器官形成多渠道、全方位的刺激，激发人体多种感官对信息接收与处理的协同机制，从而强化信息存储记忆的潜能，提升信息传递的有效性。四是促进教师的专业化。教师专业化的实质是教师个体专业素养与专业技能的发展过程。现代教育技术带动了教师课堂教学模式的变革，对教师的专业能力提出了新的要求。信息化素养成为教师专业素养的重要组成部分。现代教育技术为教育人力资源的开发与质量提升提供了新的空间与方法路径。

5. 设施设备支持

职业院校日常运行的需求包括生活、学习两个方面，这两个方面都需要完善的设施与设备的支持。职业院校的资产分类见图 6-20。

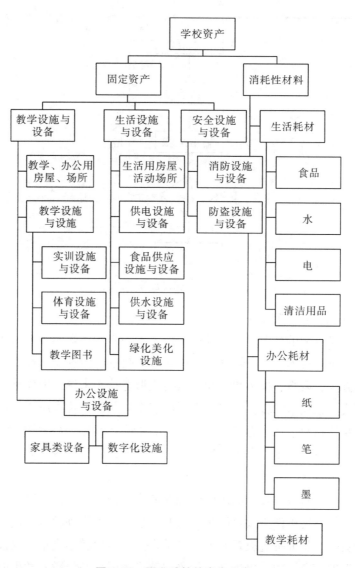

图 6-20　职业院校的资产分类

（1）基于有效运行的设施设备支持模式

①管理的边界。

及时有效的服务不仅在于固定资产的配置，还包括日常运行耗材的及时供应保障。

通常情况下，对"硬件"的认知主要是对实体物化资产的认识。随着学校信息化程度的不断发展，各类软件系统、AR、VR 设施与设备也不断增多，对教育教学支持的力度也不断加大，虚拟现实的设施与设备也必然纳入学校资产管理的范畴。

②以保障有效使用的设施设备管理模式。

设施设备的使用是其支持教育教学的具体体现，保障设施设备有效、高效地使用，是设施设备管理的目标要求。这种管理理念所定位的设施设备支持模式突出的是设施设备运行性能的保障。由于不同设施与设备的运行寿命不同，性能的稳定性以及运行环境的要求均有差异，故通常按维护、检修的频率和难度划分管理类别，建立运行故障风险评估与监测体系。同时配置适当的人员承担维修方面的职责，以报修应答时限来评价其支持教学的服务质量水平。

由于设备的多样性、复杂性以及管理规模的不断扩大，硬件设备的维护业务所需求的人员队伍能力结构将发生根本改变，使设施设备支持的主要矛盾转向人员技术能力不足，最终或许会对学校的管理机制提出挑战。

（2）基于生命周期的设施设备支持模式

必需、够用是设施设备支持教育教学的必要条件。在实际工作中，由于各种因素的作用，某些设施设备的使用率低下甚至长期闲置。另一种比较常见的现象是忽视"老"设施、设备的价值评估，从而削弱了这些设施与设备对教育教学的支持力度。

与基于有效运行的管理模式的根本区别在于，基于生命周期的设施设备支持模式高度关注建设期与淘汰期两个阶段中对设施与设备的价值评估。建设期是从需求的提出到交付使用的全过程，分为需求论证、选型（方案）论证、招标采购、合同实施、合同验收等若干个子过程。需求论证需要关注的是必要性，包括与专业及规模的适配性问题；造型（方案）论证则关注的是前瞻性与性价比的问题。特别是更新迭代速度极快的信息技术设备与设备，更需要结合学校发展中、远期目标，纳入学校整体规划、顶层设计的范畴进行评价。淘汰期的管理也需要对设备的价值进行再认定，特别是与学校的发展历程密切相关，具有物证价值的"老"设施设备，即使没有在一线领域支持教学，但仍可发掘其历史价值，充分发挥其作用。评估确定不能继续有效支持教学的设施与设备，应按规定流程予以淘汰，移出现场并在资产账上进行销账。

（3）从服务的视角对设施设备支持的审视

职业院校的学生大多为寄宿生，其日常生活中的饮食、住宿、交通、环境卫生、健康诊疗、困难资助等都将纳入学校服务的内容，使传统意义上的"后勤"服务转移至直接面向学生的"前台"。这些生活服务既是学校办学的必要条件，也能反映学校的管理模式与管理水平。

生活服务管理模式分为学校自主经营与外包服务模式。根据外包的内容、时间，生活服务管理模式，可以将其分为长期承包和临时承包两种。如引进餐饮企业入校经营，在校内建立"微"市场激发不同企业的竞争，以提升师生的餐饮质量。这种长期承包模式，管理的侧重点在于引进的服务主体资质的审核及运行过程质量的监督。而临时外包如学生异地活动的交通保障，其因需求的临时性及时间的紧迫性，对服务主体的资质难以实施精细化的考核，存在一定的风险，这体现在服务成本控制的有效性和服务质量的不确定性方面。

学生的实习是职业院校教育教学服务的重要过程。在此过程中，实习单位的场地、设备作为学校设施设备的延伸和补充，在人才培养中发挥着重要的作用。但从社会角色的视角而言，实习单位与职业院校是服务的上下游关系，双方融合度不同，则对教育教学的支持程度有相当大的差异。在低水平的融合状态下，实习阶段被视为教学服务的"外包"模式，企业占据"谈判"的主导地位，因为学校提供了实践教学的支持，故作为有偿服务的回报，学校应为企业支付"教学服务"费用。而校企深度融合的模式，则让育人的主体资源、设施与设备资源在资产的权属上实现"你"中有"我"，"我"中有"你"。在育人的目标上高度统一，设施与设备权属上的配比与分权，在运行使用上教学与生产的相互交替，从而为提升人才培养质量提供最有效的支撑，这是职业教育设施与设备支持教育教学的最高境界。目前还鲜有达到这种境界的优秀范例。多数还处于校企双方根据各自的利益需求，通过协议定位双方职责，以提高学生职业成长的协同合作水平，但远未达到人才培养的命运与共的水平。

三、实施范例

（一）总则

学校紧密围绕地方区域经济发展需要，坚持人才培养与社会需求并重，聚焦人才培育和社会培训服务两大主要产品，不断深化产教融合、校企合作，持续完善职业教育和培训体系。依据学生终身学习需求和学员培训需求形成过程管理工作系统，识别出10个工作过程，从核心竞争力培育关联性等维度评估学校所有工作过程，得出8个关键工作过程，推动所有工作过程的识别、设计、实施和改进。

（二）过程的识别与设计

1. 过程识别的管理方法

依据学校的功能定位、战略发展方向以及顾客要求，按照工作过程管理方法，系统地识别、设计工作过程，并实施和改进工作过程。过程识别的管理方法见表6-3。

表6-3 过程识别的管理方法

工作阶段	具体内容
需求明确	1. 社会调研和工作任务分析（包括顾客需求调研分析）； 2. 学校战略目标确定与分解
产品设计	1. 制订标准和方案（各类标准、工作方案等）； 2. 标准和方案的论证、审核； 3. 落实学校战略目标，确定工作过程、细化工作环节，确定关键要求及绩效指标； 4. 保障条件的设计和建设
过程设计	1. 编制工作过程管理体系文件； 2. 执行工作过程流程； 3. 测量绩效指标达成情况

表6-4（续）

工作阶段	具体内容
监控组织	工作流程设计组：质量办牵头 工作流程执行组：相关部门及各系（部） 工作流程优化组：质量办牵头
控制方案	1. 设计方案、流程、标准、制度、规划； 2. 实施计划、系列检查记录表、审核表、评估表、调研表； 3. 满意度调研、管理成熟度评估报告、改进方案

以学生学习需求和学员培训需求为依据，通过"需求明确—产品设计—过程设计—控制方案"等过程识别方法，形成了过程管理工作系统，识别出 12 个工作过程。学校过程管理系统见图 6-21。

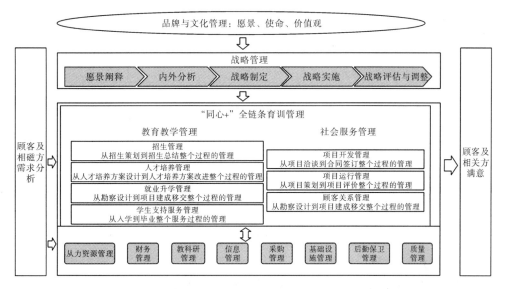

图 6-21 学校过程管理系统

2. 确定关键工作过程

学校采用核心竞争力培育关联度、顾客服务质量关联度两个维度来评估学校所有工作过程（共 12 个工作过程），通过评价分析，得出 7 分以上的关键工作过程共8 个。关键工作过程确定一览表见表 6-5。

表 6-5 关键工作过程确定一览表

序号	工作过程	评分维度（满分 10 分）		总分	备注
		核心竞争力关联度（5 分）	顾客关联度（5 分）		
1	品牌与文化管理（见领导部分）	5	5	10	关键工作过程
2	战略管理（见战略部分）	5	5	10	关键工作过程

表6-5（续）

序号	工作过程		评分维度（满分10分）		总分	备注
			核心竞争力关联度（5分）	顾客关联度（5分）		
3	教育教学成长过程（4个子过程）	招生管理	5	5	10	关键工作过程
		人才培育管理				
		就业升学管理				
		学生支持服务管理				
4	社会服务管理（3个子过程）	项目开发管理	5	5	10	关键工作过程
		项目运行管理				
		顾客关系管理				
5	后勤保卫管理		2	4	6	外部过程
6	人力资源管理（见人力资源部分）		3	4	8	关键工作过程
7	基础设施管理（见基础设施资源部分）		3	4	7	关键工作过程
8	教研科研管理（见技术资源部分）		5	2	7	关键工作过程
9	信息化管理（见信息和知识资源部分）		3	3	6	
10	财务管理（见财务资源部分）		2	3	5	
11	采购管理（见相关方关系部分）		3	2	5	
12	质量管理（见测量、分析与改进部分）		5	5	10	关键工作过程

3. 过程要求的确定

学校根据国家的政策要求、系列国家标准、教育教学服务的特征和要求、不断更新的顾客与相关方的需求和期望以及战略发展需求，借助服务特性展开方法，来确定所有过程要求，具体见表6-6。

表6-6　关键工作过程要求确定一览表

工作过程		功能性	可靠性	响应性	保证性	共情性	有形性
品牌与文化管理（见领导部分）				√		√	
战略管理（见战略部分）					√		
教育教学成长过程（4个子过程）	招生管理			√	√		
	人才培育管理	√	√	√	√	√	√
	就业升学管理				√	√	√
	学生支持服务管理	√	√	√			

214

表6-6(续)

工作过程		功能性	可靠性	响应性	保证性	共情性	有形性
社会培训过程 社会服务管理 (3个子过程)	项目开发管理			√		√	
	项目运行管理			√	√		
	顾客关系管理	√	√	√	√	√	√
后勤保卫管理							
人力资源管理（见人力资源部分）		√	√	√	√	√	√
基础设施管理（见基础设施资源部分）		√	√				√
教研科研管理（见技术资源部分）			√		√		√
信息化管理（见信息和知识资源部分）		√			√		
财务管理（见财务资源部分）			√		√		
采购管理（见相关方关系部分）			√		√		
质量管理（见测量、分析与改进部分）				√	√		

4. 过程的设计

学校基于乌龟图方法来设计学校的全部关键过程，并充分考虑新技术和知识以及变化，从质量、安全、生产率、成本、周期时间、准时率、应变能力等方面来确定测量指标。

(1) 品牌与文化管理过程设计

品牌与文化管理过程设计见图6-22。

品牌与文化管理过程

步骤：精神文化建设　制度文化建设　环境文化建设　行为文化建设

部门	过程				KPI
学校领导	建立“同心”文化体系	构建校园文化管理机制			
宣传与文化建设处	诠释“同心”文化 编制《文化发展战略手册》 拟定校园文化中长期规划 制定校园文化建设年度计划	校园文化系列规章制度	物质文化建设（同心园、文化长廊等）	培育“同心”文化品牌	精神文明和校园文化评价
党政办公室		完善学校规章制度体系	校史馆建设和运营	校史研究	
人事处(教师发展中心)		教职工入职培训 师德师风考核			优秀教师数
学生工作处		学生入学、毕业教育 学生综合素质评价		“忆校史、思校训、戴校徽、唱校歌”教育活动	
团委		文化艺术节制度 第二课堂制度		文化艺术节 第二课堂	活动满意度
各系部		建立“一系一品”制度	弘扬新时期工匠精神	深化课程思政工作 增强课程育人功能 打造“一系一品”文化品牌	品牌项目数
过程方法和制度	《文化手册》			《新时代美育工作实施细则》	相关方需求

图6-22　品牌与文化管理过程设计

（2）战略管理过程设计

战略管理过程设计见图6-23。

	战略管理过程					
步骤：	因素收集与分析	战略制定	制定战略目标	目标分解	制定行动计划	战略执行监督评价过程

部门	过程					KPI
党政办公室	组织内外部因素收集与分析 战略目标达成情况分析	组织战略研讨会（务虚会）组织制定学校总体规划	组织制定学校战略规划目标 组织制定战略规划指标			学校关键战略指标
质量办				组织进行目标分解	组织制定行动计划	定期评价规划执行情况
教务处	政策环境因素分析 行业发展分析					
人事处	人力资源分析	制定人力资源规划				
各部门（系部）	内部优势与不足分析（总结报告）	参加战略研讨 制定各职能规划 提出资源需求		根据学校战略目标，制定部门KPI指标	制定部门行动计划	落实实施部门行动计划 确保部门KPI指标完成	各部门关键考核指标
外部专家		战略研讨指导 策略建议意见				
校领导 校长办公会 党委会		制定战略规划	战略目标审批	KPI指标审批	资源提供	战略规划调整审批
过程方法和制度						

图6-23 战略管理过程设计

（3）教育教学管理过程设计

教育教学管理过程设计见图6-24。

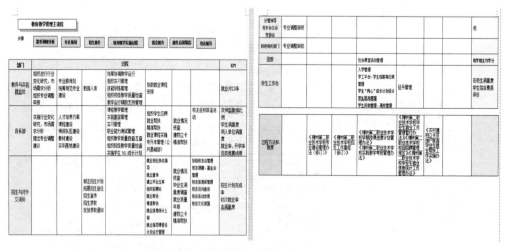

图6-24 教育教学管理过程设计

（4）社会服务管理过程设计

社会服务管理过程设计见图6-25。

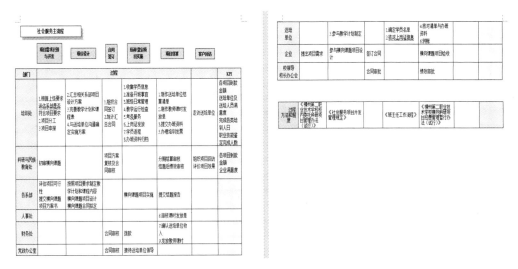

图 6-25　社会服务管理过程设计

（5）人力资源管理过程设计

人力资源管理过程设计见图 6-26。

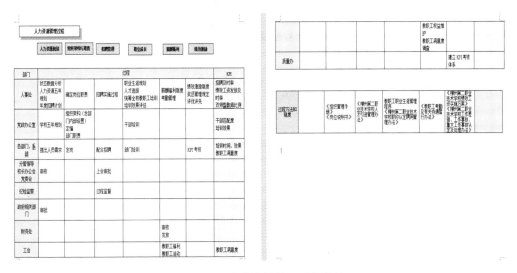

图 6-26　人力资源管理过程设计

（6）后勤保卫管理过程设计

后勤保卫管理过程设计见图 6-27。

后勤保卫管理过程

餐饮服务	宿舍管理	商贸服务	公卫服务	车辆运输服务	物业管理

部门	过程						KPI
后勤与资产管理处	统筹策划 签订合同 食堂卫生管理 食品安全管理	宿舍设施设备管理	商贸统筹规划 合同签订 食品安全管理	开诊服务 健康教育 公卫突发应急管理	用车服务	宿舍安全、清洁卫生和维修已在其他过程体现	安全责任零事故 服务满意度
党政办公室					用车审批 用车服务		
学生工作处		宿舍统筹安排 宿舍规范管理 宿舍卫生清洁					
外包方	餐饮服务实施	宿舍安全管理	商贸服务实施		用车服务		安全责任零事故 违规事件：0 服务满意度 检查整改及时率
使用部门					用车申请		
财务处	校园一卡通管理	校园一卡通管理	校园一卡通管理				应收应付及时率 应收应付准确率
过程方法和制度（部分）	《学生食堂卫生安全管理制度》 《餐饮服务质量监管程序》 《柳州第二职业技术学校食品安全事故应急预案》	《柳州第二职业技术学校学生宿舍管理规定》 《柳州第二职业技术学校"星级宿舍"检查评比办法》	《校园商务服务质量监管程序》	《公卫服务管理制度》 《突发公共卫生事件应急条例》	《公务用车管理办法》	**相关方需求** 客户：安全、便捷 政府：安全 教职工：安全、便捷 合作伙伴：共同发展 供应商：及时付款 社区：安全合规	

图 6-27　后勤保卫管理过程设计

（7）基础设施管理过程设计

基础设施管理过程设计见图 6-28。

基础设施管理过程

总体规划	基建项目管理	维护保养	报修服务	校园环境管理

部门	过程					KPI
后勤与资产管理处	制定学校基础设施建设规划	制定基建项目长短期计划 基建项目过程管理（立项——验收）项目招标采购	基础设施维护保养计划（预防性）维护保养项目管理	报修统筹安排 维修服务过程管理 提供维修服务	校园环境统筹规划	维修完成及时率 服务满意度
决策层（政府）	规划审批	项目审批				
宣传与文化建设处					校园环境文化建设	
外包方		项目实施	维护保养实施	提供维修服务	卫生清洁（公共区域）绿植养护	维修完成及时率 服务满意度
使用部门	提出基础设施建设需求	项目申请	日常使用维护管理	报修申请		
财务处		项目预算与支付管理				付款及时率
过程方法和制度	《校园布局规划及变更管理程序》 《基础设施投资控制管理办法》	《基建工程管理控制程序》	《柳州第二职业技术学校水电设备定期检修制度》 《基础设施定期巡查检查制度》	《柳州第二职业技术学校设施设备维修管理办法》	《校园环境管理办法》 《柳州第二职业技术学校卫生管理制度》 《绿植养护管理制度》	

图 6-28　基础设施管理过程设计

（8）信息化建设管理过程设计

信息化建设管理过程设计见图6-29。

信息化管理过程				
	信息化规划	**信息化项目管理**	**信息化系统管理**	**信息化安全管理**

部门	过程				KPI
信息中心	信息化中长期规划 评估信息化项目，制订 工作计划与预算	项目立项 确认需求 制定方案 实施开发 项目验收	评估信息化系统功能 图文信息化系统维护 学校数据平台建设 信息化系统迭代升级	1.安全漏洞扫面 2.数据集成接口维护（有些 系统没有数据校验） 3.网络跟服务器维护 4.定期备份数据	
后勤与资产 管理处		招标采购			
各部门 （系部）	信息化系统需求提出	确认需求 参与项目验收	对接厂家售后服务	安全措施整改	
校领导 校长办公会 党委会	规划审批	项目审批			
过程方法和 制度					

图 6-29　信息化建设管理过程设计

（9）采购管理过程设计

采购管理过程设计见图6-30。

采购管理过程				
采购需求审批立项	**招标采购**	**项目采购实施**	**验收入库管理**	**供应商管理**

部门	过程					KPI
申购部门	提交采购申请	2.审核招标文件	监督采购合同执行	初验收		
归口部门	组织立项论证					
后勤与资产 管理处	组织立项论证 预算审核（公开询 价、第三方审核）	1.编制招标文件 2.确定采购方式 3.发布采购公告 4.组织签订采购合同	监督采购项目执行		文件归档	项目验收一次 合格率 交付及时率 采购验收一次 合格率
校办		合同评审（法律法 规）				
分管领导 校长办公会 党委会	审批立项					
政府	审批立项					
财务处				组织学校验收		付款及时率
过程方法和 制度	《柳州第二职业技 术学校招标采购管 理办法》	《柳州第二职业技术 学校招标采购管理办 法》	《柳州第二职业 技术学校招标采 购管理办法》		供应商管理规定	

图 6-30　采购管理过程设计

（10）财务资源管理过程设计

财务资源管理过程设计见图 6-31。

人力资源管理过程

人力资源规划　组织架构与职责　招聘管理　职业成长　薪酬福利　绩效激励

部门	过程						KPI
人事处	状态数据分析 人力资源五年规划 年度招聘计划	确定岗位职责	招聘实施过程	职业生涯规划 人才选拔 统筹全校教职工培训 培训效果评估	薪酬福利制度 考勤管理	绩效激励制度 奖惩管理规定 评优评先	招聘及时率 绩效工资发放及时率 双师型教师比例
党政办公室	学校五年规划	组织架构（含部门内部设置） 定编 部门职责		干部培训			干部匹配度 培训效果
各部门、系部	提出人员需求	定岗	配合招聘	部门培训		KPI 考核	培训时间、效果 教职工满意度
分管领导 校长办公会 党委会	审核		上会审批				
纪检监察			过程监督				
政府相关部门	审批						
财务处					审核 发放		
工会					教职工福利 教职工活动		教职工满意度
					教职工权益维护 教职工满意度调查		
质量办						建立 KPI 考核体系	

过程方法和制度		《组织管理手册》 《岗位说明书》	《柳州第二职业技术学校人才引进管理办法》	教职工职业生涯管理程序 《柳州第二职业技术学校职称认定聘用管理办法》	《教职工考勤及有关待遇暂行办法》	《柳州第二职业技术学校绩效工资实施方案》 《柳州第二职业技术学校工作差错、工作事故、重大工作事故认定及处理办法》	

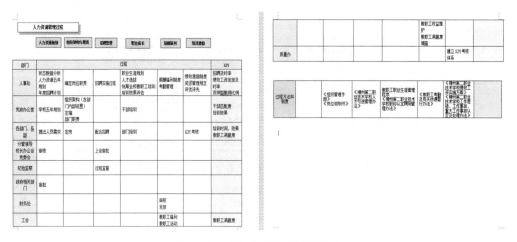

图 6-31　财务资源管理过程设计

（11）质量管理过程设计

质量管理过程设计见图 6-32。

质量管理过程

措施（议题）督办　学校质量管理　内部审计　依法治校　知识管理

部门	过程					KPI
党政办公室	事前检查 过程督促 事后总结反馈			合同评审 项目评审 组织法律法规培训 相关制度审查 涉诉非涉诉案件管理 档案管理		督办及时性
质量办		内部诊断与改进 统筹全国状态数据平台填报 编制学校质量年报 编制自治区质量年报 质量项目统筹推进			收发文管理 文件规范化管理方案 搭建知识管理平台	数据填报准确
信息中心		学校数据平台建设			纵向课题管理 论文管理 专利管理 研发平台建设 成果转化	数据提供及时性
教务与实训就业处					教改科研管理	
相关部门	落实措施（议题）	填报全国状态数据平台 提交质量年报数据				
纪检			1.项目立项论证监督 2.监督项目招标流程 3.合同签订的审核（合同签订流程监督） 4.项目验收监督 5.开展专项审计 6.开展财务收支审计	纪检监察		
各部门（系部）		根据内诊结果实施改进		相关制度建设	文件规范化 知识识别、管理和运用 案例分享 研发平台建设	改进有效性
受审计部门			1.提供材料 2.协助谈话			
财务处			1.提供材料 2.协助谈话			
分管领导 校长办公会 党委会	提供资源支持 审批	数据审核、审批		依法治校氛围建设		
政府相关部门			内控审计检查评估	纪检监察检查评估		

过程方法和制度	《柳州第二职业技术学校党委会议事规则》 《柳州第二职业技术学校校长办公会议事规则》	内部质量保证体系诊断与改进	《柳州第二职业技术学校审计整改工作实施办法(试行)》			

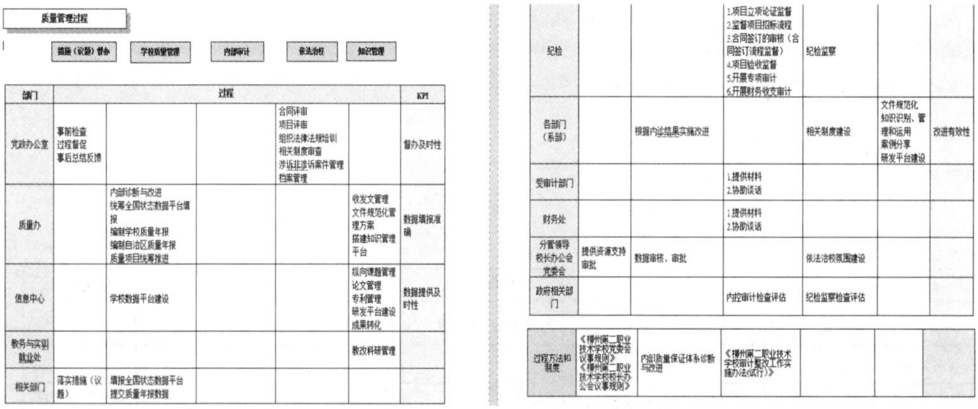

图 6-32　质量管理过程设计

5. 突发事件管理

为保障全校师生员工健康、平安地学习、工作、生活，防范师生安全事故的发生，并能快速、及时、妥善地处理突发的安全事故，切实有效地减轻安全事故的危害，学校应依据《中华人民共和国突发事件应对法》突发事件的分类，并结合教育教学管理过程和社会培训过程的内容，识别出各级各类突发事件，进而制定相关制度和应急预案。

各级各类突发事件的应对制度见表 6-7。

表 6-7　各级各类突发事件的应对制度

类型	相关制度
自然灾害	《地震预防管理措施》《气象灾害管理办法》《水旱灾害预防工作规则》
事故灾难	《学校消防安全管理制度》《传染病疫情登记报告制度》《校园交通安全管理制度》《学校宿舍管理制度》
公共卫生事件	《师生健康管理制度》《突发公共卫生事件报告人制度》《传染病疫情报告管理制度》《传染病疫情登记报告制度》《健康教育制度》《师生健康管理制度》《教职工因病缺勤登记和追踪报告制度》《通风消毒制度》
社会安全事件	《反邪教警示教育规章制度》

各级各类突发事件的应急预案见表 6-8。

表 6-8　各级各类突发事件的应急预案

类型	各类突发事件	应急预案	处置流程
自然灾害	水旱灾害	自然灾害应急预案	学校突发自然灾害应急处置流程
	气象灾害	防台风安全防御应急预案	防台风安全防御应急处置流程
	地震灾害	地震应急预案	地震应急处置流程
事故灾难	重大火灾	火灾突发事故应急预案	防灾演练处置流程 火灾突发事故应急处置流程
	校园公共安全突发事件	安全事故应急处置预案 校运会安全应急预案	突发事件应急处置流程 校园各类重大活动安保处置流程
	供水供电系统等出现突发事故	教学运行突发事件应急预案	教学运行突发事件应急处置流程
公共卫生事件	传染病疫情	传染病处置应急预案 突发公共卫生事件应急预案	传染病处置应急处置流程 突发公共卫生事件应急处置流程
	群体性不明原因疾病		
	重大食物中毒	食品安全事故应急处理预案（包含饮水安全）	食品安全应急处置流程（包含饮水安全）
社会安全事件	校园安全稳定事件	校园欺凌紧急预案 校园拥挤踩踏事故应急预案 防暴反恐工作应急预案 群体性事件应急处置预案	防暴反恐工作应急处置流程 群体性事件应急处置流程
	重大刑事案件		
	黑客入侵等网络安全事件		
	重大治安灾害案件、事故		

开展学生常态化安全排查和防范演练，建立危机预警、安全隐患排除、安全保卫巡查、突发事件应急处理等措施，教育、引导学生增强安全、法纪意识，健全应急处置预案和流程。加强安全舆论信息管理，建设并充分发挥安全信息员队伍的作用，形成安全舆论信息及时掌握、快速应对的机制。开展反不良网贷、反传销、反

网络信息诈骗等教育活动，提高学生安全防范能力。加强法治教育和安全教育，增强学生知法、守法观念和意识，提高学生遵纪守法、自防自救的能力，持续推进平安校园建设。

（三）过程的实施与改进

1. 过程的实施

学校对所有关键工作过程进行设计、实施管理。下面以"教育教学管理过程""社会服务管理过程"为例具体展开说明。

（1）教育教学管理过程

教育教学管理过程包括以下四个子过程：招生管理、人才培育管理、毕业管理、学生支持服务管理。

①招生管理过程。

招生管理过程以"深度融合的顾客关系"为理念，不忘"为学校挑选优质生源"为初心，牢记"把持入口和汇聚名片"为使命，以公平公正为核心、制度建设为基础、信息公开为重点、严格管理为根本、优质服务为依托、有效监督为保障，逐步建立和完善了招生过程。

A. 全计划：提前精心策划，准备十分充分。

内部协作，做好暑假招生工作的部署和安排。

B. 强执行：系统有序实施，进展稳中有序。

通过系统培训、数据监测等，加强实施部门工作精细化管理，保证各岗位人员能够顺畅开展工作。

C. 勤诊改：对标计划进行诊改，提升服务水平。

对标计划与流程，积极开展诊改工作。通过组织召开诊改会议等方式，不断改进工作方式，旨在增强招生工作的针对性和实效性，提升工作效能。

D. 善总结：通力协作，共创佳绩。

在做好阶段性工作总结与年度工作总结报告的同时，坚持需求导向。通过调查问卷等形式，征集不同层面人群对于招生工作的意见和建议，助力创新招生工作方式。数据分析报告（部分）见图6-33。

（二）在报名咨询及新生缴费过程中你觉得哪些方面还需改善？

选项	回复情况
增加咨询及服务人员数量，提高效率	60.39%
改善报名咨询场地，避免过度拥挤	50.68%
增加新生缴费通道，提高缴费速度	37.45%
咨询人员需加强培训，提升专业与服务精神	31.29%
补充说明（请把答案写在选项后方）	1.69%

（三）对于学校2021年招生简章你的评价是？

选项	回复情况
设计美观有吸引力，页面内容丰富	72.40%
设计一般，内容还可以，获取了一些有用信息	21.02%
吸引力不大，看几页就不想看了，没获取什么有用信息	4.44%
没什么印象，好像没看过	2.14%

（四）对于今后学校招生简章内容方面你的偏好是？

选项	回复情况
学生生活的内容多一些，比如学校食堂、宿舍环境等	77.92%
校园活动的内容多一些，比如社团活动、民族文化活动等	65.29%
校园环境的内容多一些，学校优美环境的图片有吸引力	55.90%
学生竞赛获奖的内容多一些，充分展示学校教育教学成果	41.23%
优秀毕业生的内容多一些，可以了解将来的就业前景	40.26%
各系部及专业介绍的文字简洁些，文字太多想看图片	30.09%
其他（请把答案写在选项后方）	0.65%

（五）平时你关注较多的招生宣传渠道是？（多选）

选项	回复情况
微信公众号信息	76.46%
QQ空间信息	22.08%
网站信息	14.10%
抖音平台	29.44%
快手平台	44.51%
电视广告	6.34%
公交车站候车亭广告	6.44%
市中心LED屏幕广告	4.63%
其他（请把答案写在选项后方）	1.40%

（六）对于招生宣传方式你认为最具有吸引力的是？

选项	回复情况
开招生直播，直观展示学校专业及环境	35.76%
抖音视频宣传	34.31%
快手视频宣传	45.97%
在微信公众号上阅览招生信息	44.46%
在QQ空间上阅览招生信息	13.26%
二职老师亲自到初中学校与学生面对面宣讲	46.02%
组među QQ群发布招生信息	12.09%

（七）你在以下哪几种渠道获得过我校招生信息？

（八）你选择就读该二职的原因是什么？

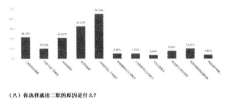

图 6-33　数据分析报告（部分）

②人才培育管理过程。

学校组建多元化团队，经由"专业建设规划、课程建设规划、教学实施与保障、实施效果评价与反馈"等步骤，通过不断循环，持续优化人才培养方案，以实现复合型技术技能人才的培养目标。人才培育系统见图6-34。

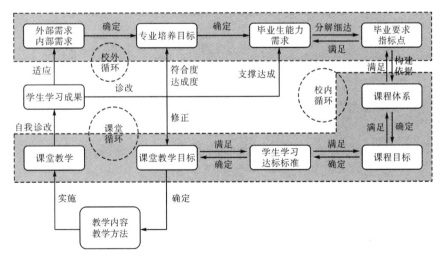

图 6-34　人才培育系统

A. 专业建设规划。

学校将专业建设规划分为事前、事中、事后三个环节，其中，事前构建科学、合理的目标链和标准链，事中及时监控和预警纠偏，事后诊改有成效，确保人才培养目标有效实现。专业建设的规划流程见图6-35。

223

图 6-35　专业建设的规划流程

a. 事前：构建目标链与标准链（简称"两链"）。

依据国家战略、区域发展、行业需求及学校"十四五"规划、系（部）"十四五"规划的目标，结合专业基础，找到各专业发展的定位，并制定能够落地建设的专业专项目标和年度目标，层层分解，融合完善制定星级专业标准。

b. 事前：对标自评，明确当前人才培养的改进方向。

根据内外反馈（企业、学生、家长、校内），并结合校级星级专业建设标准，展开考核性专业诊断，对专业建设能力进行分析，明确劣势项。专业建设对标分析见图6-36。

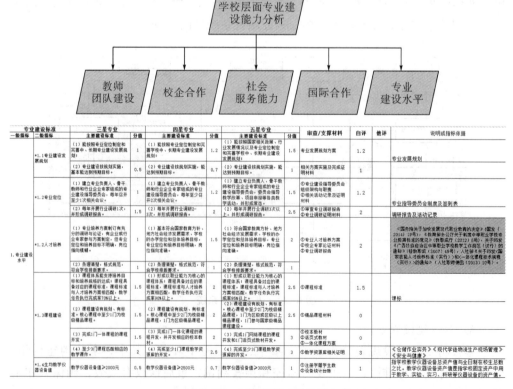

图 6-36　专业建设对标分析

c. 事前：通过确立专业建设组织主体，开展社会需求调研，举办典型工作任务研讨会等方式来确定人才培养方案。

确立专业建设组织主体，专业建设指导委员会给予方向上的指导和把关，校企合作平台给予支持与资源共享。而组织激励则由系（部）给予保障，教师团队合理分工，通过企业、学生调研形成调研报告，结合典型任务研讨会，推进人才培养方案建设，各个参与主体齐心奋进，为人才培养方案保驾护航。

d. 事中：设计质量监控点，提前预警。

根据目标链与标准链设立了专业建设水平、学生培养质量、教师团队建设、实训基地建设、校企合作、社会服务能力、国际合作及其他方面 7 大项目，62 个质控点，见图 6-37。每个质控点又划分为目标值、标准值、预警值三个部分，能够及时发布预警。一旦超出预警水平，就会发布专业监控预警通知单（见图 6-38），以便做到即时控制与纠偏。

图 6-37　专业建设质控点框架

2021年专业监控预警通知单

序号	监控指标	监控内容	团队目标	系部	专业教研室	责任人	监控点	预警值	监测值	预警内容	专业意见反馈
1	办学规模	招生人数	招生人数200人	体育教学部	休闲体育服务与管理	陈安乐	10月30日	<170	164	招生人数低于170	流失率较高 措施：加强学生教育，提升班主任工作水平，控制学生流失
2	3. 教师团队建设	（1）专任专业教师数与本专业在籍学生数比不低于>1:25；	（1）专任专业教师数与本专业在籍学生数比不低于>1:25；	工程机械系	交通工程机械运用与维修	赵晓艳	7月5日	1:25	1:35	交通工程运用与维修专业2021年秋生师比不达标，缺口课时36节/周	专任教师岗位调动 措施：支持专业群内其他专业基础教学。导致师资缺口变大
3	2. 学生培养质量	学生获资格证率80%以上。	学生获资格证率达80%以上。	工程机械系	电子电器应用与维修	马振文	7月1日	80%	61%	电子电器应用与维修专业学生获资格证率为61%	未进行课证融通，学生电工职业资格证的理论和技能学习较短，需要进行课证融通教学改
4	6. 社会服务	每年开展社会咨询和技术服务不少于1次	≥1场次	工程机械系	数控技术应用	贾颖颖	12月5日	≥1场次	未开展	未开展社会咨询和技术服务	疫情原因未组织数控技术培训
5	4. 实训基地建设	实训设备使用率达70%	实训设备使用率达90%	经济贸易系	物流服务与管理	张莉萍	10月30日	70%	50%	物流专业运输一体化实训室使用率10%	任课教师在实训室上课未按要求进行扫码登记，已经进行整改
6	3. 教师团队建设	（1）专任专业教师数与本专业在籍学生数比不低于>1:25；	（1）专任专业教师数与本专业在籍学生数比不低于>1:25；	经济贸易系	物流服务与管理	张莉萍	7月5日	1:25	1:34	物流专业2021年秋学期生师比不达标，缺口课时30节	扩招1个行政教学班，缺口专业教师1人，已上报教师缺口表至教师发展中心，并备案超课

图 6-38　专业监控预警通知单

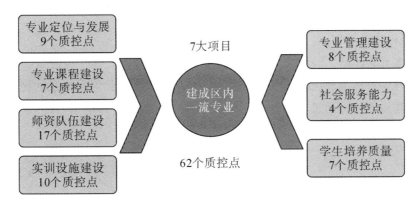

e. 事后：制订诊改方案，及时调整改进，创新人才培养模式。

根据原因分析行业发展趋势和人才需求，及时改进专业建设的发展思路，提出更高的目标，有针对性地制订诊改方案。立足当地产业，与职业岗位鉴定标准实现有效衔接。

专业建设优化前后对比见图6-39。

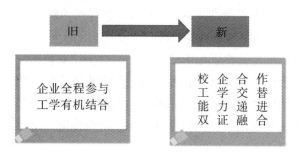

图 6-39 专业建设优化前后对比

B. 课程建设规划。

组建多元化团队，经由"'两链'打造、课程质控点设计、诊改效果反馈"等步骤，构建课程标准建设的八字螺旋诊改机制，开展全面的课程体系的规划以及课程标准的建设工作。通过不断循环、监测一体、诊断改进等举措，提升教学质量。课程建设系统见图6-40。

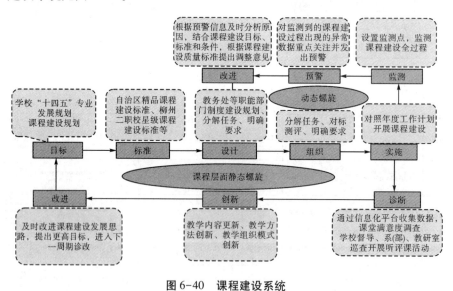

图 6-40 课程建设系统

a. "两链"打造。

学校各专业根据学校发展及课程规划制定了专业课程建设规划，从而形成了学校到部门再到核心课程的目标链。为了更出色地完成各级任务目标，将各级任务从学校到部门、系（部）到教研室，自上而下逐层分解、层层落实推进。

同时，学校还完善了校级星级课程建设标准。随后，依据星级课程建设标准，并结合学校的实际情况，在课程建设规划、课程标准、课程资源、课程团队、课程实施、课程评价、课程建设与实施成效八个层面建立起了相应的指标体系。

b. 对标分析。

结合课程建设目标及课程标准，学校针对每门课程进行对标分析，明确其中的薄弱项，同时依据原因制定工作任务。

课程建设自诊分析报告见图6-41。

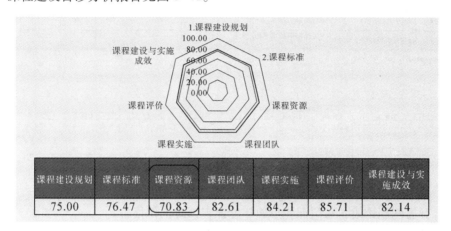

课程建设规划	课程标准	课程资源	课程团队	课程实施	课程评价	课程建设与实施成效
75.00	76.47	70.83	82.61	84.21	85.71	82.14

图6-41 课程建设自诊分析报告

c. 制订课程诊改工作计划。

针对于薄弱项，参照标准要求展开原因分析，并制定改进措施及预期成效，落实诊改工作。

诊改工作计划见图6-42。

诊断项目		诊断意见				预计完成时间
项目	标准	存在问题	原因分析	改进措施	预期效果	
课程建设与实施成效	教研教改	（1）能够及时开展教研活动，每学期活动≥5次。（2）三年内参加至少1项与本课程相关的市级教研教改项目或课题。	教师教科研能力有待提升	教研参与度不够	及时开展教研活动，查找问题，积极申报课题。	至少2项与本课程相关的市级教研教改项目或课题	2023年
	标志性成果/教学创新	（1）经专家审核评价，等级为"良好"或同等级别的评价。（2）课程团队成员参加市级教育教学能力比赛获奖，或在区级期刊公开发表著作、论文等。	教师教科研能力有待提升	教研参与度不够	查找问题，积极撰写论文	参与论文评比达5篇。	2024年
课程评价	团队建设	知识结构和年龄结构合理，有中青年教师的培养计划。培育一支国家级思政创新团队	课程团队建设不够完善	新入职教师增多	新老教师结对子，帮助新进教师提高专业水平	完成新老教师结对子相关任务，提高讲师晋升比例。	2025年

图6-42 诊改工作计划

d. 信息化监控管理。

学校从课程建设规划、课程标准、课程资源、课程团队、课程实施、课程评价及课程建设与实施成效方面设计了7个维度、26个观测点。借助信息平台发现课程建设中的问题,下发课程监控预警通知单(见图6-43),及时把问题反馈给相关负责人。相关负责人在接收到预警通知单后,便着手查找问题,并制定解决的办法和措施,以确保建设目标顺利完成。

课程监控预警通知单									
序号	监控指标	监控内容	团队目标	专业教研室	责任人	监控点	预警值	监测值	预警内容	意见反馈
1	课程实施	教学文件抽查合格率>80%	教学文件抽查合格率>80%				80%	75%		
2	课程评价	课程的及格率>70%	课程的及格率>70%				70%	65%		
3	课程评价	学生对本课程的满意率>80	学生对本课程的满意率>80				80%	79%		

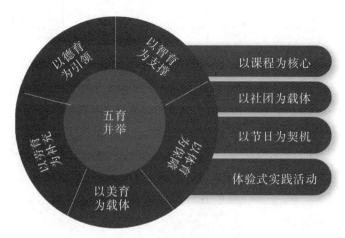

图6-43　课程监控预警通知单

e. 开展问题诊改,每门课程形成年度课程诊改工作报告。

开展问题诊改,每门课程形成年度课程诊改工作报告,及时调整并完善课程建设的发展思路,提出更高目标。

C. 构建"四维"教学实施模式。

育人为本,质量为先。学校坚持立德树人育人方针,探索"多类型、分层次"办学新路径,遵循"企业需求与学生需求并重"原则,充分利用社会资源,以系统提升学生职业能力为目标,构建了课程、社团、节日、体验式实践活动四种方式,以实现五育并举,让学生在各个领域能够获得全面发展。"四维"教学实施模式见图6-44。

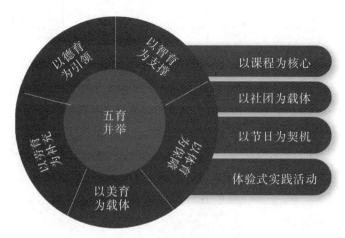

图6-44　"四维"教学实施模式

a. 构建以课程为核心的多种形式的课堂教学模式。

学校建立适合不同专业课类型的课堂教学模式，推行校内课堂、企业课堂"两类课堂"教学模式。采用项目教学、案例教学、以工作过程为导向教学、议题式教学等教学方法，教师在校内课堂上完成专业理论知识的教授，以及学生专业基本技能的训练；在企业课堂上完成学徒专业综合技能训练、提升工作实践能力，学徒毕业时考取相关技能证书。议题式教学模式见图6-45。

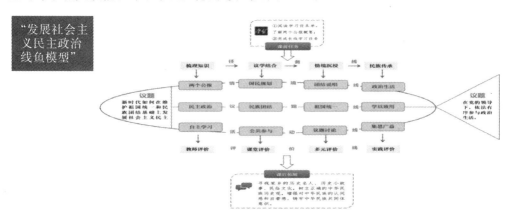

图6-45 议题式教学模式

b. 构建完善的社团活动体系。

学校依据学生的兴趣和特长开展了丰富多彩的社团活动，并建立了完善的社团活动体系，涵盖了文艺、体育、技能、公益等类型的学生社团，打造了侗美合唱团、紫荆工艺刺绣、青年志愿者协会等一批享誉区内外的学生精品社团，在丰富学校课余文化生活、培养学生的兴趣爱好、提高学生综合素质方面起到了重要的作用。

c. 形成有效的校企协作实践教学育人机制。

坚持特色型、实用型、混合型原则，不断完善实践教学体系，通过校企双方共同构建在校学习、校内实训、企业实践、"3+1"人才培养模式，为学生规划了学生、学徒、准员工、员工的四个阶段的成长规划路线。在过程中，大力推行以学校导师、企业技术导师以及数字媒体导师为主体的师带徒模式，构建了以项目为评价主线，以工作态度、技能能力、协作能力为三个评价维度的"一线三维"的评价体系。

D. 保障教育教学条件的设计和建设。

a. 实训基地建设。

按照"贴近生产、贴近技术、贴近工艺"的特点及原则，建设集教学、培训、研发于一体的实训基地。以实践能力培养为主线，构建基本技能、专项技能、综合技能和创新实践能力的实践教学体系，把工程意识和精湛技能的养成贯穿全过程，系统培养学生综合运用知识、理论和技术，旨在培养分析和解决生产实际问题的能力，以及提升工程实践能力和创新能力。实训基地的建设步骤见图6-46。

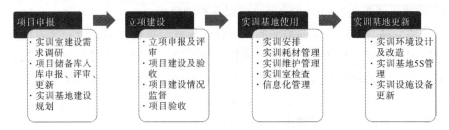

图 6-46　实训基地的建设步骤

基于非物质文化遗产、智慧、国际、同心等多维度建设现代化一流的实训基地，深化产教融合，促进教育链、人才链与产业链、创新链有机衔接，综合性地展现了浓郁的育人环境，丰硕的教学成果，优质的办学质量，以及学校"服务区域经济、成就师生梦想"的办学目标。

b. "数字"课程资源建设。

学校狠抓课程教学内容改革，校企合作开发专业课程教材，在教材内容中融入柳工等企业生产工作实际的工艺、方法、流程、规范以及标准岗位要求，让教材和专业具有高度的技术跟随度；运用信息化技术开发教学资源，建成线上和线下相结合的"立体式"教材，实现优质课程资源智能管理和共享，助推专业建设和发展。同时，聚力打造国际化双语课程，探索职教新机遇。

c. 搭建"教学名师+技能大师+双师+评估师"的多元化优质教师团队。

通过校企合作，外引内培，不断提高学校师资团队水平，特别是在"双师型"教师的占比、"1+X"师资方面，为每个专业逐步搭建起了"教学名师+技能大师+双师+评估师"的多元化优质教师团队。

E. 构建"目标—标准—过程"教学质量监控系统，提高教学质量水平。

a. 构建"目标—标准—过程"教学质量监控系统。

结合学校"十四五"规划及专项规划目标，确定目标监控内容，搭建教学质量评价标准框架，以专职督导队伍为基础，每学期在各系（部）聘任专任教师轮流担任兼职督导员，针对招生、人才培养和就业服务等环节，制定督导工作标准，定期开展培训工作，增强督导工作的专业性和先进性。

同时，建立各级领导和教师的听课制度，组建教学质量学生信息员队伍，从不同角度收集教育教学实施过程中的亮点工作和待改进工作。根据每周发布的教学督导通报、信息员监督意见、听课意见以及期初、期中和期末的教学质量检查结果，定期召开教学质量分析反馈会议，持续改进，从而达成人人参与质量管理的目标。

b. 搭建教学诊改平台，明确前进的道路。

以人才培养工作状态数据动态源头采集为要求，加强智慧化校园建设，建立了校本数据中心，注重对学生考勤、课堂教学参与率、学习效果等教学质量指标的监测，从顶层搭建了内部诊断与改进教学质量管理平台。基于教学诊改信息化管理平台、智慧校园信息平台与超星课程平台等信息化技术实现教学过程数据采集、检测、分析、预警等功能，搭建质量预警平台，实现与全国中职学校人才培养工作状态数据管理系统的对接，对学校教育教学进行监控预警和数据分析。学校领导和相关部门依据系统提供的数据，针对预警点进行诊改，确保学校高效、高速发展，提升学校教学诊改的智能化水平。

③毕业相关服务管理过程。

A. 就业服务。

学校高度重视毕业生就业工作，落实"一把手工程"和目标责任制。学校与政府、行业、园区、企业深度融合，搭建就业推荐协作平台，秉持"择优推荐、高效精准"的服务理念，面向毕业生和用人单位开展各项工作。在就业指导、市场开拓、校园招聘、签约派遣、跟踪回访环节中，开展形式多样、内容丰富、针对性强的就业服务工作。充分利用云就业管理平台、就业服务网站、微信服务号等信息化手段，实现就业各项工作的优质、高效、精准化。通过多层次相结合的手段及方式开展各项工作，实现了毕业生高质量充分就业；通过精准帮扶，达成有就业意愿、建档立卡毕业生100%就业的总体目标。

B. 升学服务。

学校高度重视升学工作，深入研究最新的升学动态和政策，全面分析学生近几年的升学考试情况，鼓励同学们抓住机会争取走入大学校园。同时，学校邀请其他高等职业院校走进来，以宣讲活动为切入点，帮助学生全面深入地了解历年广西部分高等职业院校的招生情况和办学特色。通过全方位的升学辅导，提升整体升学率，为学校对口升学工作稳步实施助力，让即将面临升学填志愿的广大报考学生不再盲从，明确心中的"志愿"，圆满实现大学梦。

④学生支持服务管理过程。

引入卓越绩效管理模式，全面树立"管理"向"服务"转变的质量文化理念，建设高效便捷的"一站式"综合服务中心，服务于学生的衣、食、住、行，构建"445"心理健康服务体系，系统设计学生服务过程，培养学生自我教育、自我管理、自我服务的能力，为学生的全面发展提供强有力的服务支撑。学生支持服务过程的实施方法见图6-47。

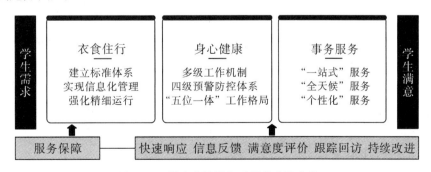

图6-47　学生支持服务过程的实施方法

建立学生心理健康信息库，动态监控学生心理健康状况的变化，构建"学校（心理咨询）—系部（心理辅导站）—班级（心理教育）—园区（心理活动）"多级工作机制，建立学校—系（部）—班级—宿舍"四级"预警防控体系，深入构建教育教学、实践活动、咨询服务、预防干预、平台保障"五位一体"的心理健康教育工作格局。

（2）社会培训过程

在学校构建产教融合生态圈的目标下，社会培训服务过程秉持卓越绩效理念，按照"依托专业、整合资源、搭建平台，满足需求"的指导思想，聚焦项目开发、品牌打造、运营推广三个发力点。立足柳州，拓展区域合作，从线下向线上不断拓展，加强培训基地建设，拓展服务功能，建立了"制度化、规范化、市场化、特色化、体系化"的社会培训服务工作机制。按照培训项目开发、招收学员、培训实施管理、测试与鉴定、后续支持和生活服务的工作环节，高质量、高效率地承接并完成各类社会培训任务，为产业升级赋能、为城市发展赋能。社会服务过程的实施方法见图6-48。

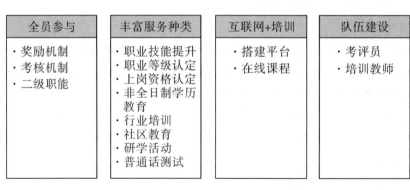

图6-48 社会服务过程的实施方法

依据国家政策打造学校标准链，健全奖励考核机制，丰富社会服务的种类。充分发挥艺术设计专业的优势，积极探索民族手工刺绣技艺与现代工艺相结合的创新之路，创新"产教融合+技艺传承+产业振兴"的模式，充分发挥"政府牵头+学校创新+企业投资合作"的阵地作用，不断提升社会培训服务质量。具体做法有如下两点。

一是开展培训后的考核。通过统计分析考核通过率或职业技能资格证获得比例，检验培训质量，并进一步分析有关原因，将分析结论作为改进培训内容和方式的依据。二是回访学员及学员所在单位，对培训是否增强了学员在工作中的工作能力，或者是否助力其取得更好工作业绩进行相关性研究，研究结论也作为对培训实效性的评价依据。在此基础上，探寻培训工作的改进契机及创新思路。

（3）质量管理过程

在质量管理过程中，学校聚焦理想信念、制度建设、标准建设、质量监控、成果建设、质量年报撰写等工作，按照各环节的关键要求和绩效指标，制定各环节的具体实施流程，形成一系列文件制度。质量管理过程的相关制度文件见表6-10。

表6-10　质量管理过程的相关制度文件

序号	工作环节		文件制度
1	制定标准	关键要求识别、确定关键质控点、标准制定、评价更新	课堂教学质量等级评定实施办法 学生综合素质教育活动监控管理办法 人才培养质量社会监控办法 教学工作检查实施办法 工作事故认定及处理暂行办法
2	质量检查	检查计划制订、检查实施、检查情况记录、统计分析、结果反馈	
3	质量改进	原因分析、改进计划制订、改进措施实施、改进效果评价	

①"4+2"质量监控队伍与标准。

构建教学督导与行政督查一体化管理模式，成立质量与督导办公室作为专门的督导、督查机构，组建多元参与的"4+2"教学质量监控队伍，制定监控标准，实施全面、全程、全员参与的教学质量监控，建立全员参与、运转高效、即诊即改的中等职业学校教学质量监控机制。教学质量监控模式见图6-49。

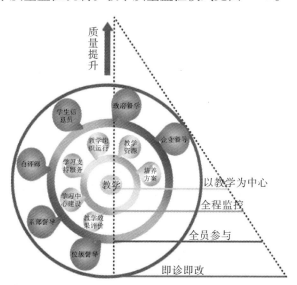

图6-49　教学质量监控模式

②常态化开展质量监控工作。

学校通过建立监督检查机制，开展巡视检查教学、行政（教辅）部门及人员的日常工作，随机听课（评课）、听取教职工及学生信息员的意见或建议等多种形式的督教、督学、督管活动，全面收集教学、行政工作的各类信息。

同时，建立评价指导机制，根据质量标准和评价体系，对教学、行政工作各环节进行评价，对相关教学、行政人员的工作进行分类指导。

　　另外，建立反馈调节机制，及时将日常督导督查发现的问题以及改进意见向领导或决策层汇报；通过编写教学、行政督导、督查通报等方式，定期发布督导督查报告，对存在的问题的相关部门要求限期整改，并跟踪改进情况，确保各项教育教学工作正常开展。

2. 过程的改进

　　学校创建对标自诊 PDCA 双循环螺旋改进工具，将改进循环中的 D（Do）环节进行细化设计，构建逻辑完整的诊断循环，按照"目标标准引领、设计组织保障、过程监控预警、诊断改进提高"的模式（见图 6-50）进行周期性诊改。学校（部门）、专业、课程、教师层面按一年一个周期进行常态化诊改；学生层面按一学年一周期进行常态化诊改。通过反复循环的过程，引导学校、专业、各部门和师生注重常态化自我诊断与修正。

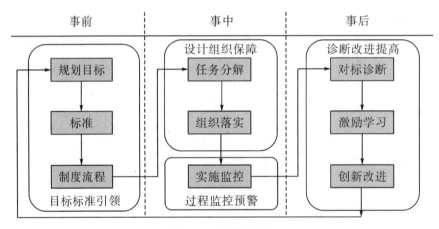

图 6-50　过程的改进

（1）教育教学管理过程的改进

①专业建设规划改进案例。

　　随着人才培养目标的升级，学校的人才培养过程也进行了相应的调整，结合在教学实施中的效果反馈，解决问题并持续改进。人才培养过程的改进见表 6-10。

表 6-10　人才培养过程的改进

问题	成因分析	质控点	诊改前状况	改进措施
专业定位模糊，特色不明显	专业自身建设中有一定特色，但不够彰显，对外影响力与引领作用相对不足	专业定位	作为学校重点建设专业和老牌专业，有一定优势，但定位尚不够清晰	调整专业原有定位，紧跟当地产业发展的步伐，在原有基础上扩大专业在全区、全市的影响力
教学效果有待进一步提升	学生学习目的不明确，教学效果评价不够科学	课程及格率优秀率	授课方式传统，强调知识传授，对技能操作要求不足，考核方式陈旧，考核方案单一	推动课程建设内涵化，推广信息化教学，多采用实践课程，修订课标，实施过程性考核方案，开展教学改革

表6-10(续)

问题	成因分析	质控点	诊改前状况	改进措施
产教融合度不高	社会服务能力有待提升，校企合作形式单一	社会服务校企合作	未建立有效的产教融合机制	探索建立产教融合的实训基地，开展技术培训和合作项目

②教学保障改进案例。

课程资源改进计划见图6-51。

图 6-51　课程资源改进计划

（2）社会服务过程的改进

社会服务过程的改进案例（部分）见表6-11。

表 6-11　社会服务过程的改进案例（部分）

过程环节	问题	改进措施
项目开发	职业技能等级培训耗时长，系部派出教师进行培训压力大；同时随着培训监管的日益严格，企业无法安排职工脱产进行培训，导致培训效果低，补贴收入下降	1. 结合企业实际情况，开辟培训项目，聚焦专项能力、非标准培训等耗时短的培训项目。 2. 针对市场需求及学校实际情况，对缝纫工、保育员等工种加强培训教师培养，指导并鼓励教师考取相关工种等级证书
鉴定工作	随着学校鉴定工种的增多，鉴定工作量越来越大。如何在工作增多的同时，确保服务质量，提高出证速度	1. 结合市场趋势及时制订考评员培养计划，增加、提高学校相关工种考评员的数量与业务能力。 2. 梳理取证流程，聚焦取证过程中的每个关键环节，缩短出证时间

第七章 评测分析与改进

一、基本概念

职业学校卓越绩效管理的学习、改进与创新理念和企业存在一定区别。通常情况下，这一理念仅针对员工。然而，对于职业学校来说，学习、改进与创新不仅是对学校、教职工的要求，也是对学生的要求。

为推动学校教职工的学习、改进与创新，应当加强学习型组织建设，营造全员学习提高的良好氛围。职业学校教职工学习、改进与创新的内涵与企业员工相比也有所不同，其学习、改进除体现在教育教学能力的提升、教学方式方法或管理方式方法的改进上外，教职工学历、职称以及技术技能水平也是一个重要方面。教职工的创新，除针对学校内部教学和管理过程、体制机制等创新外，也包含自身专业上的创新，最典型的就是校企合作中的创新创业活动。职业学校要形成一套促进创新的体制机制，领导层要理解创新对卓越绩效的重要性，制定促进创新的激励政策，推动学校内部创新氛围的形成。将创新作为学校文化建设的一部分，构建以创新为核心的学校文化。

学校学生学习、改进与创新理念要求职业学校要改进传统的灌输式教学方法，通过探索诸如任务驱动等来提升学生自主学习能力的教学方式。深入开展学生创新创业教育，将创新创业教育融入人才培养的全过程，建设学校创新创业孵化基地，培育学生创新创业项目，提升学生创新能力，推动职业学校卓越绩效目标的达成。

二、实践说明

教育教学质量是学校核心竞争力的集中体现，是新时代职业教育内涵发展的客观要求。而内涵建设的紧迫任务是明晰内涵建设的重要性和合理性。教育教学质量测量、分析与改进是职业院校内涵建设的切入点和方法路径。

（一）绩效管理

1. 质量的内涵及相关术语

（1）质量、质量标准与质量检验

质量是一组特性满足需求的程度，包含"特性""需求""程度"三个核心内涵。

不同事物的特性不一，用以描述质量的内容指标就不尽相同。例如，实物产品的特性可以用其外观（如大小、形状等）描述其特性，食品可以用色、香、味等描述其特性。教育教学属于服务类产品，其特性中包含了一些"无形性"的特质。因此，对教育教学质量的特性描述常常以其载体，即专业、课程、学生的水平和教育教学过程运行的规范性来呈现。

"需求"也是一种"标准"的概念。根据"需求方"的不同，标准既有统一标准和个性标准，也有国家标准、组织标准、行业标准、组织内部标准，或者分为隐性标准和显性标准，等等。描述各种不同需求的标准是多样的、复杂的。有些可以直接用具体的数据说明，如工件的直径为 0.02 cm，药品的规格为 0.2 mg。对难以量化的需求，通常以文字"定性"的方式进行描述，如对中层干部的能力要求"尊重、理解他人的观点并重视所有合作成员的贡献"。

"程度"是对比得出的结果，从而衍生出参照系（物）与测量值以及偏差等概念。测量值是对某事物检测的结果，与技术、方法、人员、环境、设施、设备等因素有关。为保证测量值能真实、客观、准确地反映被检测事物的特性，通常需要对这些要素予以规范，即形成统一的、相对固化的、可执行的工作文件，这类工作文件也属于技术标准性文件的范畴。参照系（物）实际上就是标准。将测量值与标准进行对比，由此所形成相符"程度"的判断结论，被称为质量结论。质量结论可能是针对某一项指标所形成的，如药品含量合格；也可能是针对一系列指标所形成的，如药品生产现场的清场需要检查物料是否完全清除、文件是否完全归位、设备与用具是否完全清洁消毒，以及场地的地面、墙面、台面、地漏等是否已经完全清洁消毒等多项指标，才能得出"清场"是否合格，是否可以签署"放行"的结论。这种以"是"或"否"描述的标准是对需求的"定性"描述。这常常用于难以量化地描述的事物。

将定性指标划分为若干个等级，并为各等级赋予一定的数量值（赋分），这是将定性指标转化为量化指标的常用方法，适用于相对复杂、需要定量与定性相结合的质量评价。

（2）偏差与警戒

偏差与警戒是与量化评价相关的概念。偏差是测量值与标准偏离的程度。以具体数据呈现的标准，常常会对其偏离的范围予以限制，如工件的直径为 20.0±0.3 cm，意味着该工件的直径可以有 0.3 cm 的偏差，只要测量数据为 19.9～20.3 cm，该工件的质量都是合格的。±0.3 cm 就是直径标准的偏差许可范围。

偏差是在系统静态条件下对测量结果偏离标准范围的规定。警戒则是在系统动态条件下对测量结果偏离标准范围的趋势及潜在的质量风险与风险程度的判断。警戒的范围被称为警戒线，其应小于偏差许可范围。偏差范围内意味着质量合格，警戒范围内意味着质量安全，超出警戒范围不一定出现质量不合格，但提示会存在不合格的风险，应采取措施予以防范。警戒线的设定是质量风险管理的核心技术之一。

2. 绩效与绩效管理模式

绩效管理是人力资源管理中完整的过程和体系，包含目标设定、实施计划、绩效考核、结果运作。

（1）绩效的含义

"绩"指功业、成果，"效"指效能、效率。绩效是兼具实际状态水平以及达到这种状态的速率的概念，常常用来描述组织工作的质量水平及效率，绩效高意味着质量水平高和速度快。绩效也常常用于定义人可观察到的行为与结果。并非所有的行为都是绩效，只有对组织目标的实现有贡献的行为才能称为绩效。因此，成熟的行为观点认为：有些工作结果是与员工行为无关的因素造成的，这些结果不能看作绩效；过度关注结果会导致忽视重要的过程和人际因素，可能导致短期行为而造成不良后果。

（2）绩效的外延

绩效的外延包括三个方面。

①绩效是一个具有可比性的量化数据。

尽管质量可以有定量评价和定量评价两种形式，但作为绩效的重要组成部分，质量所反映的水平指标均需进行量化。这种量化并不排除某些质量标准及质量检测数据的直接引用，同时也需要通过对定性的质量指标赋分的方式给予量化分值，以使来自不同的质量状态所描述的绩效水平具有可比性。

②绩效目标定位于绩效要素 100%合格。

绩效水平的实现不仅是业务运行的结果，也与支持业务运行的人、财、物等支持系统密切相关。因此，绩效是运行绩效与支持系统绩效叠加的结果。

绩效的传递与质量的传递具有相似的规律，如生产某一种产品经过 5 道工序，每道工序的合格率均达到 99.9%，则最终的产品合格率为：

$$Y = 99.9\% \times 99.9\% \times 99.9\% \times 99.9\% \times 99.9\% = 95.1\%$$

这一规律提示的是绩效水平的整体性、质量提升目标的一致性和组织的协同性。即使从单一的工序（过程）或单一的部门指标数据显现出高水平，但经过若干子过程和部门的叠加和传递，组织的总体绩效是降低的。因此，绩效目标不是某项质量指标的高水平，而是要让所有过程、所有业务的合格率达到 100%。

③组织的绩效水平取决于组织目标的自主定位。

绩效水平是一个可持续提升的概念，但只代表组织的目标与愿景。绩效水平在不同的组织间没有统一的规定与要求，只对本组织有效，属于组织内部的、个性化的标准范畴。而且由于组织的业务性质不同，或者同一组织在不同时期所追求的目标愿景不同，所选择构成绩效标准的指标与水平定位也可能有很大的区别。

（3）质量与绩效的差异

质量测量与绩效测量都是采用适当的工具对目标特性指标数据进行采集，用以评价与标准的符合程度的工作过程。质量水平和绩效水平都能反映组织的业绩所处的状态。质量是构成绩效的重要组成部分，绩效追求的是高质量水平状态下的高效率。

质量与绩效的区别如下。

①测量的对象与范围不同。

质量测量适用于实物性产品的评判，质量测量能够针对某一个单项指标进行测量，既适用于"事"也适用于"物"的评价。而绩效测量绩既适用于质量测量结果的统计（是对"事"和"人"的评价），也适用于组织或团队工作水平的评判。

②测量方法与结论不同。

质量测量有定性与定量两种形式，其中定性的结果可以按等级予以呈现，定量的结果则以数据形式呈现。而绩效测量即便采用了定性的方法，但仍需将定性结果按一定的方式进行量化。

③策略关注侧重点不同。

质量测量的侧重点在测量，关注测量工具、测量方法、测量技术反映客观事物特性的准确性和客观性。而绩效测量针对的对象是人，因此对测量要素的关注更加侧重公平性与公正性。

（二）绩效测量

绩效测量也被称作绩效考核，主要指应用特定的指标和标准，以实现企业生产经营的目的，对承担生产经营过程和结果的各级管理人员完成指定的工作业绩，以及由此带来的诸多效果做出价值判断的过程。

1. 绩效测量的意义与原则

（1）绩效测量的意义

绩效测量包括指标定位、数据采集、数据统计等操作过程，其意义在于：

①达成目标。

绩效测量本质上是一种过程管理，而不是仅仅对结果的考核。它是将中长期的目标分解成年度、季度、月度指标，不断督促员工实现、完成的过程，有效的绩效考核能帮助组织达成目标。

②挖掘问题。

绩效测量是一个不断制订计划、执行、改正的 PDCA 循环过程。整个绩效管理环节，包括绩效目标设定、绩效要求达成、绩效实施修正、绩效面谈、绩效改进、再制定目标的循环，这是一个不断发现问题的过程。

③分配利益。

与利益不挂钩的考核是没有意义的。员工的工资一般分为两个部分：固定工资和绩效工资。绩效工资的分配与员工的绩效考核得分息息相关，因此一说起考核，员工的第一反应往往是绩效工资的发放。

④促进成长。

绩效考核的最终目的并非单纯地进行利益分配，而是促进组织与员工的共同成长。通过考核发现问题，找到差距进行提升，最后达到双赢。

（2）绩效测量的原则

①目标性。

绩效指标的测量并非目的，而是测量在统一目标的引导下，各个部门、环节为目标达成所做出的贡献率。因此，在绩效测量指标的选择上，需要明确界定测量指标与组织总体目标的关系，避免绩效测量指标偏离总体目标而导致绩效测量的效益降低甚至造成资源的浪费。

②全面性。

绩效指标应当全面反映组织的业绩状态，特别要全面反映组织目标的达成度与水平。同时，绩效指标也应能够在一定程度上反映组织发展的趋势与潜力，能够为组织的持续改进与提升提供有力的依据。

③激励性。

绩效测量的目的是建立在有效激励的前提下绩效测量的结果形成绩效高低的排序，如果不作为激励条件与薪酬挂钩，那么绩效的测量就完全没有意义。绩效测量的结果必须与利益和薪酬挂钩，才能够引起组织自上至下的重视。

④认同性。

绩效的测量必然会形成不同组织、人员之间的对比，进而刺激人的应激反应，甚至会成为潜在的风险。因此，绩效测量的推行，要求组织必须具备相应的文化底蕴，要求员工具备一定的职业化素养。

⑤可控性。

绩效测量是组织的一种管理行为，是组织表达要求的方式，其过程必须为组织所掌控。如果绩效测量指标不能量化则使绩效测量流于形式，可量化的指标在测量的技术、方法、手段上不能实现，或者因形成的量化结果出现较大偏差，都可能导致绩效测量的意义丧失。

⑥持续性。

持续的绩效测量能够反映绩效发展的趋势，有助于组织发现和判断发展的潜力和缺陷，评估风险强度，以此为建立有效的防范措施提供可靠的依据。

2. 绩效测量指标

绩效测量指标是绩效测量的标准，通常可以按绩效内容、测量时间、指标类型、管理模式以及人力资源需要进行分类（见图7-1）。

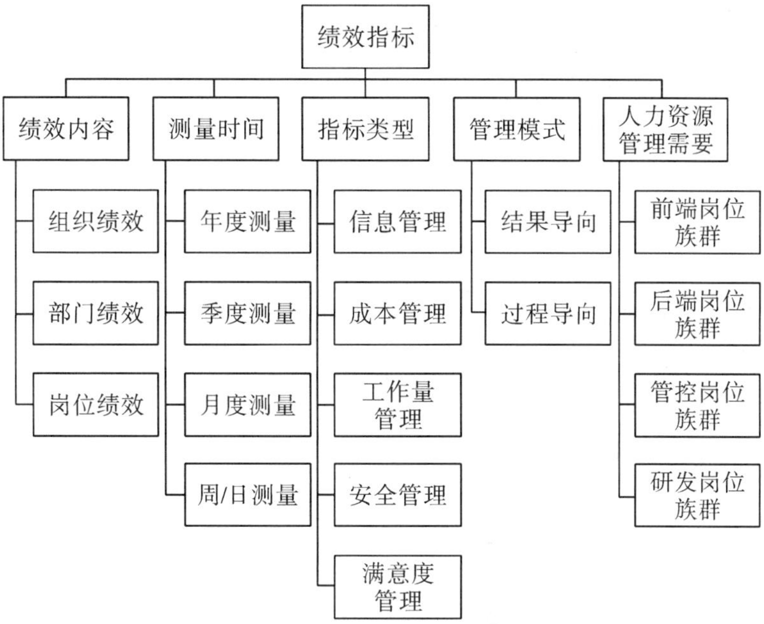

图 7-1　绩效指标的分类

职业院校应结合学校的业务特点、组织发展的目标愿景和绩效管理模式，建立适合职业院校特点的绩效测量指标体系。

（1）职业院校的绩效指标

职业院校的绩效指标包括基础能力、育人业绩、成熟度。

①基础能力指标。

对于职业院校而言，基础能力包含人员、场地、设施与设备三大要素，这是学校办学的基础条件。政府对此所设定的具体的配置标准，反映的是学校办学能力"底线"，属于学校办学能力的"硬性"指标。学校内部的相关资源见表7-1。

表 7-1　学校内部的相关资源

序号	数据指标	单位	2017 年	2018 年	2019 年	变化情况
1	生师比	比例				
2	双师素质教师	人				
3	生均教学仪器设施设备值	万				
4	生均教学及辅助、行政办公用房面积	平方米				
5	生均校内实践教学工位数	个				
6	校园网主干最大带宽	Mbps				
7	教学计划内课程总数	门				

教师队伍情况见表7-2。

表7-2　教师队伍情况

序号	数据指标	单位	2017 年	2018 年	2019 年	变化情况
1	正高职称	人				
2	副高职称	人				
3	区级教学名师	人				
4	校内专任教师	人				
5	专任教师中拥有硕士学位的教师	人				
6	"双师型"教师的数量	人				

设施设备数据情况见表7-3。

表7-3　设施设备数据情况

序号	数据指标	单位	2017 年	2018 年	2019 年	变化情况
1	教学仪器设施设备总值	万元				
2	生均教学仪器设备值	万元				
3	生均实训实习工位数	个				
4	生均纸质图书	册				

②育人业绩指标。

育人业绩指标需要反映学校的办学成效，包括办学规模与办学水平。学生是育人质量的载体，同时学生作为学校教育教学服务的对象（用户），其在校体验的满意度是对学校绩效的综合体现（见表7-4）。而职业院校因类别属性决定了绩效指标会高度关注学生的就业率与就业质量指标（见表7-5）。学生就业企业对学生素质满意度则反映了学校专业、课程与教学的质量水平（见表7-6）。

表7-4　学生受助情况及满意度

年度	政府资助			学校资助			在校体验满意度
	资助项目	资助人数	资助金额/万元	资助项目	资助人数	资助金额/万元	
	免学费			玉林资助			
	助学金			B 等资助			
	自治区人民政府奖学金			福利院资助			
	国家奖学金			新生入学报名资助			

表7-4(续)

年度	政府资助			学校资助			在校体验满意度
	资助项目	资助人数	资助金额/万元	资助项目	资助人数	资助金额/万元	
	大学新生入学补助			学校资助			
	年度合计			年度合计			

表 7-5 专业直接就业率统计

系部	直接就业率	专业	直接就业人数	直接就业率	就业收入	就业满意率	专业相关度	雇主满意度	对母校满意度
	合计								

表 7-6 用人单位对毕业生评价统计

序号	数据指标	单位/%	2018 年	2019 年	变化情况
1	对毕业生职业道德的满意度				
2	对毕业生敬业精神的满意度				
3	对毕业生适应能力的满意度				
4	对毕业生学习能力的满意度				
5	对毕业生创新能力的满意度				
6	对毕业生专业知识的满意度				

　　教育教学的质量是在师生的共同协作下达成的，因此学校的办学业绩不仅关注学生的成长，也关注老师与校外同行的比较情况（见表7-7、表7-8）。

表 7-7　学校师资队伍梯队建设一览表

序号	数据指标	2017 年	2018 年	2019 年	变化情况
1	区级教学名师				
2	市级行业领军人物				
3	市级专业带头人				
4	市级专业骨干教师				
5	校级教学名师				
6	校级技能大师				
7	校级专业（学科）带头人				
8	校级骨干教师				

表 7-8　教育教学获奖统计一览表

获奖级别	国际级	国家级			区级			市级		
		一等奖	二等奖	三等奖	一等奖	二等奖	三等奖	一等奖	二等奖	三等奖
获奖个数										
小计										
合计										
获奖老师										
获奖学生										
小计										
合计										

③成熟度指标。

成熟度是对组织管理绩效的评价指标，既能够用于组织与外部同类机构的绩效对比，也适用于组织内部不同部门或团队之间的绩效对比。

A. 指标的内容要素。

成熟度指标包括过程类指标（ADLI）和结果类指标（LTCI）。过程类指标包括方法（A）、展开（D）、学习（L）、整合（I）四个要素。关注什么方法/如何做（方法的适宜性、有效性、系统性）、实施到什么范围/程度（时空上的展开）、通过评价和改进，如何对方法进行不断完善。方法应与在标准其他评分项中识别出的组织需求协调一致。结果类指标包括水平（Le）、趋势（T）、对比（C）、整合（I）。关注组织绩效的当前水平、组织绩效改进的速度和幅度（趋势），与同类的竞争对手和标杆的绩效对比情况，以及与组织识别的重要绩效目标相链接。

B. 成熟度的要素关系。

成熟度作为绩效测量的指标是基于组织内外部环境、人员、资源等要素影响绩效的逻辑关系。组织成熟度的要素关系见图 7-2。

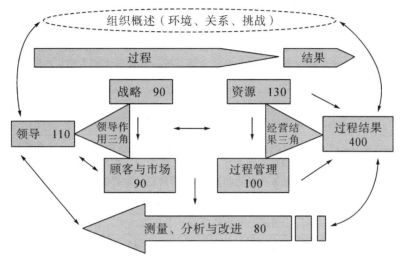

图 7-2　组织成熟度的要素关系

在这一逻辑关系中，强调具有远见卓识的领导的关键作用、战略导向、顾客驱动、社会责任、以人为本、合作共赢的经营发展理念，重视过程并关注结果，学习、改进与创新以及系统的管理方法，从而形成六个方面总分为 450 分的测量指标。并可根据绩效测量分值与绩效的 450 分的占比关系，将组织的成熟度划分为被动型（20%）、初学型（40%）、主动型（60%）、灵活型（80%）、卓越型（100%）五个等级。

在组织内部各部门团队的绩效测量方面，也可以采用类似的思路与方法建立指标体系，以用于内部部门（团队）的绩效测量（见表 7-9）。

表 7-9　组织内部各部门的绩效指标

序号	一级指标	二级指标	分值/分
1	质量文化（10 分）	部门有明确的价值观或发展理念，部门成员理解并熟知价值观，形成有部门特色的文化	
		建立相应的管理机制，进行定期讨论并有效地整改或提出防范措施	
		建立起相应的激励奖罚机制和措施	

表7-9(续)

序号	一级指标	二级指标	分值/分
2	系统视野（10分）	部门建设面向未来，建立起战略目标、行动计划、测量分析、评价改进的工作系统，关注部门价值创造，并为实现学校整体绩效的改进持续付出努力	
		科学制定部门规划并形成分解目标，有具体实施方案，有结果评估，有修正指标	
		部门规划指标涵盖维度层面（含业务指标、科研指标、满意度指标、成长指标等），有利于部门的发展和进步	
3	创新能力（10分）	建立创新机制，尝试运用各种创新方法开展管理工作。结合实际，创新质量管理制度和方法（如向标杆学习、工作标准化、流程优化简化、优质服务改进活动），以及管理创新取得的成效	10
4	学习能力（10分）	部门有相应的人才梯队培养思路和培养计划（如在职培训、继续教育、部门小讲课、师承教育等）及成效	2
		注重最佳实践的总结分享并形成相关资料，在校内外分享与推广	3
		有持续优化和改进的工作机制，有具体案例	3
		部门有开展质量培训的方式及相关数据	2
5	合作关系（10分）	合作关系：内外部合作关系良好。建立起安全、可信和合作的部门工作环境，致力于部门成员的支持、满意、发展和权益的建设	3
		建设良好的校内合作环境	4
		与校外建立良好的合作伙伴关系	3
6	时间绩效（10分）	灵敏地应对不断变化的教育环境，具备快速适应变化的能力和灵活性，并且能够及时制订出改进方案	10
7	质量绩效（10分）	运营绩效：额定职数、实际职数、工作量、国有资产管理、满意度调查、信息化手段应用等方面综合评定	10
8	档案管理（20分）	有格式完备且规范的部门工作档案。档案编目、整理规范完整	10
		档案完整有序，保管得当，有专人负责	10
9	专项工作管理成熟度（10分）	目标清晰可测	3
		标准清晰可测	3
		过程记录完整	2
		阶段改进成效明显	2
合计			

（2）个人的绩效指标

个人的绩效指标可以分为特质类指标、行为类指标和结果类指标。其中，特质类指标关注人的素质和发展潜力，适用于对未来的工作潜力做出预测。但对情况预估不准确则导致预测结果的不准，同时不能区分实际工作业绩和未来潜力，可能会让员工产生不公平感。行为类指标关注绩效实现的过程，适用于通过单一的方式和程序化的方式实现的工作岗位。其难点在于，如何区分那些同样能够达到目标的不同行为，以选择真正适合组织需要的方式。当员工认为自己的工作重要性较小时，这类指标的价值意义会有所局限。结果类指标关注结果或绩效目标的实现程度，适用于评价可以通过多种方法达到绩效标准或绩效目标的岗位。但结果有时不完全受被测量对象的控制，用这类指标评价容易使其产生失败感。同时也存在这样的情况：测评对象为了达到结果而不择手段，使组织在获得短期效益的同时失去长期利益。

3. 绩效测量的方法

绩效测量的操作方法分为绩效指标数据的采集、绩效数据的统计处理、绩效测量的信度与效度三个工作过程。

（1）绩效指标数据的采集

为营造良好的绩效测评氛围，保证测量结果的客观性、公平性，绩效指标数据的采集需要以文件形式固化指标内容以及数据来源的范围、数量、采集对象、采集频率，并提前告知测量对象。

①报表。

结果类指标数据常常通过编制成报表的形式分发到相应范围的部门和人员，在发布报表公告时应确定数据统计的时间范围与报表回收时间，对容易产生歧义的指标应对其内涵进行必要的说明。通过报表所采集的指标数据因目标明确、格式统一的特点而被广泛应用。但不排除填报数据因主观或客观原因导致的数据偏差。因此，为保证数据的真实性与客观性，有时也会对报表数据进行现场审核。

②测试。

绩效是人的工作数量、工作态度、工作能力与工作质量的集合，其中，工作数量和工作质量属于结果类的"硬性"指标；工作态度和工作能力属于过程类的"软性"指标。

能力的测试可以结合知识、技能、素养三个方面进行。对于特殊岗位的人员，能力的测试还涉及准入性资格测试和工作岗位能力测试。如教师的职业准入以国家颁发的教师资格证为标志。持有职业资格证意味着持证人员具有该职业岗位的执业能力。职业资格证的考试也是典型的能力测试方法。但在实际工作中，特别是在组织内部，个人的工作能力对组织的贡献还与工作态度密切相关。因此，把人员置于实际工作中进行测试，不仅有助于协调个人目标与组织目标的一致性，也能为组织人力资源的优化提供可靠的依据。工作态度与工作能力对组织绩效的影响见图7-3。

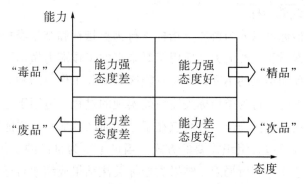

图 7-3 工作态度与工作能力对组织绩效的影响

③测评。

测评既有测的含义，也有评的特点。对于难以量化的结果类绩效指标，或者结果有过程依赖特性的工作适宜采用测评的方式采集数据。如教师的教学满意度指标、部门工作质量指标等。

需要注意的是，无论是测试还是测评，最终的结果都难免有测量主体的主观意识。为避免因测量主体因素对测量结果造成的客观性和公平性风险，常常对测试和测评实施的主体的资格予以界定，同时通过相对广泛的数据采集范围或者根据测量主体的能力高低对采集数据赋予不同的权重以降低或消除这种风险。例如，在对教师的教学能力与教学质量进行测评时，根据测评主体的能力要求成立由专家、主管领导、同行同事、学生代表构成的测评组，将不同主体的评分结果进行加权平均形成最终的指标测量数据。

（2）绩效指标数据的统计处理

①求和法。

简单地求和的前提条件是计量单位的一致性，即

$$Y = \sum_{n}^{1} X_i (i = 1 \rightarrow n)$$

不同单位的数量在绩效数据统计时可以按统一标准进行转换。在绩效测量中，为体现指标的地位，常常对重要的指标数据附加一定的权重，则为加权求和。即

$$Y = \sum_{n}^{1} k_i X_i (i = 1 \rightarrow n)$$

②平均值法。

平均值法主要用于对同一指标不同来源的测量数据的处理，即

$$X = \frac{1}{n} \sum_{n}^{1} x_i (i = 1 \rightarrow n)$$

当不同数据赋予了一定的权重时，则转化为加权平均值：

$$X = \frac{1}{n} \sum_{n}^{1} k_i x_i (i = 1 \rightarrow n)$$

③图表法。

图表法常用于比较性数据和连续性变化数据的统计，具有直观性的特点，能够较好地用于分析对比数据及变化的趋势。通过对因变量数据的分析，能够更加精准地判断相关因素及相关程度，为选择和制定改进措施提供决策依据。

④定性数据的处理。

定性数据常常以正负两种判断性信息呈现，如某人是否持有教师资格证，是否制定了个人的近、中、远期发展规划等。也可能以等级形式呈现，如项目验收测评结果为优、良、中、合格、基本合格、不合格六个等级。由于计量的单位不同，故不同的绩效测量数据无法进行对比。为方便对具有平行关系的人或部门进行绩效对比，可以采用固定分值的形式转化计量单位，如判断为"正"的赋予 60 分，优、良、中、合格、基本合格、不合格六个等级分别赋予 90 分、80 分、70 分、60 分、50 分、40 分。由于定性测量数据和等级测量数据的单位都是"分"，故同一对象的得分可以加和并用于不同人的得分对比。

（3）测量的信度与效度

信度与效度是事物的两个特征指标，因此它们描述的对象可以是任何事物。在此，信度与效度所描述的对象是绩效指标数据。

①信度。

信度指测量结果的一致性、稳定性及可靠性。信度系数愈高，表示该测验的结果愈一致、稳定与可靠。系统误差对信度没什么影响，因为系统误差总是以相同的方式影响测量值的，不会造成不一致性。反之，随机误差可能导致不一致性，从而降低信度。因此，信度可以视为测试结果受随机误差影响的程度。随机误差 R 越大，则信度越差。如果 R = 0，就认为测量是完全可信的，信度最高。

②效度。

效度即有效性，是指所测量到的结果反映所想要考察内容的程度。测量结果与要考察的内容越吻合，则效度越高；反之，则效度越低。效度分为三种类型：内容效度、准则效度和结构效度。效度是科学的测量工具必须具备的最重要的条件。在社会测量中，对作为测量工具的问卷或量表的效度要求较高。鉴别效度须明确测量的目的与范围，考虑所要测量的内容并分析其性质与特征，检查测量的内容是否与测量的目的相符，进而判断测量结果是否反映了所要测量的特质的程度。

③信度与效度的关系。

信度和效度的关系有三个方面。一是可信且有效。这种问卷能够准确地反映被调查人员的真实态度。问卷中的题目和调查目标紧密关联。若调查结果能真实地反映所调查的对象，测量的误差较小，则说明问卷调查的结果是可信且有效的。二是可信但无效。这种问卷调查结果虽然能准确地反映被调查人员的真实态度，但问卷中的题目与真实的调查目的的关联程度较弱，与调查的目标不相一致。这种情况表明，虽然调查中所得的结果是可信的，但可能在某些环节上出了差错，如问卷中题目的设计使得所有的被调查人员都出现了理解的偏差，从而出现了系统性的偏差。三是既不可信又无效。在这种情况下，统计调查的结果分布较为分散，难以从调查问卷中得出有效结果。这是测量中应避免的类型。

4. 绩效分析与评价

绩效是一系列绩效指标数据的集合。绩效分析与评价是绩效管理的一个环节。对绩效进行管理的根本动因在于提升。绩效评价的演化背景与组织自身的特点及经营目标相关联，也与市场环境逐步从卖方市场向买方市场的演变相适应。组织处在不同的生命周期、不同的经营环境下，有着不同的经营战略与目标，都会有不同的绩效评价方法和绩效评价指标，具有"权变性"。

（1）绩效评价理论及发展

企业的绩效评价所经历的四个发展阶段，不是相互替代的过程，而是相互包容不断完善的过程，也是绩效评价关注重点的演化过程。

①成本绩效评价。

19世纪中叶，西方工业的快速发展，促进了商品市场的繁荣。在卖方市场环境下，成本是影响企业发展的关键性因素。可采用一些简单的成本业绩评价指标，或者采用与标准业绩成本指标比较的方法，如简单成本业绩指标体系中有每码成本、每磅成本、每台成本等。以标准成本的执行差异来度量业绩水平是这一时期绩效评价的主要模式。

②财务绩效评价。

20世纪初，西方市场逐渐从自由竞争阶段进入垄断竞争阶段。而且由于资本市场的发展及资本所有权与经营权的分享，使企业更加注重财务业绩，从而形成了财务绩效评价模式。企业的主要经营目标定位于利润最大化，从而高度关注投资报酬率、销售利润率、每股收益、现金流量等。一方面推动了企业财务绩效评价体系的深化，另一方面随着全球化竞争的日益激烈，其不足也凸显出来——这些指标体系主要体现了以财务业绩为主的评判标准，不能全面地展现财务指标与非财务指标之间的因果关系，其不利于企业核心竞争力的形成、保持和评价。

③人力资源绩效评价。

20世纪80年代后期到21世纪初，人力资本创造价值的情形不断地发生于世界范围内的各种企业组织。决定企业竞争力的核心资产可以是价值形成过程中的任何一种要素，特别是在知识经济时代，人力资本对经营绩效的影响起着关键作用。企业的核心资本主要体现为物质资本和财务资本，财务绩效评价开始关注价值创造，从而开启了人力资源绩效评价模式。

④战略绩效评价。

在当今国际化、信息化、网络化的时代背景下，产品的技术寿命越来越短，对市场需求动态的快速适应成为企业发展的核心能力。企业在关注近期业绩的同时也着眼于企业的未来，由此产生了以战略目标为导向的绩效评价模式。

战略绩效评价（见图7-4）以德鲁克目标管理理论的"目标绩效管理"为基础。德鲁克主张以目标为导向、以人为中心、以成果为标准，将目标层层分解，强调通过高层管理者和基层员工共同参与而得出的结果。

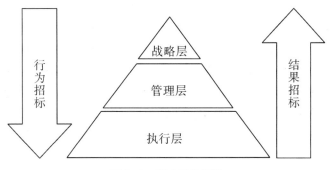

图7-4 战略绩效评价

根据战略规划，按时间维度以及职责分工即可编制成清晰的实施线路（见表7-10）。

表7-10 战略规划实施线路

序号	建设项目	建设任务	验收要点	年度建设内容					责任部门
				××年	××年	××年	××年	××年	

（2）常用工具及应用

①盈利指标评价。

组织根据面临的形势制定出一定时期内的总目标，由此决定上、下级的责任和分目标，并把这些目标作为组织、部门和个人绩效产出对组织贡献的标准，最后把实际绩效与绩效标准进行比较，评判和改进绩效的过程或流程。

值得注意的是，财务目标在不同领域中的地位有显著差异。曾经在企业绩效管理中被广泛应用的绩效评价模式，在教育领域应用的难点不在于市场的竞争模式，而在于教育服务的特性。学校是公益性、服务性的非营利组织，服务效益与财务有密切的相关性，但教育服务的效益却难以用成本或利润等财务指标来衡量，而且教育服务的效益呈现具有社会广泛性和时间上的滞后性，成本与利润指标都不能代表学校的业绩水平。

随着教育市场的不断发展，民营资本也大量涌入教育市场。当办学资源主要来自民间投资时，则投资要求回报和增值的期望将直接成为学校的目标，没有利润或者利润很低都会使营利性民办高校面临生存危机。因此，财务目标作为最重要的维度是教学质量的重要保障。

②关键绩效指标评价。

关键绩效指标是指在组织运行过程中，通过提炼和归纳其关键成功要素，设置、取样、计算、分析组织内部流程的输入端、输出端的关键参数所形成的战术指标，其来源主要源于企业的战略目标和重要部门、岗位的工作职责。把企业的战略目标分解为可运作的远景目标和量化指标，作为提高组织核心竞争力的有效工具。其理论基础源于意大利经济学家帕累托提出的经济学二八原理，即在企业的价值创造过程中，每个部门或每位员工80%的工作绩效是由其20%的关键行为完成的。关键绩效指标通过定义关键事件、确定影响企业绩效的关键因素、设定关键事件和衡量标准，最终完成任务，可有效地对非业务部门进行细化考核，从而解决了针对非业务部门难以进行量化考核的难题。

然而，组织通常都有多重目标，有些目标是不能相互替代的，而且也不是所有的指标都能够客观地量化。如果指标没有足够的证据表明其"关键性"和量化的价值，则人们会趋于用容易量化的指标来解决复杂问题。此外，关键绩效指标评价一旦与利益分配紧密相连，甚至作为奖惩的依据时，指标数量则有可能偏离客观性。不但组织管理者无法通过关键绩效指标来判断组织运行的真实情况，更严重的是会浪费很多不必要的人力、物力和财力，甚至伤害到很多无辜群体。

③平衡计分卡评价。

平衡计分卡克服了只重视财务绩效指标的管理缺陷，在组织核心战略的指引下，从财务、客户、内部流程、学习与成长四个维度进行全面考核和管理，并且将企业战略置于组织顶端，使顾客的维度地位得以提升而将财务的维度后置。它将企业的远景、使命和发展战略与企业的业绩评价系统相联结。把企业的使命和战略转变为具体的目标和评测指标，以实现战略和绩效的有机结合。当资本来源不同时，财务、客户、内部流程、学习与成长四个维度的地位将发生改变。显然，绩效指标的地位存在差异，那么绩效指标的权重也会有所不同。

（三）教育教学质量的改进与创新

质量提升是人才培养工作的永恒主题。学校是育人服务产品的提供者，以学校为主体定义的质量使标准趋于固化，导致服务对象对质量好坏由关注到无奈，最后归于漠然。以需求为导向的质量构建模式，使标准呈现出个性化、精细化的动态化发展特征，从而实现学校对服务需求的动态响应，具体表现为质量的提升。

1. 关于教育教学质量的诊断与改进

教育教学质量提升是一项系统工程，关乎学校的全局发展与安危。建立教育教学质量保证体系和常态化诊断与改进机制，遵循主体性、可控性、科学性、客观性和持续性原则，充分体现学校全员、全过程、全方位育人的职责。

（1）质量诊断

质量诊断是通过搜集和审查质量证据，最终得出诊断结论的过程。诊断结果一般分为达标、一般缺陷、严重缺陷。当达标项目比例高，且缺陷仅为少量一般性缺陷时，应给予诊断"通过"的结论；如一般性缺陷项目较多，或者存在严重缺陷时，应给予"不通过"或"限期整改"的结论。

教育教学质量是沿着教育教学的过程进行传递，并在教育教学实施的过程中形成的。因此，教育教学质量的诊断以质量形成的各个子过程，按学校、专业、课程、教师、学生五个层面逐层进行，而且每个层面的工作都围绕制度、机制、目标与标准有没有制定，诊改工作有没有启动，工作成效有没有显现三个方面进行复核。

①学校层面的质量诊断。

学校层面的质量诊断关注整体规划的系统性，特别是发展目标是否形成内在相互关联的链条，传递到学校各职能部门，并以岗位职责、工作标准的形式建立目标达成的工作机制。

学校层面的质量诊断主要包括基本办学条件比较、全校范围内的人才培养质量比较、技术技能积累与服务能力比较、教师队伍比较、国际影响力比较及专业建设的标志性成果比较。与绩效测量的不同点在于，绩效测量的对比主要是针对组织内部实际达到的水平以及时间的变化得出的，而质量诊断的对比主要是将这些指标与国家（行业）标准及与目标标杆进行对比而得出的诊断结论。学校层面的质量诊断见表7-11。

表 7-11　学校层面的质量诊断

一级指标	二级指标	国家(行业)标准	本校绩效水平	目标标杆水平	诊断结论
基本办学条件	生均财政拨款				
	生均教学设备仪器值				
	生均实践教学工位数				
	生均校外实习实训基地的实习时间				
	生均图书的数量				
	生均实验实训面积				
	生均教学行政用房面积				
	生均实验实训面积				
人才培养质量	年终就业率				
	升学出国率				
	毕业三个月后的收入				
	雇主满意率				
	自主创业比例				
	专业相关度				
	全国技能大赛获奖的数量				

表7-11（续）

一级指标	二级指标	国家（行业）标准	本校绩效水平	目标标杆水平	诊断结论
技术技能积累与服务能力	横向技术服务到款额				
	纵向科研经费到款额				
	技术交易到款额				
	非学历培训到款额				
	社会培训到款额				
	公益性培训服务数量				
	校内研究机构				
教师队伍	专任教师总数				
	生师比				
	高级职称教师数				
	高学历、学位教师数				
	高技术职务教师比例				
	双师素质比例				
	兼职教师专业课时比例				
	专业教师省级以上培训量				
	专任教师人均社会实践量				
	省级以上教学名师数				
	省级以上教学（科研）团队数				
	省级以上专业（学术）带头人				
国际影响力	在籍留学生				
	年均国际交流人数				
	教师国（境）外指导工作量				
	国（境）外人员在校教学工作量				
	开发境外认可行业标准数				
	国（境）外技能大赛获奖数				
专业建设标志性成果	教学成果奖				
	重点专业				
	精品课程				
	精品资源共享课				
	实训基地				
	主持专业教学资源库				

②专业层面的质量诊断。

专业层面的质量诊断关注专业建设规划的目标，标准是否与学校规划契合，是否与自身基础适配，目标与标准是否明确、具体、可检测。信息源于专业建设规划、专业建设方案、人才培养方案以及专业运行的记录性材料，如教学计划、教学日志、实训记录、学籍册等。

学校层面的质量诊断点的数据是各专业建设汇总的结果。专业建设质量诊断指标应结合学校的战略规划与实施线路，制定相应的专业建设规划，形成本专业的建设实施线路，并依据专业数量汇集成二级学院的战略规划及实施线路。与学校层面质量诊断的区别在于，二级学院或专业的质量诊断点在二级指标上应更深入、细致地呈现专业建设方向、模式、条件、成果等方面的信息，同时通过引入标杆专业数据，这有助于对现状与差距的分析，从而为相关建设项目的规划实施进程提供依据。

学校专业现状的数据见表7-12。

表7-12　学校专业现状的数据

本校（院）专业状态数据				标杆关键数据
1. 招生就业情况	××学年	××学年	××学年	
新生报到率				
毕业生数				
就业率				
毕业半年后月平均收入				
2. 在校生的情况	总数	高职生源	中职生源	注册入学
人数				
是否有协同育人项目	是□否□	人数		
3. 专业教师的情况	专业教师数	"双师型"教师的比例	高学历（学位）的比例	高级职称的比例
专业教师/课时		企业兼职授课教师/课时		
二级学院兼职教师/课时		校内兼职教师/课时		
校外兼职专业课教师/课题				
4.专业课程教学的情况	理论教学的比例		专业课程总学时	
校内实践教学的比例	校内实践教学的比例			
	校外实践教学的比例			
	生产性实训的比例			
	校外实习基地实习学时			
	毕业前顶岗实习学生的比例			
	毕业生职业资格获取率			

表7-12（续）

5. 校内实践教学条件	现有实训设备总值		现有设备数量		
	大型设备总值		大型设备数量		
	生均实践工位数				
6. 校外实习基地情况	合作主要形式		合作企业数		
	合作企业名称	1.	2.	3.	
	合作时间期限				
	合作内容与形式				
	企业参与教学数				
	接收实习实训学生数				
	接收顶岗实习学生数				
	接收毕业生人数				
	学校培训企业人员数				
	企业捐赠设备总值				
	企业专项投入项目类型				

学校专业建设项目实施进程样例见表7-13。

表7-13　学校专业建设项目实施进程样例

序号	建设项目		年度目标任务	完成率/%
1	专业设置与改造	1	开展专业调研，形成5个专业群，其中2个为重点专业群	80
		2	出台专业动态调整实施办法	100
		3	改造1个专业实训中心及3个实训室	90
2	合作平台建设	4	建成省级协同创新中心2个	50
		5	建成多专业共享型信息化教学资源库	80
3	提升国际化水平	6	教师参加国（境）外培训20人	90
		7	引进外籍教师2名	100
		8	参加国际技能竞赛获奖1项	0

③课程层面的质量诊断。

课程层面的质量诊断关注课程建设目标、标准与专业规划目标、自身基础条件是否契合，以及质量诊断指标是否明确、具体和可测量。质量诊断信息源于专业人才培养方案、人才培养计划、课程标准、课程实施方案以及课程运行的实时数据。

课程质量沿着"专业培养目标—课程教学目标—课堂教学目标"衔接贯通的人才培养目标链传递，最终以学生学习目标达成度、学生对课堂教学的满意度来呈现课程质量水平。学习目标的达成度测量有多种形式，最常用的方法是以"理论+技能操作"的方式进行检测，以及以终结性考核与过程性考核相结合的方式进行检测，还有现场考与线上考等不同形式。

专业标准和课程标准均属于描述性标准。可辨识、可测量是目标达成的前提条件。对专业标准的呈现常常以对接的职业岗位、职业能力标准为依据。根据职业资格标准或职业等级标准建立课程标准是职业院校常用的课程标准开发模式。具有最高辨识度的课程标准是以具体的工作任务融合相关的知识点与技能点，依据学生能够完成特定的职业情境中的具体工作任务项目数量以及在完成任务过程中所呈现出的工作态度（见表7-14、表7-15）。

表7-14　课程标准——以化学分析课程为例

对接的工作岗位	对接培养的职业岗位能力及化学分析课程标准
实验室管理员	1. 能根据实验室安全和环境要求摆放实验室物品、管理实验室
	2. 能根据化学试剂的性质和保存要求管理实验室药品
	3. 能处理实验室的一般安全事故
	4. 能对实验室文档进行归档管理
分析检验员	1. 能进行样品的交接和保存
	2. 能对所提供的检测相关技术资料进行解读、选择和归纳，编写形成可行的工作方案
	3. 能操作分析天平和容量分析仪器
	4. 能正确校准容量分析仪器
	5. 能规范、安全地使用其他分析辅助设备
	6. 能独立完成滴定分析操作
	7. 能正确配制一般溶液和标准溶液
	8. 能正确记录数据、计算结果、评价结果和撰写检验报告
	9. 能完成简单产品的制备与纯化

表7-15　教学标准——以化学分析课程为例

项目（模块）	任务（单元）	教学内容	重点、难点、考点	学时
入职检测中心	认识检测中心	1. 实验室分类、功能、要素等一般知识； 2. 实验室岗位职责； 3. 实验室基础设施与环境要求； 4. 化工企业实验室分类、功能、权力地位、部门设置、人员配备和工作要求	重点：实验室分类、功能要素、部门设置、岗位职责、基础设施和环境要求； 难点：实验室基础设施和环境要求	2
	阅读检测中心文件	1. 实验室管理分类、要求； 2. 实验室管理制度	重点：实验室管理制度； 难点：实验室管理制度	1

表7-15(续)

项目(模块)	任务(单元)	教学内容	重点、难点、考点	学时
入职检测中心	安全培训	1. 实验室安全概论 2. 实验室常见毒物及中毒预防、急救 3. 实验室消防	重点：实验室水、电、气和试剂取用安全；实验室防火及火灾处理方法；实验室安全守则； 难点：实验室安全注意事项；实验室防火及火灾处理方法	1
	企业实地考察	1. 企业安全； 2. 企业规章制度	重点：企业安全； 难点：熟悉企业各岗位安全职责	4

课题层面的质量应包含课程实施环节的质量，诊断的核心指标是满意度，通常由质量督导员、教师代表及学生的适时评价并赋予一定的权重方式进行诊断。在课程标准中，应采集学生对课程实施环节的满意度、企业专家对课程内容设置的满意度、教师同行对教学策略的满意度等数据，对采集的周期、频率、范围做出明确规定，并为满意度设置适宜的合格线和警戒线。

④教师层面的质量诊断。

教师层面的质量诊断关注教师个人的职业生涯规划，使其专业发展与学校发展目标愿景同步。诊断信息源于学校教师队伍建设规划、教师工作方案及相关制度、教师个人职业生涯发展规划、年度工作计划及年度工作总结。

教师职业生涯是从事教师职业并贯穿整个生命周期的经历过程。它由外在的工作内容、职称与职务、地点与环境等因素的组合及变化过程，以及教师在教育教学活动中表现出来的内在素质所决定，基于教育教学效果对学生身心发展有直接而显著影响的思想和心理品质等要素组合及变化过程组成。教师质量的统一性标准，突出对师德方面的要求，强调学生的主体地位，注重实践能力和体现时代的特点。这些标准在职业院校中会结合学校发展不同阶段的要求，对教师提出具体的目标方向与任务。例如，通过负面清单对教师的师德进行"定性"诊断，实行一票否决制。把教师的教学、科研业绩等成果进行量化，从而充分体现出教师工作质量指标对学校标志性成果所起到的支撑作用。

⑤学生层面的质量诊断。

学生是学校育人质量的载体，学校的价值在于把学生塑造成全面发展的、值得信任的卓越"品牌"。学生层面的质量诊断关注学生个人发展目标的导向作用，同时注重学生发展目标与学校人才培养方案及素质教育的要求相适应。质量诊断信息源于学生职业生涯发展规划与人才培养方案的对照比较。

学生的质量诊断标准还应包括思想品德、行为规范、身心健康、学业成绩等指标数据。职业生涯发展规划亦应结合这四个维度的要求构建时间进程。诊断数据源于学生的自我检测、任课教师、辅导员、学生干部、学生代表等为主体的评价，既可以在课堂教学运行过程中适时采集数据，也可以定期集中采集数据。应注意数据采集的频率、周期，并且将所有的检测指标覆盖到每一个学生，为学生建立诊断指标的合格线与警戒线。

学生自我检测的指标应与学生自我测量的能力相匹配，通过自我测量，以帮助学生形成自我全方位的认识，发现自己的不足，进而寻求改进的切入点。例如，可以从学业发展、职业发展、个人发展、社会能力发展四个维度建立否定、不确定、略有肯定、肯定、非常肯定五个层次来进行测量（见表7-16）。

表 7-16 学生自我测量表样例——职业发展维度

维度	否定	不确定	略有肯定	肯定	非常肯定
我相信我能					
1. 评估就业环境及自身的就业倾向，设定自己的职业目标	1	2	3	4	5
2. 掌握达成职业目标的策略	1	2	3	4	5
3. 解决在达成职业目标时所遇到的困难	1	2	3	4	5
4. 不断改进自己的升学和就业计划，向自己的职业目标迈进	1	2	3	4	5
我相信我能					
5. 了解自己的兴趣和人格特点，以及与之相匹配的职业种类	1	2	3	4	5
6. 在兴趣和前途之间做出平衡	1	2	3	4	5
7. 在自己的兴趣范围内探索不同的职业	1	2	3	4	5
8. 了解自己的能力，以协助自己选择职业	1	2	3	4	5
我相信我能					
9. 选择适合自己的辅修专业和选修课程，为将来的职业做好准备	1	2	3	4	5
10. 参与各类协会、社团、竞赛、项目，提升实践能力	1	2	3	4	5
11. 参与社会实践与志愿者活动，了解社会需求与职业需求	1	2	3	4	5
12. 寻找兼职岗位，储备职业技能	1	2	3	4	5
我相信我能					
13. 提出和实施新的想法，并把新想法传播给他人	1	2	3	4	5
14. 对新的不同的观点持开放心态，并积极回应	1	2	3	4	5
15. 参与创新创业活动，在学习或活动中有开创新意的表现	1	2	3	4	5
16. 实施有创意的设想，体验创新创业实践	1	2	3	4	5

表7-16(续)

维度	否定	不确定	略有肯定	肯定	非常肯定
我相信我能					
17. 为自己准备完备的求职材料	1	2	3	4	5
18. 掌握一般的面试礼仪与技巧	1	2	3	4	5
19. 寻求和利用各种资源助力自己找工作	1	2	3	4	5
20. 根据自己的兴趣和能力寻找合适的工作	1	2	3	4	5

(2)常见质量问题与改进

质量改进是根据诊断结论提出治理方案与措施的过程。改进的具体实施既可以用时间管理的工具（图7-5）进行分析，从而形成新的目标链和任务链，也可以根据任务的复杂程度，按从易到繁的顺序制定目标链和任务链，根据新的"双链"确定改进的目标规划与进程（表7-17）。

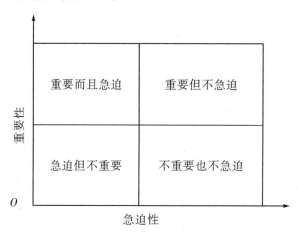

图7-5　目标任务时间管理

表7-17　质量改进规划实施线路

序号	缺陷项目及等级	原因分析	改进方式	改进完成时间	责任部门

改进的措施必须针对问题的成因来解决。对问题的成因进行分类，有助于改进方案的可行性和有效性。

①制度缺陷。

制度缺陷常常存在于制定和执行两个环节，表现为无制度可执行和有制度无法执行。

　　无制度执行是制度不完善的外在表现，但其在本质上反映出组织内部能力不足。另一种常见的现象是创新导致的结果。例如，在组织内部运行过程中出现新形态、新内容的业务，已有的制度未能覆盖新形态、新内容的业务，导致操作中制度规范的缺失。

　　制度无法执行存在主、客观两个方面的原因。主观原因是制度管理的对象不愿意受到制度的束缚而采取违背制度规定的行为。客观原因是制度本身的操作性不强，导致执行困难甚至不能执行的状况；或者制度的执行层面上存在相互冲突；抑或是因为时间关系，原有的制度规范已经与校内外的政策制度相冲突。显然，因主观因素的缺陷应以惩戒性制度予以补充防范，而客观原因导致的缺陷则应对原有制度予以修订。

　　制度缺陷问题的改进与新制度的制定一样需要符合制度建立的流程规范。当新的制度建立后，被废止的旧制度文件应在其适用的范围内清除，避免新旧制度的混杂从而形成新的质量缺陷。

　　②目标定位缺陷。

　　目标定位缺陷表现为指标覆盖不全、指标数据缺失、指标传递障碍、指标冲突等。目标定位是否存在缺陷，是验证目标传递与协调机制的有效证据。因此，改进的措施不能只是对指标的修订和调整，而应着眼于从机制上、技术上加以解决。借助信息化的数据平台无疑是实施目标管理的有效方法，但信息化的数据平台建设本就是多数职业院校的目标之一，建设的理念、标准、进程也是目标管理的重要内容。同时，在信息化平台建成后，有大量的基础数据导入，问题和数据内涵的一致性审核问题都需要在实际工作开展中不断改进。

　　③标准定位不当。

　　标准定位不当表现为标准水平定位不准和时间进程规划不准。标准水平的定位取决于政策因素、内部现状及目标愿景。政策因素决定的标准通常为合格性标准，在质量诊改中被认为是最低标准。目标愿景代表着组织发展的方向和水平，这完全由组织内部协商来确定。标准定位不当的成因源于目标定位的前瞻性不足或内部现状评估偏差。改进的关键在于设置适当的诊断频率，及时对标对表进行诊断，从而能够为调整标准定位提供依据。此外，以国家标准和"标杆"院校标准建立梯度标准，更能彰显目标标准的"激励"作用。

　　④周期与频率设置不当。

　　质量诊断涉及大量的数据采集及统计处理工作。不同层面的项目运行进程影响因素的复杂程度不同，质量控制的要求也有所差异。诊断频率过高、周期过短，可能导致工作量增加而形成人力、财力等资源短缺；诊断频率过低、周期过长，则不利于及时发现问题，可能导致质量缺陷没有及时纠正而逐渐发展成更大、更严重的质量风险。诊断周期与频率设置是否科学、合理，本身也是教育教学质量保障体系是否科学、运行是否有效的重要诊断依据。

2. 教育教学改革创新

创新源自创新的理念与动机。创新理念是指组织或个人打破常规，突破现状，敢为人先，敢于挑战未来，谋求新境界的思维定势。其前提是对现状的不满足，但也基于对市场规律和本行业发展前景的正确把握。

管理创新是指组织把新的管理要素（如新的管理方法、新的管理手段、新的管理模式等）或要素组合引入组织管理系统以更有效地实现组织目标的活动。管理创新按内容不同，划分为管理思想理论上的创新、管理制度上的创新和管理具体技术方法上的创新；管理创新按功能不同，划分为目标、计划、实行、反馈、控制、调整、领导、组织、人力九项管理职能的创新；管理创新按业务组织的系统不同，划分为战略创新、模式创新、流程创新、标准创新、观念创新、风气创新、结构创新、制度创新。

职业院校的核心业务是育人。创新既是学校的核心竞争力，又是学校发展的内在需求，还是学校教育教学改革的根本要义所在。

（1）教育教学改革助力创新

动机是心理学中的一个概念，是指以一定方式引起并维持人的行为的内部唤醒状态，主要表现为追求某种目标的主观愿望或意向，是人们为追求某种预期目的的自觉意识。动机由需要产生，当需要达到一定的强度，并且存在着满足需要的对象时，需要才能够转化为动机。动机是驱使人从事各类活动的内部原因，分为外部动机和内部动机。外部动机指的是个体在外界的要求或压力的作用下所产生的动机，内部动机则是指由个体的内在需要所引起的动机。期望通过某些手段和途径以达到行动的目的，是期望理论的出发点。因此，职业院校可以通过管理模式的改革来提升创新的动力。

①从个人驱动到组织驱动。

教师是创新的主体，通过创新提升个人的竞争力以便获得在绩效收入、职称竞争、社会资源等方面的利益，是个人需求激发的原始动力。组织的作用在于将个人的需求通过管理行为，为个人实现内在的需求建立符合组织发展目标的"渠道"，从而使个人的创新动力得以提升，成为组织的发展动能，增强教师业绩对组织发展的支撑力。例如，教师的科研方向与研究内容是教师专业发展的需要，可以由教师个人自主选择，但通过系统而有序的科研活动，将学校的发展目标及重点业务列入科研的范畴，在课题立项、经费支持等环节予以适度的倾斜，就能够更加有效地凝聚创新力量，提升创新的效益。

②从外部"倒逼"到内部主动提升。

马克思主义的观点认为，社会既是人们通过交往形成的社会关系的总和，又是人类生活的共同体。社会组织之间相互制约、相互竞争、相互关联、相互融合。我国的人力资源开发模式已经从计划培养转向市场驱动。职业院校在市场竞争中必然受到五个方面的压力（见图7-6）。在替代者、竞争者、供应者与需求者等外部要素的作用下，学校创新人才培养方案，以求动态适应市场变化，这是外部需求倒逼的组织创新。

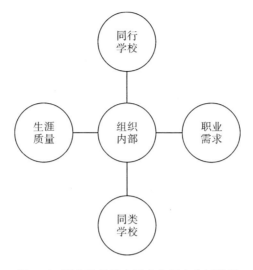

图 7-6　职业院校的市场竞争压力分析模型

　　然而，当今的市场变化越来越快，竞争也越来越激烈，对市场动态的快速适应已成为维护和保障学校市场竞争优势的关键，"领先一步"、追求卓越，从动态适应转向引领市场变化与发展才是核心竞争力所在。只有内部主动提升，增强市场预测能力，提升目标定位的前瞻性、先进性，才能保证学校的市场地位，保障学校长期的稳定与发展。

　　③从绩效拉动到文化认同。

　　绩效是一种有效的激励方式。它的基本框架源自期望理论模型，即个人努力会带来良好的个人绩效，良好的个人绩效会带来组织奖励，而这些奖励能够满足员工的个人目标（见图 7-7）。

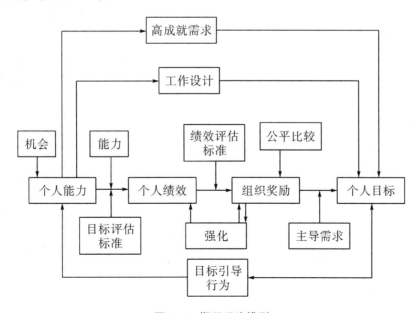

图 7-7　期望理论模型

但绩效激励以公平的和有竞争力的薪酬满足了人的生理与安全两个层次的需求，但对人的爱与归属、自尊和自我实现的需求则需要借助文化的浸染力来达成（见图7-8）。

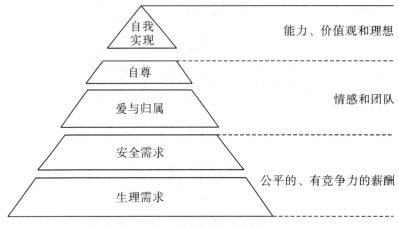

图7-8 绩效激励的边际效应

2018年9月20日，中央全面深化改革委员会第四次会议审议通过了《关于推动高质量发展的意见》，"高质量"成了全社会的发展主线。除此之外，"中国制造2025"、产业转型升级、供给侧结构性改革等一系列重大战略的实施，要求活力与创新力兼备的高等职业教育，通过改进实践方式来拓展自身功能，在市场场域中转变自身发展方式，通过提升发展质量，促进更为高深的技术、技能、知识的生产与积累，实现职业教育的人才结构、能力素质与市场实际用人需求的高度匹配，为社会主义市场经济的发展提供支撑。

（2）教育教学改革模式创新

教学是指在一定教学思想指导下，为实现特定教学目的，将教学的诸要素以特定的方式组合成具有相对稳定且简明的教学结构框架，并具备可操作性程序的教学范例。

职业教育教学模式众多，基于职业教育的类别属性定位，教育教学模式创新的重点包括基于办学主体协同机制的创新、基于信息技术的课堂教学模式的创新以及基于职业标准融入模式的创新。

①校企深度融合模式。

校企深度融合教学模式的创新点在于，不同性质的社会组织融入职业教育领域，形成多元组合的职业教育的办学主体，开展职业教育教学活动。例如，从人才供给侧实施改革，以职业教育集团、职业教育园区或跨地区联动的形式改变职业教育资金投资结构，以生产性实训基地建设为载体，整合、优化、共享教学资源，开发和培育人才市场，建立职业标准和人才培养体系。通过基于集团或区域的职业教育顶层设计，在扩大办学规模的基础上，提升职业人才的竞争力，提高职业学校在人才供需谈判中的话语权。

②线上线下混合教学模式。

信息技术与教育的深度融合，形成了与传统课堂完全不同的教学形态——

MOOC课。这种以学习者的需求为导向的新形态课程，依托互联网得以广泛传播和推广。但因其完全依赖网上的在线学习，严重缺乏教师的指导和监管，教学效果差强人意。将传统课堂与MOOC课有机融合，取其精华，去其糟粕，产生了线上线下混合的课堂教学模式。

线上线下混合教学模式的创新点在于课堂教学运行的形态与流程的变革。借助各种智能化工具与移动设备，将教师授课内容分解为课前自学、课中答疑、课后训练三个阶段，教学时空被剪切分割成线上、线下、线上三个方位，知识要点的讲解分配涵盖传授、内化、外化三个步骤，不仅极大地拓展整合了课程教学的时间、空间及教师资源，而且彻底改变了教学中的师生关系，突出了学生的主体地位，有效激发了学生的探究性与个性化学习兴趣，提高了教学质量。

③"1+X"模式。

"1+X"模式实质上是基于职业教育的类别属性，将多种职业标准、多种职业培训内容、多种职业技能项目渗透到职业教育人才培养过程中，使职业证书与专业能力证书相互融合的新型职业教育模式。

长期以来，社会层面存在对职业院校的认知偏差，认为职业院校培养的是技能型人才，觉得职业院校教育学历对个体发展的重要性不大，这与多年来的职业教育实践中的职业资格证书泛滥、职业证书多头管理且水平良莠不齐、缺乏监管退出机制、考核内容陈旧、社会需求脱节等问题有关。"1+X"模式改革创新的焦点在于职业证书与学历证书制度体系的融合。"1+X"模式是《国家职业教育改革实施方案》明确的刚性制度，在提升高等职业教育质量、增强学生就业竞争力方面发挥着重要作用。在实施层面上，"1+X"模式要求职业教育在人才培养方案、课程内容与教学标准、实践教学基地与教师资源等育人要素具有更宽泛的适应性和灵活性，从而推动专业建设、课程建设、基地建设与教师队伍建设的全面创新。

（3）教育教学改革路径创新

2016年12月，习近平总书记在全国高校思想政治工作会议上强调"要坚持把立德树人作为中心环节，把思想政治工作贯穿教育教学全过程，实现全程育人、全方位育人，努力开创我国高等教育事业发展新局面"。这是党的十八大以来教育改革发展的重大理论创新，旨在把立德树人作为检验学校教育教学质量的重要标准，把高校思想政治工作贯通学科、教学、教材、管理各个方面，形成全员、全过程、全方位的育人大格局。

2018年，《教育部办公厅关于开展"三全育人"综合改革试点工作的通知》要求，在学校层面，以课程育人、科研育人、实践育人、文化育人、网络育人、心理育人、管理育人、服务育人、资助育人、组织育人"十大育人"体系为基础，推动将高校思想政治工作融入人才培养各环节，构建中观的一体化育人体系。"十大育人"体系实际上规划了教育教学改革的创新路径。在具体的操作层面上，可以从以下三个方面制定策略。

①技术标准的创新。

技术标准的创新具体体现在标准指标范围的扩大和标准指标水平的提高。通过国内外职业能力标准的对照，在专业人才培养目标定位及课程标准、教学标准上相互借鉴与融合，是提升国际化水平的重要抓手。在人才培养的质量指标方面，随着职业教育市场需求的变化以及社会各领域技术不断创新与标准提升，职业资格、证书、人才层次等要素也将发生改变，评价人才质量的指标体系也可能发生变化，或者评价指标不变但指标的地位权重会发生改变，也会引发人才培养标准的调整和更新。例如，在以就业为导向的职业教育目标引领下，职业岗位的操作能力占据主导地位，在人才评价的标准上突出教学内容与岗位操作技能的融合，教学实践更多地关注技能的熟练性并兼顾规范性。但随着生产自动化程度的提升，生产设备的智慧化程度提升，对于人的肢体动作上的熟练程度要求可能有所降低，而智力水平对工作质量起决定性作用，这或许对人才的职业素养、人文素养需求占据主导地位，从而促使人才培养方案的变革，形成全新的育人目标、实施方案和评价模式。

②育人载体创新。

课程是育人的载体，载体的开发、整合、删减都围绕着人才培养的目标、标准进行。基于学情创新开发适宜的课程载体，是教育教学改革永恒的主题。基于终身教育的理念，对不同阶段的学习需求进行规划，并借此开发不同的课程内容。这不但会拓展职业院校服务的市场领域，而且更能强化学生在校学习的目的性、学习内容的精准度和学习行动的持续性。例如，以就业为导向的职业教育育人载体中，突出以职业岗位实践课程的地位和作用，但在"大众创新、万众创业"的社会背景下，创新创业课程的地位将逐步提高，构建优质的创新创业能力培养的课程载体也是创新的路径之一。

③育人资源的创新。

线上线下混合教学模式不只是课堂教学过程实施策略的变革和信息化教学平台等硬件设备的建设，因为线上线下混合教学模式还需要大量的信息化教学资源作为支撑。资源库的边界与结构、库存内涵的丰富性和可共享性、库存内容的形态等，都可能成为资源库的创新点和特色点。例如，目前演讲型的微课在教学资源库中较为常见，但演讲型的微课主要承载的是信息传递功能，定位焦点是"教"与"学"，如果能够将演讲型的微课改成"演"或"译"等"做"的形式，则可能在强化知、信、行的效益方面有所创新。而这种教、学、做深度融合的教学资源，显然难以依靠能力单一的团队来完成。因此，信息化教学资源的创新也将带动教学团队结构与团建机制模式的创新。

④育人理论的创新。

认知学习理论、掌握学习理论、能力理论等教育理论已经长期应用于教育教学过程。建构主义、行为主义等教育教学理论不断渗透到职业教育的各个环节，对职业教育教学改革产生了深远影响。基于职业教育的特性以及过去职业教育改革实践的经验，当下已经开启了跨界理论、生态理论等与职业教育理论融合的研究与实践。在这些新的理论指导下，职业教育教学改革创新未来可期。

三、实施范例

（一）总则

学校注重办学质量监测，建立了由"绩效测量指标系统—绩效监测系统—绩效分析与评价系统—绩效改进与创新系统"等部分组成的绩效测量与改进系统。系统中建立了校本数据中心、诊断与改进平台，实现了动态监测、及时预警和有效预测的功能。保证战略从上至下部署到位，驱动各层组织机构主动适应外部变化，开展内涵分析和对比分析，实施自我改进和创新，促进学校办学质量持续提升。测量、分析与改进系统见图7-9。

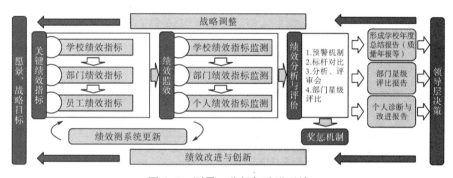

图 7-9 测量、分析与改进系统

（二）测量、分析和改进

1. 提要

学校按照"目标标准引领、设计组织保障、过程监控预警、诊断改进提高"的模式进行周期性测量，建立了"12558"质量保障体系（见图7-10）。

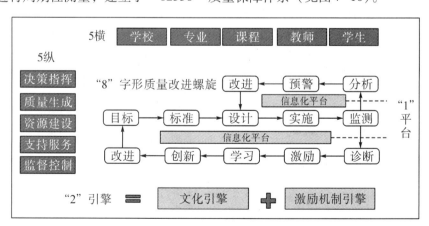

图 7-10 "12558" 质量保障体系

2. 绩效测量

（1）建立绩效测量指标体系

学校围绕"两大跃进，一大征程"的"十四五"发展总目标，结合当中的10大工程核心策略，构建了学校层面的绩效测量指标监测系统（见表7-18）。

表7-18　绩效测量指标监测系统

核心策略（建设工程）		关键绩效指标	收集方法	责任部门
「两个跃进」「一大征程」	办学规模	全日制在校生规模/人	通过学籍系统采集数据	招生与对外交流处
		招生人数/人	招生处提供数据	
	实施党建领航工程	党建特色品牌数/项	党政办提供数据	党政办公室
	实施铸魂强基工程	学生操行优良率/%	学工处提供数据	学生工作处
	实施技能优才工程	培育自治区品牌专业/个	自治区品牌专业建设单位认定文件	教务与实训就业处
		国家职业院校学生技能竞赛获奖/项	国家职业院校学生技能竞赛获奖文件	教务与实训就业处
		学生获职业资格证率（含"1+X"证书）/%	学生考证通过文件	教务与实训就业处
		新增产教学院/个	教务与实训处提供数据	教务与实训就业处
	实施文化育人工程	每年市级以上新闻媒体（含新媒体）对学校的正面报道情况/次	宣传文化建设处提供数据	宣传文化建设处
	实施优师重教工程	专任教师高级职称教师人数和比例（含正高级）/%	教师发展中心提供数据	教师发展中心
		专业教师"双师型"教师人数和比例/%	教师发展中心提供数据	教师发展中心
		自治区级教学名师/人	教师发展中心提供数据	教师发展中心
		国家级教学创新团队/个	教师发展中心提供数据	教师发展中心
		国内培训/人次	教师发展中心提供数据	教师发展中心
	实施科研提质工程	省部级及以上教学成果奖/项	教学成果获奖文件	科研与民族教育处
		省级科研项目结题/个	结题文件	科研与民族教育处
	实施智慧校园工程	信息化平台或业务系统（模块）建设数量/个	信息中心提供数据	信息中心
	实施质量强校工程	在校生满意度/%	质量与督导办公室提供数据	质量与督导办公室
		家长满意度/%	质量与督导办公室提供数据	质量与督导办公室
		用人单位满意度/%	教务与实训就业处提供数据	教务与实训就业处
		学生初次就业率/%	教务与实训就业处提供数据	教务与实训就业处
		学生升学率/%	公共基础部提供数据	公共基础部

表7-18(续)

核心策略 (建设工程)	关键绩效指标	收集方法	责任部门
实施社会 服务工程	社会培训、鉴定收入/万元	职业培训处提供数据	职业培训处
	社会服务等培训、鉴定/人次·年⁻¹	职业培训处提供数据	职业培训处
实施国际 交流工程	国际化项目数/个	招生与对外交流处提供 数据	招生与对外交流处

（2）进行绩效分解

学校通过 DOMA 逐级承接分解法从学校总体战略分解至专项规划、部门（系部）规划，建立起对学校战略目标层层分解、层层支撑的绩效指标体系，确保下级对上级目标的有效承接，最终实现组织目标。

各部门通过设计目标管理指标，考核各部门在落实学校关键绩效考核指标方面的情况。同时，各部门考核指标还涵盖党的建设、职责分工、满意度互评等指标，形成 360 度星级部门考核指标体系。绩效考核指标分解体系见图7-11。

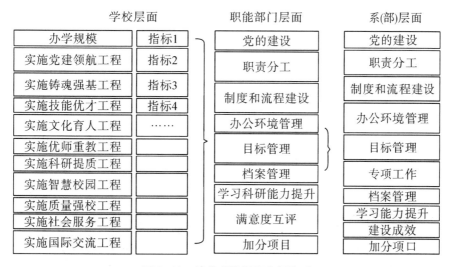

图 7-11　绩效考核指标分解体系

（3）对比多种数据，确保目标制定科学化

学校采用对比分析法，通过全国校长联席会、经验交流会以及专业刊物、各院校公开发布的质量年报和第三方调查评价报告，定期收集职业教育发展动态信息，了解、学习标杆院校和竞争对手的新思维、新举措、新做法、新成果，找出标杆院校的优势，制定学校追赶目标和改进方向，在学习追赶中提升人才培养创新能力。

（4）绩效测量指标体系改进

学校从绩效指标的适宜性、数据信息采集的高效性和决策报告应用的有效性三个方面对测量系统展开评价，并制定出具体的评价维度。近年来，学校依据以上方法对绩效测量系统进行了改进（见表7-19）。

表 7-19　绩效测量系统改进

调整方向	原内容（2019年之前）	调整后的内容（2019年至今）
考核指标	对教职工使用"德、能、勤、绩、廉"指标进行考核，对部门考核采取满意度考核方式。 指标内容不够具体可测，未能依据考核个体特性形成更为科学的考核方案	建立星级系列考核指标库，包括星级部门、星级系部、星级专业、星级课程、星级教师、星级学生等，考核指标能体现职业教育的特点，较为全面，可操作性较强
流程再造	由学校办公室和质量办组织考核，考核过程主要由发布考核方案和结果公示两部分组成。考核过程较为简单，未能体现绩效考核的分析、改进和分享作用	逐渐形成较为完整的PDCA绩效考核流程，即发布方案—组织实施—实践分享—分析改进等环节，使绩效考核的作用能更好地发挥出来
平台建设	没有数据平台支撑考核工作	自2018年起，学校建立了诊改平台，逐渐建立起学校绩效目标完成情况数据库，提升了绩效考核的科学性和效能
实践共享	年度绩效考核工作结束后，未开展最佳实践的分享、应用和推广工作	每年组织绩效考核中的优秀代表（部门、系部、专业、课程、教师、班主任等）分享工作经验，并从中推选参评校长质量奖的部门

3. 绩效分析和评价

学校通过设定预警值并实时监控、建立"四维"质量监控队伍，实施"即诊即改"的督导督查工作模式、星级评比等方法，收集与分析流程各环节的输入、输出信息，从时间、数量、质量等角度分析流程运作效率，促进过程绩效、专项绩效、年度绩效管理的全面提升（见图7-12）。

图 7-12　绩效分析

通过绩效分析与评价，找出目前绩效存在的问题和影响未来绩效的因素，据此制订行动计划，以此与整体战略保持一致。绩效分析与评价体系见表7-20。

表 7-20　绩效分析与评价体系

绩效层面	分析形势	分析内容	分析方法	输出结果	参与部门（人员）
学校绩效	战略研讨会	宏观环境、职教政策、机遇与挑战、	头脑风暴、SWOT、因果分析、对比分析	战略分析报告	校领导、中层干部
	半年工作推进分析会	半年工作进展情况	对比分析、差异分析	半年工作总结报告	校领导、中层干部
	年度绩效结果分析会	年度各部门及岗位绩效分析	对比分析、差异分析	年度绩效总结报告	校领导、人事处、质量办
	成熟度评估	部门管理成熟度、学校管理成熟度	对比分析、差异分析	成熟度评估报告	校领导、质量办
专项绩效	招生工作分析会	生源情况、报到情况、生源指标投放情况	对比分析、差异分析	生源分析报告	校领导、招生处
	教学工作例会	教学工作开展情况	对比分析、差异分析	教学项目进展报告	校领导、教务处、各系部
	科研专项工作会议	科研工作开展情况	对比分析、差异分析	科研工作报告	校领导、科研处、各系部
	安全工作专项会议	安全工作开展情况	对比分析、差异分析	安全保卫工作报告	校领导、学工处、各系部
过程绩效	部门工作例会	日常工作周/月例会	对比分析、差异分析	周/月工作总结	部门负责人、部门员工
	系部教学工作会议	教学工作周/月例会	对比分析、差异分析	周/月工作总结	部门分管负责人、教学管理人员
	系部学生管理工作会议	学生管理工作周/月例会	对比分析、差异分析	周/月工作总结	部门分管负责人、学生工作管理人员

（1）绩效分析与评审系统

①数据治理助力校园治理现代化。

在诊断与改进平台和校本数据中心的支持下，通过实施年度绩效考核和日常监测，驱动各层面主动关注和完成战略目标，了解学校日常运营状态数据，并开展适应外部变化的对比分析，为学校改进与创新、领导决策提供有效支持。

②设置预警值，通过黄红牌的方式发出预警，及时应对。

根据学校人才培养工作的需要，建立了内部保障诊断与改进机制，自主研发了学校、专业、课程、教师队伍、学生发展五类诊断标准。每个层面的诊断设置了优秀值和合格预警值，在自主研发的诊断与改进平台上实现了实时监测、快速预警、有效预测等功能。学校层面诊断与改进情况分析截图见图 7-13。

序号	名称	数据源	公式	呈现形式	分析指标		预警规则整改/预警	二级指标
					维度	需要呈现的数据项		
1	全日制中职学历教育在校生数	在校生情况-全日制中职学历教育在校生数	数值	柱状图	x-年份，y-在校生数	当年在校生数(跟往期的年度进行对比)	数值，<8500报警	按照性别、生源地、专业、系部、民族等分别呈现
2	专业变化情况(新设、招生、停招、撤销)	专业变化情况		柱状图	x-类别，y-数量	类别包括：专业设置数(不含方向) 招生专业数(不含方向) 新增专业数(不含方向) 停招专业数(不含方向) 撤销专业数(不含方向)		
3	各专业(招生)录取数	7.6.1-5 各专业录取人数	数值	柱状图	x-专业名称，y-各个专业录取数	各专业大类录取人数、占比、录取总人数		
4	教职工人数	1.6学校机构	教职工数=编制人员(专职)+聘任制人员(专职)	饼图		教职工总数、编制人员数量、聘任制人员数量及占比		
5	师资队伍结构	6.1.1—6.1.4		柱状图	x-教师类别，y-人数	校内专任教师、校内兼课人员、校外兼职教师、校外兼课教师人数(学历结构、职称结构、年龄结构)		分专业和系部呈现校内专任教师、校内兼课教师、校外兼职教师、校外兼课教师人数(学历结构、职称结构、年龄结构)等
6	学校占地面积、建筑面积	3.1-1、3.1-2 学校占地面积、建筑面积	数值	面积总值；柱状图	x-面积类别，y-面积	面积类别：学校占地面积、建筑面积	数值，学校占地面积<40000报警，学校建筑面积<24000报警	
7	师生比	6.1.1/1.5	中职：生师比=专任教师总数÷全日制中职学历在校生总数 高职：生师比(教发)=折合在校生数/教师总数 其中：教师总数=专任教师数+聘请校外教师数×0.5 校外教师数=校外兼职教数	柱状图	x-年度，y-师生比	校内专任教师师生比	数值，<1：23报警	分专业和系部呈现

图 7-13　学校层面诊断与改进情况分析截图

③周期性绩效评估。

学校对战略绩效做周期性评估，据此调整战略计划与年度工作计划。学校党委每半年召开一次战略及规划落实推进情况分析会，针对学校重大发展专题工作不定期召开专项研究分析会议。针对学校层面年度指标，采用目标比较法、平衡分析法等评估学校战略绩效，综合分析战略绩效实施情况的季度、半年度、年度分析报告，剖析影响绩效达成的因素，制定改进策略，促进战略绩效的达成。

④职能部门和系部星级部门评价。

学校结合自治区职业院校内部质量保证体系诊断与改进复核工作要求制订了年度星级部门(系部)考核工作方案，每年组织开展年度星级部门(系部)诊改工作考核评比活动，对标诊断，持续改进，促进发展。

(2) 确定改进优先次序

①基于绩效分析结果，明确改进重点。

拟定绩效对比分析及问题改进流程。通过分析学校整体绩效数据，并结合学校外部产业发展和职业教育发展形势，初步梳理改进方案，再根据改进"战略发展需求、顾客服务质量需求、投入资源成本紧密性和问题改进紧迫度"四个维度打分，明确将"师资队伍建设、校园精致化建设、国际化办学、科研创新能力提升和文化软实力建设"作为重要改进项目。

②传递沟通，确保各层面及时快速反应，落实改进任务。

为保证绩效分析结果传递到学校的各个层次，有效支持决策和绩效改进，学校根据分析结果的不同性质和类别确定传递途径和要求。

A. 定期的、正常的信息和绩效分析结果，学校通过会议、发布会、简报和通报等形式，传递到各层级、工作环节和岗位。

B. 专项专题的绩效分析结果，通过网络、会议、分析报告会、检查反馈等途径，及时进行横向及纵向跨组织层级的传递，为教工委员会、学术委员会和跨部门专题小组的决策提供有效支持。

C. 所有分析结果应用于调整战略目标、完善学校机构、调配资源,包括岗位设置和员工技能提升培训、工作方法和业务流程优化。

(三) 改进与创新

1. 提要

学校始终坚持"追求卓越"的发展理念,在绩效测量和分析的基础上,建立了基于 PDCA 循环的绩效改进与创新系统,通过加强顶层设计,科学确定改进方法、识别创新机会,广泛运用管理成熟度评估、管理运营专项问题解决机制、改进与创新小组、合理化建议等方法,不断增强改进与创新能力,推动学校持续健康快速发展。

2. 改进与创新的管理

(1) 改进与创新的组织与策划

学校形成了基于 PDCA 循环的改进与创新的管理过程,改进与创新活动步入良性循环的轨道。改进计划与目标来源见图 7-14。

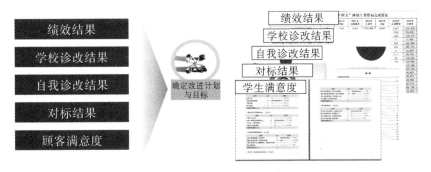

图 7-14　改进计划与目标来源

①根据绩效测量确定改进与创新的方向。

通过持续监测绩效测量,学校各层级在绩效测量和分析的基础上,形成绩效报告、人才培养质量报告等,明确存在的问题,查找和分析问题产生的原因,确定改进与创新的方向,并制订针对专项问题的改进与创新方案。创新维度见图 7-15。

图 7-15　创新维度

②制订改进计划与目标。

围绕发展战略，优先解决与战略、顾客相关的关键问题。根据与战略的关联性、顾客的关联性、贡献值等，对改进活动进行优先排序，并制订改进目标及计划（见表7-21）。

表 7-21　改进目标及计划（部分）

改进与创新方向		改进目标	具体行动计划
管理创新	质量管理创新	1. 建立起目标清晰、标准明确、机制完善的学校教育教学质量评价体系； 2. 建立起较为完善的内部质量保证体系诊断与改进工作制度	1. 构建以学校为中心的评价主体自治架构，确保教育评价改革工作顺利推进； 2. 推动多元评价主体开展评价工作，为教育教学质量评价提供科学的评估标尺； 3. 建立较为完善的质量评价标准体系，以标准为牵引推动人才培养质量提升； 4. 提炼教育评价改革成果并开展推广应用，为广西中等职业学校提供有益的借鉴和参考
产品或技术创新	科研创新	将民族文化传承教育与学校德育、体育、美育、劳动教育以及教育教学改革有机结合	1. 推进民族教育创新师资团队培育工作； 2. 开展民族教育与教学科研深度融合计划； 3. 完善民族教育基地与平台建设，促进交流推广
	人才培养模式创新	针对地方经济快速发展对人才的不同需求，以英国"现代学徒制"项目、德国双元制项目实施和专业群建设为平台，探索"多类型、分层次"办学新路径，创新人才培养模式，构建多元化的人才培养模式	1. 调整优化专业结构，加强专业群建设； 2. 调整优化专业结构，加强专业群建设； 3. 加强教学资源建设，逐步提升专业服务能力； 4. 加强教学资源建设，逐步提升专业服务能力； 5. 加强教学资源建设，逐步提升专业服务能力

（2）改进与创新的实施、测量与评价

①组织到位，职责落实。

为持续推进学校各种的改进与创新活动，学校指定质量与督导办公室负责体系建设与整体开展计划的统筹工作，各部门指定专（兼）职对口人员，负责各子项改进创新活动的计划制订及落实。

②制度完善。

学校制定了《科研项目管理办法》《质量管理考核与奖励办法》《先进集体评选与奖励办法》《提案改善与合理化建议奖励办法》等制度，对于改进与创新活动的实施、策略、评价和奖励做了详细的规定与说明。

③过程跟踪与评价。

学校将各部门的改进项目纳入年度计划的质量攻关项目，作为考核项之一。同时，学校从多个角度展开对改进和创新的评价：一是根据项目开展维度、效益分析、技术水平等多方面来进行评估，确定项目奖励分；二是对于难以计算经济效益的项目，综合考虑其解决问题的重要性、应用范围、进步水平，采用评分方法评估项目奖励分。

（3）最佳实践的识别、分享及应用

学校通过完善的最佳实践识别和推广流程，使得各部门和教职工好的做法及经验得到推广和应用。

①最佳实践识别与确定。

学校根据最佳实践类型确定最佳实践识别责任部门，由各部门针对该类型最佳实践的特点制定评估方法和标准，以准确识别确定最佳实践。最佳实践识别一览表见表7-22。

表7-22　最佳实践识别一览表

最佳实践类型	责任部门	来源	识别方式
内部管理	学校质量评估小组	各行政管理部门、各系（部）	部门成熟度评估、部门绩效考核
教育教学	各系（部）教工委、学校教工委	专任教师	课堂教学质量等级评定、教学能力大赛、翻转课堂试点
校企合作	学校教工委、学校领导小组	各系（部）	评估合作成效情况
育人方法	学生工作处	辅导员	各系（部）筛选推荐
课题、成果奖申报	各系部、科研处	专任教师	区级以上课题评选

②最佳实践的内部共享及应用。

学校通过收集内部治理、教育教学、校企合作等方面发展动态和创新理念，利用战略咨询、研讨等多种形式，加强对先进理论、最佳实践的持续学习，为学校的战略分析、战略选择和战略实施提供知识支撑。

建立最佳实践库，开放共享权限，供全校教职工学习。一是学校责任部门对最佳实践进行可行性分析评估，确定推广方式和应用试点；二是学校责任部门对试点执行情况和效果做跟踪分析，形成学校年度人才培养质量报告，并进一步优化并细化推广实施计划；三是学校及评估小组每年组织评估最佳实践的实施成效，并收集新的最佳实践案例，对最佳实践库进行更新。校内分享内容及方式见图7-16。

序号	主持/培训人	内部交流学习内容	时间
1	张杰	疫情防控学习	2021年1月26日
2	梁海荣	PDCA培训	2021年3月20日
3	温永斌	新闻写作	2021年4月19日
4	温永斌	SMART的运用	2021年4月7日
5	肖榕	目录的凝练	2021年5月15日
6	张杰	部门工作交流学习	2021年5月27日
7	李柳芳	职业教育发展柳州模式学习交流	2021年6月6日
8	张宇	星级学校申报和认定工作布置会	2021年6月23日
9	韦炎文	颜色管理	2021年6月27日
10	张贤茂	骨图的运用	2021年6月27日
11	张杰	教务与实训管理处假期工作梳理会	2021年7月8日
12	温永斌	常用公文写作	2021年7月9日
13	张杰	开学准备工作布置会	2021年8月16日
14	李柳芳	教务与实训管理处开学工作研讨会	2021年9月6日
15	李柳芳	部门工作布置会	2021年9月14日
16	韦群	SWOT分析运用	2021年9月24日
17	张杰	教务与实训管理处业务培训	2021年10月28日
18	张宇	2021-2022学年上学期段考工作交流会	2021年11月6日
19	覃小珊	母版的设计与使用	2021年11月17日
20	张宇	2021年“好课堂”工作总结会	2021年12月10日
21	钟雪勤	常用图表设计	2021年12月22日
22	张宇	2021-2022学年上学期期考工作布置会	2021年12月28日

图 7-16　校内分享内容及方式

③最佳实践的外部共享及应用。

学校全面引入卓越绩效管理体系后，学校在战略管理、流程管理、教学改革、校企合作、科研管理等各方面均做了深入的探讨和实践，取得了突出的成效，获得了教育部职业教育与成人教育司、广西壮族自治区教育厅等各级领导的高度认可。

自 2015 年起至今，学校先后在广西壮族自治区中等职业学校大型会议上进行成果经验分享，同时与兄弟院校交流，获得广西壮族自治区教育厅领导的高度评价。

学校受广西壮族自治区教育厅的委托，在全区职业教育大型会议上公开进行成果经验分享 6 次，影响全区 100 余所中等职业学校。学校先后赴区内 20 余所中等职业学校开展诊改培训。

3. 改进与创新方法的应用

基于 PDCA 循环的改进与创新系统，学校广泛运用科学的改进与创新方法，如校长质量奖评审、部门管理成熟度评估、改进创新小组（流程再造）、合理化建议等多种方法，组织与策划各种改进与创新活动，推动学校持续改进与创新。

（1）8 字形质量管理改进螺旋

学校创建对标自诊 PDCA 双循环螺旋改进工具，将改进循环中的 D（Do）环节进行细化设计，构建逻辑完整的诊断循环，按照“目标标准引领、设计组织保障、过程监控预警、诊断改进提高”的模式进行周期性诊改。学校（部门）、专业、课程、教师层面，按一年一周期进行常态化诊改；学生层面，按一学年一周期进行常态化诊改。通过反复循环的改进过程，引导学校、专业、各部门和师生注重常态化自我诊断与修正。8 字形质量管理改进螺旋图见图 7-17。

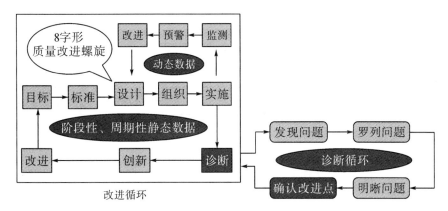

图 7-17 8 字形质量管理改进螺旋图

十年来，学校根据自身发展规律和地方经济发展趋势，率先引入政府质量标准《卓越绩效评价准则》，通过标准建设、对标监控、激励驱动、保障支撑、自主改进、数据治理等方法，形成了以卓越绩效评价准则驱动中等职业学校教学诊改，向质量管理要效益的工作模式。2021 年，学校的《以卓越绩效驱动中职学校教学诊改工作研究与实践》一文获广西壮族自治区优秀诊改案例，《基于卓越绩效的中职学校教学质量持续提升机制研究与实践》成果获广西壮族自治区柳州市教学成果特等奖。出版与诊改相关的专著两部，发表诊改工作论文 12 篇。

学校连续六次在广西壮族自治区教育厅举办的教学质量管理会议上介绍经验，受邀到区内 20 余所学校开展质量建设讲座或培训，先后有 40 余所区内外院校慕名来校交流学习，近 10 万名在校生受益。

（2）校长质量奖

为树立崇尚质量、不断创新、追求卓越的理念，表彰在部门管理方面取得卓越绩效的部门，引导和激励全校各部门建立和实施卓越绩效模式，提高整体管理水平，持续改进管理质量和工作业绩。依据卓越绩效评价标准（教育类），通过争创校长质量奖，进一步促进学校各部门管理理念的变革，如质量观、教育服务观、学生观、教师观等；促进各部门运行机制和方式的转变，使部门从经验管理向战略引领转变，从制度形式化向质量标准化转变，从个性化工作模式向流程管控模式转变；促使各部门发展状态的改变，从被动型发展转向主动性自主发展，自定目标、自我诊断、自我激励、自我改进，形成部门可持续发展的强大内生动力。

（3）改进创新小组（流程再造）

借鉴企业 QC 小组（质量控制小组）的做法，由质量与督导办公室牵头，由校内相关职能、教辅部门人员组成改进创新小组，全体小组成员团结合作、集思广益，按照一定的活动程序，针对学校发展、管理、服务等方面所存在的，教职工反映强烈的，影响学校持续健康快速发展的问题及课题，开展改进与创新。流程优化前后对比见图 7-18。

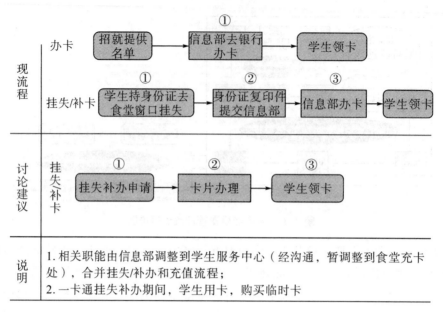

图 7-18　流程优化前后对比

（4）部门管理成熟度评估

依据卓越绩效评价标准（教育类）制定职业院校管理成熟度评估标准，每年对各部门的管理质量进行一次年度盘点，通过流程管理、制度管理、内部沟通管理、文化管理等方面的测量，对部门管理的综合效益进行评价，提升管理质量。

第八章　绩效评审

一、基本概念

随着全球化进程的加快，国内形势与国际形势瞬息万变，再加上 2020 年新冠疫情对全球政治经济带来的重大影响，国家在"十四五"期间面临着巨大的挑战，社会对职业学校和毕业生的要求也充满着诸多不确定因素。与此同时，这也是职业学校的机遇，身处这百年未有之大变局中，谁能紧跟时代步伐，迅速反应，谁就能获得巨大的发展空间。

对于职业学校而言，敏捷应变的理念包含两个方面的含义，一是紧跟时代变化主动求变，二是出现危机迅速应对。紧跟时代变化主动求变要求职业学校具有较强的信息收集能力，包括国际国内政策导向信息、企业用人单位对毕业生的需求信息、国内外最新的教育教学方法和成果等。还要求学校具有较强的判断和预测能力，能够在分析信息的基础上判断国内外的产业发展趋势，预测学校将面临的机遇和挑战，做好提前应对的准备。同时，学校还要有应变的执行力。

职业学校卓越绩效管理秉持基于事实的管理理念，要求学校管理必须遵循实事求是原则，也就是说学校的管理依据必须来自对各部分绩效的测量和数据分析。职业学校绩效测量指标包括学校规模、毕业生数量、毕业生就业率、学生满意度、教学质量、技术技能掌握水平、社会责任履行绩效、教职工数量和质量、行政管理效率等。

绩效测量指标应该遵循卓越绩效管理的标准要求，与学校战略目标和战略规划保持一致。测量与分析所依据的数据和信息必须是真实且可靠的。真实且可靠的数据分析能够揭示学校教育教学管理的实际情况。通过与不同时间段进行对比，可以得出学校卓越绩效管理关键数据节点的变化趋势，了解当前教育教学管理取得的进步与存在的问题，对学校卓越绩效的评价与改进具有积极作用。除与自身数据进行对比外，职业学校还可以与同类学校或者更优秀的学校绩效数据进行对比，分析优劣，判断改进的重点，促进学校绩效管理的提升。

职业学校在追求卓越绩效管理的过程中，着重强调从系统的视角来构建绩效管理模式的各个关键环节。这一模式作为一个核心价值观，本身构成了一个系统框架，要求职业学校的运营管理具有系统性、整体性和一致性。

学校绩效管理的系统性要求在学校教育教学管理过程中，所有参与部门、教职工必须具有系统且高质量的管理理念。部门和教职工都是这一卓越绩效管理体系的一部分，接受体系的策划、运行和评价，共同构成一个系统。学校绩效管理的整体性要求通过卓越绩效管理体系将学校连接成一个整体。在这样的整体环境下，各个组成部分都应当服务于整体的战略目标。战略决策和战略规划都应为了整体的卓越而追求个体的卓越，以整体的绩效目标为导向，追求个体的绩效目标。学校绩效管理的一致性要求职业学校形成一个共同的战略目标，通过系统的连接，使各部门和教职工根据共同的战略规划协调一致，共同推动卓越绩效的实现。

二、实践说明

某职业学校（以下简称"学校"）创建于 1984 年，是市属公办全日制职业学校，系国家级重点中等职业学校、"国家中等职业教育改革发展示范学校"、自治区"五星级"中等职业学校、自治区教育先进单位、自治区文明单位。

学校秉持"厚德精技，求真尚美"的校训，弘扬"劳动光荣，技能宝贵，创造伟大"的时代风尚，以人才培养为根本任务，切实履行职业教育誓言，全面提高办学质量。2016 年，借学校"十三五"规划开局之机，学校启动、实施卓越绩效管理模式，经过五年的研究与实践，取得了丰硕的办学成果。

（一）教育教学质量持续提升

学校以"十四五"规划为契机，制定了"九大工程"项目。自《卓越绩效驱动中职教学诊改实践研究》立项后，学校开展了为期三年的反复循环教学工作诊断与改进。按照"五纵五横一平台"的内部质量保证体系建设的要求，构建学校质量保证工作目标体系、标准体系和内控体系，搭建信息化数据平台。建立教学诊改运行机制，构建"五纵五横一平台"体系框架（见图 8-1）。

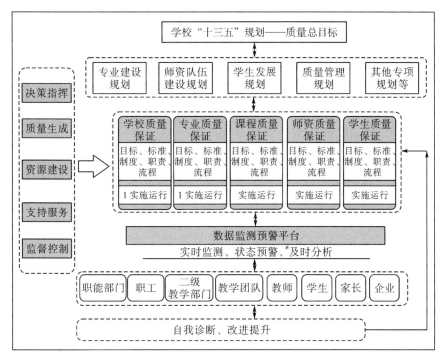

图 8-1 "五纵五横一平台"体系框架

通过持续规范的自我约束、自我诊断、自我改进、自我发展，形成鼓励创新、包容失误、褒奖改进、追求卓越的质量文化，形成促进学校可持续质量发展的强大内生动力，不断提升学校办学的活力和人才培养质量。

1. 生源供给质量持续提升

生源供给是影响学校核心竞争力的重要因素。学校围绕"稳规模、提内涵"的总体办学方针，以内涵建设为重点，构建以全日制职业教育为主体，学历教育与职业培训并重、中等职业教育与高等职业教育并举、技能鉴定与技术服务并存的多层次、多形式的办学格局。依据市教育局每年下达的招生计划，结合学校各项主要教学资源、新开设专业情况等条件，学校积极开展招生宣传工作，连续五年超额完成上级管理部门下达的招生任务且生源质量持续提升。

2. 学生综合素质提高

学生是承载学校办学质量的载体。学校紧紧围绕立德树人这一根本任务，深耕思政教育、致力于推进大思政教育体系建设，坚持以学生为本、坚持以学生为中心的教育服务理念，着力培养德智体美劳全面发展的社会主义建设者和接班人。用人单位对学生的综合素质满意率不断提高。对毕业生的人际沟通能力、岗位适应能力、岗位迁移能力、职业道德、学习能力、创新能力、专业知识等指标的满意率均在90%以上（见表8-1）。

表 8-1　用人单位对毕业生的评价统计

序号	数据指标	单位	2022 年	2023 年	变化情况
1	毕业生人际沟通能力	%	96.41	98.29	↑1.88
2	毕业生岗位适应能力	%	97.10	96.86	↓0.24
3	毕业生岗位迁移能力	%	92.19	94.55	↑2.36
4	毕业生职业道德	%	98.20	98.67	↑0.47
5	毕业生学习能力	%	98.20	99.10	↑0.90
6	毕业生创新能力	%	93.41	95.24	↑1.83
7	毕业生专业知识	%	95.81	96.78	↑0.97

3. 学生就业质量持续提高

学校高度关注学生发展，始终坚持以学生为本，以促进学生成才、就业和事业发展为本。根据经济社会和科技发展对人才的要求，不断加强教育教学改革，增强毕业生的就业竞争力。通过建立和完善就业工作体系以及高效的就业工作机制，不断加强学生在校期间的职业生涯规划和素质拓展训练，加强毕业生就业指导和服务，加强实习基地和人才市场建设。学校不仅重视保持高的毕业生就业率，更注重毕业生就业质量的提高，就业工作取得了显著成绩。

4. 学生升学率持续提高

学校大力开展协同创新的研究与实践，有效推动了中等职业教育的贯通发展。学生成长空间的拓展，使中等职业学校毕业生以就业为主转向就业与升学并重。

5. 学生职业技能稳步提升

学校以技能竞赛为抓手，推进学校专业内涵建设和师资队伍建设，将在职业技能竞赛训练过程中的指导经验总结归纳应用在专业教学中，形成"以赛促教、以赛促建、以赛促学"的教学常态。针对学生开展的"以赛促学"工作，激发了在校学生的学习兴趣，提高了学生的专业技能水平，为学生就业提供了社会实践和机会。

（二）学生和利益相关方的满意度持续提升

学校实施"123456"特色学生管理模式：打造"1 站式"综合服务中心，向全体师生提供学校各方面投诉、咨询、服务一体化业务；组建在党总支领导下由系（部）党支部书记主管德育，德育副主任主抓落实，系（部）德育工作者、班主任队伍形成系（部）德育合力的 2 级管理机制；在"全员育人、全方位育人、全过程育人"3 全育人工作的整体格局中，形成立体化、多元性人才培养体制；学校将学生成长基础、职业发展、个人发展、职业素养 4 个维度贯穿德育工作始终；制定 5 星学生发展标准体系，以及实施"课程育人、安全育人、制度育人、文化育人、活动育人、服务育人"6 大育人方式。

1. 学生的满意度

学生是学校服务的第一顾客，卓越绩效管理高度关注顾客服务满意度的持续提升。基于卓越绩效理念，通过对"123456"特色学生管理模式的不断改进，有效地提升了学生的满意度，具体体现在以下几个方面。

（1）在校体验满意度提升

2023年，通过对在校生体验满意度（包括教育、教学、环境、服务、餐饮、住宿、安全七个方面）情况进行了广泛调查，调研结果显示，总体满意度（非常满意+基本满意）为91.6%。

（2）对老师的满意度大幅度增长

"123456"特色学生管理模式确立了教师服务学生成长的地位。调查数据显示，学生对教师服务的满意度有了大幅度提升。

（3）资助服务力度加大

学校打造了25个学生精品社团，通过吸纳新成员和举办特色社团活动不断壮大社团的队伍，社团人数达到6 121人。学生社团全年累计开展常规活动531次，累计有18 735人次参加；开展全校性大型活动2次，累计约有3 500人次参加；开展社团品牌活动7场，覆盖6 700人次，学生社团活动实现学校官方微信平台宣传、团委官方QQ宣传，共发起报道27次，浏览量达13 200余人次。营造了第二课堂校园文化氛围，学生在第二课堂活动中参与、学习、体验、感悟，学生综合素质得到显著提升，对提高学生的满意度起到了重要作用。

2. 相关方的满意度

（1）合作共建企业的满意度提升

学校依据相关方特点识别不同需求，构建良好的合作关系。2019年，学校创新创业中心建设完成，入驻项目7项。建成了侨批文化展示馆、无人机工作室、跨企业课程研发工作室、智拓创客团队工作室、影音后期援工作室、巴哈赛车创客工作室、葡萄酒品鉴与侍酒服务工作室、现代饮品工作室、路演室九间双创功能室，并形成了成熟的管理体系及完整的组织运营架构。

学校与柳州柳工叉车股份有限公司、上汽通用五菱汽车股份有限公司、厦门惠和石文化股份有限公司等多个行业企业开展产教融合、创新教学基地，将理论教学与实践应用紧密结合，充分整合学校与行业、企业的资源，实现优势互补、共同发展，联手培养适应智能时代需要的复合式创新型高素质技术技能人才。当下，学校合作企业达87家，形成了"人才共育、过程共管、成果共享、责任共担"的校企合作人才培养体系。

学生实习的满意度为95.93%，实习单位的满意度为95.50%。学生实习的满意度、实习单位的满意度在高位仍有小幅度增长。

（2）在职业教育集团中的地位得以提升

为深化学校人才供给的结构性改革，适应社会需求，推动学校人才培养供给与产业链的密切对接，学校与自治区交通职业技术学院、某市挖掘机有限公司（世界500强企业）三方共建某市挖掘机产业学院签订合作协议。准确把握职业教育集团的性质、任务，发挥好示范带头作用，增强服务意识，带动集团成员共同发展，紧密围绕传承非物质文化遗产，拓展校企合作，创新合作机制，增强职业教育带动非物质文化遗产服务产业振兴、服务地方经济社会发展能力，为中国经济发展增值赋能，为行业企业发展提供人才支撑。

2020年12月，学校与某省职业教育研究院、某省非物质文化遗产职业教育集团等七家单位牵头组建全国非物质文化遗产职业教育集团。作为集团的常务副理事长单位，学校隆重举办了首届全国职业院校非物质文化遗产技艺传承与发展研讨会暨全国非物质文化遗产职业教育集团成立大会。这场盛会对推进非物质文化遗产职业教育集团化办学，搭建全国性非物质文化遗产职业教育合作交流平台，整合优质资源，深化成员合作，提高非物质文化遗产职业教育水平具有重大意义。

（三）教职工队伍持续优化

学校将教师队伍建设作为基础性工作来抓，坚持面向全员、突出骨干，改革创新、务实为本，着眼发展、终身学习，制度创新、增强活力为基本原则，通过卓越绩效管理的实施，构建了教师与学校同向同行、相互依存与相互成就的和谐关系，培育了一支"师德高尚、数量充足、结构合理、业务精湛"适应学校发展新形势的教师队伍。

1. 完善的制度体系助力教师成长

学校为教师职业生源规划了发展线路（见图8-2）。学校先后制定了《新教师培养制度》《骨干教师管理条例》《中青年骨干教师选拔与培养暂行办法》《专业带头人管理条例》《专业带头人选拔及管理暂行办法》《校级"技能大师工作室"管理规定》《双师型教师管理条例》《聘用人员管理暂行办法》《外聘兼职教师管理制度》，对教师进行分类管理。学校出台了《教师学历学位提升管理办法（试行）》，将学校《教师培训"十四五"发展规划》落实到教师个人的发展规划中。学校按照"十四五"规划的目标、任务和工作方案，不断壮大教师队伍和培育培养教师的专业素养。

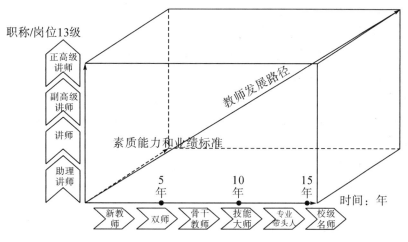

图 8-2 教师专业成长线路

（1）教师队伍规模扩大，与学生规模相适应

"十二五"末期，学校仅有教职工 269 人，专任教师 199 人。学校现有教职工 516 人，其中专任教师 419 人，生师比已达 20∶1。

（2）教师队伍的结构也不断优化

学校拥有研究生学历或硕士生学位教师 79 人，正高级讲师 10 人、高级讲师 93 人、讲师 97 人。"双师型"教师达 320 人，专任教师占比为 82%，高级职称占比为 22%，专任教师本科及以上学历占比为 100%。

制定学校层面的教师发展标准将其作为教师制定个人发展规划的准则，推动教师面向未来实施有效且可持续的发展。教师发展的职业教育特色日益凸显，与行业、产业的紧密度显著提升。

（3）"顶尖"教师脱颖而出

目前，学校已经拥有一支以教学名师、技能大师引领，专业（学科）带头人、骨干教师为中坚力量，非物质文化遗产教师传承人为学校师资发展特色的教师队伍。学校拥有全国优秀教师 1 名，全国优秀教育工作者 1 名，自治区特级教师 1 名，区级教学名师班结业成员 4 名，区级名师工作坊 1 个；市级行业领军人物 1 人，市级专业带头人 3 人，市级专业骨干教师 11 人；校级名师工作坊 8 个，校级技能大师 10 名，专业带头人 10 名，骨干教师 32 名，非物质文化遗产代表性项目教师传承人 11 名。

2. 有效的绩效激励营造积极向上的竞争氛围

学校制定了《星级部门绩效考核指标》《校长质量奖评审标准》《星级专业建设标准》《星级课程建设标准》《星级教师评价标准》《星级班主任评价标准》等内部质量"标杆"评判标准，引领教师个人、部门、团队建设的方向，推动教师、团队共同发展。并运用 KPI 考核工具，通过《绩效考核实施方案》《优秀班主任评比考核办法》《教师绩效考核实施方案》《班主任绩效考核实施方案》《学校督导（兼职）工作绩效考核方案》的运行，助力学校核心竞争力和可持续发展能力提高，达到战略落地、管理细化、潜能激发的目的，保证学校战略目标的顺利达成。

为引导和激励全校各部门建立和实施卓越绩效模式，提高整体管理水平，持续提升管理质量和工作效率，依据卓越绩效评价标准（教育类），借鉴国内开展质量奖活动的成功经验，设立校长质量奖。根据学校特色发展的需要，继承改革创新，探索团体协作培养模式，加强教师专业化成长共同体建设。将职能部门的职责重新梳理，释放相当部分的管理权至系（部），同时强化职能部门的服务功能。系（部）拥有相对完整且独立的选人用人权限、教育教学权限、财务支配权限、招生实习就业权限等。学校一方面健全监督约束机制，另一方面积极做好协调服务工作，清除二级管理运行的机制障碍，真正彰显二级管理的效益，推动了人才培养质量的提升。

3. 精准的目标导向成就卓越的标志性成果

"十四五"期间，学校以创建国家首批"现代学徒制"城市、国家首批"产教融合"试点城市为契机，以办学模式改革、人才培养模式改革为切入点，以卓越绩效管理工程为抓手，以教学诊改为工作主线，持续推进"质量兴校""科研强校"战略，开拓进取，创新争优。

（1）"以赛促教"提升教师竞技素质

学校以技能竞赛为抓手，推进学校专业内涵建设和师资队伍建设，将在职业技能竞赛训练过程中的指导经验总结归纳应用在专业教学中。常态化的"以赛促教、以赛促建、以赛促学"练就了教师强大的竞赛能力。五年来，教师在各级技能竞赛中获奖达到466人次。

（2）标志性成果"瓜熟蒂落"

持续的质量兴校战略，结出了丰硕的成果。学校先后荣获"全国中小学中华优秀文化艺术传承学校""广西壮族自治区首批现代学徒制试点单位"、广西壮族自治区"五星级"中等职业学校、柳州市"十佳最美校园"等荣誉称号。学校三项教学成果获自治区级教学成果等次评定获奖：《"侗寨·五娘"非遗"123+N"现代传承育人模式实践与创新》一文成果获特等奖，位列第一名；《中职旅游服务与管理专业国际化课程标准建设与实践》一文获一等奖；《中职学校"三全三课"德育模式的研究与实践》获二等奖，实现了学校参与教学成果评定获奖质与量的历史性突破。

（3）社会媒体高度关注

学校建设引起中国教育报、中国教育电视台、广西壮族自治区教育厅公众信息网、柳州新闻网、柳州日报、南国今报、柳州电视台等多家媒体的广泛关注。2018年，学校教育教学成果的相关新闻在柳州市电视台报道15次，柳州日报社报道8次，柳州广播电台报道1次，中国教育电视台报道1次。2019年，由学校拍摄的《这，就是职教》快闪视频被中国教育电视台广选用；由柳州电视台《新播报》栏目对我校教学成果——《苗翎嫁娘》系列作品及设计师韩晶老师进行的专题报道

《百灵"藏"广西柳州：中外融合苗族服饰惊艳 T 台》节目被广西电视台《广西新闻》及"学习强国"App 广西平台选用，学校知名度和影响力进一步提高。

（四）学校整体实力实现可持续发展

1. 校园建设日趋完善

"十三五"期间，学校致力于打造功能齐全、布局合理的办学空间及环境，不断完善办学基础设施建设，并已先后建造了 3 栋宿舍楼和一个 400 米的标准田径场，显著改善了学校教学、住宿条件以及运动场地设施，优化了校园环境，增强了其教育培育功能，基本满足了日益增长的师生需求。教学业务用房的面积大幅度提升。

学生宿舍、食堂等生活场地面积从 2016 年的 38 035 平方米增加到 2019 年的 58 025 平方米，涨幅达到 52.6%。

2. 教学资源水平明显提升

（1）实训基地水平提高

2020 年，学校新增实训基地建设项目 9 个，实训基地建设项目投入总值 1 146.57 万元，比 2019 年增加了 356.57 万元。投入资金主要用于满足学校重点建设专业物流服务与管理、旅游服务与管理、电子商务、数控技术应用、新能源汽车运用与维修、工艺美术的实训教学等方面的需求（见表 8-2）。

表 8-2　2020 年学校新增实训基地建设项目一览表

序号	项目名称	资金额度/万元
1	智慧物流实训中心	100.00
2	创新产教融合现代城市服务实训基地	200.00
3	社区电商产教融合实训基地	74.37
4	车加工技术实训室	60.00
5	新能源汽车实训中心二期	183.20
6	工艺美术实训中心	255
7	多媒体实训室水平提升建设	159
8	民族文化非物质文化遗产传承教育基地	95
9	茶文化实训基地	20
	合计	1 146.57

学校现有校内实训基地 26 个，实训（验）室 150 个，实训工位 5 326 个，实训（验）设备资产达 10 104.78 万元。生均实训实习工位数 0.58 个，生均教学仪器设备值 11 041.3 元。

（2）图书资源水平提高

2020 年，学校新增纸质图书 6 万册，使馆藏纸质图书总数达到 324 819 册，生均纸质图书达到 35.49 册/生，建成大师工作室 6 个。

（3）信息化基础水平提高

逐步完善智慧校园服务，将信息化建设覆盖到学校的教育教学、职业训练、学校管理和网络文化生活等各方面，促进了学校信息化建设的全面发展。完成全校网络设备更新升级，实现了有线网络全校覆盖，学校网络从 80 Mbps 最终提升至 4.1 Gbps，为学校的资源共享、教育教学、职业训练、学校管理和网络文化生活等校园信息化应用和服务，提供满足服务质量要求的网络支撑环境。

2020 年，全校教学用计算机共计 2 017 台，实现学生教学用计算机 18 台/100 人的标准，办公用计算机 521 台，实现教师备课办公用计算机人均一台标准。建设了虚拟仿真实训室以及与重点专业课程对应的数字化技能教室。形成一批有特色的网络课程，体现学校教育教学改革和现代信息技术的应用成果，着力提高教学效果和人才培养质量。2020 年，新增电子本地镜像图书 30 000 册，超星阅读平台电子书书目 100 万余种，中文期刊服务平台具备授权期刊种数 6 000 多种，内容覆盖学术、教育、大众、综合类，其中教育类刊种 300 种以上。

3. 形成了完整的质量保障体系

（1）建立学校内部质量标准体系

通过卓越绩效管理模式的实施，学校制定了《管理成熟度标准》和建立一系列针对不同岗位、不同团队的绩效评价工作机制。以教育部《职业教育国家教学标准体系》《广西壮族自治区星级中等职业技术学校标准》《广西壮族自治区中等职业学校办学条件建设分级标准（试行）》等国家、自治区职业教育标准文件为指导，在调查研究的基础上，综合考虑学校所处的柳州区域环境、学校办学目标定位、办学优势和短板，明确以卓越绩效准则作为质量管理的主要手段，形成了涵盖教学、服务、管理三大领域全覆盖，汇总形成了涵盖招生、就业、教学、师资、管理、投入、学生资助、行业企业参与等多方面的制度、标准和流程。"星级"教育教学质量标准分别围绕专业、课程、教师发展及学生发展的核心内涵，设计目标和要求，按标准的重要程度确定其权重和分值，形成了包括学校管理、学校发展、专业建设、课程建设、教师发展、学生发展、学校绩效考核七个方面的教育教学质量标准体系。

（2）建立校系二级常态化的质量管理机制

自卓越绩效管理模式启动后，学校先后派遣 30 人次中层及以上干部赴外地学习、到高等职业学院挂职，专项提升质量管理能力；邀请专家来校开展专题培训 20 多场，先后培训质量管理骨干 30 名；学校开展专题内训 20 余场，覆盖全校教职工；先后梳理全校各部门职责 22 个，部门岗位职责、教师工作职责、实训室管理员职责等 108 个，梳理各部门核心工作流程 90 多个，编制完成《学校职能分工表》《学校部门权责手册》，等等。在全区中等职业学校中率先建立了比较完善的院系二级管理机制，按照"事前—事中—事后"三个阶段，围绕决策指挥、质量生成、资源建设、支持服务、质量生成、监测控制及数据支持，构建起专业层面内部质量保障体系。

（3）形成了推动技能持续发展的内生驱动力

通过对绩效管理模式的探索与实践，打造出了一支服务意识强、质量监控能力突出的管理队伍，在学校与二级系（部）两个层面建成了综合服务中心、党员服务中心、专业建议与教学改革发展中心、学生发展中心、教师发展中心、校企协同育人中心六大服务中心，构建起了比较完整的质量管理体系。学校师生教育教学观念和管理运行机制发生了深刻变化，实现了从集权管理到分权管理的机制转变、从被动到主动的工作转变，从经验引领向战略引领转变，从规章制度形式化向培养质量标准化转变，从个性化工作模式向流程管控模式转变，从被动型发展转向主动型自主发展，形成了可持续发展的强大内生动力。

4. 服务品牌初步形成

（1）专业数量、结构更加契合当地社会经济发展

学校对接柳州"实业兴市、开放强柳"发展战略，开展专业发展定位规划、调整专业结构、打造"产业—专业"群与品牌专业、建设共享型专业实训基地项目为重点，全面提升技术技能人才培养质量，形成与柳州市职业教育专业布局与结构调整规划相适应的学校专业布局，新增专业4个，专业总数达22个，建成面向服装设计、工艺美术等产业的国内一流、区内领先的艺术设计专业群，面向学前教育、旅游管理等现代服务业产业的区内领先的文化旅游专业群和面向工程机械、新能源汽车、轨道交通等支柱产业的区内领先的装备制造专业群等5个专业群。建设了2个区级品牌专业，7个校内品牌专业，进一步优化学校专业结构。构建学校"立足柳州、面向广西、服务全国、辐射东南亚地区"的发展格局，为学校建设成为"特色鲜明、区内领先、国内一流"的示范性职业学校提供支撑。

（2）引入国际标准，不断提高国际化水平

引入国际标准，全力推进"工程机械运用与维修专业职业教育国际化""物流服务与管理专业现代学徒制人才培养体系构建""构建中高职衔接的'现代学徒制'人才培养模式""建设国际化专业课程标准体系和师资队伍"等项目建设，创新人才培养模式。

2016年，学校与英国瑞尔学徒制公司和柳州市瑞泽商贸有限责任公司在物流服务与管理专业开展"现代学徒制"试点项目，施行英国二级学徒的职业资格标准。2018年，学校积极与英国WSET（英国葡萄酒与烈酒教育基金会）洽谈，并就WTAPRO（葡萄酒品鉴艺术认证）、ABSS（餐厅酒水服务标准流程）等培训课程初步合作框架达成意向。项目参训学生61人，先后通过三期紧张的培训及严格的考核，40名旅游服务与管理专业学生取得初级侍酒师资格认证。2019年，学校与欧洲侍酒师学校、法国CAFA侍酒师学校、英国WSET（英国葡萄酒与烈酒教育基金会）、法国MI国际调酒师协会、SCA国际精品咖啡师协会、国际茶研社协会合作，先后培训考核学生93人，80余名旅游服务与管理专业学生取得初、中级侍酒师资格认证，其中30余名学生获聘为米其林及同等级别高级餐厅的员工。"十三五"期

间，学校按照职业教育国际化的基本理念和要求，通过师资队伍国际化、人才培养国际化等方面深化人才培养模式改革，人才培养质量稳步提高。2020 年，学校成功入选"2020 亚太职业院校影响力 50 强"。

（3）强化思政队伍建设，打造育人品牌

积极抓好星级党支部、支部党建品牌创建工作，做到"一支部一品牌一特色"。由学校党总支书记卿×建主持的《中等职业学校思想政治工作现状与对策研究》、文化旅游系党支部书记兰×丽主持的《职业教育改革背景下以党建引领教育的实践与探索》两个项目获柳州市教育系统"党建+教育"书记领航项目立项。学校成为柳州市教育局选树的行动学习示范点。"十三五"期间，学校打造党总支党建品牌《双融合双促进，卓越管理助力党建提升》；支部党建品牌五个，分别是文化旅游系党支部《传承中华民族文化，服务系部师生发展》、工程机械系党支部《金石匠心》、交通运输系党支部《弘扬巴哈车队精神，提高教育质量，彰显系部特色》、经济贸易系党支部《党建引领职教助力，技能扶贫同步小康》、艺术设计系党支部《秉爱求真、品学立人》。10 名青年班主任获得各级各类荣誉称号，其中刘玉洁获得自治区优秀班主任荣誉称号。市级以上德育论文获奖 100 余篇；自治区、市级德育科研课题 10 余项，其中教学改革成果《中职学校"三全三课"德育模式的研究与实践》荣获 2019 年自治区教学成果二等奖、柳州市教学成果一等奖。

（4）打造以学校"善"字为核心的礼仪德育精品

坚持培养企业满意的技能人才的学校总体育人宗旨，紧贴时代、职业和学生身心发展的需求，在校期间努力实现"成人、成才、成功"三个台阶的跨越，依据职业学校对人才培养需求及中等职业学校学生身心发展的特点，将总体育人规划细化为四个目标，即一个积极向上的心态（心理健康教育）、一种大方得体的言行（礼仪教育）、一项展现自我的特长（文体教育）、一种娴熟出众的技能（专业技能创业教育），夯实、拓宽德育实施载体，设计"理想信念，文明礼仪、职业素养、个性发展、创新创业"五大平台的德育教育活动，将生态性德育与教育融入活动之中，逐步完成五大平台德育内容体系的构建。形成精品活动 7 项：好戏剧、好声音、好读者、好学员、运动会、艺术节、迎新晚会；已构建以石喻人、以石兴教、金石为开的校园文化精神；已拥有精品学生社团 21 个，社团成员人数已突破 2 500 人；心理测评与教育 100%覆盖全校学生、新生心理测评达 92%、团辅活动 100%覆盖全部班级、心理讲座 20 次。实现了新生入学礼仪教育全覆盖，举行各类音乐美学专题讲座、专题音乐会、新年文艺晚会等活动达 80 场次。

抓住招生、开学、节假日前后等重要时间节点全面宣传中等职业学校学生资助政策、资助成效、育人成果、工作经验。2020 年，学校荣获柳州市"学生资助政策宣传月"系列活动优秀组织奖；学生的习作《乌云里的一束光》参加资助征文活动，入选"学习强国"平台。

（五）服务社会的能力持续增强

学校面向地方经济建设主战场，在职业教育教学改革研究领域辛勤耕耘、不懈努力，其科研服务水平得到显著提高。

1. 建成特色科研平台

学校建立了由校外专家和校内学术委员会两级评审指导的专家资源库，充分利用校外专家资源及学校学术委员会，在教改科研、专业建设、课程开发等方面逐步发挥引领作用。牵头成立中等职业教育民族文化传承创新联盟，国内22所中等职业学校参与其中，学校当选为理事长单位，与此同时还召开了"侗寨·五娘"文化论坛。2019年11月，学校参加首届"黄炎培杯"中华职业教育非物质文化遗产创新大赛暨非遗职业教育成果展示会，获全国人大常委会副委员长、中华职教社理事长郝明金颁发"非遗职业教育贡献奖"，同时还获得"最佳指导老师奖"、1个一等奖、2个二等奖、1个三等奖、1个优秀奖的佳绩。2020年6月，学校成立了民族文化（非遗）教育研究院，旨在深化民族文化职业教育，打造具有学校职教特点的特色科研平台。

2. 科研工作快速发展

"十三五"期间，学校共完成各级各类教科研项目申报103项，立项86项，结题47项，数量较"十二五"期间增长明显，尤其是在教学成果方面取得了飞跃式发展。建成了学校创新创业中心，入驻项目7项。建成了侨批文化展示馆、无人机工作室、跨企业课程研发工作室、智拓创客团队工作室、影音后期援工作室、巴哈赛车创客工作室、葡萄酒品鉴与侍酒服务工作室、现代饮品工作室、路演室9间双创功能室，并形成了成熟的管理体系及完整的组织运营架构。2018—2020年，学校荣获自治区级创新创业大赛金奖1项、银奖2项、铜奖7项。

学校获得专利的情况见表8-3。

表8-3　学校获得专利的情况

序号	姓名	专利名称	专利类型
1	韩晶	《连衣裙（苗纱）》	国家外观设计专利
2	韩晶	《嫁衣（苗翎嫁娘）》	国家外观设计专利
3	韩晶	《连衣裙（苗染）》	国家外观设计专利
4	秦怡婷	茶杯垫（侗乡茶缘）	国家外观设计专利
5	秦怡婷	香炉（荷庆吉乡）	国家外观设计专利
6	宁方方	《挂饰（香包）》	国家外观设计专利
7	宁方方	《银饰项链（中药香薰）》	国家外观设计专利
8	兰伟华	《侗锦未央》	国家外观设计专利

表8-3(续)

序号	姓名	专利名称	专利类型
9	覃丽霞	《腕饰（侗绣中药)》	国家外观设计专利
10	余虹	《一种油奶茶》	国家外观设计专利
11	章进	《一种儿童用安全防护美工刀》	国家实用新型专利
12	钟海涛	《变压器呼吸器更换装置》	国家实用新型专利
13	黄彦博、李星潮	《一种便于快速拆卸的汽车用半轴》	国家实用新型专利
14	薛文灵	《机械作业实训台》	国家实用新型专利
15	薛文灵	《便携式打螺丝装置及实训台》	国家实用新型专利
16	黄欣萍	一种可调式文化展示架	国家实用新型专利
17	宁方方	《新能源汽车智慧云软件》	国家计算机软件著作专利
18	宁方方	《侗绣智创软件系统》	国家计算机软件著作专利
19	兰伟华	《赛车DIY云图平台》	国家计算机软件著作专利

3. 社会服务效益显著提升

（1）培训服务

学校围绕柳州"实业兴市、开放强柳"发展战略，全面推进柳州"区域性先进制造业基地、区域性现代服务业中心、区域性交通枢纽"建设工作，全面提升技术技能人才培养质量，努力打造学校社会服务的知名品牌。学校积极为区域社会经济发展提供各类社会培训活动服务，包括举办广西第五届农民工技能大赛、举办柳州市第五届农民工技能大赛暨柳州市第四届农民工家庭服务业大赛、举办柳州市柳江区全民终身学习活动周活动、举办柳州市养老护理员职业技能培训班、举办城中区农民工叉车司机技能大赛、举办柳州市鱼峰区全民终身学习活动周活动等。五年间，学校完成社会培训量5 154人次，成人教育培训量124人次，职业技能鉴定8 338人次，培训退役士兵172人次，职业培训产值达644万元。学校还入选了自治区市场监管局特种设备作业人员考试机构备选库。在广西第六届农民技能大赛叉车决赛中，学校培训学员以娴熟的技能勇夺桂冠，收获一枚沉甸甸的金牌。

（2）技术服务

学校立足校内外实训基地，充分发挥学校专业和师资资源的优势，积极面向社会开展各类职业技能培训和鉴定。今后学校将进一步加强与行业企业的合作，提升培训质量，稳定培训规模，实现社会效益和经济效益的双赢。

（3）文化传承

学校作为全国非物质文化遗产职业教育集团牵头单位，积极组织国内校、政、企、行推动广西区域苗、侗、瑶民族非物质文化遗产技艺人才培养，促进侗绣等非物质文化遗产技艺与行业企业深度融合，传承民族非物质文化遗产技艺现代职业教育，不断满足侗绣人才培养的多样化需求。

（4）对口支援

学校根据专业建设及师资，把广西民族刺绣与手工技艺传授给融水县白云乡保江村贫困人员，巧学技能，以赛促学，学成就业，帮扶贫困学员成立农村专业合作社。

学校积极发挥示范辐射作用，开展对口帮扶服务，与两所学校签订了社会培训等服务内容的对口帮扶协议。校际帮扶情况统计情况见表8-4。

表8-4　校际帮扶情况统计

序号	帮扶院校名称	帮扶项目
1	柳州铁道技术职业学院	物流专业叉车司机的培训鉴定
2	广西商业高级技工学校	物流专业叉车司机技能比赛
3	柳州市城市职业学院	物流专业叉车司机的培训鉴定

（5）对口扶贫

2020年，学校在柳州下属市县开展精准扶贫工作。学校以融水县白云乡保江村扶贫点为中心，分别在美丽的融水县保江村和融安县长安镇打响了首期《广西民族刺绣与手工》和《挖掘机操作工》技能提升扶贫培训工作的第一枪。"绣花针挑起挖掘机"的一轻一重的交替技能扶贫培训，把刺绣针带到乡村，把挖掘机运到县城，分别在融水县、融安县和三江县开展技能提升扶贫的工作，让他们实实在在享受到职业技能提升的快乐，同时达到技能脱贫的目的。

三、实施范例

（一）以学校为焦点的成果

近年，在师生共同努力下，学校荣获国家中等职业教育改革发展示范学校、教育部国防教育特色学校、2020亚太职业院校影响力50强、WER世界教育机器人大赛中国锦标赛二等奖，青少年机器人世界杯中国亚军、第十六届世界青年蹼泳锦标赛银牌、"新澳中"国际文化时装周最佳民族服饰创新设计奖、最具民族魅力品牌奖等重要荣誉，在专业、课程、实训基地、师资队伍、师生技能竞赛、教学管理、学生管理、教学成果奖等方面取得一系列卓越成果。学校发展迅速，成效斐然，在广西中等职业教育中处于领先位置。

1. 学校近年的总体荣誉评价状况

学校重要荣誉及标志性成果一览表见表8-5。

表 8-5　学校重要荣誉及标志性成果一览表

序号	成果类型	成果名称	备注
1	综合类	国家级重点职业学校	全国 1 082 所，广西 15 所
2		国家中等职业教育改革发展示范校第二批立项单位	全国 1 004 所，广西 32 所
3		2020 亚太职业院校影响力 50 强	广西第一所入选中等职业学校
4	专业类	国家级重点专业 4 个	交通工程机械运用与维修、物流服务与管理、汽车服务与营销、服装设计与工艺专业
5		自治区级品牌专业 2 个	物流服务与管理、服装设计与工艺专业
6	课程及资源类	自治区级精品课程 2 门	现有区级在线精品课程两门，分别为葡萄酒品鉴与侍酒服务、艺术
7		自治区级教学资源库 1 个	现有区级服装设计与工艺教学资源库
8	师资类	国家级荣誉教师 3 人	—
9		自治区级荣誉教师 5 人	—
10	实训基地类	自治区级实训基地 2 个	—

2. 学校近年的综合竞争力排名对比

近年来，学校以习近平新时代中国特色社会主义思想为指导，贯彻落实党的教育方针和全国、全区及柳州市教育大会精神，立足新发展阶段，围绕柳州市教育事业发展"十四五"规划总体目标，持续深化新时代教育评价改革，常态化运行内部质量保证体系运行，不断优化办学条件，促进了办学质量的持续提升。2022 年，学校以"优秀"成绩通过自治区办学能力达标评定。此外，学校还成功创建了自治区五星级学校，星级评定成绩位居广西第 2 名，较 2018 年提升了 10 个名次。

（二）产品和服务结果

学校秉承"服务区域经济，成就师生梦想"的办学价值观，依照既定的指标体系，分别从立德树人、产教融合、教学改革、师资队伍、社会服务、国际交流合作等方面监测办学成果。从近三年的监测结果显示，学校办学水平逐年提升，始终处于国内先进水平。

1. 主要产品和服务的关键绩效指标的水平

（1）人才培育服务

建校 40 多年来，学校坚持立德树人的育人方针，践行"厚德精技，求真尚美"的办学理念，通过强化质量管理，狠抓内涵建设等举措，努力实现"服务区域经济成就师生梦想"的办学价值。近三年，学校累计升学人数达 8 071 人，直接就业服务于三产人数达 1 908 人。目前，学校拥有物流服务与管理、服装设计与工艺两个自治区品牌专业。

强化质量管理，学校《基于卓越绩效的中职学校教学质量持续提升机制的研究与实践》荣获自治区教学成果一等奖。

狠抓内涵建设，持续提升人才培养质量。2020 年，学校代表广西参加 2020 年全国职业院校技能大赛试点赛电子商务技能赛项，获得国家级的比赛一等奖的优秀战绩，实现了广西电子商务专业学生在全国职业技能赛项上一等奖零的突破。

①专业建设的表现。

近年来，学校对照区域产业发展方向，不断调整专业布局：现有物流服务与管理、新能源汽车运用与维修等 23 个专业，动态修订人才培养方案，建成面向现代支柱产业及新兴产业的汽配物流专业群、服装设计与艺术专业群等两个自治区级品牌专业群；商贸服务示范特色专业及实训基地、工程机械运用与维修示范特色专业及实训基地、电子商务示范特色专业及实训基地、城市轨道交通车辆运用与检修示范特色专业及实训基地，以上四个实训基地被批准为自治区示范特色专业及实训基地，物流服务与管理、服装设计与工艺两个专业列入自治区品牌专业建设名单。专业建设关键指标结果见表 8-6。

表 8-6 专业建设关键指标结果

序号	项目指标	2020 年	2021 年	2022 年
1	招生专业总数/个	22	22	23
2	新开设专业数/个	1	1	1
3	学校五星专业/个	5	7	5
4	专业群建设数/个	2	2	4

国际化标准专业关键指标结果见表 8-7。

表 8-7 国际化标准专业关键指标结果

序号	项目指标	2020 年	2021 年	2022 年
1	重点专业数量/个	4	4	4
2	累计引进国际化标准专业数量/门	2	2	2
3	引进国际化标准专业占全校专业的比例/%	9.52	9.09	8.70

在职业技能赛方面，学校建立了全方位的职业技能提升机制，形成了"以赛促教、以赛促建、以赛促学"的教学常态。在教学过程中，学校注重内化职业素养，有效融合课堂教学和技能大赛，帮助学生完成从学生到职业人的转化；引导学生借由专业技能比赛来学习技能、交流经验，不断促进学生专业技能水平提高，培养学生创新意识和创新能力，使学生从"模仿"走向"真会"。

在 2022 年全国职业院校技能大赛中，学校荣获二等奖 2 项、三等奖 3 项、获奖率达 100%，获奖数在广西中等职业学校中排名第二位；在广西职业院校技能大赛中，学校共派出 57 支队伍、119 人参加 32 个项目的比赛，收获一等奖 14 项（全区排名第六位）、二等奖 19 项、三等奖 19 项，获奖率达 91.2%，全区排名第七位，较 2021 年提升 20 个百分点。

学生专业技能大赛获奖情况见表 8-8。

表 8-8　学生专业技能大赛获奖情况　　　　　　　　　　单位：项

序号	项目指标	2020 年	2021 年	2022 年
1	国家级专业技能大赛学生获奖	3	10	10
2	自治区级专业技能大赛学生获奖	57	96	59
3	市厅级专业技能大赛学生获奖	45	11	0

注：2022 年因为疫情原因，自治区级技能大赛中取消学校优势项目：攀岩的获奖奖项及人数受到较大影响。同期，市级技能大赛取消。

②课程建设的表现。

2021 年，自教育部启动精品课程建设工程以来，学校紧抓机遇，依据有关工作精神，从学校自身办学条件出发，科学整合现有教学资源，积极开展了精品课程建设工作。经过学校积极落实申报在线精品课程，于 2021 年学校的葡萄酒品鉴与侍酒服务课程被批准为自治区级在线精品课程。2022 年，为了进一步推进教学改革和新课程的建设，学校制定了教改和建设的主要目标：在教学文件、教学手段、教师队伍建设上下功夫。经过两年多的努力，学校的艺术课程取得区级在线精品课程。课程建设关键指标结果见表 8-9。

表 8-9　课程建设关键指标结果

序号	项目指标	2020 年	2021 年	2022 年
1	主持建设区级专业教学资源库/个	—	1	1
2	累计自治区在线精品公开课/门	—	1	2
3	校级五星课程/门	35	44	63
4	制定校本课程标准数量/个	144	162	169
5	主编出版教材/部	3	13	5
6	开展翻转课堂教学课程数量/门	654	298	486

③学生综合素养服务的表现。

学校关注学生全面成长成才，将社会主义核心价值观和工匠精神融入人才培养全过程，推进理论与实践并重，技术与人文融通，促进学生实现德智体美劳全面发展，构建师生全员参与的"五进五好""同心"校园文化品牌等特色育人模式，逐步实现了体系育人明晰、管理育人成熟、文化育人突出、活动育人鲜明的目标。先后有 13 个班级、团支部荣获自治区级表彰，131 个班级、团支部荣获市级表彰，与此同时积极参与自治区、市级德育科研课题 10 余项，其中《三全三课德育模式的研究与实践》获得 2019 年自治区教学成果二等奖、柳州市教学成果一等奖，优秀学子吴欣原、黄柳瑜荣获"全国最美中职生"。2022 年，学校育人案例获自治区"三全育人"优秀典型案例。

学校的学生参加全国文明风采大赛等综合性竞赛人数逐年增加，由 2020 年的 7 000 人次，激增至 2022 年的 8 300 人次，增加了 18.57%。2020 年，学校的学生参加自治区文明风采活动获奖达 136 项，位居全区第三。2021 年，学校的学生作品《少年强则国强》是柳州唯一一篇入选自治区文明风优秀案例的作品。2022 年，学校的学生参加全国文明风采大赛获奖数位居柳州第一，并成为自治区内唯一荣获优秀组织奖的柳州中等职业学校。自治区级及以上的综合素养获奖情况见表 8-10。

表 8-10 学校在自治区级及以上的综合素养获奖情况

序号	项目指标	2020 年	2021 年	2022 年
1	国家级奖项获奖人次	24	14	19
2	自治区级奖项获奖人次	491	438	409

学校建设创新创业中心，积极培养学生创新创业意识，并在各级各类创新创业大赛中取得突出成绩。2022 年，学校的学生参加自治区级创新创业竞赛获奖累计达到 395 人次，较 2020 年翻了 10 倍，为广西输送了一大批高素质人才。学校在自治区级及以上的创新创业获奖情况（2019—2022 年）见表 8-11。

表 8-11 学校在自治区级及以上的创新创业获奖情况（2019—2022 年）

序号	项目指标	一等奖	二等奖	三等奖
1	国家级奖项获奖人次	11	0	5
2	自治区级奖项获奖人次	39	112	395

④学生初次就业的服务表现。

学生的就业率、就业收入、就业专业相关度和第三方调查的毕业生职业期待吻合度等指标呈逐年上升趋势，就业表现位居全区前列。

近三年，学校为地方区域企事业单位输送 1 908 人，毕业生很快成为企事业单位的班组长、生产主力，成为柳州发展的中坚力量。学校的部分优秀毕业生一览表（部分）见表 8-12。

表 8-12　学校的部分优秀毕业生一览表（部分）

序号	姓名	就读专业	所获荣誉
1	李艳华	1991 级金融专业 2 班	1. 正高级讲师 2. 某职业学校经济贸易系主任 3. 全国优秀教师 4. 广西特级教师
2	兰伟华	1987 级服装专业 1 班	1. 正高级讲师 2. 广西服装设计与工艺品牌专业群带头人 3. 柳州市优秀教师 4. 某职业学校艺术设计系主任
3	丁慧明	1988 级打字专业 1 班	某市红十字会副会长
4	黄蓓菲	1988 级打字专业 1 班	某市人大民族华侨外事委员会副主任
5	徐广滨	1987 级财会专业 2 班	某银行副行长
6	王萌	1992 级金融专业 3 班	某银行的分行行长
7	曾浩	1995 级营销专业 2 班	1. 全国"最美基层民警" 2. 自治区"担当作为"一等奖 3. 某市公安局特警支队副队长
8	韦明	2000 级公共关系专业 6 班	某市腾飞医疗器械有限责任公司法人
9	林莉莉	2000 级公共关系专业 6 班	广东茂德公集团副总经理
10	黄桂珍	1999 级公关文秘专业 1 班	某市五亿汽车销售有限公司增值部客服经理、融资保险经理
11	黄浩	金融专业	1. 全国"五一劳动"奖章获得者 2. 工商银行某市分行房地产业务部业务经理
12	曾洁	服装设计专业	某市曾洁服饰有限公司责任人
13	李大业	1999 级金融专业 4 班	1. 里里电子科技有限公司董事长 2. 某区篮协副主席 3. 某区体育产业协会副会长
14	刘坤	2013 级电子商务专业	晨风网络科技有限责任公司总经理
15	张思骞	2020 级休闲体育服务与管理专业 1 班	1. 国家健将级运动员 2. 2019 年蹼泳世界杯总决赛男子 4×100 接力第一名 3. 2019 年蹼泳世界杯总决赛男子 50 米蹼泳第三名 4. 国家蹼泳队运动员

（2）社会服务

学校从技术服务到款额、技术交易到款额、纵向科研经费到款额和非学历培训到款额绩等方面指标监测学校社会培训服务质量。学校技术服务到款额在 2019—2021 年保持平稳增长，2021 年以后受到疫情和经济下行的影响，学校承办技能竞赛的项目减少，技术服务到款额有所下滑。2020—2022 年学校技术服务与纵向科研经费趋势见图 8-3。

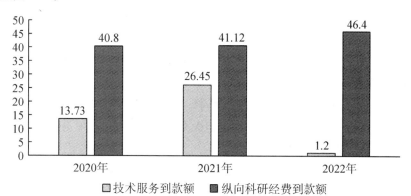

图 8-3　2020—2022 年学校技术服务与纵向科研经费趋势

2020—2022 年，学校社会培训开设了叉车司机、观光车司机、压力容器、民族刺绣等培训课程；结合学校专业开发继续教育网络课程 220 门；与柳州市总工会共建民族刺绣技能培训基地 1 个。同时，培养 1 名县级侗族服装非物质文化遗产代表性传承人、推荐 1 名侗染技艺者为"柳州工匠"、培养 3 名贫困村创业致富带头人。2020—2022 年学校社会培训情况见表 8-13。

表 8-13　2020—2022 年学校社会培训情况

序号	项目指标	2020 年	2021 年	2022 年
	开设课程数/门	11	17	15
1	继续教育优质网络课程/门	220	220	220
2	示范性继续教育、培训基地/个	0	1	1

2. 主要产品和服务的关键绩效指标对比

（1）专业建设表现

2020 年，自治区教育厅在全区中等职业学校遴选 50 个品牌专业，学校的服装设计与工艺、物流服务与管理两个专业成功入选。在品牌专业数量上与竞争对手并列位于柳州市中等职业学校榜首。

（2）课程建设表现

2021 年，学校的葡萄酒品鉴与侍酒服务课程被批准为自治区级在线精品课程，2022 年学校的艺术课程被批准为自治区在线精品课程。学校在自治区精品课程数量上与竞争对手持平，并列位于柳州市中等职业学校榜首。

（3）学生初次就业成效

2019—2022 学年，学校平均初次就业率为 96.33%。2021 年，受疫情影响，学校初次就业率有所下滑。针对这个情况，学校积极应对，多措并举，全力提升就业服务水平，在 2022 年确保了学校初次就业率稳中有升。

2019—2022 年，学校保持良好的就业服务水平，学校毕业生平均就业收入为 2 916 元，位居柳州市中等职业学校学生就业收入领先地位。

（4）学生专业能力

2020 年，学校在自治区学生职业技能大赛中，获奖合计 42 项，奖牌总数排名第十三位，一等奖排名第七位。

2020 年，学校在国家级职业技能大赛中，获奖合计两项，奖牌总数排名第一。

2021 年，学校在自治区学生职业技能大赛中，获奖合计 49 项，奖牌总数排名第十一位，一等奖排名第七位。

2021 年，学校在国家级职业技能大赛中，获奖合计 1 项，奖牌总数排名第十四。

2022 年，学校在自治区学生职业技能大赛中，获奖合计 52 项，奖牌总数排名第七位，一等奖排名第六位。

2022 年，学校在国家级职业技能大赛中，获奖合计 5 项，奖牌总数排名第二。

3. 产品和服务具有特色及创新成果

（1）获奖成效

提高职业院校教师的科研水平是提升院校综合实力的关键，是院校未来长远发展的必由之路。近年来，学校走民族非物质文化遗产传承特色发展之路。2023 年，学校相关教学成果《五融合四主体三进阶："侗寨五娘"非物质文化遗产现代传承育人模式的创新与实践》荣获国家级教学成果二等奖，实现了学校在教学成果方面的重大突破。2020—2022 年学校教科研成果见表 8-14。

表 8-14　2020—2022 年学校教科研成果

序号	项目指标	2020 年	2021 年	2022 年
1	国家级教学成果奖 */项	—	—	1
2	省部级教学成果奖 */项	—	3	—
3	市级教学成果奖 */项	—	13	—
4	自治区级及以上教改课题立项情况/项	15	11	17
5	市厅级科研课题立项情况/项	32	34	35
6	自治区级及以上教改课题结题通过率/%	85.7	67	83
7	出版教材和专著（含主编和副主编教材）/部	7	13	5
8	公开发表论文/篇	36	57	94
9	科研课题研究经费/万元	40.8	41.2	46.4

注：*市级、自治区级教学成果奖评选两年一次，国家级教学成果奖评选四年一次。

2020 年，学校申报的课题《新时代民族地区中职学校"五育"融合实践路径与评价改革研究》获全国教育科学规划"十三五"规划 2020 年度教育部重点立项，实现了学校国家级课题立项从无到有的重大突破。学校也是 2020 年获此课题立项的全国四所中等职业学校之一，是广西唯一获批立项的职业院校。

（2）专利发明成果

学校正在不断努力，以进一步加强和完善科研管理制度的建设，在制定和完善相关管理制度的基础上，修订《教材出版管理程序》，完善《二级系部科研积分管理办法》等制度和工作 SOP 流程两个，确保科研工作科学规范地运行。围绕教师的需求，采取"线上+线下"方式开展"普惠+专项+专题"多模式科研能力培训，针对全校教师、系部实际、课题类别组织相关培训，精准、有效地提升教师科研能力。学校从教改课题、科研课题、专利、论文、引进先进标准等方面全面推进学校技术资源建设。

2020—2022 年学校专利发明成果情况一览表见表 8-15。

表 8-15 2020—2022 年学校专利发明成果情况一览表 单位：项

序号	项目指标	2020 年	2021 年	2022 年
1	拥有专利数	11	32	38
2	当年新增专利授权数	6	21	6
3	当年新增外观专利	5	1	1
4	当年新增实用新型专利	1	20	5

近年来，学校特色民族团结建设成绩斐然，先后荣获全国中小学中华优秀文化艺术传承学校、全国职业院校非物质文化遗产教育传承示范基地、自治区首批示范性民族文化传承创新职业教育基地，获全国性非物质文化遗产类比赛奖 25 项、省市级 64 项，出版教材 9 本和专著 1 本，发表论文 39 篇，获国家专利 39 项。作品"侗寨五娘"等系列民族服饰在新西兰、澳大利亚、中国（NAC）国际时尚文化周展演，获"最具文化影响力品牌奖"等 6 项荣誉。全国人大常委会副委员长郝明金为学校颁发"非遗职业教育贡献奖"奖牌，自治区政协副主席钱学明充分肯定学校为非物质文化遗产保护和传承做出的优异成绩。

（3）推广与应用成效

学校分别在第二届全国职业院校传统技艺传承研究会、中国纺织服装教育学会理事会会议、中华职业教育社《现代职业教育与非遗人才培养研究》课题开题会、中华职业教育社非物质文化遗产作品创新大赛、广西职业教育周、全国非遗职业教育集团成立暨第一次交流大会、全区民族团结进步工作交流大会等交流平台上，学校"侗寨·五娘"等教学成果项目作经验介绍和成果推广。

①民族教育与传承推广。

通过校际交流平台推广学校成果，彰显头部效应，增强学校育人品牌全国影响力。安徽省行知学校等21所区内外职业院校借鉴学校非遗现代传承育人模式开展教育教学工作，在"黄炎培杯"中华职业教育非遗创新大赛等全国性活动做经验分享6次；2019—2021年，学校牵头22所中职学校成立"中等职业教育民族文化传承创新柳州联盟"，并召开"侗寨五娘"文化论坛；学校牵头成立广西中等职业非遗传承职业教育集团；学校作为牵头单位之一，创建了全国非遗职业教育集团，全国110多所职业院校加入。

学校向法国里昂职业技术学院、泰国曼谷皇家理工大学等学校输出民族服装等品牌课程。2018年以来，日本、泰国等国100多名师生来访学校学习侗族刺绣非遗技艺。2021年，中国华文教育基金会实景课堂《侗族文化》在学校开课，向来自24个国家69 237个登录点的师生展示了具有近千年历史的侗族传统文化。师生原创民族服饰作品在新西兰、澳大利亚多次展演。2020年，学校获亚洲教育论坛组委会组织评选的亚太职业院校影响力50强，逐步成为"一带一路"上的职业教育明珠。

"学习强国"、新华网、中国教育电视台、中国教育报、新华网、搜狐网、凤凰新闻、中华大教育网、广西电视台、广西八桂职教网、柳州电视台、柳州日报等多家国家级、省市级媒体，对学校开展的民族文化传承教育活动、民族非遗现代传承育人模式进行了53次报道。通过媒体的大力宣传，我们充分展现了民族非物质文化遗产在增进文化认同的独特作用，进而有效提升了学校非遗教育的社会影响力。

②质量管理推广。

十年来，学校根据自身发展规律和地方经济发展趋势，率先引入政府质量标准《卓越绩效评价准则》，通过标准建设、对标监控、激励驱动、保障支撑、自主改进、数据治理等方法，形成了以卓越绩效评价准则驱动中等职业教育教学诊改，向质量管理要效益的工作模式。学校连续六次在自治区教育厅举办的教学质量管理会议上介绍经验。先后有40余所区内外院校慕名来校交流学习，近10万名在校生受益。

其中，学校《基于卓越绩效的中职学校教学质量持续提升机制的研究与实践》获评广西职业教育自治区级教学成果一等次，该案例被自治区教育厅评定为职业院校内部质量保证体系诊断与改进制度建设优秀案例。学校核心竞争力不断提高，先后获2020亚太职业院校影响力50强、广西深化新时代教育评价改革第一批试点单位、柳州市"贯彻新发展理念奖"先进集体等多项荣誉。

（三）顾客与市场结果

1. 顾客结果

（1）顾客满意的关键绩效指标

①学生的满意度。

从2015年起，学校引入了卓越绩效模式，建立了一套公正、科学的满意度调查测评方法；通过毕业生的满意度与标杆院校、竞争院校的对比，体现了毕业生对学校的总体评价。近年来，学校开展的学生的满意度调查显示，学生们对学校的满意度较高，且这一满意度还呈现出逐年上升的趋势。

2020—2022 年学校学生的满意度见图 8-4。

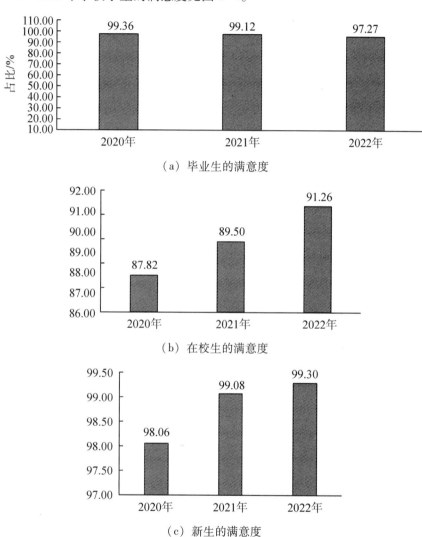

（a）毕业生的满意度

（b）在校生的满意度

（c）新生的满意度

图 8-4 2020—2022 年学校学生的满意度

其中，学校通过学生服务中心、报修系统升级、德育工作提升等方面，不断提高在校生的满意度，打造快乐成长的环境，近三年在校生的满意度逐年提升。2020—2022 年学校在校生的满意度的细项指标见图 8-5。

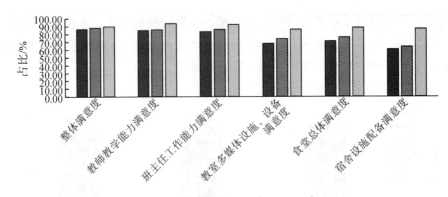

图 8-5　2020—2022 年学校在校生的满意度的细项指标

②学生投诉。

学校建设"一站式"学生服务中心，秉承"以生为本，服务至上"的工作理念，始终坚持以"方便学生办事，解决学生困难，促进学生成长"为服务的宗旨。为了提升师生的满意度，将问题在校内妥善处理，减少和消除因舆情造成的各种负面影响，营造良好的校园舆情环境，特增设了校长热线投诉及建议岗位，配套"三个必"的工作要求（热线必须登记、必须 1 小时内反馈、必须回访）。近年来，学校的学生提出的问题及时有效地得到了处理，学生投诉率呈逐年降低态势（见图 8-6）。

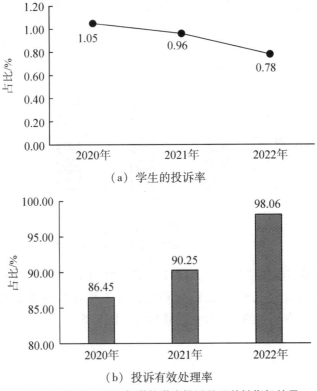

（a）学生的投诉率

（b）投诉有效处理率

图 8-6　2020—2022 年学校学生投诉处理关键指标结果

③家长的满意度。

学校积极、主动地组织并参与了家长沙龙活动，让家长学习心理健康知识，理解青春期孩子的行为表现，提升了与孩子相处沟通的技巧，有意识开始去构建和谐的亲子关系。学校组织开展家庭教育沙龙、"我为群众办实事——爱心大家访"等活动，通过"大家访"这一桥梁，对完成学业有困难的学生，尤其是对脱贫家庭学生、城乡低保家庭学生、城乡特困救助供养学生、孤儿、家庭经济困难残疾学生等贫困家庭的学生进行家访，进行家校共育，进一步提升家长的满意度。2020—2022年家长的满意度及细项指标结果见图8-7。

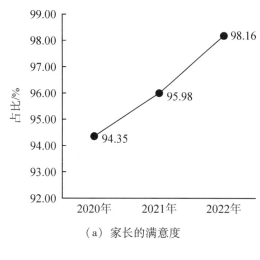

（a）家长的满意度

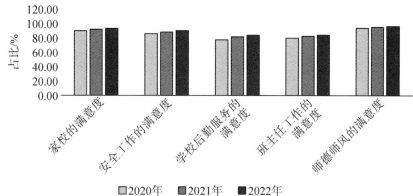

（b）家长的满意度细项指标

图 8-7 2020—2022 年家长的满意度及细项指标

④用人单位的满意度。

2020—2022 年，用人单位的满意度逐年增长，与竞争对手用人单位满意度的差距正在逐步缩小。2020—2022 年用人单位的满意度细项指标情况见表 8-16。

表 8-16 2020—2022 年用人单位的满意度细项指标情况　　　单位:%

序号	细项指标	2020 年	2021 年	2022 年
1	毕业生工作能力满意度	94.22	96.64	93.44
2	毕业生适应能力满意度	97.31	97.42	95.81
3	毕业生专业知识满意度	94.53	96.34	95.63
4	毕业生职业道德满意度	96.52	97.74	98.20
5	毕业生学习能力满意度	95.24	96.41	94.42

⑤学员的满意度。

学校面对社会培训学员及委托单位进行培训的满意度调查,培训学员的满意度和委培单位的满意度逐年提升(见图 8-8)。

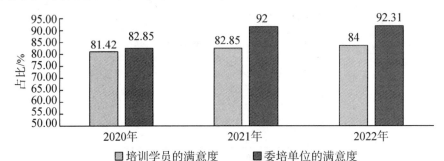

注:培训学员的满意度为当年各社会培训班学员平均满意度。

图 8-8 2020—2022 年社会培训顾客的满意度及委培单位的满意度结果

(2)顾客满意与竞争对手和本行业标杆对比的结果

学校比对分析竞争对手和标杆的顾客满意度数据,甄别改进点,确定预警值,动态开展需求调研,持续改进,近三年数据持平。

(3)顾客忠诚的关键绩效指标

近年来,学校在柳州市教育局的支持和全校师生的共同努力下,坚持创新发展,坚持服务于广西、柳州经济社会,服务于学生健康成长成才,不断深化内涵建设,学校的办学优势和特色进一步彰显,办学质量和社会美誉度明显提升。学校在综合办学能力、教学考评工作、职业培训等方面,受到自治区教育厅、合作企业等的大力称赞。

2. 市场结果

(1)教育教学市场

2020—2022 年,学校招生规模呈现稳步增长的态势。从招生人数、学籍人数等指标可以看出,学校的招生数量在逐年上升(见表 8-17)。

表 8-17 2020—2022 年学校招生方面的关键绩效指标情况

序号	项目指标	2020 年	2021 年	2022 年
1	全日制在校生人数/人	9 561	9 300	10 248
2	招生人数/人	4 391	4 586	4 856
3	学籍人数/人	3 991	4 091	4 466
4	招生任务数/人	3 200	3 300	3 500
5	招生计划完成率/%	124.72	123.97	127.6

近年来，学校办学质量稳步提升，社会知名度、美誉度及影响力不断提升，招生生源质量也逐年上升。

（2）社会培训市场

2019—2020 学年，学校的重点在于社会培训方面。自 2020 年学校多元化发展成为考试机构以来，学校非学历培训到款额在 2020—2022 年呈现稳步增长趋势（见表 8-18）。

表 8-18 社会培训情况

序号	项目指标	2020 年	2021 年	2022 年
1	面向社会培训项目/个	23	18	21
2	新增社会服务项目/项	2	2	3
3	技术服务到款额/万元	13.73	26.45	1.2
4	非学历培训服务/人天	11 894	14 075	12 536
5	非学历培训到款额/万元	106.33	215.18	170.09

（四）财务方面的结果

学校先后出台《学校差旅费管理规定》《学校经费支出审批报账管理办法（试行）》，进一步健全财务管理制度，明确资金的收入和支出严格按照学校财务管理制度执行，明确专项资金来源、使用范围、开支标准，审批人员、权限、流程，明确经费支出审批流程及相关人员的责任，严格执行财务制度，保证了财务制度的健全、规范和执行的有效性。

1. 经费收入与支出情况

学校遵循会计法规及相关财务管理制度，依照"收支两条线"规范管理资金，确保政策性经费得以有效落实。2020—2022 年学校财务结果方面的关键绩效指标情况见表 8-19。

表 8-19　2020—2022 年学校财务结果方面的关键绩效指标情况

序号	项目指标	2020 年	2021 年	2022 年
1	年生均财政拨款水平/元*	90 343 105.66	91 610 692.57	105 492 890.7
2	学校收入总额/万元*	19 704.26	15 492.44	14 465.99
3	学校支出总额/万元	19 045.52	15 492.44	9 720.99

2. 财务管理成效

根据预算分析报告，结合跟踪信息系统提供的项目进度，对项目建设完成情况进行考核，以考核促执行，确保资金的有效运转。2020—2022 年学校预算管理成效的关键绩效指标情况见表 8-20。

表 8-20　2020—2022 年学校预算管理成效的关键绩效指标情况

序号	项目指标	2020 年	2021 年	2022 年
1	预算执行率/%	96.66	100	67.20
2	报账业务办结天数/天	10	10	10
3	学费缴存率/%	99.63	99.69	99.72
4	贷款额度/万元	0	0	0
5	财务流程清晰度/%	92	94	96
6	总资产增长率/%*	142.19	3.47	−16.65

注：*因 2020 年学校增加基建工程项目，所以 2020 年总资产增长率较高；2022 年专项拨款购置设备虽已验收入并投入使用，但因货款提交财政未支付成功，无法录入固定资产账形成总资产，造成当年计提固定资产折旧数比资产增加数大，总资产增长率为负数。

3. 风险管控成效

大力倡导"人人知风险、人人控风险"理念，通过有效的内控风险过程管理，近年来，学校财务风险发生率为零。2017—2022 年，对单位层面及业务层面涉及的六项主要经济活动进行评价打分，单位总体风险处于低风险水平。单位风险评价结果见表 8-21。

表 8-21　单位风险评价结果

序号	项目指标	2020 年	2021 年	2022 年
1	单位内部控制情况总体评价	通过	通过	通过

（五）资源结果

1. 人力资源结构

学校把教师队伍建设作为基础性工作来抓，落实"人才强校"发展战略，加强师德师风建设，强化教师的内涵发展，积极探索教师专业成长机制，教师综合素质显著提升，培育了一支"师德高尚、数量充足、结构合理、业务精湛"适应学校发展的教师队伍。

（1）学校在教职工总体水平方面的结果

学校以"十四五"师资发展规划为方向，以《职业教育提质培优行动计划（2020—2023年）》为目标导向，不断深化教师队伍建设改革，提升教师队伍素质，切实保障教师的待遇，力争打造一支高水平的教师队伍。截至2023年，共遴选出校级名师3人，名师工作坊8个，校级技能大师15人次，专业带头人24人次，骨干教师70人次；非物质文化遗产代表性项目教师传承人11人。经过培养，学校已形成自治区特级教师1名，自治区级教学名师4名，培养对象2名，自治区级名师工作坊1个，自治区名班主任工作室2个。柳州市第一批享受特殊津贴名师1名，柳州市名师工作坊1个，柳州市现代学徒制试点的工程机械运用与维修、汽车整车与配件营销、汽车制造与检修、物流服务与管理四大专业15名青年教师成长为市级行业领军人物、市级专业带头人及骨干教师。教职工整体水平的关键绩效指标情况见表8-22。

表8-22　教职工整体水平的关键绩效指标情况　　　　单位：人

序号	项目指标	2020年	2021年	2022年
1	教职工总数	472	513	528
2	专任教师总数	380	447	463
3	高级职称人数	73	88	98
4	中级职称人数	68	75	92
5	初级职称人数	102	137	165
6	晋升中级	9	6	16
7	晋升副高	13	11	10
8	晋升正高	1	2	3
9	"双师型"教师	189	222	247

近年来，学校师资队伍建设成绩斐然，尤其在职称晋升方面。2022年，学校各级职称晋升人数大幅领先于竞争对手。

（2）学校在组织和管理、员工绩效管理方面的结果

2020—2022年，学校加大在引进高技术人才方面的力度，高技术人才及名师工作室数量逐年增加；通过不断优化福利体系和搭建成长平台，学校成功地将员工流失率维持在了一个较低水平。员工组织、管理方面的关键指标情况见表8-23。

表 8-23　员工组织、管理方面的关键指标情况

序号	项目指标	2020 年	2021 年	2022 年
1	招聘人数/人	76	58	58
2	招聘经费/万元	2	2	10
3	招聘计划完成率/%	29.78	42.22	68.75
4	试用期通过率/%	98.6	100	98.2
5	引进高技术人才数量/人	0	0	0
6	校级名师工作室/个	3	3	11
7	校级名师工作室考核合格率/%	100	100	100
8	员工总数/员工流失数	472/35	513/22	528/44

学校员工绩效管理方面的情况见表 8-24。

表 8-24　学校员工绩效管理方面的情况

序号	项目指标	2020 年	2021 年	2022 年
1	绩效考核优秀人数/人	72	86	73
2	绩效考核合格人数/人	347	354	478
3	绩效考核基本合格人数/人	0	0	0
4	绩效考核不合格人数/人	0	0	1
5	绩效考核不定等次人数/人 *	13	14	7
6	不参与绩效考核人数/人 *	0	0	0
7	绩效申诉次数/次	0	0	0

注：校领导和校企双主体办学专任教师不纳入年度绩效考核范围。

＊绩效考核不定等次：当年首次就业的毕业生。

＊不参与绩效考核：长病假超过半年的学校职工。

（3）员工学习与发展方面的结果

学校致力于构建学习型组织，以此为平台，积极推动全体员工的学习和个人发展。学校重点开展了三个层面的工作：一是专题培训，二是针对各层级教师的专项培训，三是教师任职资格与职称晋升培训。通过这些培训，学校加强统筹规划，健全教师帮扶机制，强化继续教育，并鼓励教师深入企业实践。学校始终认真对照"双师型"教师的职业素养要求，增加经费投入，积极组织各类别、各层次员工的培训（见表 8-25）。

表 8-25 组织各类别、各层次员工的培训情况

序号	项目指标	2020 年	2021 年	2022 年
1	员工培训经费投入/万元	140.3	172.4	71.1
2	员工培训数量/人次	1 138	1 697	1 711
3	员工培训满意率/%	100	100	100
4	教师职称晋升人数/人	48	50	49
5	高层领导后备干部人数/人	2	2	2
6	中层领导后备干部人数/人	30	30	34

近年来，教师技能竞赛获国赛奖项 40 余项、获自治区级赛奖项 250 项。其中，在 2022 年全区职业院校教师教学技能大赛课堂教学比赛中，学校派出的 6 个教师团队共获一等奖 1 项、二等奖 2 项、三等奖 3 项。学校教师获奖情况见表 8-26。

表 8-26 学校教师获奖情况

序号	项目指标		2020 年	2021 年	2022 年
1	教师教学技能	全国	—	—	1
		自治区	13	8	8
		市级	8	41	未开市赛
2	创新创业	全国	2	0	6
		自治区	150	203	136
		市级	—	—	—
3	指导学生获得优秀指导教师	全国	0	0	0
		自治区	136	80	128
		市级	3	10	18

（4）员工权益方面的结果

近三年，学校安全事故为 0，投诉比例保持在 1%以内，投诉处理率均为 100%，反映出学校员工权益得到了合法保障。学校员工权益方面的情况见表 8-27。

表 8-27 学校员工权益方面的情况

序号	项目指标	2020 年	2021 年	2022 年
1	员工安全事故次数/次	0	0	0
2	员工合理化建议数/项	4	4	5
3	员工体检覆盖率/%	100	100	100
4	员工福利投入经费/万元	36.35	48.58	39.66

表8-27(续)

序号	项目指标	2020 年	2021 年	2022 年
5	员工慰问/人次	40	42	45
6	员工文体活动经费/万元	5.8	6	6.5

2. 信息和知识方面的结果

（1）信息建设方面

学校逐年加大信息化基础设施建设经费投入，不断夯实信息化基础。同时，聚焦智能时代，在完善顶层设计的基础上积极推进建设一体化智能校园，塑造集"新场景""新体系""新动能"于一体的智慧学校。经过不懈努力，学校的信息化建设成果获得了教育厅的认可，被评为"第一批广西职业教育信息化标杆学校的创建单位"。学校信息建设方面的情况见表8-28。

表8-28　学校信息建设方面的情况

序号	项目指标	2020 年	2021 年	2022 年
1	信息化建设投入资金/万元	365	358	374
2	信息化系统覆盖核心业务比例/%	69	83	90
3	信息系统开发完成率/%	71	85	92
4	业务系统建设数量/个	7	8	8
5	提供信息应用服务的数量/项	25	30	32
6	多媒体教室数量/间	170	209	222
7	计算机数量/台	2 224	2 571	2 349
8	线上开设课程数量/门	220	298	486
9	核心信息系统故障累积时间/小时	17	11	5

（2）知识管理方面

学校积极完善信息化教学环境，优化信息化教学平台，深入推广和优化混合式授课形式，同时努力拓展支撑信息化教学的互联网带宽，以确保全校师生信息化课堂的高效稳定运行。截至 2022 年 11 月底，学校数字教学资源总量累计达 5.5 万个，2021 年同期增长 45%，学校师生课程访问量累计达 881.7 万人次，网络教学课堂覆盖面达 100%，实现了"学习应用覆盖全体学生"。

学校依托超星教学资源库管理平台，通过云端、校本双资源库模式，积极充实校本教学资源，成功构建起校本资源库。学校共有教学资源 128 G，课程 22 门，涉及电子商务、服装设计与工艺、工程机械运用与维修及新能源汽车运用与维修四个专业。其中，服装设计与工艺专业教学资源库为自治区级教学资源库。

3. 基础设施的结果

学校实力雄厚，办学条件优越。截至2022年8月31日，学校教学仪器设施设备总值为126 018 992.13元，比2021年同期增长15%；生均教学仪器设施设备值为12 296.94元，与竞争对手的差距进一步减小。学校基础设施情况见表8-29。

表8-29 学校基础设施情况

序号	项目指标	2020年	2021年	2022年
校舍面积	学校占地面积/亩	458	458	458
	校舍建筑面积/平方米	157 945	220 748	220 878
	生均教学及辅助、行政办公用房面积/平方米·生$^{-1}$	17.66	23.75	21.55
	生均实训工位/平方米	0.55	0.71	0.68
资产值	固定资产总值/元	134 191 153.52	149 941 378.54	170 881 322.66
	教学设备总值/元	98 437 935.99	109 578 268.01	126 018 992.13
	生均教学仪器设备值/元	11 007.26	11 782.6	12 296.94
实训基地	自治区级重点实训基地累计数/个	2	4	4

4. 相关方关系的结果

学校与政府、合作企业和供应商等相关方一直保持着稳定的良好合作关系。与上海澜途信息技术有限公司合作共建途虎产业学院，与广西祥兴实业集团、柳州市艺匠服饰有限公司等企业共同建立了校外实训基地。相关方关系的关键绩效指标一览表见表8-30。

表8-30 相关方关系的关键绩效指标一览表

序号	项目指标	2020年	2021年	2022年
1	学校合作高等职业学校数量/个	4	2	1
2	财政拨款项目数量/项	13	17	15
3	财政拨款项目金额/万元	1 367.57	2 326.98	2 378.57
4	学校合作企业数量/个	87	79	68
5	企业订单班学生数量/个	146	41	130
6	企业订单班数量/个	4	1	4
7	企业对学校校企合作服务的满意度/%	95.5	95.58	95.59
8	新开拓校企合作项目数量/次	30	15	22
10	校企共建学院数量/个	0	3	1
11	校企共同开发课程数量/门	8	5	9
12	校企共同开发教材数量/本	8	5	4

学校立足广西，秉持开放办学理念，借助政府外事机构、IUC 等平台，广泛建立了国际交流与合作关系。并且积极引入国际标准体系，打造国际化师资团队，精心构建国际化课程体系，派遣骨干教师赴英、德、法、意等国学习，大力推进国际化人才培养模式改革，培养了一批具有国际视野、跨文化交际能力的技术技能型人才。

近五年来，学校共接待国内外 200 多所职业院校和省市政府代表团参观交流。此外，学校还举办了智慧物流人才培养与发展论坛暨柳州市物流职业教育集团年会，交流了数字经济背景下物流技能人才培养的探索与实践，为大力推动区域物流人才培养质量提升，实现与企业精准对接融合，加强中等职业学校物流品牌专业建设并促进其高效发展奠定了坚实的基础。

2018 年、2019 年学校曾两次受邀登上国际专业竞赛舞台，连续荣获国际时装周"最佳民族服饰创新设计奖""最具民族魅力品牌奖""最佳国际设计师"大奖。此外，《广西少数民族文化》等两个项目也入选了 2022 年自治区级面向东盟国际化职业教育资源。数年来，学校立足东盟桥头堡，植根中国传统民族文化，形成了学校独具特色的民族传统文化传播力，为多国职业教育发展提供了中国经验、树立了中国榜样，产生了良好的国际影响。

5. 领导方面的结果

（1）战略实现的结果

学校在战略执行中重视战略目标与年度计划、绩效考核、资源配置及评价改进系统的紧密衔接，形成层层支撑的战略管理体系。

截至 2022 年年底，学校"十四五"期间 70 个关键战略目标的完成率为 93.54%，其中 47 个关键战略目标已 100% 完成，并按计划完成了五星学校创建、省级地方标准立项、办学条件达标、提质培优项目、教学诊改复核等重大工作。

（2）文化、沟通、品牌方面的结果

学校构建以打造"全国一流的现代化品牌中职"为愿景、以"服务区域经济成就师生梦想"为使命、以"厚德精技，求真尚美"为核心价值观的质量文化理念，系统建设以"硬实体、实标准、软文化"为特征的质量文化建设实施载体，建成综合服务中心、专业建设与改革发展中心、党员服务中心等。通过真实的管理服务项目落地推进，逐步实现"事事有人管、全程有人管、人人都是管理者"，形成鼓励创新、包容失误、褒奖改进、追求卓越的质量文化，形成促进学校可持续质量发展的强大内生动力。文化、沟通、品牌方面的关键性指标情况见表 8-31。

表 8-31 文化、沟通、品牌方面的关键性指标情况

序号	项目指标	2020 年	2021 年	2022 年
1	学校文化建设计划完成率/%	70	80	95
2	学校文化活动数量/次	15	22	24

表8-31（续）

序号	项目指标	2020 年	2021 年	2022 年
3	教职工对学校文化认知度/%	80	90	95
4	教代会次数/次	1	1	1
5	座谈会次数/次	4	4	4
6	座谈会收集意见数量/次	4	4	4
7	座谈会意见处理（答复）率/%	100	100	100
8	品牌建设计划完成率/%	80	90	95
9	品牌宣传报道数量/次	53	55	44
10	"学习强国"上榜次数/次	7	7	9

（3）组织治理

学校从组织、制度和监管等方面加强财务风险防控、坚持内部和外部独立审计，保护政府和其他利益相关方的合法权益。近三年来，财务风险发生率为零，风险评估分值呈逐年下降趋势。出现问题的审计项目均已全部整改完成。同时，学校对外合同履约率100%，治理能力显著提高。内部审计结果见表8-32。

表 8-32　内部审计结果

指标名称		2020 年	2021 年	2022 年
风控计划	单位内部控制情况总体评价	通过	通过	通过
内外部审计	内部审计出问题数/个	0	0	0
	内部审计问题整改数/个	0	0	0
	外部审计出问题数/个	0	0	1
	外部审计问题整改数/个	0	0	1
利益相关方保护	校务公开数量/次	3	32	29
	合同履约情况/%	100	100	100
校领导绩效	考核结果	优秀	优秀	优秀
	民主评议统计	优秀	优秀	优秀
监督	教代会监督结果/次	1	1	1
	校纪委立项及处理数量/次	4	4	5

（4）公共责任

学校作为柳州职业教育的龙头院校，积极主动地承担质量安全（校园安全）、环境保护、能源消耗、公共卫生等公共责任，且贡献突出，成效显著。公共责任的关键绩效指标结果见表8-33。

表 8-33 公共责任的关键绩效指标结果

	指标名称	2020 年	2021 年	2022 年
校园安全情况	重大群体性事件数/次	0	0	0
	食品安全事件发生次数/次	0	0	0
	网络安全事故发生次数/次	0	0	0
	学生心理辅导人次/次	268	245	219
能源及消防安全	人均用水量/吨	44.2	47.3	42.2
	火灾、触电发生次数/次	0	0	0
	行政处罚/次	0	0	0

（5）道德行为

道德行为的关键绩效指标结果见表 8-34。

表 8-34 道德行为的关键绩效指标结果

	指标名称	2020 年	2021 年	2022 年
学校自身	道德活动次数/次	28	30	31
	道德培训次数/人次	80 264	98 130	118 536
	重大道德风险投诉数量/次	0	0	0
	违纪次数/次	0	0	0
	学生道德表扬次数/次	577	817	956
	教师道德表扬次数/次	49	80	74
供应商与合作伙伴	合同履约率/%	100	100	100
	廉洁违法违纪事件/次	0	0	0

（6）公益支持

学校高度重视并积极参与公益事业，坚持有计划、有方向、有重点、有主题地开展公益支持活动，策划了"同心善"计划，踊跃投身于各项公益活动之中。

①2020—2022 年学校公益活动荣誉见表 8-35。

表 8-35 2020—2022 年学校公益活动荣誉简表（节选）

序号	公益领域	公益获奖名称	颁发单位
1	志愿服务	柳州市第四届青年志愿服务项目大赛优秀奖	共青团柳州市委员会、中共柳州市委精神文明建设委员会办公室、柳州市民政局
2		2020 年度柳州市学雷锋志愿服务先进集体	中共柳州市委精神文明建设委员会

②2020—2022年学校公益活动见表8-36。

表8-36　2020—2022年学校公益活动简表（节选）

公益领域	公益成效
扶贫工作	文化扶贫，绣出"指尖新经济"。为引导更多侗族妇女居家灵活就业，凭借非物质文化遗产技艺实现脱贫增收，在学校的帮助下，以"公司+基地+绣娘+订单"产业扶贫为模式，融水县白云乡保江村成立了"柳州市融水县多耶侗秀手工刺绣专业合作社"； 产业扶贫，托起稳稳幸福。学校加强扶贫产品生产端与消费端对接，学校建成教职工购买融水县白云乡保江村农副产品网络平台与渠道。组织学校师生通过线上微信平台"接龙"、手机直播带货等方式购买当地农产品，拓宽贫困群众收入渠道； 教育扶贫，扶智筑希望。学校充分利用教育资源，积极促成融水县白云乡"携手启航"学生协会的成立，通过"传帮带"和"大手牵小手"的模式，组织有意愿参加社团的学子以结对子从高至低开展学业辅导、文体活动、经验分享等各类公益活动，让社团的成立与发展成为扶贫村培养人才的有效阵地。 技能扶贫，发挥特色优势。学校民族刺绣技能提升培训班100人，培训内容为民族刺绣技艺提升，学习到民族刺绣创新设计理念。服务刺绣非物质文化遗产传承人创新技艺培训班30人，培训内容民族刺绣技艺交流、提升和创新，引导学员设计和创新文创作品。在技艺培训方面，学校为融水、融安当地劳动力人员进行叉车培训认证150人
志愿服务	全员动员，注册认证。学校动员广大师生注册广西志愿服务云平台"桂志愿"，通过加入各种志愿团队，选择志愿项目，参加志愿培训等方式，拓宽志愿服务的范围，提升志愿服务质量。至2022年年底，全校已有8 691人加入桂志愿平台。 党员引领，先锋示范。学校充分发挥党支部战斗堡垒和党员先锋模范作用，发动党员干部弘扬志愿服务精神，争当文明先锋实践者，汇聚志愿服务微力量，释放文明新风正能量。2020—2022年，党员干部志愿开展社区治理、公共文明、疫情防控、入户调查等公益服务数十次，逾千人次参加，为构建和谐社区贡献自己的一份力量，同时也希望通过自己的行动，能够影响和带动更多群众积极参与到爱护环境的行动中。 校园公益，走深走实。学校团委结合专业的特点，以弘扬中国传统文化为切入点，以系部为单位，持续开展校园公益活动，并形成特色品牌，如"衣旧情深·与爱同行"学雷锋活动""洗车就找交运系""青春无'艾'志愿有我"艾滋病宣传志愿活动、"人与自然和谐共生"公益环保活动等。三年来，校内公益服务逾百次，超过5 000人次参加。校园公益鼓励学生以公益活动回馈社会，让绿色环保、勤俭节约、懂得感恩成为校园文明新风尚。 社会服务，文明有我。依托柳州市创建全国文明城市和国家卫生城市的要求，学校每年组织志愿者持续不断地开展社会服务活动，如参加柳州市青少年义务植树活动、到柳州市育才特殊教育学校开展关爱特殊群体志愿服务活动、到柳州市科技馆开展志愿者服务。2020—2022年，学校组织志愿者参加各类社会服务活动逾百次，近4 000人次参与。师生们用实际行动践行"奉献、有爱、友爱、互助、进步"的志愿服务精神，唱响了新时代雷锋赞歌

（六）过程有效性的结果

学校通过招生服务、学生综合素质培养、教学过程、就业服务、人才培养等结果，监控过程实施的有效性。

1. 教育教学培育管理过程

（1）招生管理过程

学校结合自身办学的特点，面向全市中小学生及家长、社区群众开放校园，并开展职业启蒙教育、职业体验、成果展示和校园文化展示等一系列活动。充分展示新时代职业教育的新风貌以及学校丰硕的育人成果，让全社会感受现代职业教育的特色与魅力，体验职业教育的内涵与功能，共享职业教育发展与成果。学校开展职业启蒙活动的数量以及参与的人数逐年增加。职业启蒙过程得到有效实施，并获得了中等职业学校学生的高度认可。

学校招生过程关键指标一览表见表 8-37。

表 8-37　学校招生过程关键指标一览表

序号	项目指标	2020 年	2021 年	2022 年
1	线上招生宣传报道数量/次	51	72	80
2	线上招生宣传报道浏览量/次	66 992	83 785	105 300
3	线下招生宣传活动数量/次	205	372	348
4	线下招生本市初中学校覆盖率/%	14	56	82
5	市级以上媒体招生报道数量/次	4	4	5
6	招生宣传后报考人数/人	6 318	6 879	8 313
7	招生宣传对象人数/万	22	36	28
8	招生宣传创新方式/种	1	2	2
9	招生服务满意度/%	98.6	99.1	99.4

（2）人才培育过程

学校人才培养工作关键指标一览表见表 8-38。

表 8-38　学校人才培养工作关键指标一览表

序号	项目指标	2020 年	2021 年	2022 年
1	重点专业数/个	4	4	4
2	人才培养方案数量/个	22	22	23
3	人才培养方案审核合格率/%	100	100	100
4	课程标准数量/个	144	162	159

表8-38（续）

序号	项目指标	2020年	2021年	2022年
5	引用国际标准占比/%	2/144	2/162	2/159
6	课程标准审核合格率/%	100	100	100
7	实训室安全事故发生次数/次	0	0	0
8	实训项目开出率/%	100	100	100
9	备课教案更新率/%	80	85	87
10	课程优秀教案占比率/%	70	75	77
11	教学计划异动、调整次数/次	2	2	2
12	优质课、精品课的数量/门	0	1	1
13	校级创新创业活动数量/次	5	8	12
14	校级创新创业活动参与率/%	23	35	48
15	校级技能竞赛完成率/%	100	100	100
16	校级技能竞赛学生参与率/%	100	100	100
17	校级学生技能竞赛获奖率/%	65	68	58
18	学生评教总体平均分/分	93.94	95.37	98.20
19	学生评教优良率/%	85.9	95.4	98.6
20	专业核心课程满足度/%	100	100	100
21	专业核心课程重要度/%	100	100	100

（3）实训基地及设备管理过程

学校实训基地及设备管理情况见表8-39。

表8-39 学校实训基地及设备管理情况

序号	项目指标	2020年	2021年	2022年
1	学校项目储备库项目立项通过率/%	92.86	94.44	68.18
2	学校项目储备库当年新增项目数/项	13	17	15
3	当年市级及以上实训基地项目建设数/项	0	2	0
4	校级实训基地项目建设数/项	0	0	0
5	实训基地撰写检查次数/次	6	6	6
6	实训基地管理人员培训人次	6	6	6
7	参加实训基地安全培训教职工人数/人次	472	490	500
8	参加实训基地安全培训学生人数/人次	6 571	7 183	7 982
9	重大安全事故发生次数	0	0	0

（4）就业服务过程

就业服务过程关键指标一览表见表 8-40。

表 8-40　就业服务过程关键指标一览表

序号	项目指标	2020 年	2021 年	2022 年
1	就业工作计划完成率/%	100	100	100
2	就业辅导讲座数量/次	2	2	2
3	就业辅导参与数量/人次	625	422	215
4	就业招聘会场次/次	3	2	2
5	到校招聘企业数量/个	61	104	319
6	企业到校提供就业岗位数/个	951	1 952	3 176
8	毕业生在广西就业人数/人	695	479	311

（5）学生支持服务过程

学校建立"445"心理健康服务体系，不断加强学生心理健康教育。面向全体学生开展了学生心理排查工作，更新学生心理档案数据库 8 129 人，筛查并追踪干预高危学生，并对高危学生进行了有效干预。学生支持服务过程关键指标一览表见表 8-41。

表 8-41　学生支持服务过程关键指标一览表

序号	项目指标	2020 年	2021 年	2022 年
1	心理健康筛查数/次	7 275	7 709	8 302
2	心理辅导人次	268	245	219
3	校级层面心理活动开展数/次	14	19	24
4	心理层面活动获奖数/次	5	7	10
5	宿舍卫生的管理满意度/%	75.86	80.14	89.34
6	学生服务中心满意度/%	73.8	80.55	91.79
7	食堂服务满意度/%	75	81.82	91.21

2. 社会培训服务过程

社会培训过程关键指标一览表见表 8-42。

表 8-42　社会培训过程关键指标一览表

序号	项目指标	2020 年	2021 年	2022 年
1	社会培训项目数量/项	23	18	21
2	社会培训课程数量/门	11	17	15

表8-42(续)

序号	项目指标	2020 年	2021 年	2022 年
3	面向社会的培训班/个	23	18	21
4	稳定社会培训项目数量/项	7	6	6
8	培训投诉数量/次	0	0	0
9	学员满意度/%	80	85	90
10	培训合格率/%	89.7	91.08	82.19
11	职业资格认证数量/人次	1 717	2 601	3 551
12	职业资格认证一次通过率/%	57.08	65.05	73.53

3. 质量管理过程

学校以科学制定培养目标为起点，甄别重点培养环节质量标准，通过八重监控促进教学运行、教学管理、质量管理、教师教学和服务保障的持续改进，逐步建立起完善的内部质量保证体系，使学校能够在不依赖外部评估的情况下，能将教育教学质量管理得更加科学、规范、精细、到位，把党和国家赋予学校的质量主体责任落到实处。质量管理过程情况见表8-43。

表 8-43　质量管理过程情况

序号	项目指标	2020 年	2021 年	2022 年
1	质量检查标准数量/个	73	80	86
2	质量检查标准更新数量/个	3	7	6
3	教师评教评学优秀率/%	90	95.40	98.60
4	教学事故数量/个	20	11	3

参考文献

［1］韩霄. 卓越绩效模式顾客与市场理念应用于高等职业教育的研究与实践 ［J］. 2020（20）：25-33.

［2］吴双梅. 民政专项资金全过程绩效管理体系探讨 ［J］. 中国管理信息化，2023（24）：28-30.

［3］黄煜欣. 基于卓越绩效评价准则的中职学校质量管理评价标准研究与实践 ［J］. 广西教育，2024（23）：49-53.

［4］覃宗万，邱福明，陈秋娜. 高职院校发展战略制定与管理过程的研究与实践 ［J］. 柳州职业技术学院学报，2020，20（6）：19-24.

附录：广西地方标准《职业院校卓越绩效评价准则应用指南》

前言

本文件按照 GB/T1.1—2020《标准化工作导则第 1 部分：标准化文件的结构和起草规则》的规定起草。

请注意本文件的某些内容可能涉及专利。本文件的发布机构不承担识别专利的责任。

本文件由广西壮族自治区教育厅提出、归口并宣贯。

本文件起草单位：柳州市第二职业技术学校、广西壮族自治区标准技术研究院、柳州职业技术学院、广西教育质量监测中心、深圳市金品质企业效益开发有限公司。

本文件主要起草人：略。

引言

本文件遵循 GB/T19580—2012《卓越绩效评价准则》的基本理念和评价要求，借鉴国内外教育组织卓越绩效管理的经验和做法，结合广西职业院校管理的实践，从领导、战略、关注学生和利益相关者、以教职工为本、过程管理、测量、分析和改进、绩效评审等七个方面给出卓越绩效评价准则在广西职业院校中的应用指南，有助于广西职业院校更好地理解和使用《卓越绩效评价准则》。

本文件的附录 A 为理解卓越绩效评价准则广西职业院校卓越绩效评价准则4.1~4.7 提供了框架图及相关诠释。

职业院校卓越绩效评价准则应用指南

1 范围

本文件提供了职业院校理解和应用 GB/T19580—2012 的指导。

本文件适用于广西壮族自治区行政区域内的职业院校开展卓越绩效评价工作，职业院校校长质量奖的评价实施可参考本文件。

2 规范性引用文件

下列文件中的内容通过文中的规范性引用而构成本文件必不可少的条款。其中，注日期的引用文件，仅该日期对应的版本适用于本文件；不注日期的引用文件，其最新版本（包括所有的修改单）适用于本文件。

GB/T19000 质量管理体系基础和术语

GB/T19580 卓越绩效评价准则

3 术语和定义

GB/T19000 和 GB/T19580 界定的以及下列术语和定义适用于本文件。

3.1 职业院校 vocational schools and colleges

职业教育类型下各级各类全日制学校，含中等职业学校、技工院校、高等职业（专科）学校及职业技术大学，以下简称学校。

3.2 服务对象 service object

学生、家长、用人单位、政府和其他社会组织等。

3.3 相关方 stakeholders

与学校的业绩或成就有利益关系的个人或团体。

3.4 教育产品 education products

学校所提供的专业、课程、实训基地、教学资源及教育服务等。

3.5 教育教学过程性评价 process evaluation of education and teaching

促进学习的评价，包括对分数、学习成绩与各种表现的背后原因的分析，以及如何改进的思考和判断，目的是促进学生的成长成才以及身心健康发展。

3.6 教育教学总结性评价 summative evaluation of education and teaching

以预先设定的教学目标为基准，评价的目的是为学生继续学习提供激励参考。

3.7 质量文化 quality culture

学校在长期的教育活动中形成的有关教育质量的意识、规范、价值取向、行为准则、思维方式及风俗习惯的总和。

4 应用指南

4.1 领导

4.1.1 总则

学校领导的引领和推动对学校的持续发展起着决定性作用。主要包括四个要点：领导作用、依法治理、社会责任、质量安全。

4.1.2 领导作用

4.1.2.1 确定方向

学校领导综合考虑国家职业教育政策、职业教育行业发展特点以及学校所处内外部发展环境，通过多层次研讨和质询、提炼、确立并发布学校的愿景、使命和价值观，并将使命和价值观作为制定发展战略的重要依据，确保发展战略与其匹配，指引着学校未来的发展方向。

4.1.2.2 双向沟通

学校领导通过调研、座谈会、访谈等方式开展双向沟通工作，在学校内部营造愉悦和坦诚沟通的环境；搭建与相关方有效沟通的平台；严格执行重大事项集体决策制度；建立激励机制，鼓励全体教职工实现学校卓越绩效的目标。

4.1.2.3 质量文化

学校领导宜确立服务地方经济社会发展的办学思路，融合与凝练区域产业文化、民族文化、校园文化形成本校特色质量文化。以质量文化为引领，通过培育质量意识、健全质量管理制度、约束和规范师生的质量行为，激发师生的自觉性和创造性，从而提高教育教学质量。

4.1.2.4 科学规划

学校领导运用各种预测、估计、选择、设想或其他方法来预见未来，以便进行决策和资源配置。制定规划需要利益相关方共同参与。利益相关方应具备组织规划执行的能力，包括组织调动资源和知识的能力，规划灵活调整的能力，以及对规划快速执行的能力。

4.1.3 依法治理

4.1.3.1 学校领导坚持以人为本，坚决贯彻依法治校。

4.1.3.2 学校可通过聘请法律顾问或法制副校长等方式，确保学校所有的决策、行动以及与相关方之间活动遵守相关法律法规和职业操守，预防和排除潜在的法律风险，保障学校、师生及利益相关方的合法权益。

4.1.3.3 学校领导宜及时学习、了解和掌握有关办学的法律法规要求，善于识别风险因素，避免违法风险，并努力影响学校相关方。

4.1.3.4 学校领导要率先垂范，对涉及社会公众的重要问题保持敏感，无论当前的法律是否对其有所规定，都要努力高于要求，在遵守法律法规和伦理原则方面做出卓越表现。

4.1.4 社会责任

4.1.4.1 扩大影响

学校领导识别与学校核心竞争力相关的关键领域，在资源许可的条件下，提升在社会责任方面的成熟度，提升学校的影响力和美誉度。

4.1.4.2 模范作用

学校领导引导和带领广大教职工和学生积极主动承担社会责任，投身社会公益事业发展，在校园安全、环境保护、能源消耗、公共卫生、意识形态、诚信建设、公益支持等方面起模范作用。

4.1.4.3 实施督导

学校领导建立社会责任督导工作机制，评价学校及相关方参与履行社会责任的成效。

4.1.5 质量安全

学校领导遵循积极预防、依法管理、社会参与、各负其责的安全管理方针，全面落实安全工作责任制和事故责任追究制，构建学校安全工作保障体系，保障学校安全工作科学、规范、有序进行。

4.2 战略

4.2.1 总则

战略是学校为适应未来环境变化，追求长期生存和发展而进行的整体谋划和决策。学校的发展规划应着眼于学校的未来发展，进行全局性的战略分析和选择，为学校持续发展提供总体方向。学校通过规划制定，明确学校规划目标。学校战略部署是学校的总体行动方案，是为实现总目标而做的重点部署和资源安排。学校应通过战略部署，使学校的规划目标具体化，转化为实施计划和关键绩效指标，并配置资源予以实施。同时应用这些关键绩效指标监测实施计划的进展情况，预测学校未来的绩效，以保持竞争优势。

4.2.2 战略规划

4.2.2.1 组织架构

学校成立专门机构负责组织战略制定。战略制定一般由学校领导主持，各职能部门负责人、各教学部门负责人、各专业指导委员会和企业行业专家共同参与，必要时可委托专业机构（专家）协助制定。

4.2.2.2 战略分析

学校在制定战略时需识别学校发展的优势、劣势、机遇和挑战（SWOT），充分考虑有关职业教育改革、学生及生源、市场和竞争、绩效预测等关键因素，建立数据和信息收集机制，并采用科学的分析方法进行数据与信息分析。

4.2.2.3 战略制定

在战略制定过程中，学校通过系统、周密的内外部环境（区域经济及行业发展、学校发展愿景等）分析确定战略规划、战略目标、战略措施和强有力的保障支撑。积极应对战略挑战，发挥战略优势，均衡地考虑长、短期的挑战和机遇，以及所有相关方的需要。

4.2.2.4 风险控制

风险控制是一个管理过程，包括对职业院校办学风险的定义、测量和评估应对风险的策略。学校的风险控制应识别风险因素，宜采用头脑风暴法、现场调查法、决策树分析、损失清单分析法等方法对风险进行识别、分级分类和分析；学校在战略中加入风险管理计划，通过风险回避、风险转移、风险承担、风险应急等科学方法有效预防和规避风险。开展风险控制效果评估，以此来评价风险管理方案的科学性、适应性和收益性。

4.2.3 战略部署

4.2.3.1 制订实施计划

实施计划是应对长短期战略和战略目标的具体行动方案，包括资源安排、时间要求和监测指标等。学校基于总体战略和专项业务战略，制定和部署各部门的战略实施计划，确定关键绩效指标，采用诸如目标管理或平衡记分卡等方法层层分解、细化，建立从学校、各部门到各个岗位的层层支撑、层层分解的关键绩效指标体系，以实现战略目标。学校建立基于战略的流程指标体系对关键绩效指标进行测量，以有效监控战略实施、资源配置和过程绩效的实现情况。

4.2.3.2 配置资源

4.2.3.2.1 人力资源

学校着重做到用好现有人才，留住关键人才，引进急需人才，培养骨干人才、储备未来人才，逐步建立起公平、公开、公正、竞争、择优的用人机制。

4.2.3.2.2 财力资源

学校以绩效为导向围绕效益最大化的目标，统筹规划、合理安排学校的财力资源，提高经费预算执行率。

4.2.3.2.3 物力资源

学校充分使用物力资源，一方面必须满足人才培养的需要，保证人才培养质量，另一方面要满足学校可持续发展的需要。

4.2.3.2.4 执行计划

学校加强过程监控，采取积极手段加强教职工的战略理解，落实战略目标，不断取得阶段成果。执行计划应不断根据环境变化进行调整，及时反馈、学习和改进，保持战略执行的可持续性。

4.2.3.3 目标监测

学校在战略实施的过程中，及时检查为达成战略目标所进行的各项工作的进展情况，评价实施学校战略后的整体绩效，把它与既定的战略目标相比较，发现战略差距，分析产生目标偏差的原因，纠正偏差，使学校战略的实施更好的与学校当前所处的内外部环境、学校目标协调一致，使战略目标得以实现。

4.2.3.4 目标诊改

学校宜采用如质量管理小组（QCC）、优化项目小组、攻关小组等形式，应用如质量环（PDCA）、六西格玛、精益管理系统等方法持续优化过程。

4.3 学生与相关方

4.3.1 学生

4.3.1.1 需求分析

学校遵循学生成长规律，准确识别学生的成长需求、期望、智能和偏好，通过问卷调查、走访、反馈、座谈会的形式倾听学生诉求，形成系统的制度化机制，动态了解不同群体学生的需求、期望和偏好，重点考虑影响学生偏好的职业教育服务特征，如专业、课程、师资、实习实训、升学就业等要求。

4.3.1.2 提供服务

4.3.1.2.1 总则

学校高效利用学生与利益相关方的需求和期望信息，持续诊断与完善学校教育教学服务体系，不断提升教育教学满意度、核心课程培养效果、教学质量与岗位匹配等，形成有学校特色的体现卓越绩效特点的教育教学质量服务机制。

4.3.1.2.2 建立关系

学校准确识别学校和学生的权利和义务，使双方都能在合法合规透明的关系中和谐共处。

4.3.1.2.3 提供专业与课程

学校根据社会需求和行业发展动向，对接职业标准，及时调整专业设置，调动一切资源，满足学生职业发展的课程。

4.3.1.2.4 接触管理

学校努力地、最大程度地接近学生，确立与学生在不同发展阶段、不同时期、不同场所的沟通目标，获取学生需求、开展教育教学改革、拓展学生体验、获取学生评价进而得到学生最大化的满意，提升人才培养质量。

4.3.1.2.5 处理投诉

学校建立科学规范的处理流程，包括受理、跟进、回复、满意度追踪、归档等环节，处理过程要做到真诚、实在、理解、中立，做到件件有着落，事事有结果。

4.3.1.3 满意度和忠诚度评测

学校基于对学生需求的了解，建立、维护和加强与学生的关系，通过网络问卷、评教系统、现场调查等方式，定期测量学生的满意度和忠诚度，并确定提高学生满意度的方法，提升学校提供服务的能力，促进学生的全面发展，满足并超越学生的合理期望，提高其忠诚度和归属感，获得良好口碑。

4.3.1.4 毕业跟踪

4.3.1.4.1 学校积极引进企业与学校共同制定人才培养方案，协同育人。定期回访毕业生的用人单位满意度，同时积极引入第三方对毕业生培养质量进行调查。

4.3.1.4.2 学校对调查数据进行多维度、多视角的比对和分析，了解毕业生专业相关度、地区贡献度、行业企业服务情况等信息，并将调查数据用于现有工作改进，从而不断提高管理服务工作质量。

4.3.2 相关方

4.3.2.1 识别需求

学校主要相关方有政府、校企合作单位、服务商、家长和校友等，学校应根据相关方的特点识别不同需求，创建良好的合作关系。

4.3.2.2 合作方式与内容

4.3.2.2.1 政府

学校通过积极参加各级政府举办的教育大会、专项工作会议、研究政府相关教育文件等方式，找准政府对职业教育的办学期许和导向，分析区域发展形势和学校发展方向。成立由政府、学校、企业、行业组成的理事会，以政府支持、合作共赢为依托，以共享资源和合作项目为纽带，以校企合作、人才培养、科学研究、技术服务、社会服务为主要内容，推进学校改革发展。

4.3.2.2.2 校企合作单位

职业学校注重在产、学、研等各个领域与企业、行业及社会各界建立良好的合作关系，通过共建实验实训室、技术服务中心、提供技术培训服务、生源合作共建定向培养班级等方式，获得行业对技术技能人才需求的最新信息，制定合作准入、项目立项、过程实施、验收评价等工作流程，出台相关管理制度，形成长效合作机制，共建共享提高服务企业服务社会的能力。

4.3.2.2.3 服务商

学校根据国家和地方相关采购条例，结合内部风险控制管理体系，对校内采购工作进行全过程风险识别，确立采购论证、实施、验收、评价等环节的流程，出台相关采购管理制度，确保采购工作严谨、规范、合理、公正。学校可与优质服务商共享管理理念和管理工具，不断提升服务商的管理水平，充分发挥其服务育人的功能。

4.3.2.2.4 家长

学校积极拓宽沟通渠道，建立家校联系机制。及时了解家长的期许和需求，不断提高教育成效。学校可以通过满意度调查、家访、即时通讯软件等方式采集家长需求和评价，促进人才培养的家校联动。

4.3.2.2.5 校友

学校主动与校友建立密切联系，以校友会为主要工作载体，以学校为校友服务、校友为学校添彩为工作宗旨，形成具有学校特色的校友工作模式。

4.3.2.3 质量监控

学校根据利益相关方的特点，通过自评、他评、合同考核等方式，对合作领域及合作成效实行全过程动态评估，推动学校管理质量和服务质量不断提升。

4.3.2.4 满意度评价

学校形成系统的制度化的评价机制，开展动态的学生及利益相关者满意信息收集和满意度测评，快速识别和解决问题，并用于改进活动。

4.4 教职工

4.4.1 总则

学校营造有利于高绩效的教职工成长环境，管理并发展教职工，激发教职工的全部潜能，使之与学校的整体使命、战略、行动计划一致。

4.4.2 绩效管理

4.4.2.1 建立教职工绩效考核及评价机制

学校基于本校 KPI（关键绩效指标）的分解，对教职工绩效进行定性和定量的评价和考核，并在适当的时机采用适当形式，将评价和考核结果反馈给教职工，以便采取措施改进绩效。教职工绩效评价的内容可包括绩效结果和绩效因素。评价和考核可面向教职工个人也可面向团队进行。

4.4.2.2 建立教职工绩效激励机制

学校可结合本校的战略实施计划和关键绩效指标，确定教职工的薪酬策略，建立科学合理的薪酬体系，实施适宜的激励政策和措施，包括薪酬、奖惩、认可、晋升等激励政策和措施。

4.4.3 学习与发展

4.4.3.1 学校建立多种教职工职业发展渠道，帮助各级各类人员制定和实施有针对性的、个性化的职业发展规划，实现学习和发展目标。

4.4.3.2 学校界定教职工能力素质，明确员工教育培训体系，并建立知识共享的渠道和机制，以提升教职工的知识技能和价值追求，进而提高教职工个人和学校的绩效，促进学校的战略发展和教职工个人的专业发展。

4.4.3.3 学校制订和实施适当的梯队培养计划，包括高、中层管理职位及关键的教育教学职位的继任计划，形成师资梯队和管理人才梯队，深化后备队伍建设，以提高学校的持续运行能力。

4.4.4 满意度和忠诚度评测

学校可通过以下形式对教职工进行满意程度和忠诚度评测：

—— 学校可通过问卷调查、座谈等方式，确定影响教职工满意程度和积极性的关键因素，如薪酬福利、职业能力拓展、职位提升、自我价值实现等，以及这些因素对不同教职工的影响；

—— 学校定期调查教职工满意程度和忠诚度，了解教职工的意见和建议，并分析原因，制定改进措施，提高教职工满意程度。必要时，可实施具有针对性的调查，如：针对某类教职工或某些方面的调查。

4.5 过程管理

4.5.1 总则

过程管理包含学校办学的所有过程，特别是关键过程。过程管理的目的在于建立有效且高效的工作系统，确保学校战略及其实施计划的落实。学校应基于"方法—展开—学习—整合"四要素循环对过程实施管理：通过识别过程、确定对过程的要求和过程设计，建立方法；通过过程实施，进行方法的展开；通过过程的评价、改进和创新并分享其成果，实现方法的学习和整合，使方法在实践中与时俱进，管理成熟度不断提升，并使实施方法的各部门之间、各过程的方法之间协调一致，融合互补。

4.5.2 教育教学

4.5.2.1 教育教学过程识别

4.5.2.1.1 教育教学过程是学校关键的价值创造过程。

4.5.2.1.2 学校应当明确自身当前的和可持续增强的核心竞争力对过程管理与优化的关联，定量或定性地分析上述过程对学校办学成功与否的影响。

4.5.2.1.3 学校应识别学校的关键价值过程主要包括教育教学过程；关键支撑过程包括人力资源、财务、信息和知识等管理过程。

4.5.2.1.4 适当时，对不能体现核心竞争力的过程可考虑将其外包，如：员工膳食和交通提供、保安等。

4.5.2.2 过程设计

4.5.2.2.1 学校围绕关键价值创造过程及关键支持过程进行过程设计，应体现过程管理在有效性和效率两方面的核心要求，包括有效的教育教学和服务方案，对学生身心健康、学习和发展的关注，与学生、利益相关方、供应商和合作伙伴的关系等。

4.5.2.2.2 学校在过程设计中应考虑利用新技术、新方法等提高学习和组织活动的效率，还应考虑有效利用学校积累的方法与技术诀窍、管理经验等。

4.5.2.3 过程实施

4.5.2.3.1 过程控制

根据过程设计的要求，利用资源，控制过程，确保过程的有效性和效率，实现过程要求。

4.5.2.3.2 过程监测

将关键绩效指标用于监测和控制关键过程，可在过程中监测，也可通过学生及相关方的反馈来监测。

4.5.2.3.3 过程分析

针对关键绩效指标，可运用适当的统计技术，使之稳定受控并有足够的支持。

4.5.2.3.4 过程调整

利用来自学生及其他相关方的反馈信息，及时对过程进行调整，优化关键过程的整体成本。

4.5.2.4 过程创新

4.5.2.4.1 学校应建立集成化的教育教学创新系统，鼓励教职工积极参与、有针对性应用适宜的方法进行创新。

4.5.2.4.2 学校应系统收集、储存、传递与分享、评估并转化各种来源的创意；学校应通过科学的创新方法和工具，掌握创新的逻辑思路和工具技术，以确保创新的成果和效率。

4.5.2.4.3 改进与创新的管理是一个包括策划、实施、测量、改进和创新活动，并评价改进创新的成果。

4.5.3 过程支持

4.5.3.1 人力资源

4.5.3.1.1 学校根据本校人力资源建设战略目标，遵循"以人为本"的价值理念，制定人力资源发展规划，制定人力资源发展规划，对教职工招聘调配、师德师风、学习发展、绩效激励、岗位管理和价值分配等过程进行管理。

4.5.3.1.2 学校根据战略发展变化，持续优化组织结构；建立起符合学校战略发展的职位体系，畅通职业通道；识别教职工需求，通过内培外引、轮岗锻炼、专题培训等方式提升教职工能力素质；广开沟通渠道，积极采纳教职工的合理化建议，确保有效沟通。

4.5.3.2 财务资源

4.5.3.2.1 学校多渠道筹措资金，形成合法依规的多元化收入结构，为学校战略目标的实现提供资金保障。

4.5.3.2.2 在资金管理上，制定完备的财务管理制度和流程，并实施风险管控确保财产安全；树立"一切从师生角度出发"的服务理念，建立"一站式"服务模式，为全校师生提供优质服务，在坚持财务原则上，不断提升服务质量。

4.5.3.3 信息资源

4.5.3.3.1 学校系统建立和管理信息资源，明确教职工、学生、利益相关者所需的数据、信息和软硬件的质量和可用性。

4.5.3.3.2 学校致力于建设智慧校园，在充分收集分析校内外知识和数据信息需求基础上，构建学校的数据信息系统。

4.5.3.3.3 学校通过搭建起校园网信息系统为主、其他交流方式为辅的信息传递通道，实现数据信息在内外部的及时传递和高效利用。导入信息化沟通平台实现师生无障碍沟通，构建集教育教学、生活服务和文化娱乐等功能于一体的综合性互动社区。

4.5.3.3.4 依据对学校办学相关知识的获取需求，收集整理不同类别知识，通过学校智慧校园平台供教职工、学生及相关方根据需要进行知识提取、传递、使用和分享，推动打造学习型组织，为学校发展提供动力支持。

4.5.3.4 技术资源

学校应及时将新技术、新工艺、新规范纳入教育教学标准，通过引进和内化先进技术、标准、人才，集成学校和企业资源打造技术服务平台等方式，增强人才培养的前瞻性，提升人才培养质量和技术服务能力。

4.5.3.5 设施设备

学校应从基础设施建设、学习生活环境营造、教学实训条件配置、标准绿色校园打造等方面全面提升基本办学条件，紧密围绕发展定位，建设现代化、高品位、展现校园文化内涵、具有职业教育特色的校园，实现人与环境的和谐统一。

4.6 评测、分析与改进

4.6.1 总则

学校评测和分析绩效，支持学校的战略制定和部署，促进学校战略和运行管理的协调一致，推动改进和创新，提升学校的核心竞争力。

4.6.2 绩效评测

4.6.2.1 学校基于战略部署中形成的关键绩效指标体系，建立绩效评测系统，进行绩效对比，并使评测系统随内外部环境变化动态调整。

4.6.2.2 学校可根据纵向管理层级，建立绩效评测系统。按照目标管理对绩效评测的要求，明确各关键绩效指标的数据源、统计口径、评测周期和评测责任等，充分运用信息化手段，客观、准确地监测学校、部门等各层次的组织绩效，为战略制定、日常决策、改进和创新提供决策依据。

4.6.2.3 学校聚焦关键绩效指标和关键活动，特别是教育知识要求的关键绩效指标，识别、收集和有效应用关键的绩效对比数据以及相关信息，组织实施内部对比、竞争对比和标杆对比等行动，为战略制定、日常运营决策以及改进与创新提供支持。

4.6.2.4 学校对绩效指标、指标值和评测方法等进行适时评价，使评测系统的各要素能随着内外部环境的快速变化和战略的调整，进行动态的、灵敏的调整，以保持协调一致。

4.6.3 绩效分析和评价

4.6.3.1 学校在绩效评测系统基础上开展绩效分析，并建立针对分析结论的评价和决策的运行机制。

4.6.3.2 在战略制定、战略部署和日常运营过程中，学校可采用统计技术和其他工具开展绩效分析，包括趋势分析、结构分析、对比分析、因果分析和相关分析等，以找出绩效结果数据、学校运行实际状况的内在规律和相互关系，帮助学校确定问题的根本原因，配置资源，采取改进和创新措施。

4.6.3.3 绩效评测应由学校领导主持，不仅要评价自身成就、长短期目标和计划的达成情况，而且要考虑在竞争性环境下的绩效对比，并评价学校应对内外部环境变化和挑战的快速反应能力。

4.6.3.4 学校、各部门在绩效分析和评价基础上，应综合考虑所存在问题的影响程度和紧急程度，以及绩效趋势与对比等因素，识别改进的优先次序和创新机会，转化为具体的改进和创新举措，以期将有限的资源配置到最需要改进和创新的领域。

当改进和创新举措涉及外部时，还需要展开至学校内部关联部门、供方和合作伙伴，以保持举措的协调一致。

4.6.4 绩效改进

4.6.4.1 改进管理包括策划改进、实施改进、评测改进和评价改进。

4.6.4.2 学校应结合战略及其实施计划，根据服务对象和相关方的要求，基于关键绩效指标的层层分解，制定组织各层次和所有部门参与改进与创新的计划和目标，使改进活动和组织整体目标保持一致。

4.6.4.3 学校在实施、评测改进时，应做到组织到位、职责落实、制度完善、方法多样，并采取适当方式进行跟踪管理；组织应对改进成果进行客观、全面的评价，分析其对学生成长和学校战略目标的贡献，建立符合学校自身特点的激励政策，并分享、推广改进成果，使改进活动步入良性循环。

4.7 绩效评审

4.7.1 总则

绩效评审旨在描述学校通过实施卓越绩效模式所取得的成果，以考查学校的绩效，并改善所有的关键领域。学生学习成果、以学生和相关方为中心的成果、预算结果、财务和市场的结果、以教职工为中心的绩效改进成果、过程的效率成果和领导的结果等。

4.7.2 人才培养质量绩效评审

人才培养质量绩效关注的是学校战略决策的实现，以及相对于竞争对手和标杆取得的人才培养总体成就。

4.7.3 教职工管理绩效评审

学校可从教职工能力、教职工工作条件、教职工契合度和教职工发展等四个方面对教职工开展绩效评审。

4.7.4 教育教学创新绩效评审

4.7.4.1 学校应根据服务对象和其他相关方的要求，制订学校各层级过程的创新计划与目标，使创新活动与学校整体目标保持一致。

4.7.4.2 学校可针对差距制定创新绩效评审指标，包括绩效目标、改进措施、方法及行动、完成时间等。

4.7.4.3 创新绩效评审可包括教育目标创新、课程和教学内容创新、教学方式和教育技术创新、学生服务创新、运营方式创新等。

4.7.5 办学实力绩效评审

学校可聘请校内外督导对办学实力开展绩效评审，将办学关键绩效指标进行分解并赋予分值，采用集中督导、过程督导、专项督导等方式督查学校办学绩效，并建立过程督导管理台账。

4.7.6 服务社会能力绩效评审

4.7.6.1 职业院校社会服务绩效评审对学校优化资源配置、调控社会服务模式以及充分发挥学校的社会服务职能作用有重要的意义。

4.7.6.2 学校应以服务素质、服务意愿、服务实效作为学校社会服务绩效的主要评价内容，构建学校社会服务评价指标和评价模型，建立职业院校社会服务评价体系。

附录 A （资料性）职业院校卓越绩效评价准则框架图与评分条款分值表

A.1 职业院校卓越绩效评价准则框架见图 A.1。

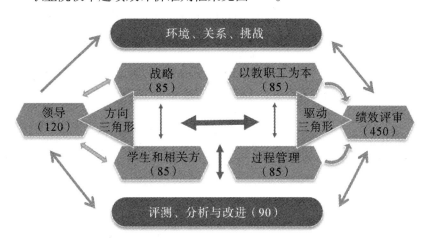

图 A.1 职业院校卓越绩效评价准则框架

A.2 职业院校卓越绩效评价准则评分等次见表 A.1。

表 A.1 职业院校卓越绩效评价准则评分等次表

阶段	卓越绩效管理成熟度水平	特点
问题反应阶段	（0~300分）	该阶段没有管理系统，处于"灭火式"的管理阶段。其管理特点如下： ——不是从过程角度，而是按日常活动管理组织运作； ——组织只懂得实时响应各方的需要及问题
早期系统方法阶段	（300~500分）	该阶段是管理系统的雏形阶段，是局部的系统、是不一致的。其管理特点如下： ——从过程的角度出发管理日常运作，具有可重复性，并已开始有评估、改进过程； ——部门之间开始互相联系

表A.1(续)

阶段	卓越绩效管理成熟度水平	特点
一致的方法阶段	(500~700分)	该阶段管理工作有效、系统、方向一致、逻辑严谨。其管理特点如下： ——从过程的角度出发管理日常运作，具有可重复性，并定期评估过程运作，适时改进； ——部门之间不断互相联系，以确保运作顺畅，并分享持续改进过程及管理方法的成功经验（知识管理）
整合的方法阶段	(700分以上)	该阶段管理工作有效、系统、一致、整合、创新。其管理特点如下： ——从过程的角度出发管理日常运作，具有可重复性，并定期评估过程运作，以跨部门合作的方式，实施改进和变革； ——部门之间不断互相联系，提升跨部门的效率，并分享持续改进过程、变革过程以及管理方法的成功经验